2010
八路军文化研讨会论文集
BALUJUNWENHUAYANTAOHUILUNWENJI

魏晋民　主编

山西出版传媒集团
山西人民出版社

图书在版编目（CIP）数据

八路军文化研讨会论文集．2010／魏晋民主编．——太原：山西人民出版社，2013.9
ISBN 978-7-203-08231-6

Ⅰ．①八… Ⅱ．①魏… Ⅲ．①八路军—文化研究—文集 Ⅳ．①E297.3-53

中国版本图书馆CIP数据核字（2013）第128505号

八路军文化研讨会论文集．2010

主　　编：魏晋民
责任编辑：张小芳
装帧设计：刘彦杰
出 版 者：山西出版传媒集团·山西人民出版社
地　　址：太原市建设南路21号
邮　　编：030012
发行营销：0351-4922220　4955996　4956039
　　　　　0351-4922127（传真）　4956038（邮购）
E-mail：sxskcb@163.com　发行部
　　　　sxskcb@126.com　总编室
网　　址：www.sxskcb.com
经 销 者：山西出版传媒集团·山西人民出版社
承 印 者：太原市基因印刷服务有限公司
开　　本：787 mm×1092 mm　1/16
印　　张：30
字　　数：370 千字
印　　数：1—1000 册
版　　次：2013年9月　第1版
印　　次：2013年9月　第1次印刷
书　　号：ISBN 978-7-203-08231-6
定　　价：68.00 元

如有印装质量问题请与本社联系调换

《八路军文化研讨会论文集》
2010编委会

主　编：魏晋民

副主编：介建芳

编　委：郝炳宏　高怀壁　关国庆　魏万里

　　　　安占伟　崔旭光　李珍明　韩毅平

　　　　赵爱芳　韩卫忠　王建平　张国庆

校　对：李朝霞　姜维维　程彩红　侯爱萍

　　　　李　娜

序一

中共长治市委常委、宣传部长　王玉圣

欣闻武乡县委、县政府编辑的《八路军文化研讨会论文集》就要付梓出版了，由衷地为之高兴。这是武乡县近年来大力发展八路军文化的可喜成果，也是长治文化战线的一项亮点工作。对于进一步弘扬民族精神、加强社会主义核心价值体系建设，对于凝聚全民加快转型跨越的意志和力量，激发干群建设小康社会的干劲和热情，都具有十分积极的推动作用。

八路军文化是一个重大的文化课题，也是一个崭新的现实课题。八路军文化与八路军的革命实践同生共存，但是作为一个单独命题和研究课题，却是近年来才提出的。

关于八路军文化的概念、内涵、形式、特征、地位、作用等具体问题，专家学者们已经作了大量深入的研究和精辟的论述，在此就不赘述了。长治是一片红色的热土。抗日战争时期，八路军总部和中共中央北方局长期在这里驻扎，老一辈无产阶级革命家和广大八路军官兵长期在这里生活战斗，与太行人民共同谱写了争取民族独立和解放的壮丽凯歌，铸就了伟大的太行精神，成为一代又一代长治人民取之不尽、用之不竭的宝贵精神财富。我们这一代人就是听着八路军的故事长大的。作为革命老区的文化工作者，今天我们研究八路军文化，我认为首先应该解决一个思想方法的问题：即每一个文化人在进行具体研究的同时，还应该深入思考如何去研究八路军文化。

八路军文化属于革命历史文化范畴。要善于运用联系的观点定位八路军文化。马克思主义告诉我们，世界是普遍联系的，八路军文化也不是孤立存在的。要把八路军文化放在抗日战争史中去研究。八路军的全部革命实践和一切文化活动，都是紧紧围绕抗日战争这一中心任务展开的。

研究八路军文化离不开抗日战争史。要把八路军文化放在人民军队史中去研究。八路军上承工农红军，下启人民解放军，是人民军队在某一阶段的特定称号。八路军文化与整个人民军队发展史具有不可割裂的天然联系。要把八路军文化放在党史中去研究。适应革命形势和任务的要求，人民军队历经工农革命军、工农红军、八路军、新四军、人民解放军等名称，但是军队的性质和宗旨始终没有改变。其根本原因就在于，中国共产党始终是人民军队发展壮大的领导核心。要把八路军文化放在世界反法西斯战争史中去研究。中国人民的抗日战争是世界爱好和平的人民共同反对法西斯霸权主义战争的重要组成部分，因而还具有广泛而深刻的国际意义。空间确定一点，必须运用三维坐标。研究八路军文化，只有与研究抗日战争史、军史、党史、世界史联系起来，从事物的普遍联系中找出其特殊属性,才能更加准确地定位八路军文化。

要善于运用战略的思维挖掘八路军文化。古为今用,是我们对待一切历史文化所应秉持的态度。抗日战争时期,八路军文化无疑是一种代表了先进文化前进方向、得到人民群众认同和拥护的文化,是凝聚民族力量、打败凶残敌人、夺取抗战胜利的思想武器,具有极其丰富的内容。八路军在革命实践中,始终坚持中国共产党的领导,始终坚持结成最广泛的爱国统一战线,始终坚持全心全意为人民服务的宗旨,始终保持与人民群众的血肉联系等等一系列思想意识,都是八路军文化的题中应有之义。不仅如此,八路军文化所凝结的以爱国主义为核心的伟大民族精神、适时应势的政治经济政策、机智灵活的军事战略思想,以及鲜明的荣辱观念,至今依然闪烁着智慧的光芒和真理的光辉。研究八路军文化对于加强社会主义核心价值体系建设、推进党的建设新的伟大工程、加快全面建设小康社会进程,都具有积极的借鉴作用和启迪意义。运用战略思维挖掘八路军文化,就是要坚持尊重历史、着眼现实,客观反映历史真实,热切关注当代价值,切实做到既不割断历史、又不迷失方向,既不落后于时代、又不超越阶段,使我们的工作思路更加清晰、视野更加开阔、成效更加凸显。

要善于运用时代的眼光弘扬八路军文化。随着实践的不断深入,人们对文化的认识也越来越深刻。文化功能不仅仅停留在教化功能上,其强大的经济功能越来越被人们所接受。党的十七大站在提升国家软实力的高度,发出了掀起社会主义文化建设新高潮的号召,标志着文化建设已经成为中国特色社会主义四位一体战略布局的重要组成部分。作为一种历史文化，今天我们所讲的八路军文化，就不应仅仅停留在八路军的文化活动上。所有八路军的政治、经济、军事思想，以及由此而产生和留存的旧址、文物、纪念地等等，都属于八路军文化的范畴。运用时代的眼光弘扬八路军文化，就是要把弘扬八路军文化纳入区域经济社会发展的整体格局，纳入推进转型跨越发展的战略部署，把理论研究与发展红色旅游、完善文化产业规划结合起来，采取扎实有效措施，加快开发八路军文化旧址、纪念地、展览馆，大力发展与八路军文化相关的演艺业、服务业、旅游业，让八路军文化成为振奋民族精神的文化品牌，成为强市富民的产业品牌。

可喜的是，革命老区武乡县在发展八路军文化方面，已经迈出了新的步伐。近年来该县提出了"打造没有围墙的八路军纪念馆"，实施了八路军文化园、游击战纪念园、《太行山》大型实景剧、八路军文化长廊等一大批文化产业重点工程。2010年至今，由中国中共党史学会、山西省委宣传部和长治市委、市政府共同主办的八路军文化研讨会在武乡已举办三届，来自全国各地党史军史方面的知名专家学者参加研讨。该书就是由与会专家学者的著述汇集而成的，不仅具有较高的学术研究价值，而且添补了我国八路军文化研究的历史空白。

感谢武乡县委、县政府为弘扬八路军文化做了大量扎实有效的工作；感谢各位专家学者为本书的问世付出了辛勤的劳动和汗水。愿八路军文化在革命老区生根发芽，开花结果；愿八路军文化在国内乃至国际发扬光大，绽放异彩！

序二

中共武乡县委书记 周 涛

在纪念中国人民抗日战争胜利65周年之际，中国中共党史学会，中共山西省委宣传部，中共长治市委、长治市人民政府，中共武乡县委、武乡县人民政府和八路军太行纪念馆共同举办了首届八路军文化研讨会，至今已成功举办三届。会议邀请全国著名的党史军史专家，撰写论文，共同研讨八路军文化。这是八路军文化研究史上一件具有里程碑意义的大事，不仅对弘扬伟大的太行精神是一个巨大的推动，而且对传承八路军文化、做大做强八路军文化产业，丰富和提升八路军文化内涵和品牌，具有重大而深远的影响。

武乡是全国著名的革命老区，是伟大太行精神的发源地，是一方拥有光荣革命历史的红色热土。在烽火连天的抗日战争年代，武乡成为整个华北抗战的指挥中枢——八路军总部所在地。在这片红色热土上留下了一代开国元勋、将领的光辉足迹，刘少奇、朱德、任弼时、彭德怀、杨尚昆、邓小平、刘伯承、徐向前、聂荣臻、薄一波、罗瑞卿等一大批老一辈革命家都曾在此运筹帷幄。英雄的武乡人民在中国共产党的领导下,"出粮、出兵、出干部",当时仅有14万人口的小县,就有9万多人参加了各种抗日救亡组织,有14600余人参加了八路军,有2万多人为国捐躯,有3200多名烈士被载入烈士英名录。武乡人民和八路军将士用他们的热血和生命谱写了气壮山河的动人乐章,为民族的解放事业建立了不可磨灭的功勋。武乡为中国革命的胜利作出了巨大的牺牲和贡献,被誉为"八路军的故乡,子弟兵的摇篮"。

新中国成立以来,党中央、国务院始终惦记着革命先烈和武乡老区。毛主席派慰问团送来了"发扬革命传统,争取更大光荣"的亲笔题词;邓小平为八路军太行纪念馆亲笔题写馆名;2001年8月20日,江泽民总书记亲临老区视察,并挥毫题词"发扬老八路光荣传统,为中华民族的伟大复兴而奋斗";2005年7月29日,胡锦涛总书记亲临八路军太行纪念馆和王家峪总部旧址视察时指出:"继承光荣传统、弘扬民族精神,为中华民族伟大复兴而努力奋斗。"新中国成立以来,先后有30多位党和国家领导人亲临武乡视察,特别是2001年以来,江泽民、胡锦涛、习近平、刘云山、曾庆红、李长春、刘延东等分别踏上武乡这片红色的热土,给老区人民以巨大的鼓舞。

近年来,武乡县委、县政府认真贯彻落实中央、省、市委战略部署,确立了"文化带动,旅游拉动,项目支撑"的发展思路,提出了"打好革命老区一张牌,建设全国最大的八路军文化产业集聚区,打造体验式革命传统教育基地,把武乡建设成为与井冈山、延安、西柏坡齐名的四大革命圣地"的奋斗目标,着力挖掘八路军文化,填补了八路军文化研究的空白,推进了八路军文化研究的进程。特别是重点实施了八路军文化园、游击战纪念园、《太行山》大型实景剧、八路军文化长廊等一批文化产业重点工程,带动21万老区人民增收致富,走出了一条革命老区转型发展、跨越发展的新路子,同时也得到了省委、市委的充分肯定和大力支持。

八路军文化是太行精神的集中体现,是革命老区独特而最有挖掘潜力的文化资源,挖掘、整理、研究八路军文化,不仅具有一定的政治意义,更是一项惠及百姓的文化产业工程,对于提升文化软实力,传播和弘扬上党乃至三晋文化,增强中华民族的凝聚力和感召力,具有重大的现实意义和深远的历史意义。

在中央、省、市领导和全国党史、抗战史专家学者的关心和支持下,我们收集整理各位领导的讲话、各位专家学者的论文和发言,编印《八路军文化研讨会论文集》,对八路军文化内涵、主题、定义等进行深刻挖掘、研讨论证和高度概括,将八路军文化定义为:八路军文化,是抗日战争时期中国共产党领导的在华北敌后坚持持久抗战的人民军队的军事活动和精神风貌的观念形态,即八路军创造的物质文化、非物质文化成果的总和,是抗战文化的重要组成部分,其内涵包括政治宣传、思想文化教育、新闻出版、文学艺术、社会科学等等。它是中国先进文化——新民主主义文化的重要组成部分。

当前，转型跨越发展已经成为全省上下的主旋律。省委袁纯清书记指出："太行精神是太行儿女在浴血奋战中铸就的宝贵精神财富，武乡是太行精神的重要发源地，在转型发展、跨越发展的今天，以不怕困难、不怕牺牲、敢于胜利为核心的太行精神仍然具有很强的现实意义。"作为太行精神的发源地，我们必须率先大力弘扬太行精神，以更大的信心和勇气推进老区转型跨越发展。《八路军文化研讨会论文集》的出版问世，必将激发全县上下大力实施"一三三"战略的昂扬斗志，成为推动老区转型发展、跨越发展的强大精神动力。展望未来，随着"一剧两园"的强劲发展，"两区一园"（即王家峪八路军总部集聚区、太行山影视文化创意产业园区和八路军烈士陵园）的顺利实施，八路军文化产业将成为武乡老区转型发展、跨越发展的新引擎，八路军文化必将成为山西乃至全国最具吸引力和最具生命力的新品牌。让我们以科学发展观为指导，弘扬太行精神，传承八路军文化，做大做强八路军文化产业，以一争天下无难事的精神状态，奋力开创老区转型跨越发展新局面，为再造一个新武乡而努力奋斗！

2013年3月

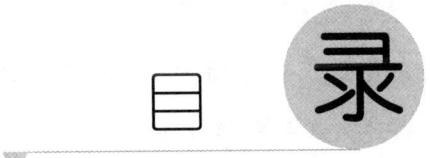

八路军文化问题初探　李　蓉 / 1

浅谈八路军文化的基本内涵与时代特色　王聚英　杜　伟 / 23

八路军文化概念的内涵、特点和历史作用　刘庭华 / 36

八路军文化对老区转型发展的重大意义　周　涛 / 48

八路军文化研究概况　李　蓉　郭明泉 / 58

弘扬八路军文化在武乡老区的现实意义　阎新平 / 72

八路军文化内涵之我见　李　颖 / 81

八路军文化建设探析　董志铭　赵世敏 / 90

八路军文化教育初探　宗成康 / 108

试论八路军文化的时代意义　袁俊山 / 126

深刻认识弘扬八路军文化的时代意义　李蕙芬 / 132

八路军文化是武乡老区永恒的精神财富　王建华 / 146

论八路军文化的基本内涵和时代意义　魏晋民　魏春洲 / 152

传承八路军文化与促进老区腾飞　李树生 / 164

抗战时期八路军开展京剧文化活动简述　李仲明 / 169

略述八路军抗战文化　魏国英 / 176

简论八路军宣传工作的历史作用　李东朗 / 183

八路军文化工作在抗日战争中的重要作用及启示　李明计 / 204

邓小平抗战时期文化工作思想初探　宋毅军 / 222

八路军部队文化工作特质研究　许福芦 / 243

猛士如云唱大风　王照骞　崔建英 / 262

八路军文化与抗日民族统一战线　叶成林 / 277

左权将军对八路军军事文化建设的贡献　罗存康 / 291

八路军文化遗产之价值和功能探讨　史永平 / 309

太行抗日根据地八路军主体文化综述　宋河星 / 317

论文化软实力对抗日战争胜利的影响　孙　丹 / 349

略论华北抗日根据地的抗战文化建设　张喜德　关晓颖 / 367

八路军文化与全民族抗日　刘　晓　索文清 / 390

八路军部队的军政委员会　王树林 / 406

试论毛泽东关于八路军敌军工作的理论及其思想文化背景
　　王志刚 / 422

略论八路军文化建设的历史经验及其对当前推进社会主义文化
　　建设的重要启示　徐玉凤 / 431

论八路军文化　郝雪廷 / 442

略述华北根据地的八路军文化　李东光 / 452

论武乡根据地对孕育和诞生八路军文化所作的重要贡献
　　孙旭平 / 460

八路军文化问题初探

李 蓉

位于祖国华北地区的山西省,具有源远流长、厚重的文化底蕴,极为丰富的文化资源。传说中的先祖,有炎帝、黄帝、蚩尤、嫘祖、尧、舜、禹、娥皇、女英、皋陶、契、后稷等,先贤辈出;古代文物位列全国前茅。独具特色的中国民居建筑文化,以晋中一带晋商豪宅大院为代表,迄今还保存元明清时期的民居1300多处;瑰丽多姿的戏曲艺术,山西的地方剧种多达56个,占全国剧种的1/6;还有震撼山河的威风锣鼓,丰富多彩的民间歌舞,争奇斗艳的乡村吹鼓乐,绚丽多彩的剪纸和年画等等,这一切都令人神往。2009年1月,山西省委领导提出:"在文化体制改革方面,山西的发展要像挖掘煤炭一样挖掘文化。"①正是在这种背景下,山西的同志把八路军文化的研究提上了日程,这是很有眼力和远见,也是具有浓郁山西特色的一项重要的文化工程。

---

① 尚随刚:《风劲花红》,《人民日报》2010年6月12日副刊。

一、中央领导对文化问题极为重视

中央领导对文化问题极为重视，多次作出精辟论述，为我们从战略高度认识文化问题的重要地位和作用，指明了方向。特别是2010年以来，中央在推进文化建设方面力度很大。2010年7月23日上午，中共中央政治局就深化我国文化体制改革问题进行第22次集体学习。中共中央总书记胡锦涛在主持学习时强调，深入推进文化体制改革，促进文化事业全面繁荣和文化产业快速发展，关系全面建设小康社会奋斗目标的实现，关系中国特色社会主义事业总体布局，关系中华民族伟大复兴。我们一定要从战略高度深刻认识文化的重要地位和作用，以高度的责任感和紧迫感，顺应时代发展要求，深入推进文化体制改革，推动社会主义文化大发展大繁荣。

胡锦涛指出，文化是民族凝聚力和创造力的重要源泉，是综合国力竞争的重要因素，是经济社会发展的重要支撑。深化文化体制改革，是党中央作出的关系我国经济社会发展全局的重大决策。改革开放以来，我国文化建设加快发展、文化日益繁荣，开创了中国特色社会主义文化建设新局面。综合观察当前国际国内形势，我国文化建设既面临许多有利条件也面临严峻挑战。深入推进文化体制改革，推动文化建设和经济建设、政治建设、社会建设协调发展，已成为实现科学发展的必然要求。

胡锦涛还对文化体制改革的指导思想等提出了具体要求，即：体制改革，必须以邓小平理论和"三个代表"重要思想为指导，深入贯彻落实科学发展观，坚持社会主义先进文化前进方向，坚持文化事业和文化产业协调发展，遵循社会主义精神文明建设的特点和规律，适应社会主义市场经济发展的要求，以发展为主题，以体制机制创新为重点，以满足人民群众精神文化需求为出发点和落脚点，着力构建充满活力、富有效率、更加开放、有利于文化科学发展的体制机制，繁荣发展社会主义文化，不断增强我国文化软实力和国际竞争力。

2010年3月，中共中央政治局常委、国务院总理温家宝在十一届全国人大三次会议开幕会上作政府工作报告时指出：国家发展、民族振兴，不仅需要强大的经济力量，更需要强大的文化力量。文化是一个民族的精神和灵魂，是一个民族真正有力量的决定性因素，可以深刻影响一个国家发展的进程，改变一个民族的命运。没有先进文化的发展，没有全民族文明素质的提高，就不可能真正实现现代化。解放思想、改革开放的时代精神，已经成为推动社会前进的先进文化力量，使中华民族充满生机与活力。

中央的正确决策，推动着各地文化建设的发展，也推动着文化历史研究的深入。纪念中国抗战胜利60周年之际，在山西武乡，有八路军文化研讨会；在重庆，有海峡两岸中国抗战大后方历史文化学术研讨会；在福建，有永安抗战文化研讨会，都是围绕着文化做文章。武乡是八路军总部所在地，八路军在华北抗日前线坚持抗战；重庆，是抗战时期国民政府陪都所在地。以重庆为中心的中国西部地区是中国抗战的大后方。重庆的同志认为：大后方人民在浴血奋战的抗战历史中，创造出独具特色的抗战历史文化。大后方抗战历史文化资源是中华民族的宝贵财富，更是重庆历史价值最重要、发展现状最薄弱、抢救保护最紧迫的历史文化资源。进一步深化加强对抗战大后方历史文化的研究，具有十分重要的理论意义和现实意义。

"一部中华文明史，不仅凝结着56个民族的无穷智慧和创造力，也是开放包容、博采众长的结果。弘扬中华文化、建设中华民族精神家园是海内外同胞的共同愿望。"（温家宝语）我们研究讨论八路军文化的意义，也是为着弘扬中华文化、建设中华民族精神家园。其特点是从中国抗战时期八路军的历史文化中吸取营养、总结经验、受到启发。

二、八路军文化的基本定义

抗日战争期间,八路军总部长期在山西,八路军文化的形成和发展也和山西这片土地密切相关。所以,在山西研讨八路军文化,有着天时地利的好条件。八路军文化的研究,涉及八路军文化的定义、定义的意义,八路军文化的形成发展过程和特点、地位作用等等。深入研究这些问题,很有必要,也很有意义。就个人来说,这是一个过去涉猎不多、研究不多的领域,这里只是抛砖引玉,谈一些个人的初步认识。

在现今社会,文化常常被当作一种时髦的修饰语,其意义却大打折扣。人们常常可以听到什么"时装文化"、"饮食文化"、"茶文化"、"酒文化",甚至还有什么"鬼文化"、"麻将文化"[①],似乎只要沾上了"文化"二字,就有了品味,就提升了价值。事实上远非如此。

有关文化的定义有上百种,有三种是常见的:(1)指运用文字的能力及一般知识的文化,如学习文化、文化水平。(2)考古学用语,指同一个历史时期的不依分布地点为转移的遗迹、遗物的综合体。同样的工具、用具,同样的制造技术等,是同一种文化的特征,如仰韶文化、龙山文化。(3)人类在社会历史发展过程中所创造的物质财富和精神财富的总和,特指精神财富,如文学、艺术、教育、科学等。本文所考察的八路军文化,应该是属于上述第三类文化概念,即特指精神活动及其成果。

胡锦涛同志指出,文化是民族凝聚力和创造力的重要源泉,是综合国力竞争的重要因素,是经济社会发展的重要支撑。温家宝同志认为:"文化是一个民族的血脉和灵魂。""文化改变一个民族的命运。"

---

① 周正刚:《文化呼唤真善美》,《人民日报》,2010年3月30日第24版。

什么是八路军文化？应该是指八路军的文化活动、思想观念和文化成果，包括八路军的文化吸引力、价值观吸引力①。八路军文化是实实在在的，体现在八路军的政治思想、文学文艺、新闻出版、教育等若干方面。文化，更多的是一种精神或价值取向。套用温家宝同志"文化是一个民族的血脉和灵魂"的说法，八路军文化是八路军的血脉和灵魂，它是八路军宗旨和性质的、具有深刻内涵的外在体现，是八路军克敌制胜的重要思想武器。1944年10月30日，毛泽东在陕甘宁边区文教工作者会议上的讲演中指出："没有文化的军队是愚蠢的军队，而愚蠢的军队是不能战胜敌人的。"②可见，八路军文化也是部队的战斗力。

抗日战争时期发生过这么一个故事。国民党第二战区副司令长官卫立煌率指挥机关过河东，刚到大宁遇敌人拦阻。要求八路军115师支援，罗荣桓派第686团第3营前去掩护。第二天，敌人将卫部冲散，为掩护卫，第3营第11连指战员在白儿岭顶住敌人800多人轮番进攻。卫脱险后问那里阻敌的有几个团，听说是只有一个连。他很惋惜地说，这个连完啦！没想到这个连胜利归来，仅伤亡20余人，得到师部通报表彰。卫钦佩地说：八路军真能干。他对部下说："你们看看，人家八路军，还扛着梭镖，那么能打，唱起歌来也有精神。可你们垂头丧气的样子，像什么！"后来他特地送给八路军100挺机枪，10万发子弹，表示谢意。这个故事里八路军的精神面貌，就体现了八路军文化的魅力和吸引力。

---

① 张旭东、云贺整理：《软实力中国化要避免误区》，《环球时报》2010年7月13日第14版。

② 《毛泽东选集》第3卷，第1011页。

以往的八路军研究，主要侧重于八路军的军事、政治活动，这对八路军这个中国共产党领导的人民军队、执行政治任务的武装集团而言，也是切合实际的。同时，以往的研究涉及八路军的文化工作，如教育、文学艺术、新闻出版等，但对八路军文化却缺乏宏观、全面、综合的研究。所以，以八路军的文化活动为实践基础，以八路军文化活动、思想观念和文化成果为基本内涵，对八路军的文化活动、思想观念和文化成果及其内在规律，包括八路军的文化吸引力、价值观等深层次问题进行深入的研究和探讨，对八路军文化给予一个基本的、相对比较准确的解读是很有必要的。

八路军文化，主要指八路军的文化活动、思想意识和文化成果。它的内涵可以概括为：听党指挥、方向坚定；团结御侮、英勇善战；威武不屈、民族先锋。

三、提出八路军文化概念的意义

八路军文化，作为一个学术概念的提出，是随着社会的发展特别是改革开放以来中国特色社会主义文化建设的繁荣、发展，随着中国共产党和人民军队历史，特别是八路军历史研究宣传的深入而提出的一个有着特定内涵的概念。

八路军文化概念的提出，有助于新民主主义文化研究的深入。八路军文化是中国共产党领导下的新民主主义文化的重要组成部分。它和当时中国共产党的路线、方针、政策有着密切的关系，和新四军文化、解放区文化等一样，具有鲜明的时代特色，相互间有着十分密切的联系。过去八路军史的研究中，更多地关注八路军的军事活动，对八路军的文化工作多少也有涉及，但专门的、深入的研究不多，八路军文化也成为八路军研究中一个比较薄弱的环节。因此，深入地研究八路军文化，研究八路军文化的内涵、特点、地位和作用，研究八路军文化与抗日根据地文化建设和其他建设的关系、与新民主主义文化的关系，研究八路军文化在形成发展过程中和中国共产党抗战时期的文化工作的关系，研究八路军文化形成发展过程中若干领导人的作用和贡献，等等，都是很有意义的。

八路军文化概念的提出，有助于中国抗战文化历史研究的深入。八路军文化属于中国抗战文化的重要组成部分。研究八路军文化，对于深刻总结中国共产党及其领导下的八路军在抗战时期开展文化及其经验的研究，对于深化中国共产党抗战时期的文化工作及其规律的研究，具有历史意义。

八路军文化概念的提出，有助于人民军队历史的研究。人民军队的文化工作，过去的研究比较薄弱。八路军文化的研究，不仅对深化八路军历史研究很有帮助，而且对深化中国共产党领导抗日武装力量的历史研究，深化党的文化工作历史研究都是很有意义的。

八路军文化概念的提出，对于总结历史经验，以史为鉴，资政育人，繁荣社会主义文化建设，加强中国特色社会主义文化建设，培养社会主义核心价值体系，也具有重要的现实意义和启迪作用。

四、八路军文化的形成和发展

八路军文化产生于中华民族同仇敌忾、共同抵抗日本侵略者的抗日战争时期，其形成和发展也是以这场空前规模和范围的民族解放战争为背景。

八路军是在全国抗战爆发、国共两党第二次合作的情况下，于1937年8月由中国工农红军主力部队改编而来。改编后的八路军（9月11日改称第18集团军，但人们通常仍称八路军）下辖三个师，即第115师、120师、129师及总部直属队，共4.6万人。人数虽不多，但却是由经过了土地革命战争和红军长征考验保留下来的4个军团、9个军、33个师的精英所编成。八路军成立后立即开赴抗日前线，主要活动在华北地区，后有少部分还到华中地区和新四军会合，参加了华中地区的抗战。在此过程中形

成、发展的八路军文化,是和八路军的活动紧密相连的。大致可以分为两个阶段:

（一）1937年8月至1939年12月是八路军文化的形成时期

八路军是中国共产党领导的人民抗日武装,执行党的全面抗战路线和持久战战略方针,是八路军的神圣职责。依靠人民群众,在敌后开展独立自主的抗日游击战争,是八路军的主要作战方式。此时的八路军以军事活动为主,但也重视文化工作,以提高部队战斗力,为抗战服务,保证军事行动的进行。八路军这时的文化工作,主要是以政治文化的形式,以部队政治机关为主要载体,以思想政治工作为主要形式,体现在部队的政治活动之中。1937年8月1日,《总政治部关于新阶段的部队政治工作的决定》指出:"部队政治工作的基本任务是:第一,一切工作为着积蓄与加强抗战的力量,保证在抗战中的胜利。第二,保证党在红军中的绝对领导。第三,提高部队的军事技术和战术,提高指战员的政治文化水平,迅速走上正规化的道路,并创造大批新的干部,使之适应于对日作战的需要,这些都是使红军成为抗日的模范军队,以及成为全国抗日武装和人民大众团结的核心的重要条件。"此《决定》明确提出:"提高文化水准是提高政治军事水准的钥匙"。但总的来说,这期间的文化工作更多的还是侧重于政治文化的范畴。"政治教育工作的方针是教育战士和干部忠实于民族解放的事业,忠实于劳苦人民的利益,忠实于共产党路线和主张。"[①]可见,在此阶段,提高指战员的政治文化水平,是八路军文化工作的主要任务。

---

① 中央档案馆编:《中共中央文件选集》第11册,中共中央党校出版社1991年版,第305—306页。

在此期间，八路军的文化工作得到很好的开展。以活跃在晋察冀的八路军为例。1937年11月，晋察冀军区宣告成立，军区政治部所属的宣传队即抗敌剧社也宣告成立。随后，各军分区也相继成立剧团或剧社。冀中军区成立了火线剧社，平西挺进军成立了挺进剧社，冀东军分区成立了尖兵剧社，回民支队成立了抗战剧社。这些剧团或剧社成立后，陆续开始创作演出。冀中军区火线剧社、冲锋剧社、铁血剧社等创作了一批反映武装斗争的作品，《活路》、《警号》、《小英雄》、《阜平之夜》、《火烧洪子店》等。[①]这些作品虽然大多是报导性的宣传戏，但对抗日军民具有鼓舞和教育作用。

在此期间，关于八路军文化有一标志性的作品，这就是著名的《八路军军歌》。这是《八路军大合唱》中的一首，由公木作词、郑律成作曲，于1939年秋完成。歌词是：

铁流两万五千里，直向着一个坚定的方向！
苦斗十年，锻炼成一支不可战胜的力量。

一旦强虏寇边疆，慷慨悲歌奔战场。
首战平型关，威名天下扬。
首战平型关，威名天下扬。

---

① 肖效钦等主编：《抗日战争文化史》，中共中央党史出版社1992年版，第200页。

嘿！游击战，敌后方，铲除伪政权。

游击战，敌后方，坚持反扫荡！

钢刀插入敌胸膛，钢刀插入敌胸膛。

巍巍长白山，滔滔鸭绿江，誓复失地逐强梁。

争民族独立，求自由解放。

这神圣的重大责任，都担在我们双肩！

虽然这首歌的歌词在各地传唱的过程中有些词句略有出入，但并不影响它的影响和感染力。1965年1月8日，周恩来谈到对电影《东方红》拍摄的几点意见时还强调："可以考虑加八路军军歌，雄壮有力些。"[1]可见这首歌的影响之深。70多年后的今天，我们从这首军歌的歌词中，还能体会到八路军文化的丰富内涵。

（二）1940年1月至1945年9月是八路军文化的发展时期

这一阶段的主要标志是1940年1月毛泽东新民主主义理论的提出和中央关于发展文化运动的指示。八路军遵循新民主主义文化思想，认真贯彻落实中共中央关于发展文化运动的指示以及有关部门的要求，有力地推动了八路军文化工作，从而使之进入了新的发展阶段。

1940年1月9日，毛泽东出席陕甘宁边区文化协会第一次代表大会，作了题为《新民主主义的政治与新民主主义的文化》的长篇讲演。2月15日，这篇讲演在延安出版的《中国文化》创刊号发表，2月20

---

[1]《周恩来文化文选》，中央文献出版社1998年版，第307页。

日题目改为《新民主主义论》，在延安的《解放》杂志发表。毛泽东高屋建瓴地对建设新民主主义文化的重要性作了深刻阐述。他明确提出："我们共产党人，多年以来，不但为中国的政治革命和经济革命而奋斗，而且为中国的文化革命而奋斗；一切这些的目的，在于建设一个中华民族的新社会和新国家。在这个新社会和新国家中，不但有新政治、新经济，而且有新文化。这就是说，我们不但要把一个政治上受压迫、经济上受剥削的中国，变为一个政治上自由和经济上繁荣的中国，而且要把一个被旧文化统治因而愚昧落后的中国，变为一个被新文化统治因而文明先进的中国。一句话，我们要建立一个新中国。建立中华民族的新文化，这就是我们在文化领域中的目的。"[①]与此同时，张闻天也对中华民族的新文化有过精彩阐述。他系统地分析和论述了"中华民族新文化的内容与性质"，强调"中华民族的新文化必须是为抗战建国服务的文化"[②]。

1940年9月10日，中共中央发出《关于发展文化运动的重要指示》。该《指示》根据当时国内不同地区的实际情况，对国民党区域和各抗日根据地的文化运动分别作了规定。其中，八路军等部队的文化工作包括在各抗日根据地的文化运动之中，由军队政治部负责，通过宣传、教育、出版事业的开展，提高部队的理论水平、政治水平和文化水平。要求："各地党部与军队政治部应对全部宣传事业、教育事业与出版事业作有组织的计划与推行，用以普及与提高党内外干部的理

[①]《毛泽东选集》第2卷，人民出版社1991年版，第663页。
[②]《张闻天选集》，人民出版社1985年版，第252页。

论水平及政治水平，普及与提高抗日军队抗日人民的政治水平及文化水平，要使各根据地上干部军队与人民的理论政治及文化水平高于与广于全国各地。"①

10月10日，中央宣传部、中央文化工作委员会关于各抗日根据地文化人与文化团体的指示，进一步落实中央关于发展文化运动的指示，要求"应该重视文化人，纠正党内一部分同志轻视、厌恶、猜疑文化人的落后心理"。要求"各文化团体应该努力指导各学校、各机关、各部队、各民众团体的文化运动，帮助他们组织各种群众的文化小团体，如歌咏队、剧团、文学小组之类，并供给他们以指导者与研究材料。必要时可召集他们开一定的代表会或座谈会。但在组织系统上，这些群众的文化小团体不属于各文化团体而仍属于各学校、各机关、各部队、各民众团体的文化教育宣传部门，以避免各文化团体忙于日常的组织工作，而妨碍文化人基本任务的完成"②。

1940年，中央军委发出《关于发展文化运动的指示》。各部队根据指示精神，即团结一切抗日知识分子，全面开展根据地的文化运动。政治机关除吸收大批知识分子入伍外，还广泛团结社会上一切爱国的知识分子，组成革命文化队伍，大力开展扫除文盲，开办学校，印刷报刊书籍和发展文学艺术等。这不仅为根据地文化建设打下了基础，也为八路军文化的建设提供了有利条件。1940年，八路军各部队派出大批干部帮助地方开办各种形式的夜校、识字班，帮助扫除文盲和普及小学教育，掀起了学习文化

---

① 中央档案馆编：《中共中央文件选集》第12册，第487页。
② 中央档案馆编：《中共中央文件选集》第12册，第496页。

的热潮①，同时还加强文化建设，创办刊物等等。如1940年10月八路军山东纵队机关报创办了《前卫报》。按中央要求，各部队还要"挑选对文化工作有兴趣的青年知识分子开办各种文化工作干部的学校或训练班，以培养新的文化工作干部。选择机关部队中有文艺天才的'小鬼'，给以长期的训练，亦甚重要。"②

1944年1月，陈毅写下了《过太行山书怀》。其中写道："我行半中国，廿年不暖席。""此日见太行，险峻称第一。""太行山似海，波澜壮天地。山峡十九转，奇峰当面立。""人心有向背，所到皆振臂。政治尊民主，联合定大计。经济重生产，首事减租息。文化归大众，工农兵统一。民间艺术源，提炼显神迹。"诗词中反映和称赞的太行山地区的文化特色，实际上也是从侧面对八路军文化软实力的真实描写。

五、八路军文化的主要特点

（一）代表了先进文化的前进方向

八路军是中国共产党领导的人民抗日武装的主力部队之一，担负着中国共产党政治任务的武装集团。在文化方面，八路军也完全接受中国共产党的领导，在文化形态上属于新民主主义文化范畴。新民主主义文化，是中国共产党总结领导中国革命的经验，在抗战时期提出来的一个重要主张。中国共产党关于建立一个新民主主义社会，在这个社会中建设新民主主义文化的主张，成为敌后抗日民主根据地建设的指导思想，

---

① 中国人民解放军历史资料丛书编审委员会：《八路军·综述大事记》，解放军出版社1994年版，第119页。

② 中央档案馆编：《中共中央文件选集》第12册，第499页。

也直接影响到八路军文化的形成和发展。"今日中国的军事、经济、政治、文化虽不如日本之强,但在中国自己比较起来,却有了比任何一个历史时期更为进步的因素。中国共产党及其领导下的军队,就是这种进步因素的代表。"[1]在文化方面,中国共产党及其领导下的军队,也就是代表文化新方向的力量。所以,毛泽东在讲到中国抗战能够持久和最后胜利的根据时,列举了若干要素,其中包括"战争中的经验,军队的进步,政治的进步,人民的动员,文化的新方向的发展,游击战争的出现,国际援助的增长等等"[2]。文化的新方向的发展,也是保证抗战胜利的重要因素。而八路军文化属于新民主主义文化范畴,代表着先进文化的前进方向,这是应有之义。

(二)体现了新民主主义文化的民族性、科学性和大众化

八路军文化的重要特点之二是它的民族性、科学性和大众化。八路军文化诞生于民族解放战争的烽火之中;它以马克思主义作为其理论基础,把科学理论和中国实际相结合,代表着先进文化的前进方向,是具有科学性的;它面向广大抗日军民,为抗日军民服务,采取人民群众喜闻乐见的形式,所以它是大众化的。正如毛泽东所说:"这种新民主主义的文化是民族的。它是反对帝国主义压迫,主张中华民族的尊严和独立的。它是我们这个民族的,带有我们民族的特性。它同一切别的民族的社会主义文化和新民主主义文化相联合,建立互相吸收和互相发展的关系,共同形成世界的新文化;但是决不能和任何别的民族的帝国主义反动文化相联合,因为

---

[1]《毛泽东选集》第2卷,第449页。
[2]《毛泽东选集》第2卷,第467页。

我们的文化是革命的民族文化。""这种新民主主义的文化是科学的。它是反对一切封建思想和迷信思想，主张实事求是，主张客观真理，主张理论和实践一致的。""这种新民主主义的文化是大众的，因而即是民主的。它应为全民族中百分之九十以上的工农劳苦民众服务，并逐渐成为他们的文化。"①以后，毛泽东还进一步指出："我们的文化是人民的文化，文化工作者必须有为人民服务的高度的热忱，必须联系群众，而不要脱离群众。""在一切工作中都是如此；在改造群众思想的文化教育工作中尤其是如此。"②毛泽东提出和阐述的这些原则，不仅对八路军文化的发展起到了重要的指导作用，而且构成了八路军文化具有的民族性、科学性和大众化的特点。

（三）同抗日根据地的文化建设密切相关

八路军文化与抗日根据地的文化建设息息相关，直接服务于根据地的文化建设，这也是其重要特点之一。"一定的文化（当作观念形态的文化）是一定社会的政治和经济的反映，又给予伟大影响和作用于一定社会的政治和经济"。"至于新文化，则是在观念形态上反映新政治和新经济的东西，是替新政治新经济服务的。"③确实如此，如八路军文化与八路军的军事、政治紧密相关，对其政治、军事也是具有重要影响和作用，并为之服务的。这从八路军文化的发展和八路军的发展壮大相辅相成、产生重要影响和作用也可见一斑。八路军文化工作由八路军的性质和任务所决定。八路军按照中国共产党提出的全面抗战路线，遵循持久战的

---

① 《毛泽东选集》第2卷，第706—708页。
② 《毛泽东选集》第3卷，第1011、1012页。
③ 《毛泽东选集》第2卷，第694、695页。

理论，开展敌后游击战，建立抗日根据地等。八路军在当地党和人民群众的支持下，在敌后开辟了晋察冀、晋绥、晋冀豫、冀鲁豫（后两者合并为晋冀鲁豫区）、河南、山东等抗日根据地。八路军文化同各抗日根据地的文化建设不可分离，同属中国共产党文化特别是抗战时期中国共产党的文化工作的有机组成部分。这些根据地建设中的文化建设和八路军文化有着密切关系，有时甚至不能分离。

（四）具有突出的军旅文化的特点

八路军文化主要是一种军旅文化。它以部队为主要基地，形成、发展、成为部队建设的重要内容，但也包含着一般文化发展的规律。八路军成立后，以军事活动为主，但也有文化活动，而且持续时间长、范围广，其主要形式是宣传、教育和出版，等等。八路军文化，主要是通过广大八路军指战员开展文化活动和取得文化成果这个过程体现出来。它是八路军文化的活动方式与活动成果的辩证统一。这两个方面是互相依存、互相制约的。相比起抗日根据地的文化建设，八路军文化具有相对独立性，更多地体现出部队的软实力。而部队的软实力，又和根据地的文化建设互相依存，不可分离，在文化方面，抗日军民是一家，共同寻求发展。

六、八路军文化的地位和作用

（一）八路军文化是争取抗战胜利的有力武器

抗日战争期间，八路军文化和其他抗战文化一样，为激励八路军将士和抗日友军、民众的抗日决心，发挥了重要的积极作用，是八路军软实力的重要表现。抗日战争时期，是中华民族遭受日本帝国主义侵略、民族危急最为严重的时期，也是中华民族的民族意识最为高昂，全国人民的爱国激情最为炽烈，中华民族奋起抗战最为坚决并取得彻底胜利的时期。这个时期的文化，无论是对激发国人的爱国热情、凝聚国共同仇敌忾所起的巨大作用来说,还是对后来的重大影响来说,都是极为卓著的。①八路军文化直接服务于抗战,为着抗战的胜利。八路军文化以其独特的文化吸引力和价值吸引力,感召着全体指战员,也影响着全国军民。在全国抗战的八年中,八路军同日、伪军作战约10万次,消灭敌人125万。部队由改编时的4万多人发展到1945年底的102万人。这样巨大的力量发展,成为中国抗战胜利并且成为人民的胜利的重要保障。

(二)丰富多彩的八路军文化是抗日军民的精神食粮

八路军文化丰富多彩,它和其他抗战文化一样,是团结、教育和鼓舞抗日军民的重要途径,也是坚定抗日信心、争取抗日胜利的重要精神食粮。据老同志回忆,当年的太行山上,既有属于八路军总部的文艺团体如鲁迅艺术学院(是从延安来的),也有第129师的先锋剧团,还有行署领导的太行剧团。各军分区都有文工团,各县差不多都有剧团,其中以武乡和襄垣剧团最好。这些文艺演出单位演话剧、歌剧、京剧、晋剧、上党戏(包括上党梆子、上党落子等)、襄垣秧歌,太行山东麓的武安、涉县(现划归河北省)等地还有小落子腔、丝弦等。文工团还演大合唱、小合唱、独唱、活报剧等等。这些文艺团体演过《黄河大合唱》、《兄妹开荒》、《王贵与李香香》、《白毛女》、《赤叶河》等等,都受到群众的欢迎,做到了寓教于乐。八路军文化的丰富性和多样性,也是抗战文化内容丰富性多样性的体现和反映。

(三)八路军文化是团结其他抗日力量的重要途径

在八路军开展文化活动的过程中,不仅注意发挥部队中知识分子的作

---

① 肖效钦等主编:《抗日战争文化史》,中共党史出版社1992年版,第1页。

用,还团结社会上一切可以团结的抗日知识分子,加入到抗日队伍中来。八路军文化成为团结一切抗日力量的平台,发展抗战文化的有利途径。八路军文化也体现抗日民族统一战线的精神。在中央的文件中,对文化战线的抗日民族统一战线有这方面的要求。"各根据地上的文化教育工作,不论是消灭文盲工作,学校教育工作,报纸刊物工作,文学艺术工作,除党校与党报外,均应与一切不反共的资产阶级知识分子及小资产阶级知识分子联合去做,而不应由共产党员包办。要注意收集一切不反共的知识分子与半知识分子,使他们参加到我们领导下的广大的革命文化战线,应反对在文化领域中的无原则的门户之见。"[1]八路军文化工作也采取统一战线的方针,不由共产党员包办一切,注意发挥其他抗日分子的抗日热情和创造性,组成抗日文化队伍,收到了很好的效果。

（四）八路军文化是抗日民主根据地文化建设的重要支撑

八路军是抗日民主根据地文化建设的积极参与者、重要支撑者。八路军给根据地带来了生动活泼的精神文化生活。在驻有部队的地方,普遍办起了快报、墙报、黑板报,开展球类、拔河、扭秧歌等文体活动。逢年过节,部队文艺团体都要举办军民联欢会。部队文艺工作人员还为地方培训文艺骨干,帮助建立村剧团等组织。八路军还在根据地传播进步思想,引导群众移风易俗。部队所到之处,以各种形式宣传共产党的方针政策和政府的法令规定,积极扫除过去愚昧落后、迷信鬼神、男女不平等、婚姻不自由、妇女遭凌辱等旧社会的弊病。八路军还派出许多女干部参加工作队,帮助根据地妇女提高觉悟、挣脱封建枷锁,动员她们积极参加缝衣队、

---

[1]《中共中央文件选集》第12册,第487页。

慰劳组、姐妹会和妇救会等抗日团体。随着妇女社会地位的提高，许多妇女积极分子参加政府工作，有的成为村长、区长和县长，有的被选为边区的参议员和政府委员，直接参与管理抗日大事。大批妇女参加妇女自卫队，拿起武器保卫家乡，协助部队对敌作战。据晋察冀边区统计，该区的妇女自卫队员至1939年发展到30余万人。她们在配合部队打击敌人，特别是在维持地方治安方面发挥了巨大作用。①

（五）八路军文化是为群众服务的文化

八路军文化为群众服务，主要是通过文化活动和文化成果来实现。正如1939年初晋察冀军区政治部主任舒同所指出的：要有反映敌后的人民、军队和政治建设的作品，才能真正密切地为群众服务②。这一观点在延安文艺座谈会以后，在八路军文化中得到了更突出的体现。聂荣臻在延安文艺座谈会后，在晋察冀军区召开的文艺工作会议上讲话，强调了八路军对文艺工作的态度，八路军文艺工作的地位、前途、成就以及团结等问题。他指出："伟大的作品一定要产生，而且一定产生在前线，产生在堡垒附近。"在文艺为工农兵服务的思想指导下，文艺工作者们纷纷深入生活，深入实际。军区政治部也及时发出《关于各分区剧社执行创造铁军工作的指示》，制定了创造模范社竞赛条例，从而推动了边区文艺运动迅速向前发展。③而边区文艺运动的发展又为抗日军民、人民群众提供了更多的精神食粮。

---

① 中国人民解放军历史资料丛书编审委员会：《八路军·综述大事记》，解放军出版社1994年版，第119页。

② 《中国人民解放军文艺史料选编》（抗日战争时期）第2册，第72页，转引自《抗日战争文化史》，第200页。

③ 《抗日战争文化史》，第202页。

七、八路军文化和太行精神、民族精神的关系

八路军文化和太行精神有着密切的关系。太行山是八路军活动的重要区域之一。太行区包括山西省东南部，河北省西部，河南省黄河以北西南部。太行山海拔1500米以上，其山纵贯南北，峭壁如林，居高临下，易守难攻，历代为兵家必争之地，是开展游击战争的天然战场。全国抗日战争爆发后，八路军第129师进入太行山后，即在中共中央北方局的直接领导下，大刀阔斧地开展根据地工作。一二九师与太行区地方党组织结合，发动群众、组织群众、武装群众，迅速开展了抗日游击战争的新局面。太行山的游击队在各地如雨后春笋般成长起来了，太行山的800万劳苦大众和广大人民动员起来了，工人、农民、知识分子和广大青年学生争先恐后地参加抗日武装，每个城镇和乡村都出现了"母亲叫儿打东洋，妻子送郎上战场"的动人事迹。"村村像军营，人人都是兵，抗日根据地，一片练武声"，抗日的烽火在太行山熊熊燃烧。在一个封闭落后山高崖险的山区坚持抗战八年；在一个没有任何物资接济和给养的环境中发展、成长、壮大；一个没有现代武器装备，有的只是"小米加步枪"的军队，要对付拥有现代飞机大炮，数倍于自己的疯狂侵略者，并且最后还取得战争的胜利，根据地军民遭遇了多少艰难困苦，经历了多少浴血奋战！在严峻的天灾人祸面前，根据地军民没有粮食自己种，没有衣物自己织，没有水源自己挖，没有蔬菜自己种。从八路军的总司令、部队首长、地方干部到普通士兵和老百姓，军民和衷共济、共渡难关，正是这种军民鱼水、艰苦奋斗的精神，共产党才赢得了群众，赢得了战争。

在纪念中国人民抗日战争胜利60周年之际，中共中央总书记、国家主席、中央军委主席胡锦涛于7月29日至31日到山西省考察，专程前往位于太行山脉的革命老区山西省长治市武乡县，参观了八路军太行纪念馆、八路军总部王家峪旧址,深情瞻仰邓小平、刘少奇、朱德、彭德怀、刘伯承、左权等老一辈革命家旧居,亲切会见了当地抗日老战士、老民兵、老支前"模范代表"。胡锦涛指出:"八路军和太行儿女为抗日战争的胜利作出了巨大牺牲和重要贡献。抗日战争中培育的太行精神,凝聚着中国共产党人的优秀品质,凝聚着中国人民的奋斗精神,永远是中华民族的宝贵精神财富。"

什么是太行精神?太行精神是在抗日战争特殊的历史条件下孕育而成的一种中华民族的特殊品质,那么这种特殊品质的深刻内涵是什么呢?2004年8月,中共中央政治局常委李长春同志在对太行老区进行实地视察后指出,太行精神是在国家和民族处于危亡的关键时刻,中国共产党领导太行儿女展现的不怕牺牲、不畏艰险的革命英雄主义精神,是在极其艰苦的条件下,展现的百折不挠、艰苦奋斗的精神,是为民族的解放展现的万众一心、敢于胜利的精神,是为人民利益展现的英勇奋斗、无私奉献的精神,是数千年来中华民族精神的积淀和延续。

太行精神和民族精神有着密切的关系。胡锦涛强调:"抗日战争胜利60年了。但是,中华民族在这场战争中表现出来的伟大民族精神,永远是激励我们奋勇前进的强大力量。今天,我们仍然要继承光荣传统,弘扬民族精神,发愤图强,开拓进取,为全面建设小康社会、实现中华民族的伟大复兴而团结奋斗。"太行精神和民族精神完全一致,太行精神也是民族精神的重要组成部分。

八路军文化和太行精神、民族精神有着密切的关系。八路军文化包含着太行精神和民族精神。同时又以八路军为载体,体现出太行精神和民族精神;而八路军文化,则是八路军的血脉和灵魂。正如2010年8月6日下午,中共中央政治局常委、国务院总理温家宝在中央文史研究馆亲切会见来自香港的馆员、著名学者饶宗颐先生时所说："文化是一个民族的血脉和灵魂。"

八路军文化是一个具有丰富内涵的概念，同时是一个崭新的概念，还需进一步发掘，继续深入的探讨和研究。这个过程，也是我们对八路军文化、民族精神的学习过程，也是不断提高对文化建设的认识，更好地弘扬中华文化、建设中华民族精神家园的过程。

作者简介：

　　李　蓉　中央党史研究室第一研究部副主任、研究员

浅谈八路军文化的基本内涵与时代特色

王聚英　杜　伟

举办八路军文化研讨会这次是首届，对于推动抗日战争史和八路军抗战史研究，对于弘扬抗战精神和太行精神是一个重大举措。八路军文化产生于全国性抗日战争时期，是抗战文化的重要组成部分。提出与确立"八路军文化"概念，很有必要，也具有重要的历史意义和现实意义，尤其是对于进行革命传统教育和爱国主义教育，它既是重要的教育内容，又是总结与借鉴在抗战中八路军文化兴起与建设的历史经验，必定会对今天繁荣与发展中华民族的先进文化事业产生重要作用。本文仅就八路军文化的产生背景、基本内涵与历史特点做些粗浅的探讨与论述。

一、八路军文化是抗日文化的重要内容，具有明显的历史时代性

八路军文化诞生于烽火连天的全民族抗战时期，具有明显的历史时代性。1937年8月，八路军建立之后，为了抗日救国，挺进华北抗日前线，开展抗日游击战争，创建抗日根据地，同日本侵略者展开了浴血奋战。在中共中央、中央军委、八路军总部的领导下，认真贯彻中国共产党的文化教育政策，在艰苦的战争环境里，积极发展文化事业，取得了重大成绩。

与此同时，也创造了八路军文化。

什么是八路军文化？八路军文化的实质是什么？八路军文化主要特征有哪些？这些都是我们应该研究和确定的理论问题。我们认为，确定八路军文化的含义应当具备三个要素，一是明确八路军的性质，二是明确八路军的军事活动和精神面貌；三是明确八路军文化的实质。据此，我们认为，八路军文化的含义应作确切的科学定义。

从狭义上讲，是指八路军在抗日前线英勇杀敌的军事战斗活动和人民军队抗日救国精神风貌的生动反映及丰富成果。从广义上讲，是指抗日战争时期八路军在中国共产党倡导的抗日民族统一战线旗帜下，在抗日前线英勇奋战和创建发展敌后抗日根据地过程中，大力进行民主政治、经济、军事等建设的同时，积极开展文化教育建设，从军事文学、干部教育、群众教育、新闻出版、艺术创作、文艺演出等方面所创造形成的抗战文化事业，是抗日文化的重要内容与组成部分。为此，八路军文化的定义应当是，八路军文化是抗日战争时期八路军在中国共产党的领导下，为反映敌后艰苦奋战的军事战斗生活和表现抗日救国、英勇杀敌的抗战精神而创造形成的先进抗日文化成果。

八路军文化是抗战文化的一种表现形式。抗日文化具有几个层面：（一）中华民族抗日文化。（二）中国共产党文化和国统区文化。（三）八路军文化和各抗日根据地文化。抗日文化是当时历史时代的主流革命文化，代表了中华民族的先进文化方向。中国共产党顺应时代潮流与要求，弘扬抗日文化主旋律与抗战精神，主张坚持抗战到底，堪称抗日民主的模范，是新民主主义文化。八路军是中国共产党领导的一支人民军队，战斗在抗日最前线。1944年10月30日毛泽东在《文化工作中的统一战线》中指出："没有文化的军队是愚蠢的军队，而愚蠢的军队是不能战胜敌人的。"①八路军在抗日文化的推动下，用时代最先进的革命文化武装思想，在抗日战争中创造了具有浓厚军事特色的八路军文化。

抗日烽火年代产生反映历史时代的文化。八路军文化，既体现在八路军抗日的军事活动成果与活动方式中，也体现在华北各抗日根据地建设发展之中，同时也渗透到抗日战争时期特定历史阶段的中国社会。《八路军军歌》《我们在太行山上》等八路军歌曲，唱遍敌后抗日根据地和全国各地，反映了历史时代的最强音。"母亲叫儿打东洋，兄弟相争把兵当"的歌词，具有鲜明的时代气息。《八路军军政杂志》、晋察冀边区的《抗敌报》、晋绥边区出版的《抗战日报》等一批报纸杂志，只能产生在抗战时期。代表了抗日战争时期的先进文化方向，因而也体现了明显的抗日历史的时代特色。

八路军文化是伴随着八路军的建立、发展而形成发展，又受到抗日民主根据地的社会历史条件的进步影响，也受到中华民族团结抗日的洪流推动而发展延续。因此，八路军文化的发展经历了一个产生、创新、吸收、扬弃的过程，从而使八路军文化具有鲜明的时代特征和历史性特征。研究这一历史时代性特征，会使人们对八路军文化的认识更加深刻，从而明确八路军文化发展的历史方向，更好地提倡与发展先进文化。

二、八路军文化是代表先进文化方向的革命文化，具有强烈的革命战斗性

毛泽东在《新民主主义论》中曾指出："革命文化，对于人民大众，是革命的有力武器。革命文化，在革命前，是革命的思想准备；在革命中，

---

①《毛泽东选集》第3卷，第1009页。

是革命总路线中的一条必要的和重要的战线。"①毛泽东还在《在延安文艺座谈会上的讲话》中指出："要使文艺很好地成为整个革命机器中的一个组成部分，作为团结人民、教育人民、打击敌人、消灭敌人的有力的武器，帮助人民同心同德地和敌人作斗争。"②抗日救国是当时中国人民的主要任务，也是抗战文化的政治方向。八路军文化就是一种中华民族的抗日的革命文化，在全民族抗战中，发挥了重要的革命战斗作用。

在抗日战争时期，延安一大批优秀的先进文艺工作者在中国共产党领导下，艰苦奋斗，各展其才，使延安成为抗日新文化及八路军文化的摇篮。抗战文化工作团，1938年5月成立，隶属陕甘宁边区文化界救亡协会和八路军总政治部领导，总部设在延安。其主要任务是搜集战地资料，反映前线生活；推动文艺运动，建立文艺组织；负责分派文艺工作团成员奔赴抗战前线工作；编审出版《文艺突击》杂志。在抗战文艺工作团的提议和协助下，晋察冀成立了文化协会，冀中成立了"燎原文艺社"，晋西北成立了文化工作者协会，八路军第120师建立了文艺通讯网。许多报刊报道赞扬抗战文艺工作团发起组织文艺工作者到前线去，冒着猛烈的炮火，通过敌人的封锁线，到广大的华北敌后抗日根据地去，甚至有的文艺工作者化装到敌占区去，与敌人直接作斗争。

1937年8月12日，西北战地服务团在延安成立，其全称是十八集团军西北战地服务团(简称"西战团")。它是在中国共产党领导下的一个半军事化、以宣传为主的文化团体。该团先后在丁玲、周巍峙等人的率领下，

---

① 《毛泽东选集》第3卷，第701页。
② 《毛泽东选集》第3卷，第850页。

奔赴抗日前线，以高度的革命热情和惊人的毅力，走一路宣传一路，驻一村宣传一村，为前线将士和抗日民众演出了京剧、秦腔、大鼓、相声、快板、活报剧、双簧等节目，还演出了大型话剧《八百壮士》等，长期活动在西北和晋察冀地区。在宣传抗日、动员群众、鼓舞士气方面发挥了很重要的革命作用。

晋察冀边区的文化运动是在为抗战服务的前提下开展起来的。1937年11月，八路军晋察冀军区成立后，军区政治部所属宣传队即抗敌剧社随之成立。随后，冀中军区的火线剧社、平西冀热察挺进军的挺进剧社、冀东军分区的尖兵剧社以及回民支队的抗战剧社等，都举起了文艺宣传的旗帜。到1938年，冀中火线剧社、冲锋剧社、铁血剧社创作了一批反映抗日武装斗争的作品。例如，《活路》、《小英雄》、《火烧洪子店》等。这些戏大多是报导性节目，但很有现实性和战斗性。1937年底，八路军战斗剧社随第120师挺进晋西北，以戏剧为主的文艺运动也随之兴起。120师除了属师政治部直接领导的战斗剧社外，各旅都有剧社，在师长贺龙的直接关怀下，战斗剧社成为边区戏剧战线的主力，在部队和晋绥边区的文艺宣传活动中发挥了重要作用。

1938年10月，八路军留守兵团政治部宣传队，又称烽火剧团在延安成立。团员们深入基层和前沿阵地，宣传演出，到处点燃和传播抗战文艺烽火，发挥了有力的战斗作用。《烽火剧团团歌》的歌词写到："我们是熊熊的一把火焰，我们是民族解放的先锋队员，我们要用戏剧来从事宣传，要动员广大群众来参加抗战。舞台是我们的堡垒，街头是我们的营盘。我们抗战不怕困难，打倒日本强盗，胜利在我们前面！"[①]

---

① 欧阳植梁、陈芳国主编：《武汉抗战史》，湖北人民出版社，第522页。

各抗日根据地出版发行的报刊、杂志及图书都有一定的规模，内容丰富，文字简洁，时效性强，具有鲜明的战斗性。特别是出版发行了毛泽东的《论持久战》和《新民主主义论》等许多论著，以及大量的抗战读物和文化书籍，在被敌人分割包围的艰苦环境中，为坚定敌后军民抗战胜利的信心，激励和鼓舞人民的抗战士气，揭露日军的残暴罪行和分化瓦解日伪军发挥了重大作用。

敌后抗日根据地抗战文艺十分活跃。八路军各部队的文化人士和广大的文艺工作者，面向工农兵大众，在艰苦的战斗环境中，克服重重困难，创作出大批反映抗日战争现实，讴歌抗日民主根据地建设，揭露敌人罪行的诗歌、戏剧、报告文学和小说。这些充满战斗性的革命文化，对于推动人民参加抗战，激励军民的抗日斗志，揭露和瓦解敌人，以及传播新思想、新文化都发挥了重大作用。

教育培养与造就八路军干部，是八路军文化的重要内容。为了坚持敌后抗战，迫切需要培养成千上万的抗日干部，去宣传、组织和武装群众，广泛地开展抗日游击战争，实行人民战争，创造与发展敌后抗日根据地。因此，在华北敌后各抗日根据地，随着八路军等抗日武装的迅速发展壮大，各系统的干部学校和干部训练班，如雨后春笋般地发展起来。1938年至1940年3月间，华北各抗日根据地的干部学校，除抗大总校和华北联合大学外，军事系统有抗大第一、第二、第六分校，晋察冀军区军事学校，晋察冀边区军政干部学校，冀南军政干部学校，八路军晋南干部学校、晋西北军政干部学校，山东鲁南军政干部学校和胶东抗日军政干部学校等等。八路军各部队还有随营学校或教导队。这些抗日学校不仅学习军事、政治，还学习文化，教育培养了大批的抗日干部。文化教育为八路军坚持抗战，夺取抗战胜利发挥了重大作用。

三、为宣传八路军抗战精神而发展的新闻出版事业，具有抗日的民族大众性

新闻出版事业是文化教育建设非常重要的方面。八路军文化在八年抗战中，与人民大众同呼吸，共命运，息息相关。八路军创办的报纸杂志，不仅是党和八路军的宣传工具，也是人民大众抗日的喉舌。为了向全民族与人民大众宣传团结一致、抗日救国、抵御外侮、百折不挠、不怕牺牲、英勇奋战的抗战精神，华北敌后抗日根据地八路军各部队、党政机关和人民团体，积极创办了各类报纸、杂志，印刷出版了大量书籍。据统计，华北各抗日根据地出版的大小报纸共计150种以上，杂志140种以上。[①]从各报刊的名称、种类和内容都可以看出，新闻出版事业不仅发展规模大，而且具有抗战的民族的大众性。

八路军开辟晋察冀根据地后，十分重视新闻出版工作。边区创办抗日报刊较早，有近百种。1937年12月11日创办了《抗敌报》。1940年11月17日改名为《晋察冀日报》。晋察冀军区办有《子弟兵报》、《抗敌画报》。主要报纸、综合性刊物还有：《救国报》、《边区导报》、《战斗报》、《民族革命》、《部队生活》、《新长城》月刊、《群众杂志》、《抗敌周报》、《自卫报》、《导报》月刊、《北方文化》、《战斗生活》、《时事特刊》、《中国青年》（晋西版）、《冀中抗敌报》、《冀中导报》、《抗战时代》、《火线半月刊》、《平西挺进报》、《文艺通讯》、《战士文艺》、《抗战文艺》等。同时，在各专区、县也涌现了一批党报，总数在50种以上。《抗敌报》、《救国报》、《边区导报》、《冀中导报》一经出版就发行几千份、上万份，有效地宣传了党的抗

---

① 军事科学院：《中国抗日战争史》（中卷），解放军出版社，第350页。

日方针政策。

八路军115师创办有《战士报》，山东抗日根据地出版了《大众日报》、《胶东大众报》、《群众报》等报纸，还出版了《大众》、《战地妇女》、《山东群众》等各类杂志，出版发行了大量的抗战读物和文化书籍。

晋冀鲁豫边区的文化工作以提高人民的民族文化和民族觉悟为宗旨，随着边区的创建，形成了有力地宣传抗战的舆论阵地。1939年1月1日在沁县创办了《新华日报》华北版。它是中共中央北方局的机关报，也是敌后第一张铅印的大型日报。1943年10月1日，报纸改归中共太行分局领导，成为太行分局的机关报，报纸发行量达到3万份。日军的几次"扫荡"都以摧毁新华日报社为主要目标之一，因此，报社不得不经常转移，曾经迁到武乡、辽县、涉县等地出版。1939年7月，报纸在反"扫荡"中出版了东线、南线、西线、北线4个版的油印报和石印报。1941年进一步改造了印刷设备，使其适应在游击战争中出版小型的铅印报的需要。1942年5月，在反"扫荡"中，新华日报社有27人献出了宝贵的生命，其中包括第一任社长兼总编辑何云。该报在抗战宣传中发挥了很大作用。此外，还有冀鲁豫区的党委机关报《冀鲁豫日报》、冀南区的党委机关报《冀南日报》、太岳区的党委机关报《太岳日报》、晋冀豫区的党委机关报《晋冀豫日报》。据1941年初统计，边区有6种铅印或石印的报纸。其他还有《中国人报》、《战斗日报》、《黄河日报》、《新生报》、《中条战斗报》、《条西战报》、《平原报》、《抗战》（三日刊）、《胜利报》、《行军日报》、《战地报》、《战讯日报》、《抗战导报》、《文化生活》、《抗战生活》、《华北文艺》等30多种报纸和38种杂志。

晋绥边区党委于1940年9月18日创办了全区性的铅印报纸《抗战日报》，成为晋西北区党委的机关报。1942年9月，中共晋绥分局成立，《抗战日报》就成为晋绥分局的机关报。报纸创办于山西兴县,创刊时为3日刊,1942年元旦后改为双日刊,并且提出了地方化、通俗化、杂志化的编辑方针。同年5月19日正式改版,成为日刊。《抗战日报》始终是晋绥人民心目中的明珠和灯塔,是办得最好的敌后报纸之一。除此之外,在晋绥边区还先后办有《战地通讯》、《西北战线》、《战地烽火》、《新西区报》、《战斗报》、《战斗日报》、《洪涛报》、《绥蒙抗战》、《晋绥大众报》、《战动通讯》、《战旗》、《动员》、《岚动》、《抗日自卫》、《抗日建国》、《汾源怒吼》、《抗战》、《抗日前锋》、《抗战形势》、《农村救亡》、《大众呼声》、《前线报》、《前哨》、《前线月刊》、《临河日报》等50多种。同时,部队还不定期出版《战斗文艺》。美协和部队定期出版两种画报,音协出版《晋西歌声》。各报刊还有广泛的通讯网,仅《抗战日报》就有1000多名通讯员,全边区的通讯网拥有2000多名通讯员,使报纸真正成为人民的喉舌。这些都反映了抗战新闻的民族大众性。

四、为反映八路军战斗生活开展的文学艺术活动,具有很强的科学艺术性

马克思主义认为,文学艺术既要强调革命性,又要重视艺术性。毛泽东指出:"我们只是强调文学艺术的革命性,而不强调文学艺术的艺术性,够不够呢?那也是不够的,没有艺术性,那就不叫做文学,不叫做艺术。"[①]在抗日战争时期,八路军在敌后抗日根据地和前线,与日军英勇拼杀,在烽火硝烟中,这种血与火的战斗生活,是文学艺术创作的生动内容。八路军文化工作者和一批文学艺术家纷纷创作,运用文艺形式表现,

---

① 《毛泽东文集》第2卷,第428—429页。

涌现了一大批文学艺术作品。内容是真实的，革命的，因而是科学的，且形式表现具有很强的艺术性。

晋察冀边区的文学艺术活动是在为抗日战争服务的前提下开展起来的。1938年边区成立了"文艺救国会"，同年冀中也成立了"文艺救国会"。当时在边区出现了晋察冀诗人群，他们曾组织"战地社"等诗歌团体，编辑出版了《诗建设》等刊物。《诗建设》一直坚持到1942年，前后出刊了50多期，发表了大量反映军事斗争的诗歌，这在战争频繁的敌后抗日环境中是不多见的。陈辉是边区一位很有才华的年轻诗人，1944年在平西与敌搏斗中英勇牺牲，时年仅24岁，留下了《平原手记》、《平原小唱》等作品，是反映华北平原抗战生活的壮美颂歌。周而复于1945年创作的《晋察冀行》报告文学集，歌颂了聂荣臻将军热爱人民的崇高精神，描写了党领导的军队在开辟根据地工作中所表现出的披荆斩棘的革命毅力。1938年参加革命工作的作家孙犁，也是长期在晋察冀边区工作，写了不少反映人民在抗日战争中英勇奋斗的事迹的作品，如《村落战》、《荷花淀》、《芦花荡》等。1942年延安文艺座谈会后，晋察冀军区召开文艺工作会议。聂荣臻作了《关于部队文艺工作诸问题》的讲话，号召文艺工作者到连队中去，到炮火连天的战场上去。同时，军区政治部发出了《关于各分区剧社执行创造铁军工作的指示》。丁里创作的反映边区军民反扫荡斗争的多幕话剧《子弟兵和老百姓》；胡可创作的反映拥军模范、被誉为"子弟兵的母亲"的多幕话剧《戎冠秀》；杜烽描写八路军战士的典型形象的大型话剧《李国瑞》等。这些作品源于生活，紧扣抗日主题，受到边区军民的热烈欢迎。

随着晋冀鲁豫根据地的巩固和发展，以戏剧运动为主的文艺运动也迅速开展起来。1939年初边区召开了剧人座谈会；2月，召开了有67个大戏剧团体的代表参加的大会，正式宣告全国剧协晋东南分会成立。在边区戏剧运动中,有一些剧团起了骨干作用。如八路军太行山剧团,参加了百团大战,在火线上为广大战士演出,并为边区高级军事干部会议和部队进行慰问演出。1941年4月,太行山剧团称为总团,各专署成立了分团。创作的剧目有:李伯钊的《农救秘书》《流寇队伍》《母亲》,洪荒的《保卫抗日根据地》《军民合作》等,赵子岳的《幸福家庭》,赵树理的《人间地狱》《小二黑结婚》《李有才板话》等;还有歌剧、歌舞剧、歌表演、活报剧、街头剧、秧歌剧等。129师宣传队即先锋剧团,随部队挺进敌后,参加开辟太行山、鲁西北等抗日根据地的斗争,1940年秋,与西北青年救国会第二演剧队合并,仍称先锋剧团,参加了百团大战和频繁的反"扫荡"斗争。在参加多次戏剧会演和延安文艺座谈会后,他们提高了认识,创作了一批好作品,如《李马保》《模范农家》《窑洞保卫战》等;还有一批短剧和秧歌剧,如《军人招待所》《张来财探宝》《双送礼》等。在冀鲁豫边区有343旅的战友剧社,鲁西北有聊城孩子剧团,泰西有山东六支队的战斗剧社。同时,冀鲁豫边区行署成立了新民主剧社,边区文联筹建了文艺工作团。战友剧社到抗战胜利时,成为全区党政军民各系统唯一的一个综合性的专业文艺团体。1942年初,晋冀鲁豫根据地召开了有400多人参加的文化人座谈会,邓小平对文化工作者提出了文艺运动应服从政治任务等指示,为边区文艺运动指出了正确方向。边区的文艺工作面向士兵,面向群众,有效地服务于抗战。

1939年7月,抗大副校长罗瑞卿率领直属队和大队向八路军总部所在地挺进。抗大总校文工团也随队行进,于1940年2月到达八路军总部所在地。他们战斗在太行山,创作演出在太行山,历时三年半,直到1943年初回到延安。抗大文工团创作和演出的,在戏剧方面,有话剧、歌剧、京剧、快板剧、活报剧等;在音乐方面,有合唱、乐器演奏;在曲艺方面,有相声、大鼓、快板等。

　　晋绥地区经济落后，文化不发达。1937年底，120师挺进晋西北，开辟抗日根据地后，以戏剧为主的文艺运动也就随之兴起。120师师部有战斗剧社，各旅和地方的动员委员会也有剧社或剧团。战斗剧社是边区戏剧战线上的主力，1938年初，在贺龙师长的关怀下，从临汾八路军学兵队调到120师的40多名青年学生，其中一部分分配到战斗剧社工作。同年冬，又从"鲁艺"调来一批毕业生，从而壮大了队伍，增加了导演和创作力量。后来战斗剧社随部队挺进冀中后，又从冀中和晋察冀边区调来了文艺工作者20多人，使编、导、演的力量大增。1940年3月，晋西北边区首次召开戏剧座谈会，战斗剧社负责组织工作。同年5月4日，在兴县举行了晋西北文化界救国联合会成立大会，来自部队和地方的教育工作者及文艺工作者100多人参加了大会。贺龙师长、关向应政委出席了大会。大会宣告晋西北文联成立，同时还成立了文协、音协、美协等几个协会。这些协会的成立，推动了晋西北文艺运动的发展。在晋西北的文艺运动中，120师的战斗剧社和晋绥边区党委的七月剧社起着带头和指导作用。1941年8月，120师政治部召开部队戏剧运动座谈会，到会的有几百位文艺工作者。1942年七八月间，战斗剧社到延安汇报演出，受到延安军民的欢迎，毛泽东和党中央许多领导人也来看戏，毛泽东在写给剧社的信中说："你们的戏，我认为是好的。延安和边区正需要看反映敌后斗争生活的戏剧，希望多演一些这类好戏。"①

---

　　①《中国人民解放军文艺史料选编》(抗日战争时期)，解放军出版社，第427页。

综上所述，八路军文化确立具有重要意义。八路军文化的基本内涵应进行科学概括和论证：八路军文化是抗日文化的重要内容和组成部分；是代表先进文化方向的革命文化；是八路军为宣传抗战精神和反映军事战斗生活而创造形成的一种抗日文化成果。八路军文化的主要特征是具有历史时代性、革命战斗性、民族大众性和科学艺术性。宣传八路军文化，对于进行革命传统教育、国防教育和爱国主义教育，具有重要的历史意义和现实意义。

作者简介：

王聚英　中国人民革命军事博物馆原编辑研究处处长，正师职研究员、革命史学教授

杜　伟　中国人民抗日战争纪念馆讲解员

八路军文化概念的内涵、特点和历史作用

刘庭华

一、八路军文化概念的内涵与实质

中国抗日战争是一场军事、政治、经济和文化的总体战,而且是互相联系、影响和促进的。作为抗战文化的重要组成部分——八路军文化,在烽火连天的八年抗战中,不仅对坚持华北敌后抗战起了重要的推动作用,而且对全国抗战的发展起了强烈的鼓舞和激励的领头羊作用,它为中华民族留下了一笔宝贵的物质财富和精神财富。

八路军文化,是抗日战争时期中国共产党领导的在华北敌后坚持持久抗战的人民军队的军事活动和精神风貌"观念形态",即八路军与民众创造的物质文化、非物质文化的总和,它是抗战文化的重要组成部分,其内涵包括政治宣传、文化思想教育、文学戏剧、美术音乐、新闻出版、社会科学等,是当时中国社会先进文化——新民主主义文化的一个重要组成部分。

八路军文化的时限富于时代特点,它起始于1937年7月全国性抗战爆发,红军改编为八路军,发展完成于1945年9月抗日战争取得最后胜利。由此可见,八路军文化首先源于民族危亡意识的中华民族传统爱国主义价值观,其次源于敌后抗战军事斗争的现实需要,亦即"软实力"(当时叫

政治保障力）的需要，其目的与实质，就是抗日图存，救亡复兴。

由上可见，八路军文化既是学术界通常所说的广义文化，即人类在社会历史发展中所创造的物质财富和精神财富的总和，也包括所谓狭义文化，即作为上层建筑领域这部分——意识形态部分，亦即精神文明部分，它是中国共产党抗日民族统一战线政策中的文化政策之组成部分。

八路军文化概念的提出，对抗战史的研究提出了新的挑战，但同时又拓展了抗战史领域的研究，它可拓宽人民军队史、新民主主义文化史的研究，这对弘扬革命英雄主义、爱国主义，发扬中华民族伟大精神，打造红色旅游文化品牌，促进经济社会全面发展，都有重要意义。

二、八路军文化的特点

马克思主义辩证法告诉我们，"每一种社会形式和思想形式都有它的特殊的矛盾和特殊的本质"。认识事物的基础必须注意它的特殊性，因为"科学研究的区分，就是根据科学对象所具有的特殊的矛盾性"[1]，八路军文化所具有的特殊的矛盾性，主要表现在以下四个方面。

（一）民族化

八路军文化的宗旨和中心内容是一切为了抗日，坚持持久抗战，争取抗战胜利。高举民族旗帜，坚持持久抗战，是八路军文化的重要内容。1937年7月日本军国主义发动全面侵华战争后，把中华民族逼到亡国灭种的危难境地，但却迅速地促进了波澜壮阔的抗日救亡高潮、全国人民的觉醒和团结，唤起了全民族的危机意识和使命感。作为中国共产党领导的人民军队——八路军走在了时代的最前列，立即开赴抗日最前线，以实际行动践

---

[1]《毛泽东选集》第1卷，第308页。

行以民族国家利益为重的爱国主义传统，一切为了抗日，抗日高于一切。卢沟桥事变爆发第二天，毛泽东、朱德、彭德怀、贺龙、林彪、刘伯承、徐向前等红军将领即致电蒋介石，要求"御侮抗战之旨，实行全国总动员，保卫平津，保卫华北，收复失地。红军将士，咸愿在委员长领导之下，为国效命，与敌周旋，以达保土卫国之目的"。7月9日，彭德怀、贺龙、刘伯承、林彪、徐向前、叶剑英、萧克、左权、徐海东等红军高级将领率中国人民抗日红军全体指战员，致电国民政府主席林森、蒋介石等人，提出当此华北危急存亡紧要关头，以抗日救国为职志，枕戈待旦，请缨杀敌，叩请"我全体红军，愿即改名为国民革命军，并请授命为抗日前锋，与日寇决一死战"①。

　　为此，八路军文化迅速发展壮大，如歌曲《八路军进行曲》、《抗战到底》、《在太行山上》、《到敌人后方去》、《黄河大合唱》，等等，唱响大江南北；抗战之初上演的话剧《保卫卢沟桥》、《八百壮士》等，风靡一时，鼓舞和激励千百万人走上抗日前线，奋勇杀敌，保家卫国。

　　抗日战争进入相持阶段后，八路军文化的工作方针及内容作了相应调整，转变为"动员一切宣传机关、报纸、杂志、宣传队、剧团、服务团、文化团等，在本军、友军中宣传投降的最大危险，反共就是准备投降的阴谋，号召广大群众反对妥协投降及其反共，要求坚持抗战，打到鸭绿江边，巩固抗日统一战线与国共合作"②。八路军根据中共中央、中央军委的指

---

① 中国人民解放军历史资料丛书编审委员会：《八路军文献》，解放军出版社1994年版，第4页。

② 中国人民解放军历史资料丛书编审委员会：《八路军文献》，解放军出版社1994年版，第363页。

示，每到一新的地区或建立抗日政府，或成立抗日团体，均发表布告、宣言、传单，广泛宣传坚持华北抗战的意义，主要内容有：实行总理遗嘱，唤起民众一致抗日；实行民族主义，抗日到底，打倒汪精卫及一切大小汉奸；实行民权主义，民选各级政府，人民有抗日救国之自主权；实行民生主义，废除苛捐杂税，减租减息，实行八小时工作制，发展农工商学，改善人民生活，人人均有武装抗日的责任，等等。

八路军文化的民族化，还表现在运用中国传统文化的形式进行抗日宣传，以激发广大人民群众的抗战意识，如太行山抗日根据地的春节文化写对联和贴门神，就是八路军文化的真实写照。像"群策群力抗战到底，一心一意争取胜利"；"春耕夏耘努力生产克服经济困难，秋收冬藏囤结公粮增加抗战力量"，等等。过去每家门上贴的《麒麟送子》、《老鼠娶妻》一类的年画，已为《抬伤兵送茶饭》、《妻子送郎上战场》一类的年画所代替了。①可以说，太行山抗日战争时期的春节文化是八路军文化的一个缩影和折射。

（二）大众化

八路军文化的方向与服务对象是广大的劳苦大众。作为意识形态的文化，总是要为一定的经济基础服务的，文化为什么人服务，是决定其性质的根本问题。任何观念形态的文化，实际上都存在为谁服务和如何服务的问题。八路军是人民的子弟兵，是坚持华北敌后抗战的主力军，它的成员就是来自广大的劳苦大众。因此，八路军文化无疑是为人民大众的，首先是为广大工农群众的，这是八路军文化的灵魂。

---

① 魏宏运：《抗日战争时期太行山的春节文化风貌》，《广东社会科学》2001年第3期。

从目的性上说,八路军文化的出发点和归宿点,就在于提高全体官兵的政治自觉性,发扬他们爱国、爱人民和改造自己的热情,团结本军和友军与人民,帮助自己和人民提高文化教育水平,巩固和提高自身的战斗力,从而达到官兵团结和军民团结,实行人民战争的战略战术。

为此,一方面,八路军努力提高广大指战员的文化水平。全国抗战开始后,《中国工农红军总政治部关于新阶段的部队政治工作的决定》中提出:提高指战员的政治文化水平,使之适应对日作战的需要,使红军成为抗日的模范军队、全国抗日武装和人民群众团结的核心的重要条件,并认为"提高文化水准是提高政治军事水准的钥匙……消灭文盲的标准应该是最低限度能看报纸文件,能读普通的通报和命令"[①]。八路军每一个连队都配有一名文化教员,帮助战士学习文化。抗战八年中八路军的三期军事整训都包括文化学习的内容,并明确规定文化课学习时间战士应占1/3,干部应占2/3以上。对干部的文化教育则要求更严,对中下级干部提出"工农干部知识化"的口号,并要求各抗日根据地专门设立一所"陆军中学性质"的文化学校,以三年为一期,主要学习文化、自然科学和军事政治理论。"战斗团干部有文化课,每周共有三堂,自然科学半月讲演一次。学校文化课的时间应增多,有的可以占2/3。实行作文制度(不是写简单的日记),每十天一次,所有授课干部都要参加"[②],规定连、营干部在一定

---

① 中国人民解放军历史资料丛书编审委员会:《八路军文献》,解放军出版社1994年版,第11、13页。

② 《彭德怀、左权、罗瑞卿为加强干部文化教育致各兵团首长电》,中国人民解放军历史资料丛书编审委员会:《八路军文献》,解放军出版社1994年版,第707—708页。

时间内要识2000字，团、旅干部在一定时间内要识5000字，定期测验和考试，并以学习成绩为考核的标准之一。

另一方面，又要求八路军各部队应利用冬闲之际，在各抗日根据地内利用救亡室、民革室的活动夜校、壁报等阵地，发动小学校教员、乡村知识分子结合宣讲各种抗日法令、反日寇扫荡的胜利消息等，对广大群众进行识字、提高文化教育。各抗日根据地政府明确要求娱乐活动要从动员群众与教育群众抗战出发，使大众化的文化符合抗日的时代要求，如把共产党的抗日政策编成《抗日三字经》、《实用四言常识》、《边区民众读本》等简单易懂的扫盲教材，以提高民众的民族觉悟、抗战的必胜信心和必需的知识技能。再如山西老百姓喜爱的秧歌也有了新的内容，像慰问抗日军属的秧歌："军人家属听我言，抗战胜利已不远，你儿子前方去抗战，光荣牌挂在你家门前"就非常典型。

八路军文化的教育形式最具大众化特点，形式灵活多样，不拘一格。官教兵，兵也可教官；上文化课、识字班、唱歌、讲故事、连队演讲，人民军队官兵平等大大地促进了文化的学习和提高。

八路军文化最大限度地接受了中华民族传统中的优良养料加以发扬，在大众化的创作上取得了很大成绩。在戏剧方面，八路军文化工作者采用中国歌舞的活报剧，反映八路军家庭在抗战中的生活剧本，或创作了反映八路军生活特点的士兵剧，129师386旅政治部宣传队演出过反映东北抗日义勇军斗争事迹的京剧《小白龙》。在图画木刻方面，"鲁艺"派到太行抗日前线的木刻工作团创作的年画，一出版，群众马上买光。

八路军文艺工作者深入抗日根据地用北方群众喜欢的形式编排了许多具有很强教育意义的戏曲，如反映民众积极参加抗日战场的《上前线》，反映母亲教育儿子重返抗日战场的《新三娘教子》，反映援军爱民的《游击队的干妈》、《援军花鼓》等。

(三) 战斗化

八路军文化的品格。八路军文化是团结自己、教育人民、打击敌人的有力武器。抗战伊始，抗战歌曲《抗战进行曲》《大刀进行曲》《打豺狼》、《到敌人后方去》响彻大江南北。像太行山抗日根据地春节时贴的对联"除旧岁打倒投降派，过新年拥护抗日军"，是八路军文化战斗性的一个缩影。

同时，又组织群众参加各种抗日文化活动，坚决揭露、打击、批判和声讨日本帝国主义的侵略文化及汉奸文化，如针对华北日军五次"治安强化"运动，八路军以正规部队、地方武装、游击队和民兵相配合，结合军事行动，在根据地内外同时开展广泛的、全民的政治攻势和文化宣传攻势，由抗日根据地政府和群众团体出版印发大批报纸、书籍和相当多的宣传品，揭露日伪军的"建设东亚新秩序"、"日满支提携"等的造谣欺骗阴谋，一个村一个村的去宣传。如日军在山西潞城准备建造大桥时，公开演戏，并登平津报纸，我八路军则派出武工队、便衣队等在其开会时连袭两天，并同时散发传单，敌被迫作鸟兽溃散，无奈发出"八路赶不走皇军，光捣乱"的哀叹！

(四) 区域化

八路军文化的形式和风格呈现以北方晋冀鲁省特征为主。八路军从陕西出师开赴山西抗日前线，展开于晋东北、晋西北、晋东南、晋西南，对占据中心城市和交通要道之敌取四面包围的战略态势，从而形成了以山西为中心的敌后战场。尔后，依托山区，向平原发展，迅速扩展到晋、察、冀、绥、鲁、豫等省广大地区，形成了广阔的华北敌后战场。八路军文化的各类作品，实际上就是八路军战斗行动或创建抗日根据地斗争的艺术反映和折射，许多文艺工作者深入到八路军抗日战场前线，创作了大量的优秀作品。可以说，山西是八路军文化的中心区，而反映山西境内八路军等抗日武装斗争的文艺作品尤其多，影响大。如人们所熟悉的赵树理的《小二黑结婚》、《李有才板话》，刘白羽的《八路军七将领》、《五台山下》，邵子南的《地雷战》，及《吕梁英雄传》、《平原游击队》、《铁道游击队》，柯仲平的《血泪仇》秦腔，孙犁的《荷花淀》等，在全国产生了很大影响，至今仍是红色经典之一。

以上这些用陕北、山西等北方语言写作的文艺作品，大大地增强了文艺作品的亲和力和感染力，更好地达到了为抗战和敌后根据地军民服务的目的。

三、八路军文化的历史作用

（一）八路军文化是团结民众，抵抗日寇侵略，争取抗战胜利的有力武器

八路军文化紧紧围绕抗日战争的形势任务来展开，它既是团结、教育和鼓舞敌后抗日根据地军民的精神食粮，又是抵抗日寇侵略，争取抗战胜利的有力武器。

八路军的戏剧宣传作用非常突出，如著名的"第十八集团军西北战地服务团"（简称西战团），1937年10月奔赴山西抗日前线，随八路军总部行动，在6个多月里，行程3000余里，途经16个县市，60多个村庄，演出100多场，在发动群众开展敌后游击战争方面发挥了重要作用。1938年11月，"西战团"再次进入敌后抗日根据地，在晋察冀边区开展文化宣传活动一直至1944年4月。先后创作60多部剧本，创作和搜集改编民歌400余首，并组织演唱了冼星海的《黄河大合唱》。第120师的战斗剧社、第129师的先锋剧社、第115师的战士剧社，都非常有名，很受群众欢迎，它们在调动群众抗日积极性，宣传党和抗日民主政府的政策方面，功绩卓著。

太行山各抗日根据地活跃着各级各类各种抗日文艺团体，呈现着八路军文化的丰富多彩——多元性、多样性。它们既有从延安来的八路军总部的鲁迅艺术学院，也有第129师的先锋剧团，还有行署下属的太行剧团。各军分区、各县都有剧团，各村则有秧歌队等，其中武乡、襄垣两县的剧团最为活跃。晋察冀军区的10个军分区每一个分区都有一个剧社。各级各类抗日文艺团体紧跟当时的形势任务来创作排练文艺节目，《八路军军歌》(即现在的中国人民解放军军歌)就是这个时期创作的。它们演出的剧种有话剧、歌剧、京剧、晋剧、上党剧(山西梆子的一种)，或大合唱、小合唱、活报剧等，如《兄妹开荒》、《王贵与李香香》、《赤叶河》等。

此外，八路军各级文艺团体以战斗前线作舞台，部队打到哪里，行军走到哪里，军旅文化就开展到哪里，不管是战火纷飞的前线，还是险象环生的敌后游击区，常常看见他们的身影，他们既是演员，又是战斗员，经常配合部队打扫战场、看押俘虏、护理伤员等。

八路军文化形式多样，内容多彩，以其独特的吸引力，鼓舞、感召抗日军民，直接服务于抗战，为着抗战的胜利。八年抗战，八路军之所以广泛开展抗日游击战争，神出鬼没地打击日本侵略军，并得以大发展，渡过1941-1942年的艰难岁月，八路军文化起了重要的作用。

(二)八路军文化是争取友军，团结其他抗日武装力量，瓦解敌军的重要"软实力"

八路军文化工作灵活贯彻抗日民族统一战线政策，创造性地开展文化统战。八路军文化利用被侵略国道义上的优势，大力开展团结友军、瓦解敌军的工作，收到了可喜的效果。1938年初，八路军烽火剧团奉命在陕北慰问从抗日前线撤回休整的国民党第17路军官兵，为了鼓舞友军的抗日之举,剧团当天就赶编了赞扬赵寿山将军的活报剧,在鼓舞上高悬大字横幅:"慰问赵寿山将军及全体官兵联欢晚会"!他们演出的《放下你的鞭子》《打回老家去》等剧目,反映了日军侵占东北,百姓流离失所的悲惨情景,极大地激发了官兵的抗日豪情。之后,赵寿山还请八路军烽火剧团输送一些文艺人才帮他们成立剧团以宣传抗日,鼓舞士气。东北军将领看完八路军烽火剧团的演出后感慨地说:你们的一场戏比几次政治课还管用,真是受教育啊!

八路军的文化统战非常重视瓦解敌军工作,它也是人民军队政治工作的一个光荣传统。1937年9月25日,朱德、彭德怀发布《中国红军告日本士兵书》,宣告八路军宽待俘虏的政策,号召日本士兵掉转枪口向日本军阀开战,与八路军携手作战。10月25日,毛泽东与英国记者贝特兰的谈话中,再次宣示了瓦解敌军的宽待俘虏政策,指出"我们的胜利不但是依靠我军的作战,而且依靠敌军的瓦解",强调这是"八路军极其重要和极其显著的东西之一"[①]。同一天,朱德、彭德怀向八路军发出对日俘虏政策的命令,规定:对被俘日军不许杀掉,并优待之;自动过来者,确保其生命安全;火线负伤者医治之;愿归故乡者,发给路费。[②]

据此,八路军对敌发起政治攻势、宣传攻势和文化攻势,重点宣传八路军的俘虏政策、中国抗日战争的正义性,揭露日本军国主义侵华的非正义性,激发日本士兵的反战厌战情绪,从而收到良好的效果。如晋察冀军区开展瓦解敌军工作,注重开办日语训练班,制发各种宣传品、标语、口

---

① 《毛泽东选集》第2卷,第379—381页。
② 参见《朱德年谱》,第702页。

号、歌谣等,特别是利用经过教育的俘虏在战场上向敌人喊话,收效显著,仅1939年五六月大小龙华战斗,就生俘日军官兵14人,半数以上为自动缴枪投降过来的①。第一个日军俘虏前田光繁,在八路军俘虏政策的感召下很快变成第一个"日本八路",并于1939年11月7日发起组成7人的日本人反战组织"觉醒联盟",之后"觉醒联盟"相继成立太行支部、太岳支部、晋东南支部、山东支部等。1942年8月,华北各地的"觉醒联盟"统一改称为"反战同盟"。据1944年统计,"反战同盟"支部有13个,成员达223人。总之,侵华日军视八路军的俘虏政策"实为皇军之大患"。

对于伪军,则用民族利益的立场去教育、瓦解和争取,采取"红黑点"运动,即伪军为八路军做一件好事记一个红点,做一件坏事记一个黑点,将来"秋后算账",这对伪军震动很大,使大批伪军倒戈,站到抗日战线上来。

(三)八路军文化是创建华北敌后抗日根据地,建设抗日民主政权的有力支撑

华北敌后各抗日根据地之所以能迅速建立、巩固和扩大,与八路军把宣传群众、教育群众、发动和组织群众,紧密相连。1937年10月29日,八路军总政治部发出《关于地方工作的指示》,要求:"动员整个部队指战员用高度的热情进行地方工作,创造抗日的根据地,做到人人能做宣传工作,每个干部时刻不忘创造根据地的任务。"据此,八路军在广泛开展游击战争的同时,高度重视分兵发动群众,建立抗日民主根据地。八路军部队每到一地,首先大力宣传共产党的抗日主张,唤起民众的抗日情绪,教

---

① 《八路军文献》,第377页。

育群众坚持抗战。随即在驻地办起黑板报、墙报，教唱抗日歌曲，举行军民联欢会等，之后又帮助当地建立文艺演出队。同时，在根据地内以各种形式宣传共产党的方针政策和抗日民主政府的法规法令，传播进步思想，扫除封建迷信，如三三制政权、减租减息政策等，建立民主政权（村委会），设立武装委员会、妇女救国会、青年救国会、儿童团等。八路军的上述文化活动在建立巩固敌后抗日根据地，建立民主政权方面，发挥了重要作用。

总之，八路军文化以抗日民族统一战线为指针，高举民族抗战的旗帜，抓住坚持抗战的主题，利用民族特色的艺术形式，创作了大量鼓舞人、激励人的文化作品，对争取抗日战争的最后胜利起到了重要的推动作用。

作者简介：

刘庭华　军事科学院原军史研究部研究室主任，研究员、博导，中国人民解放军军史专家

八路军文化对老区转型发展的重大意义

周 涛

目前,我们正处于改革发展的关键时期,站在新的历史起点上,必须着眼"十二五"发展的形势要求,以科学发展观为指导,深刻研判国内外发展大势,结合县域经济的特点,进一步明确发展方向,完善发展思路,突出发展重点,牢牢把握转型发展这条主线,使老区经济社会实现跨越发展。那么,在转型发展的进程中,我们这个老区县如何才能实现真正意义上的转型?我们经过反复讨论认为,武乡最大的优势是革命老区优势,最大的特点是得天独厚的八路军文化,实现八路军文化引领下的老区转型发展具有十分重大的历史意义和深远的现实意义。

我们武乡是"八路军的故乡、子弟兵的摇篮",在烽火连天的抗战岁月里,老一辈革命家朱德、彭德怀、刘伯承、邓小平、左权等长期在这里战斗生活,写下了可歌可泣的抗战颂歌。这一弥足珍贵的历史阶段,不仅把武乡定格在与延安、西柏坡、井冈山一样齐名的空间,而且成为全国最大的没有围墙的八路军纪念馆。所形成的八路军文化在不同历史时期都彰显了巨大的集聚效应,抗战胜利60多年来,这种独特的文化在进一步引人注目,成为人们探讨的重点、追逐的主流。因此,近几年来,我们武乡县委、县政府在确定发展战略时,把打好革命老区一张牌,大力弘扬挖掘八路军文化作为一种崇尚和责任。它的内涵是:千百年来华夏民族形成的保卫疆土、抗击外来侵略的爱国精神,英勇善战、不怕牺牲的顽强意志,百折不挠、吃苦耐劳的传统美德,不畏强暴、敢于亮剑的坚定信念,军民一心、共创家园的美好愿望。根据这一内涵,我们在不断研究它的价值,探讨它的历史和现实意义,并经研究组织召开这次八路军文化研讨会,现在联系我县在抗日战争中这段光荣史实,就八路军文化对老区转型发展中的历史意义和现实作用进行论证,恳请各位专家、学者和领导指教。

一、八路军文化形成的时代背景和显明特点

八路军文化是在抗日战争的特殊历史时期和特殊环境中形成的。具有以下几个显著的特点:

(一)八路军文化是特定历史条件下的必然产物

北大营悲歌,卢沟桥事变,把中华民族、中国人民推向了水深火热之中。在此国家民族生死存亡的危急关头,中国共产党领导的八路军于1937年10月,由陕西省韩城县芝川镇东渡黄河,开进山西。到1938年2月,八路军总部率一二九师进入太行山区的沁县小东岭。4月初,总部到达武乡马牧、义门、寨上村。5月23日,总部转移沁县南涅水村。7月31日,总部进入襄垣县驻扎在苏村。8月8日,总部又东移屯留的故县镇。11月,中共北方局由晋西南辗转来到晋东南与总部汇合。12月21日,八路军总部和北方局进驻潞城县的北村,一直到1939年7月。7月7日总部离开北村,途经襄垣的普头、黎城县的河南村、霞庄,于7月15日到达武乡县砖壁村。10月初,总部转移到王家峪。1940年6月,总部又重返砖壁。11月4日,因日军实行"铁壁合围",总部撤出砖壁经黎城、涉县转移辽县(就是现在的左权县)武军寺。1941年冬,总部进驻麻田,直到抗战胜利。在八年

的浴血奋战中，八路军总部以太行为依托，率部转战38个县（市），先后驻扎过66个村镇，行程4300公里。而太行精神正是在这长达八年的浴血奋战，艰苦卓绝的斗争中形成和发展的。也就是形成于20世纪三四十年代中华民族遭受有史以来空前严重的民族危机和民族灾难时期，形成于"中华民族到了最危险的时刻"，形成于自1840年起，百年来中华民族第一次由无产阶级政党领导的反抗外来侵略这一特定的历史阶段，具有显明的时代特征。

（二）八路军文化是爱国主义与民族精神的有机统一

抗日战争是一场伟大的民族解放战争。我抗日军民以矢志报国、不怕牺牲的爱国主义精神和威武不屈、英勇顽强的民族精神，经过八年的浴血奋战，打败了穷凶极恶的日本侵略者，赢得了这场正义战争的最后胜利。在这场正义战争中所形成的太行精神，始终贯穿着民族利益至上，为保卫列祖列宗亿万斯年鞠育而成的神圣疆土而浴血奋战，不怕牺牲这条主线，高扬着爱国主义这个永恒的主题。正如朱德总司令在《悼念左权同志》一诗中所说的那样："名将以身殉国家，愿拼热血卫吾华，太行浩气传千古，留得清漳吐血花。"

（三）八路军文化是和合文化在新的历史条件下的发扬光大

和合文化是中华民族的根祖文化，民本思想又是和合文化的核心。历史上许多有识之士对和合文化就有很高的认识和评价。在抗日战争艰苦卓绝的年代里，党和党所领导的八路军及根据地人民，继承和发扬中华民族传统的以人为本的和合文化，并给它注入了新的时代内涵，在血与火的洗礼中发挥到了极致。在敌后抗日根据地，八路军紧紧依靠人民群众，一面与敌人作战，一面积极协助地方党组织建立民主政权，开展减租减息，恢复发展生产，进行救灾抗灾，使人民在政治上享有民主权利，生活上得到改善，大大激发了人民群众的抗日热情。更难能可贵的是，八路军始终保持同人民群众的血肉联系，铸就了威力无穷的老八路作风，孕育了光照千秋的太行精神。一些鲜活的抗战故事和珍贵文物在印证着八路军文化这个不可磨灭的史实，至今还传为美谈。正是靠这种威力无比的老八路作风，才团结了一切可以团结的人，调动了一切积极因素，军民同心，众志成城，战胜了武装到牙齿的敌人。

（四）八路军文化是党的优良传统与特定历史条件相互作用的产物

太行精神的形成，既是中华民族在生死存亡的紧急关头，中国人民不甘屈辱，不甘做"亡国奴"，面对强敌，奋起抗争，在国内外反动势力相互勾结，狼狈为奸，抗日战争异常悲壮惨烈，困难重重的环境和条件所使然；更是我党我军从井冈山到延安形成的光荣革命传统和优良作风的发扬光大。二者承前启后，相互作用，不断创新和发展，形成了独具特色的太行精神。对于这一点，毛泽东同志早在1937年接受英国记者贝特兰采访时就明确指出："那时（第一次国内革命战争时期）军队有一种新气象，官兵之间和军民之间大体上是团结的，奋勇向前的革命精神充满了军队。那时军队设立了党代表和政治部，这种制度是中国历史上没有的，靠了这种制度使军队一新其面目。1927年以后的红军和以至今日的八路军，是继承了这种制度而加以发展的。"

（五）八路军文化是超越时空界限的

太行精神的形成既继承了我党我军在以往革命实践中形成的优良传统和作风，又于特定的历史条件下有所创新和发展。就拿今天"三个代表"重要思想来对照，也不难发现，八年抗战期间在斗争实践中形成的太行精神，是代表中国先进生产力发展要求的、代表中国先进文化前进方向的、代表中国最广大人民群众根本利益的。简言之，太行精神和"三个代表"

重要思想是一脉相承的。因此，太行精神的影响绝不仅仅局限于抗战时期。它既在当时对于团结凝聚根据地军心民心，激励军民士气，万众一心、同仇敌忾打败日军帝国主义起了积极的作用；也为后来的解放战争胜利及社会主义革命和建设事业发展产生了深远的影响；直至今天，仍然是我们进行改革开放、加快社会主义现代化建设进程的强大动力。因此，太行精神就其影响和作用来看，将与日月同辉，光照千秋。

（六）八路军文化是推动发展的新引擎

八路军文化作为一种特殊时期形成的文化，在人们心里印象深刻，回忆性较强，省委袁纯清书记指出：打好中华民族文化品牌，体现山西符号和元素的文化景点。这就充分说明八路军文化在转型发展中的突出作用，同时，近几年的实践表明，打造八路军文化大格局已在我县初步形成了轰动效应，必将成为引领转型发展的"火车头"。

二、八路军文化深厚的科学内涵和时代特征

八路军文化是时代孕育的一座内涵丰富的精神宝库，有着非常广泛的内容。但体现其精神实质的，主要有以下五个方面：

（一）矢志报国、不怕牺牲的英雄气概是太行精神之魂——爱国主义之魂

在中华民族生死存亡的危急关头，我八路军将士义无反顾地选择了奋斗和牺牲。八年抗战中，仅在武乡境内进行大小战斗6368次，其中包括著名的粉碎日军"九路围攻"的长乐急袭战、威震中外的"百团大战"中的关家垴歼灭战等。八路军著名将领三八六旅政治部主任苏精诚、七七二团团长叶成焕、十六团团长谢家庆、太行三分区司令员郭国言等，都是"血洒武乡，名留太行"，充满了"壮志未酬身先死"的英雄豪气。

（二）自力更生、艰苦奋斗的精神是太行精神之宝——战胜困难之宝

抗日战争时期，特别是1942年、1943年，面对日伪的频繁扫荡和经

济封锁,加上连年自然灾害,我抗日军民遇到了前所未有的困难。在党的"自己动手,丰衣足食"的号召下,"没有枪,没有炮,我们自己造",仅武乡境内就有八路军柳沟、朝阳角和显王等三座兵工厂;"没有吃,没有穿,我们自己干",我军民开展大生产运动,开荒种菜、纺花织布,创办供销合作社,渡过了战时困难。期间充满了一种艰苦奋斗、以苦为乐的豪情壮志。

(三)始终保持同人民群众的血肉联系是太行精神之本——克敌制胜之本

"民兵是胜利之本"。抗日战争时期,我八路军指战员牢记党的全心全意为人民服务的宗旨,与群众同甘苦、共患难,赢得了人民群众的拥护与支持,形成了克敌制胜最深厚的力量之源,是实践毛主席人民战争思想的光辉典范。时间过去半个多世纪了,当年那种"军爱民、民拥军,军民亲如一家人",军民鱼水交融、血肉相连的动人事迹,至今还历历在目;当时那种"村村像军营,人人都是兵,田间和街头,一片练武声"的动人景象,至今还留在老区人民的记忆里。这正是我抗日军民攻无不克、战无不胜最深厚的力量所在。

(四)纪律严明、步调一致是太行精神之基——战斗力的重要基点

抗日战争时期,党领导下的八路军是一支有着铁的纪律的队伍。"加强纪律性,革命无不胜"。正是以其严明的纪律和高度的团结统一,才始终保持了顽强的战斗力,以"小米加步枪"的劣势装备战胜了武装到牙齿的日本军国主义。这充分说明,严明的纪律和团队精神是战斗力生成的基本要素,是执行路线、夺取胜利的基本保证。

(五)舍生忘死、无私奉献的高风亮节是太行精神之色——任劳、任怨、任情、任重的本色

英雄的武乡人民,为革命贡献出了所能贡献的一切。当时这个只有14

万人口的山区小县，先后有2.85万英雄儿女为国捐躯，有1.4万名青壮年自愿报名参军，有5300名干部随军南下。这就是人们常说的"五千干部一万兵"的由来。武乡不愧为誉满太行的"抗日实验县"。

三、八路军文化对老区转型发展的时代意义

在国际金融危机的冲击下，世界经济形势发生了深刻的变化，这场危机使我国转变经济发展方式问题更加凸显出来，目前，世界经济增长格局孕育重大变革，发展模式面临重大转型，新一轮产业调整、升级和转移势不可挡，在经济全球化的大势下，必须紧紧抓住这次经济转型的历史机遇。武乡这个革命老区县，国家级贫困县，如何实现转型发展是我们审视的重大问题，通过反复分析论证，我们认为以八路军文化为新引擎，推动县域经济转型发展是首选方向，它的优势主要体现在三个方面：

（一）八路军文化品牌优势是提升老区影响力和知名度的重要引擎

八路军文化是特殊历史时期、特殊历史背景、特殊地理位置孕育的一种独特的文化，伟大的太行精神就是八路军文化提炼出来的精髓，是在民族战争中长期形成的爱国主义，不怕牺牲，不畏艰险，百折不挠，艰苦奋斗，万众一心，敢于胜利，勇于斗争，无私奉献的民族精神，已成为我们中华民族的民族气节、民族灵魂，已成为我们中华民族最具活力，最具生命力、最具震撼力的宝贵的精神财富。武乡是八路军文化、太行精神的重要孕育地，是最为宝贵的红色文物，许多领导指出，武乡是全国文物中最有价值的。针对这一独特的优势，我们在确定发展战略时，把打好革命老区这张牌作为重头戏。2009年，启动了文化繁荣年活动，组织专家、学者进一步深挖八路军文化的科学内涵，围绕八路军文化开展各种形式的研讨，形成强大的宣传造势。根据省委、省政府战略部署和《山西省文化产业发展规划纲要》，对八路军文化大格局实行全面规划，以挖掘八路军文

化为突破口,以传承八路军文化为主线,以几大工程建设为载体,营造氛围,形成规模,精心打造八路军文化产业,使武乡的知名度和美誉度空前提升,就是要千方百计通过扩大影响力、凝聚力,打开老区转型发展的大门,让更多的人了解武乡、熟悉武乡、感受武乡,进而形成人流、物流、信息流、资金流的拉动效应,目前,这种效应已经初步显现出来,我们先后成功引进了世界500强企业——五矿盛盈合、加拿大铝业入驻。随着"两园一剧"的启动,这种效应会更加凸显和放大,所以,我们抓八路军文化品牌是符合武乡县情的正确选择。特别是省委书记袁纯清同志7月29日的重要讲话深刻指出,只有转型发展,才能拓展更为广阔的发展空间,才能提高发展的价值链,才能实现发展的跨越。在发展中促转型,在转型中谋跨越,那么,怎样才能抢占未来发展制高点?我县文化产业的核心就是八路军文化产业,八路军文化是太行精神的集中体现,是我县独树一帜的文化资源,也是我们做强八路军文化产业的"先天"条件,通过提高我县文化整体实力和核心竞争力,带动旅游、物流、商贸、会展、文化创意、休闲娱乐等第三产业的快速发展,使文化产业成为名副其实的支柱产业,成为转型发展的新引擎。

(二)八路军文化内涵是推动和谐发展的力量之源

在新的历史条件下,党和国家提出了构建社会主义和谐社会的战略目标,在这个大题目下,我们认为八路军文化仍然不失为建设和谐社会的重要引擎,八路军文化中和谐稳固的军民关系是最重要的内涵之一,在这种特殊的历史背景下,民不聊生,饥寒交迫,八路军和百姓能形成一种亲密无间的鱼水关系,靠的是什么?不是金钱的赐予,更不是物质的刺激,没有奖金福利,没有工资报酬,就是靠一种内在的力量促进着两者的和谐,靠严密的作风纪律赢得相互间无缝隙的尊重,是没有条件、没有代价的真情互动关系。历史的车轮驶向今天,我们的经济社会在快速发展当中,但出现了许多不和谐的因素,上级与下级之间,部门与部门之间,干部与群众之间,群众与群众之间,经常处于协调化解矛盾的活动过程之中。和合文化是中华民族的根祖文化,人本思想又是和合文化的核心所在,孔子提出:"泛爱众而亲人"、"使民以时";孟子也说:"民为重,君为轻。"唐太宗李世民更形象深刻:"君者,舟也;民者,水也;水可载舟,也可覆舟。"在艰难困苦的抗战时期,党和党所领导的八路军和根据地人民,继承和发扬了中华民族的以人为本的和合文化,并给它注入了新的时代内涵,最难能可贵的是,八路军始终保持同人民群众的血肉联系。我县珍贵的"红星杨"、"连心碾"、"将军榆"、"军民井"等都是军民关系的历史印证。在历史与现实的交替过程中,面对红色土地和这块土地上珍藏的八路军文化,我总是在反复联想并积极寻求这种和谐关系的结合点,深深感到在新的历史时期,用八路军文化为引领,对推进和谐社会进程,保持社会稳定具有特殊的作用。我们就是要在全民中广泛弘扬太行精神,把这种精神浸透到每个人的内心世界,在领导干部中大力开展养成教育,用优良的作风和务实的敬业亲民责任感,在人民群众中树立崇高的威望,只有群众对干部心服了,心顺了,和谐关系将必然顺势形成,从而搭建转型发展的平台,使外商乐于到武乡投资创业,放心到武乡投资创业,在创业中感受武乡厚重的和谐氛围。

(三)八路军文化的实质是凝聚力量的精神支撑

八路军文化最鲜明的时代特征就是不畏艰险、百折不挠、艰苦奋斗、无私奉献的团队精神。在艰难困苦的抗战岁月,就是靠这种无私的精神动力把人们紧紧地联系在一起,从而形成强大的攻坚克难合力,取得了克敌制胜、举世瞩目的伟大胜利。历史进入到快速发展的今天,这种奉献精神、团队精神仍旧是我们取得新胜利的重要保证。省委袁书记在讲话中要求大力弘扬太行精神,以更大的勇气和信心推进转型跨越发展,太行精神是我们的传家宝,是新形势下实现老区转型发展跨越发展的强大精神动力,抗战时期,革命先辈用不怕牺牲、英勇奋斗的精神打败日本侵略者,武乡儿女参战支前,出粮出兵出干部,为民族的解放事业做出了巨大的牺牲和贡献。在改革开放的今天,我们更应该大力弘扬这种精神,真正把心思操在干好工作上,把精力投在狠抓落实上,不断提升领导干部的自身能力和创业本领。袁书记指出,能否转型、何时跨越,关键看领导干部是否敢闯敢冒。我们就是要用八路军打胜仗、打大仗的勇气和魄力,想人所未想,能人所不能,为人所未为,用"一争天下无难事"的武乡精神,形成强大的凝聚合力,抢抓新机遇,推动大转型、扎实干项目,实现新跨越,全面实现武乡老区经济社会转型跨越目标。

作者简介:

周 涛 中共武乡县委书记

八路军文化研究概况

李 蓉 郭明泉

  八路军是抗日战争时期中国共产党领导和指挥的一支强大的正规抗日武装部队,是保卫陕甘宁根据地、开辟华北敌后根据地的一支主要抗日力量,是抗战进入相持阶段后党坚持华北敌后抗战的中流砥柱。在八年抗战过程中,在中国共产党的领导下,八路军不但在沉重打击日本侵略者、遏制国民党反共逆流、坚持全面抗战、开辟和建设敌后抗日根据地方面取得了举世瞩目的成就,而且在抵抗日本帝国主义的文化侵略、发展抗日的文化事业和促进抗日根据地的新民主主义文化建设方面做出了重大历史贡献。①八路军文化就诞生在抗日战争期间,是教育、鼓舞中国共产党领导下的抗日军民的重要武器,是中国人民抗日战争留下的宝贵精神财富。

  长期以来,对于八路军的研究取得不少重要的成果,但更多侧重于八路军军事、政治的经验,对于八路军文化的研究,还是一个比较薄弱的环节。随着人们对中华民族先进文化研究的深入,随着对中国抗日战争全方

---

① 刘宋斌:《论八路军文化的历史特点》。

位研究的深入,适应发展和繁荣社会主义文化的需要,人们对八路军文化的研究越来越重视。近年来,许多学者撰文,对八路军文化的基本内涵进行科学概括和论证,对八路军文化的产生时代、主要内容、历史特点,以及八路军文化在党的建设、武装斗争、统一战线和开创抗日根据地的作用等问题进行了广泛而深入的探讨和研究,取得了初步可喜的成果。这对深化八路军文化研究,更好地总结经验,促进和繁荣社会主义文化,发展中华民族先进文化建设,有着十分重要的历史意义和现实意义。现仅就提交在山西武乡召开的八路军文化研讨会的文章,作一简要综述。

一、八路军文化的时限

文化,"广义指人类在社会实践过程中所获得的物质、精神的生产能力和创造的物质、精神财富的总和。狭义指精神生产能力和精神产品,包括一切社会意识形式:自然科学、技术科学、社会意识形态。""作为社会意识形态的文化,是一定社会的政治和经济的反映,同时又给予一定社会的政治和经济以巨大的影响。"有学者指出:对于一个民族、政党或团体来说,文化是它特有的历史创造积累和精神记忆,是它特有的生存方式。一个民族、政党或团体的兴衰存亡,说到底是它所代表的那种文化的兴衰存亡。①

关于八路军文化的时限,大多数学者认为八路军文化产生的时限,应该从1937年中国工农红军改编为八路军开始,到1945年抗日战争胜利结束。其具体表述又略有不同。有学者指出:八路军文化的时限富于时代特点,它起始1937年7月全国性抗战爆发,红军改编为八路军,发展

---

① 《辞海》,上海辞书出版社1999年版缩印本(音序),第1765页。

完成于1945年9月抗日战争取得最后胜利。①有学者认为：1937年8月，八路军建立之后，为了抗日救国，挺进华北抗日前线，开展抗日游击战争，创建抗日根据地，同日本侵略者展开了浴血奋战。在艰苦的战争环境里，积极发展文化事业，创造了重大成绩。与此同时，也创造了八路军文化。八路军文化是中国共产党在抗日战争时期领导八路军开展敌后游击战争，创建抗日根据地所形成的一种重要文化形式。②还有学者进一步提出：八路军文化产生于全国抗日战争时期。从1937年8月至1939年12月，是八路军文化的形成时期。1940年1月至1945年9月，是八路军文化的发展时期。八路军文化产生于中华民族同仇敌忾、共同抵抗日本侵略者的抗日战争时期，其形成和发展也是以这场空前规模和范围的民族解放战争为背景。八路军文化，作为一个学术概念的提出，是随着社会的发展特别是改革开放以来中国特色社会主义文化建设的繁荣、发展，随着中国共产党和人民军事历史，特别是八路军历史研究宣传的深入而提出的一个有着特定内涵的概念。③

二、八路军文化的定义和丰富内涵

有学者指出：中国抗日战争是一场军事、政治、经济和文化的总体战，而且是互相联系、影响和促进的。作为抗战文化的重要组成部分——八路军文化，在烽火连天的长期抗战中，不仅对坚持华北抗战起了重要的推动作用，而且对全国抗战的发展起了强烈的鼓舞和激励的领头作用，为中华民族留下了一笔宝贵的精神财富。关于八路军文化的定义，它应该是

---

① 刘庭华：《八路军文化概念的内涵、实质和历史特点》。
② 王聚英、杜伟：《浅谈八路军文化的基本内涵与时代特色》。
③ 李蓉：《八路军文化问题初探》。

指中国共产党领导的在华北敌后坚持抗战的人民军队的"观念形态",即哲学上层建筑重要组成部分的意识形态的文化形式,其内涵包括政治宣传、文学艺术、音乐戏剧、新闻出版、思想教育、社会科学等,它是八路军在抗日战争时期的政治倾向、方针政策和思想意识的集中反映,它既是抗战文化的重要组成部分,也是新民主主义文化的一个重要组成部分。八路军文化的性质是以中国共产党文化思想为领导的人民大众反帝反封建的新民主主义文化,是当时中国社会先进文化的重要组成部分。[1]

还有学者认为,八路军文化,主要是指八路军的文化活动与文化成果。它属于八路军的软实力,其中包括着八路军的文化吸引力、价值观吸引力。八路军文化的研究,就是以八路军的文化活动为实践基础,以八路军文化活动与文化成果为主要对象,对八路军的文化活动与文化成果及其规律进行深入的研究和探讨,其中也涉及八路军文化的吸引力、价值观等深层次问题的考察和研究。[2]

还有学者指出:八路军文化的含义,从狭义上讲,是指抗日战争时期八路军的战斗生活与精神风貌的生动形象反映,是抗战文化的重要内容与组成部分。从广义上讲,是指八路军在抗日前线英勇奋战和创建敌后抗日根据地过程中,大力进行民主政治、经济、军事等建设的同时,积极开展文化教育建设,从军事文学、干部教育、群众教育、新闻出版、艺术创作、文艺演出等方面所创造发展形成的抗战文化事业。[3]

还有学者提出:八路军文化的内涵,至少应当包含以下三个方面的基

---

[1] 刘庭华:《八路军文化概念的内涵、实质和历史特点》。
[2] 李蓉:《八路军文化问题初探》。
[3] 王聚英、杜伟:《浅谈八路军文化的基本内涵与时代特色》。

本内容，即坚决听党指挥，这是八路军文化的根基所在；高度的政治觉悟、民族觉悟和艰苦奋斗的革命精神，这是八路军文化的精髓所在；高度的团结精神，是八路军文化的核心。正是因为拥有这样独特的、先进的文化内涵，八路军才拥有了既有别于其他一切旧式军队，又不同于初创时期的红军的本质特性，也才逐步成长为团结广大民众、战胜日本侵略者的中坚力量。①

还有作者认为，八路军文化，是反映中国共产党领导的八路军在抗日战争时期战斗和生活的观念形态的总和，包括文学艺术、戏剧美术、新闻出版等等。它在地域上也应有所界定，即是反映八路军的文化建设，既不是新四军，也不是东北抗日联军的文化建设，主要在八路军活动的区域。总的来说，学者们各抒己见，对八路军文化的内涵提出了不少有见地的观点。

大家认为，八路军文化的内涵，有着十分丰富的内容，可以仁者见仁，智者见智。有一些可以达成共识，有一些值得继续深入发掘、研究。

总之，从学理的层面来看，八路军文化是指八路军的政治宣传、文学艺术、音乐戏剧、新闻出版、思想教育、社会科学等文化活动，以及在文化活动中反映出来的政治倾向、方针政策和思想意识；还包括八路军在文化活动中所产生和形成的文化成果。简单地说，八路军文化就是八路军的文化活动、思想观念和文化成果。从实际情况来看，八路军文化反映了八路军战斗生活、精神风貌。用通俗的语言来表述，就是团结御侮、威武不屈；听党指挥，方向坚定；英勇奋斗、民族先锋。②

---

① 李颖：《八路军文化内涵之我见》。
② 李蓉：《八路军文化问题初探》。

三、八路军文化的实质和特点

关于八路军文化的实质问题。所谓实质，也就是本质；所谓本质，是指事物本身所固有的，决定事物性质、面貌和发展的根本属性。事物的本质是隐蔽的，是通过现象来表现的，不能用简单的直观去认识，必须透过现象掌握本质。八路军文化的实质、本质是什么呢？大多数学者认为：八路军文化，是中国抗战文化的重要组成部分，也是新民主主义文化的一个重要组成部分，是当时中国社会先进文化的重要组成部分，是为中国无产阶级和劳苦大众服务的大众文化。它深深根植于中华民族文化沃土中，是教育人民威武不屈、团结御侮的先进文化，是激励中华民族英勇奋斗、自强不息的民族文化，是中国抗战文化的重要内容和组成部分，是代表先进文化方向的革命文化。在具体表述时，学者们结合八路军文化的历史特点，各抒己见。

有学者指出：八路军文化的性质是以中国共产党文化思想为领导的人民大众反帝反封建的新民主主义文化，是当时中国社会先进文化的重要组成部分。八路军文化的时限富于时代特点。八路军文化的历史特点有四个方面，即：一是民族化，八路军文化的宗旨和中心内容是一切为了抗日，坚持持久抗战。二是大众化，八路军文化的方向与服务对象是广大的劳苦大众。三是战斗化，即八路军文化的品格。八路军文化是团结自己、教育人民，打击敌人的有力武器。四是区域化，八路军文化的形式和风格呈现以中国北方陕晋冀鲁省特征为主。①

有学者认为：八路军文化是抗战文化的重要内容和组成部分；是代表

---

① 刘庭华：《八路军文化概念的内涵、实质和历史特点》。

先进文化方向的革命文化；是八路军为宣传抗战精神和反映战斗生活而创造发展形成的一种抗战文化。八路军文化的主要特点是：具有历史时代性、革命战斗性、民族大众性和科学艺术性，具体表述如下：一是八路军文化是抗战文化的重要内容，具有明显的历史时代性。二是八路军文化是代表先进文化方向的革命文化，具有强烈的革命战斗性。三是八路军文化为宣传八路军抗战精神而发展的新闻出版事业，具有抗日的民族大众性。四是八路军文化为反映八路军战斗生活开展的文学艺术活动，具有很强的科学艺术性。[①]

还有学者认为，八路军文化的主要特点体现在：代表了先进文化的前进方向；体现了先进文化的民族性、科学性和大众性；同抗日民主根据地的文化建设密切相关；具有鲜明的军旅文化的特点。[②]

还有的学者认为，八路军文化有六个特点：一是八路军文化是抗战文化，具有爱国主义特色，成为敌后根据地军民抵抗日本帝国主义文化侵略的有力武器。二是八路军文化是为抗日民族统一战线服务的，它具有包容的特色，为团结国民党友军和敌后根据地各阶层群众共同抗日发挥了重要作用。三是八路军文化是新民主主义文化的重要组成部分，它继承了中外文化的优良部分，又具有中国特色的鲜明的民族文化。四是八路军文化具有科学的民主的特色，推进了敌后根据地人民觉悟和社会的进步。五是八路军文化具有大众化的特点，它是紧紧地为八路军部队指战员和敌后根据地的群众服务的人民文化。六是八路军文化是在血与火的战争硝烟中发展

---

① 王聚英、杜伟：《浅谈八路军文化的基本内涵与时代特色》。
② 李蓉：《八路军文化问题初探》。

和繁荣起来的战斗文化。①

四、八路军文化的地位和作用

关于八路军文化的地位和作用，有学者从5个方面进行了分析，主要包括：第一，八路军文化是争取抗战胜利的有力武器。第二，丰富多彩的八路军文化是抗日军民的精神食粮。第三，八路军文化是团结其他抗日力量的重要途径。第四，八路军文化是抗日民主根据地文化建设的重要支撑。第五，八路军文化是为群众服务的文化。②

还有学者论述了八路军文化产生的原因，一是八路军文化缘于"民族危亡"意识的传统文化价值观。二是八路军文化缘于艺术本体美感效应的审美趣尚。三是缘于对敌后大众现实需要的军事作用力与政治保障力。③

还有学者认为，八路军文化的重要作用在于，八路军文化构建起了能够凝聚全军力量的价值体系。八路军文化在当时曾经起到了重要的动员组织民众、凝聚全国人心、活跃军民身心、提高官兵素质、瓦解分散敌军的重要作用。伴随着中国人民抗战的胜利结束，可以说八路军文化完成了它的历史使命，成为永远值得骄傲和自豪的光荣历史传统的一部分。今天，我们回顾和研究八路军文化，弘扬八路军的优良传统，最重要的就是通过对八路军文化的研究和总结，吸取历史的经验教训，以求进一步推进当前中国特色的社会主义文化建设。④

---

① 刘宋斌：《论八路军文化的历史特点》。
② 李蓉：《八路军文化问题初探》。
③ 许福芦：《八路军部队文化工作特质研究》。
④ 徐玉凤：《略论八路军文化建设的历史经验及其对当前推进社会主义文化建设的重要启示》。

关于八路军文化与统一战线的关系，也有学者进行了论述。认为八路军文化，在中国共产党倡导的抗日民族统一战线中发挥了重要作用，是抗日民族统一战线工作的有机组成部分。八路军是抗日民族统一战线的产物，八路军文化也是在党的统一战线的旗帜下得以展开。他分别从八路军文化与抗日民族统一战线的建立、八路军文化与抗日民族统一战线的维护和巩固、八路军文化与文化统一战线原则、八路军文化与统一战线精神、八路军文化与抗日民族统一战线的贡献、八路军文化与历史启示等6个方面进行了探讨，分析有深度。①

有学者则从八路军部队的军政委员会进行了制度文化视角下的历史考察，有一定的新意。②

还有学者从文化教育层面上探讨了八路军的文化教育问题，认为八路军的文化教育，是抗战时期八路军文化建设的重要组成部分，它在八路军的军队建设中占有十分重要的地位。八路军的文化教育，是红军文化教育的继续，贯穿于抗日战争之始终。对于研究八路军文化建设史，全面了解八路军历史，继承八路军的光荣传统很有裨益。③

有学者从八路军文化建设的角度，探析了八路军文化建设的地位和作用，认为：八路军文化建设的作用在于创造整体精神活力、军营活力，其核心是军队战斗力。而八路军军营活力的源泉，是全体官兵的严格的纪律、英勇顽强的作风、执著追求的毅力、崇高的爱国主义精神、百折不挠

---

① 叶成林：《八路军文化与抗日民族统一战线》。
② 王树林：《八路军部队的军政委员会——制度文化视角下的历史考察》。
③ 宗成康：《八路军文化教育初探》。

的气概、忘我无私的品德等。通过发挥军营文化的功能,一是激励作用,二是凝聚作用,三是约束作用,四是设计作用,五是吸引作用。八路军在当时的战争环境下建设了一批文艺队伍,创作了一些文艺精品,造就了一大批文艺人才,开展了部队基层文化工作,普及了文化知识,普遍开展识字运动。总之,八路军文化给后人留下了一笔宝贵的文化遗产。①

还有学者从文化软实力对抗日战争胜利的影响,论述了八路军文化及其传播机制的形成和发展。文中指出:八路军的队伍从几万人壮大到百万雄师,而且以爱国主义为核心,以反帝反封建为主要内容的新文化也随着八路军的步伐传播流布日益成长,并终成浩荡之势,彻底改变了中国人的精神面貌。文化软实力起到了军事政治力量无法替代的作用,八路军文化功不可没。②

五、对八路军文化人物和区域文化的研究

研究八路军文化,有学者从人物研究入手,论述了邓小平、左权等八路军领导人对发展八路军文化作出的贡献,还有学者论述了华北等地抗日根据地的文化建设。

有学者对邓小平抗战时期文化工作思想进行了探讨,邓小平在抗日战争时期先后担任八路军总政治部副主任、战地总动员委员会八路军代表、八路军第129师政治委员兼政治部主任等职,在长期的革命实践中为八路军文化作出了贡献。③

---

① 董志铭:《八路军文化建设探析》。
② 孙丹:《文化软实力对抗日战争胜利——八路军文化及其传播机制》。
③ 宋毅军:《邓小平抗战时期文化工作思想初探》。

有学者专门探讨了八路军参谋长左权对八路军军事文化建设的贡献。文章从四个方面论述了左权将军在抗日战争时期对抗战教育的重视。①

还有学者论述了在华北抗日根据地的创建过程中,抗战文化建设始终是根据地建设的一个突出亮点。中共中央、毛泽东、张闻天关于抗战文化建设的理论,始终是华北抗日根据地抗战文化建设的极为重要的理论指导。它规定和指明了华北抗日根据地抗战文化建设的性质、内容、方向和有关政策、原则等,对华北抗日根据地的抗战文化建设起了巨大的指导作用。华北抗日根据地的抗战新闻出版事业、抗战文化教育建设、抗战文学艺术工作等共同构成了华北抗日根据地抗战文化建设的主体和全貌,它们为华北抗日根据地建设,为团结和调动华北乃至全国的抗战力量,凝聚人心,培养干部,为夺取华北地区和全中国抗日战争的胜利起到了巨大的推动和促进作用。②

六、研究八路军文化的现实意义

在开创中国特色社会主义现代化的进程中,在全面建设小康社会的历史新时期,研究和总结八路军文化有什么现实意义呢?有学者以历史与现实、理论与实践、创新与发展为题,论述了研究八路军文化的伟大意义,认为弘扬八路军文化具有独特的创新意义,是针对当前全面建设小康社会、和谐社会的新形势提出来的。在建设中国特色的社会主义的进程中,人们面临的任务十分艰巨,情况千变万化,新情况、新问题不断涌现,没有现成的答案可以提供。要应对新情况,解决新问题,完成艰巨的新任务,

---

① 罗存康:《左权将军对八路军军事文化建设的贡献》。
② 张喜德、关晓颖:《略论华北抗日根据地的抗战文化建设》。

就必须弘扬八路军文化，发扬八路军勇于创新的精神，增强敢于创新的勇气。①

有学者认为，伴随着中国人民抗战的胜利结束，可以说八路军文化完成了它的历史使命，成为永远值得骄傲和自豪的光荣历史传统的一部分。今天，我们回顾和研究八路军文化，弘扬八路军的优良传统，最重要的就是通过对八路军文化的研究和总结，吸取历史的经验教训，以求进一步推进当前中国特色的社会主义文化建设。②

有学者指出：弘扬八路军文化对于当前的部队文化建设十分必要，尤其对于当前的军营文化建设，突出时代性，增强包容性。增强军营文化的时代感和亲和力，真正实现新形势下的官兵精神文化需求传统与时尚的双满足。③

有学者专门对新形势下搞好我军文化工作进行思考，提出了弘扬八路军文化，搞好军队文化工作的几点意见：一是大力开展科技文化知识学习，提高官兵的科学文化素质。二是大力开展丰富多彩的文体活动，提高官兵的身心健康水平。三是大力加强军营环境建设，陶冶官兵思想道德情操。四是大力培养文化活动骨干，注重保留军营文化人才。今天，重温和研究华北抗日根据地的抗战文化建设，对深入研究中国特色社会主义理论体系，加强中国特色社会主义文化建设，建设和谐文化，深入研究和学习社会主

---

① 李惠芬：《深刻认识弘扬八路军文化的时代意义》。
② 徐玉凤：《略论八路军文化建设的历史经验及其对当前推进社会主义文化建设的重要启示》。
③ 董志铭：《八路军文化建设探析》。

义核心价值体系，具有深远的现实意义、实践意义和重要的理论价值、学术价值。①

有学者认为：研究八路军文化和抗日民族统一战线的关系，要更深刻地认识八路军文化的历史价值和现实意义，不断发展和扩大爱国统一战线，实现国家的统一和强盛，中华民族的伟大振兴。②还有学者认为：确立八路军文化的概念具有重要意义。八路军文化的基本内涵应进行科学概括和论证。八路军文化是抗战文化的重要内容和组成部分；是代表先进文化方向的革命文化；是八路军为宣传抗战精神和反映战斗生活而创造发展形成的一种抗战文化。八路军文化的主要特点是具有历史时代性、革命战斗性、民族大众性和科学艺术性。宣传八路军文化，对于进行革命传统教育、国防教育和爱国主义教育，具有重要的历史意义和现实意义。③

有学者专门论述了八路军文化建设的经验对推进当前社会主义文化建设的重要启示，认为：文化是国家软实力的重要组成部分，党的十七大报告突出强调了加强文化建设、提高国家文化软实力的极端重要性，对兴起社会主义文化建设新高潮、推动社会主义文化大发展大繁荣作出全面部署。这充分反映了我们党对当今时代发展趋势和我国文化发展方位的科学把握，体现了我们党在新的历史条件下的高度文化自觉。党史的重要作用是以史鉴今，资政育人，今天，我们研究和探讨八路军文化，并不是为了就探讨而探讨，而是为了更好地借鉴历史的经验为现实服务，充分吸收历

---

① 李明计：《八路军文化工作在抗日战争中的重要作用和启示》。
② 叶成林：《八路军文化与抗日民族统一战线》。
③ 王聚英、杜伟：《浅谈八路军文化的基本内涵与时代特色》。

史的营养去推动当前的发展。当前,推进中国特色社会主义文化建设,可以从八路军文化建设的历史经验中吸取营养,得出有借鉴意义的重要启示。主要观点有:一是要立足现实需要开展文化建设。二是文化建设要坚持党的坚强领导,坚持马克思主义的指导。三是要全社会重视文化建设,参与文化建设。四是要形成一批高素质的文化建设骨干力量。五是要充分利用多种手段推进文化创新。①

八路军文化从产生、形成到发展成熟,完成光荣的历史使命,虽然只有短短8年时间,在中国几千年的文化发展史上,只是一瞬间。但是,八路军文化的蕴涵深邃、内容丰富,研究领域前景广阔,有待于今后继续挖掘和整理,继续深入的研究。

作者简介:

李　蓉　中央党史研究室第一研究部副主任、研究员

郭明泉　山东省枣庄市委党史研究室原主任

---

① 徐玉凤:《略论八路军文化建设的历史经验及其对当前推进社会主义文化建设的重要启示》。

弘扬八路军文化在武乡老区的现实意义

阎新平

温家宝总理在2010年的《政府工作报告》中对文化有一个论述："文化是一个民族的精神和灵魂，是一个民族真正的力量的决定性因素。文化深刻地影响一个国家的发展进程，改变一个民族的命运。"

对于一个区域来说，这个区域独特的文化，也会深刻影响这个区域的发展进程，改变这个区域的命运。对于我们武乡来说，八路军文化就是我们发展和改变命运的独特文化。

一、武乡是八路军文化的发源地

抗日战争时期，中国工农红军主力改编为国民革命军第八路军，在抗击外来侵略和争取民族独立解放的人民战争中，八路军坚持华北抗战，充分发挥誓与国家共存亡的中流砥柱作用，不仅沉重地打击了日本帝国主义，取得了近代史上中国人民反对外敌侵略第一次完全胜利的民族解放战争，而且也留下了一种宝贵的文化凝聚和积淀，那就是八路军文化。所谓八路军文化，就是抗日战争时期八路军与根据地人民在打击日寇、争取民族解放的历史进程中一切社会实践的总和。概括起来说，我认为八路军文化主要表现在以下四点，一是浴血奋战、不怕牺牲的对敌斗争；二是鱼水相依、共渡难关的军民关系；三是团结一致、全民抗战的统一战线；四是官兵一致、同甘共苦的工作作风。

今天我们来研究八路军文化，首先应该研究它的形成过程。文化的形成是一个长期的过程，文化是不断发展、变化的，但在一定阶段具有相对的稳定性。八路军文化是如何形成的？又是在何时何地形成的？我认为八路军文化从八路军诞生之日开始孕育，到1940年在武乡基本形成，之后到抗战结束是一个相对稳定的巩固和发展期。

从政治上讲：在这一阶段，八路军总部进驻武乡，特别是1939年7月至1940年11月，八路军总部、中共中央北方局长期驻扎武乡，这里成为共产党、八路军指挥华北抗战的首府，一二九师师部、中国人民抗日军政大学以及大量八路军部队进驻，八路军高级首长在此作出了诸多重要决策，对整个华北根据地产生了重大影响。从军事上讲：在长乐村战斗之前的许多次战斗，基本上是纯粹的军队作战，用刘伯承师长的话说是军队在裸体跳舞，而在长乐村战斗中，当地民众在地方党组织的领导下，数千群众支前参战，使对日作战成为真正的人民战争。从统战上讲：八路军总部在武乡召开了拥蒋反汪大会，并同顽固军官朱怀冰作了有理、有利、有节的斗争，团结了大批有爱国热忱的友军与仁人志士；召开了武乡士绅座谈会，鼓励了武乡以及晋东南大量士绅出钱出粮支援抗战；成立了日人反战同盟，感化了一批俘虏日军进入反战的行列。从舆论上讲：以华北版《新华日报》与《前线》为代表的大批报纸杂志大量发行，以中华全国文艺界抗敌协会晋东南分会为代表的大批社团及文化名人投身抗战宣传，以太行山剧团为代表的大批文艺团体宣传演出，成为动员全民抗战的有力武器。从教育上讲：以抗大、鲁艺为代表的诸多院校培养了大批军事、政治、技术人才。从军工上讲：以柳沟兵工厂为代表的40余座军工企业在武乡创办,成为八路军抗战的有力保障。从生产上讲:八路军在武乡开垦荒地8万余亩,成为解决生活困难的根本措施。从军民关系上讲:八路军在武乡打仗、休整、补充兵源,与武乡人民结下了浓厚的革命情谊。从政权建设上讲:中共中央北方局长期在武乡驻扎,领导和指导当地群众进行基础组织建设,抗日根据地政权变成了农民自己的当家人,开创了军政联动、军民融合新局面。

这也就是说,八路军总部及所属驻武机构,通过改编初期的社会实践,至1940年在思想、理念、行为、风俗、习惯等方面形成了较为稳定的文化格局,这一物质与精神方面的社会实践的总和,构成了民族的精神和灵魂以及先进的社会文化——八路军文化。

二、传承八路军文化的历史使命

著名文化学者冯骥才讲,一个民族的文化应该是金字塔形状的,要有塔尖。比如五四运动,高峰就是:鲁迅、郭沫若、茅盾、巴金、老舍、曹禺,没有他们,五四运动就很平庸无奇。那么八路军文化的塔尖是什么?就是她的主体"八路军",正是"八路军"这支伟大的人民军队以及领导这支军队的朱德、彭德怀、左权、刘伯承、邓小平等高级将领创造了一个中华民族最重要的文化经典,彰显了一个民族文化创造的高度。八路军文化作为一种先进文化,不仅在抗战时期发挥了巨大的历史作用,她的传承与发展,对我们今天的社会发展与进步也有着极大的推动作用。

武乡,作为八路军文化的主要形成地,发展与传承八路军文化是我们义不容辞的责任。武乡在传承这一革命文化过程中应该说是起步很早的,从20世纪60年代就成为重点。1961年3月,八路军总部在武乡驻扎的砖壁、王家峪、寨上等旧址被列入全国第一批重点文物保护单位,到1964年3月武乡获准成为对外开放县,接待首批外宾。从此,武乡成为革命传统教育和爱国主义教育的优秀基地,当时主要以武乡革命纪念馆,地雷大王王来法事迹陈列馆,王家峪八路军总部旧址,柳沟、马岚头八路军兵工厂旧址为依托,大批国内外游客前来参观、学习、取经,尤其值得一提的是当时亚非拉人民反对殖民主义、帝国主义特别是霸权主义的斗争不断高涨,有70多个国家的宾客前来学习八路军的游击战术,作为他们反帝的有力武器。由此可见,当时武乡革命传统教育的社会影响面是非常之大的。

随着参观客流的不断增长,武乡在基地建设、交通状况、接待能力等多方面出现了条件滞后的困难,武乡县委在扩建武乡宾馆、改建武东公路的同时,逐级请示直至中央批准,兴建了八路军太行纪念馆,1988年该馆正式落成,成为全国唯一的一所全面反映八路军抗战史实的专题纪念馆。八路军纪念馆的建成,吸引了大量游客,年平均接待30万人次。2004年中共中央政治局常委李长春视察武乡八路军纪念馆,并作了重要指示:"抗日战争是我们党的一个重要历史时期,要把这一段历史充分展示给人民群众。展出内容上要再增加一点历史纵深感,在展示的手法上要创新,要有感染力,有的要用电、声、光等手段,要挑选最好的党史、军事、展览专家进行研究,这个事情一定要搞好。"遵照李长春同志指示,八路军纪念馆又进行了改陈扩建,2005年8月八路军纪念馆以最先进的形式向观众正式开放。

这一切都是武乡在宣传抗战历史、继承老八路光荣传统、弘扬八路军文化方面取得的成就。随着对历史研究的不断深入,不仅新发现了大批八路军使用过的抗战文物,而且新发现了大批革命旧址,据详细调查与考证,与八路军相关的旧址多达300余处,武乡是一座没有围墙的"八路军历史博物馆"。围绕武乡在抗战时期这一突出的历史功绩,2008年春,新一届县委在中共武乡县第十三届二次扩大会议上,提出了一个响亮的口号，那就是以"打好革命老区一张牌"为中心的"一三三"战略。一个区域的发展，不仅需要强大的经济力量，更需要强大的文化力量。新一届武乡县委首次提出了"八路军文化"这一概念，由此拉开了挖掘八路军文化，做强八路军文化产业的序幕，特别是面对国际金融危机的挑战，坚持"靠文化树形象、引项目、促转型、求发展"，把弘扬太行精神作为推动科学发展的动力，实施了八路军文化园、游击战纪念园、《太行山》大型实景剧等一批支撑项目，弘扬八路军文化这篇大文章强势破题。通过弘扬和传承"八路军文化"，进一步扩大武乡革命老区的社会知名度。武乡县大力宣传革命老区红色资源优势，营造了浓厚的"举步皆是八路军文化、处处展现武乡特色"氛围，引起了强烈反响。去年9月6日，中央电视台在"共和国从这里走来"的报道中，赞扬其为"国内规模最大的八路军文化主题公园"。

通过两年多的努力，武乡的名气大幅提升，不仅被列入全国30条红色旅游精品线路，同时也被国家"红办"列为与井冈山、延安、西柏坡齐名的四大红色革命圣地。

三、武乡发展八路军文化产业的前景展望

党的十七大报告提出提高文化软实力，大力发展文化产业的决策，对于推进中国特色社会主义经济、政治、文化、社会全面协调和可持续发展，具有重要的战略意义。弘扬抗战文化、发展红色旅游日益成为新形势下广大人民群众了解我党创业史、革命史、奋斗史，坚持党的领导、巩固党的执政地位的政治工程；日益成为弘扬伟大民族精神，加强爱国主义教育特别是青少年思想道德教育，建设社会主义核心价值体系，促进文化大繁荣大发展的文化工程；日益成为推动革命老区经济社会发展，提高老区人民生活水平的经济工程。八路军是太行精神的灵魂，八路军文化是对中国优

秀传统文化的继承和发扬，八路军文化是我省独特的文化资源，也是我们做强八路军文化产业的"先天"条件。深度挖掘八路军文化，做强八路军文化产业，既是一项政治工程，也是一项文化工程，还可以将其培育成为武乡转型发展、跨越发展的一个强势品牌。加大八路军文化产业品牌的培育，使我县在精神支撑上焕发新动力、在人气聚集上产生新焦点、在发展方式上开拓新境界。

近年来，武乡县委、县政府大力实施"一三三"战略，将发展八路军文化作为一项重要任务，拉开了做强八路军文化的序幕。特别是去年以来，面对国际金融危机的冲击和挑战，我县紧紧围绕省、市发展战略，强势启动了"文化繁荣年"活动和八路军文化园、游击战纪念园、《太行山》大型实景剧等一批文化产业工程，将弘扬太行精神作为推动武乡科学发展的精神动力，将做强八路军文化产业作为转型发展的切入点，将打造八路军文化大格局作为增强武乡革命老区综合实力和竞争力的重要举措，推进武乡经济结构战略性调整和产业的优化升级，从而提升武乡老区文化软实力。

八路军文化产业项目建设如火如荼。《太行山》大型实景剧筹备进展顺利。《太行山》大型实景剧是我县立足高起点、高视角、高品位、高科技的要求，聘请我国著名电影导演、电影家协会主席李前宽担任总导演的大型演艺项目。目前，这一项目受到了省委、省政府、市委、市政府领导的高度重视和充分肯定。该剧推出后，将成为中国北方最具魅力的"实景文化大餐"。八路军文化氛围一期工程全面竣工。我们在太长高速武乡段两侧护坡及其出口，创作了八路军文化版画、八路军将士雕像、抗日英雄故事版画等艺术作品，营造了"举步皆是八路文化，处处展现武乡特色"的浓厚氛围，为加强爱国主义教育和宣传武乡起到了积极的作用。八路军文化园和八路军游击战纪念园以及两个总部旧址改陈布展工作顺利推进。投资8700多万元，占地231亩的八路军文化园；投资8200多万元，占地1500亩的游击战纪念园工程，两大项目的主体工程已基本完成，开始装修和内部设计，将于2011年3月份开园。砖壁、王家峪总部旧址改陈布展工作也已通过专家评审，即将进入实施阶段。

发展八路军文化有力拉动红色旅游。文化旅游业是天然的绿色产业，武乡的文化产业和旅游产业共生共融。我县依托丰富的旅游资源，坚持"打好革命老区一张牌"，大力发展八路军文化产业，带动旅游业迅速发展，为我县发展红、古、绿三色旅游增添了新的活力。2009年全年共接待游客近100万人次，比上年增长2.5倍。八路军文化产业的开发，成为新农村建设的一个助推器，使我县红色旅游方兴未艾。红色旅游景点已成为广大党员群众的教育场所和青少年学生的第二课堂。在一些重大节日，全国各地慕名而来，开展各种学习教育活动的团体接踵而至，我县爱国主义教育基地作用更加明显。

发展八路军文化，促进物流、服务业等第三产业蓬勃发展。依托丰富的旅游资源、深厚的文化底蕴和独特的交通区位优势，通过发展八路军文化，有力带动了物流业、现代服务业等第三产业蓬勃发展，2009年，武乡第三产业增加值达到11亿元，比2005年增长50%，第三产业逐渐成为拉动国民经济增长的重要力量和吸收劳动就业的主动力。

发展八路军文化，凝聚了武乡干群力量。积力之所举则无不胜，众智之所为则无不成。我们将弘扬太行精神和一争天下无难事的武乡精神作为思想动力，将传承八路军文化、做大做强八路军文化产业作为主攻方向，进一步激发了全县干部群众的工作积极性、主动性、创造性和开拓进取、奋发向上的工作热情，进一步凝聚起广大群众的智慧和力量，全县上下形成了转型发展的强大合力,也必将成为推动我县新一轮跨越发展的不竭动力。

按照省委书记袁纯清关于加快文化旅游产业转型发展步伐的要求,武乡在今后经济社会发展中,特别是编制"十二五"发展规划时,将发展八路军文化产业、提升文化软实力作为一项战略任务。我们牢牢抓住省委、省政府将"抗日根据地文化"列为"文化强省"战略七大品牌之一的重要战略机遇,聘请有关专家科学编制《武乡县八路军文化产业发展总体规划》、《八路军文化主题公园控制性详细规划》等各项规划,充分发挥独特的红色资源优势、便捷的交通区位优势和著名的革命圣地优势,做大做强八路军文化产业。

一是以红色文化资源为基础,把做大做强八路军文化产业作为武乡老区发展新的经济增长点。武乡老区历史文化、山水文化、红色文化等资源丰厚独特,歌舞、戏剧、音乐、美术、工艺品多彩灿烂,为发展特色文化产业提供了极为有利的资源条件和重要基础。要整合各种文化优势资源,优化文化产业布局结构,转变文化产业增长方式,培育文化市场主体,健全各类文化市场,发展现代文化产品流通组织和流通方式,致力打造面向市场的特色文化品牌,逐步完善以文化演艺业、文化娱乐业、文化会展业、文化节庆业、新闻出版业、广播影视业、数字内容和动漫业等构成的全县文化产业体系,要围绕大型实景演出《太行山》,拓展规模和产业链,加大其衍生产品的市场开发力度,做好周边项目的建设,使之成为中国北方旅游演艺产业龙头项目。同时要把八路军文化园、游击战纪念园开发利用好,把八路军文化艺术节办出特色和水平,使其与《太行山》实景演出一起成为武乡老区一个著名的文化产业集群品牌,成为武乡老区文化经济的一个典范。到2015年,包括文化产业在内的三产总值占国民生产总值30%,

成为武乡老区经济发展新的增长点。

二是以八路军文化为纽带,把旅游助推服务业增长作为武乡老区经济发展新的支撑点。充分发挥武乡老区地缘区位优势和红色底蕴丰厚独特等旅游资源优势,拓展旅游业的文化内涵,全面构筑旅游品牌和武乡老区旅游业发展框架,力争将武乡老区建成特色鲜明、设施完善、服务一流、驰名中外的中国旅游强县。着力培育一批文化旅游企业,增强旅游业的吸引力和竞争力,大力开发旅游文化衍生产品,逐步形成游、食、住、行、购、娱为一体的文化旅游产业链,以文化旅游促进交通运输业、餐饮宾馆业、房地产业、商品零售业等服务业的快速发展,使之成为武乡老区经济发展新的支撑点。

作者简介:

阎新平　中共武乡县委副书记、县长

八路军文化内涵之我见

李 颖

文化,"广义指人类在社会实践过程中所获得的物质、精神的生产能力和创造的物质、精神财富的总和。狭义指精神生产能力和精神产品,包括一切社会意识形式:自然科学、技术科学、社会意识形态。""作为社会意识形态的文化,是一定社会的政治和经济的反映,同时又给予一定社会的政治和经济以巨大的影响。"①我们现在所指的文化一般是指狭义的意思,即"精神生产能力和精神产品","包括一切社会意识形态"。对于一个民族、政党或团体来说,文化是它特有的历史创造积累和精神记忆,是它特有的生存方式。一个民族、政党或团体的兴衰存亡,说到底是它所代表的那种文化的兴衰存亡。

八路军是中国共产党在抗日战争时期直接领导的一支人民军队,是坚持华北抗战的主力军。抗战期间,八路军面对武装到牙齿的日本帝国主义,发挥大无畏的革命精神,在中国共产党的正确领导下,在广大人民群

---

① 《辞海》,上海辞书出版社1999年版缩印本(音序),第1765页。

众的支持和配合下，通过持久的人民战争，由小到大，由弱到强，最后发展成为战胜敌人、夺取抗战胜利的决定性力量。而特色鲜明的八路军文化的培育和形成，是八路军区别于其他一切旧式军队的内在本质，也是其成为夺取抗战胜利决定性力量的一个重要因素。

八路军文化的内涵极其广泛，对于这个问题，仁者见仁，智者见智。我个人认为，八路军文化的内涵，至少应当包含以下三个方面的基本内容。

一、坚决听党指挥

坚持中国共产党对军队的绝对领导，是红军同其他军队的原则区别。实现第二次国共合作、红军改编后，军队的指挥权问题一直是中国共产党与国民党斗争的焦点。国民党企图通过"统一"、"改编"，达到控制、削弱直至消灭人民军队的目的。因此，如何保证中国共产党对军队的领导是关系到党的生死存亡、抗日战争能否取得最终胜利乃至整个中国革命能否成功的严重问题，一直受到中国共产党的高度关注，成为一切工作的中心问题。

1937年7月22日，彭德怀在红军党的高级干部会议上作题为《红军改编的意义和今后工作报告大纲》的报告，旗帜鲜明地指出："改编后的中心问题——保障共产党的单一领导。"为什么要保障共产党的单一领导，彭德怀讲了三点理由：一是"我们的军队不但是民族革命的军队，而且将来还要担负建立社会主义中国的任务。这种任务，不论在改名以前或改名以后，都是一样的。只有在共产党领导之下的军队，才能担负起这样伟大光荣的任务"；二是"地方资产阶级，虽然可以做我们的临时同盟者，共同抗日，但在抗日的过程中，仍不会有一刻放松削弱和破坏我们的工作。这不能不使我们仍有警觉性，来努力保障共产党的单一领导"；三是"从土地革命中产生和锻炼出来的红军,有比较巩固的布尔什维克骨干,这是要估计到的,但是我们自己仍有许多缺点","这些缺点必须克服,才能保障党的单一领导"。对于如何保障共产党的单一领导问题,彭德怀提出了十项方法,主要有:"共产党的绝对领导,没有党就没有红军";"保障与加强政治工作传统。政治工作是红军的生命线";"健全党的生活";"实行单一首长制后",要健全"军队中党的组织",等等。①

8月1日,八路军总政治部《关于新阶段的部队政治工作的决定》,强调指出:在新的环境中千百倍加重了共产党对红军的领导责任。应该健全与加强红军中党的组织及其作用,党的组织应该成为部队全部生活决定的骨干,成为一切政治工作的支持与依靠,而政治机关亦始终应保持其为党的工作机关的特点。

由于中共中央和中央军委及时采取有效措施,因而保证了党对八路军的绝对领导,使八路军得以继续发扬红军的光荣传统,保持人民军队本色。正如贺龙同志总结的:"我们的部队,因为有最先进的政党——共产党的坚强领导,并且保持和发扬了革命的政治工作的光荣传统,才能有今日的成绩。坚强的政治工作,保证了各种任务的完成"。②

坚决听党指挥,这是八路军文化的根基所在。

---

① 彭德怀:《红军改编的意义和今后工作报告大纲》(节录)(1937年7月22日),中国人民解放军历史资料丛书编审委员会:《八路军文献》,解放军出版社1994年版,第6—8页。

② 贺龙:《依靠群众 夺取胜利——一二〇师在晋西北抗战概述》,中国人民解放军历史资料丛书编审委员会:《八路军回忆史料》(1),解放军出版社1988年版,第91页。

二、高度的政治觉悟、民族觉悟和艰苦奋斗的革命精神

为什么八路军能在敌人后方坚持斗争，能不断战胜敌人，取得一个又一个胜利？其中有许多原因，最重要的"在于八路军有高度的政治觉悟和民族觉悟"。八路军的每个将士都能认识当前大敌，知道抗日高于一切，一切服从抗日的大道理，八路军每位将士都能了解自身献身于民族解放的意义，知道这次战争是为民族的自由，为求中华民族从帝国主义锁链下解放出来。同时，八路军将士更清楚地知道，自身阶级的解放和全国人民的解放，也是从这次战争中去求得。正因为八路军有这样高度的民族深情和阶级觉悟，这种对于国家民族无比的忠诚和对于战争的最高信心，才产生英勇牺牲的精神，不屈不挠的意志，顽强果敢的毅力，能够在任何条件下奋斗。

1944年7月28日，时任美国驻华大使馆秘书、美驻延安观察组成员约翰·谢伟思就感叹："人们是严肃的，而且都倾向于怀有一种使命感。""这里有一种令人惊讶的政治觉悟。你不论问到谁，理发员也好，农民也好，房间服务员也好，他都会给你头头是道地讲述共产党进行战争的纲领。"①

英国《新闻纪事报》驻重庆记者格尔德惊叹："中国士兵显示着无与伦比的胆量和忍耐力。许多年以来，他们在饥饿和伤亡之中濒于死亡，但是仍然继续战斗。因为他们恨日本人，甚至比恨他们自己的资本家和地方更厉害。"②

---

① 约翰·谢伟思：《对中共和八路军的观察印象》，中国人民解放军历史资料丛书编审委员会：《八路军参考资料》（1），解放军出版社1992年版，第1060页。
② 格尔德：《关于中国的近况》，中国人民解放军历史资料丛书编审委员会：《八路军参考资料》（1），解放军出版社1992年版，第1179页。

原国民党军赵晓峰也曾赞叹道:"在中华民族生死存亡的关键时刻,共产党人以民族利益高于一切的崇高品格,在国共合作团结抗日中显示出特有的民族凝聚力。"①

正如左权总结的:"八路军没有优良的武器,在全国抗战部队说来是武器配备最差的部队,但是他能以低劣的武器和优势敌人搏斗,并从他们手中夺取武器,这全仗八路军有坚强的意志和战斗的英勇顽强。我们的精神战胜了物质上的困难,而这种精神,其基础却在于政治觉悟和民族觉悟。"②

八路军将士的艰苦奋斗精神,还突出表现在大生产运动中,其中第120师359旅的成绩最为显著,是陕甘宁边区生产运动中的一面光辉旗帜。中共中央对359旅等部队在生产运动中作出的贡献,和干部战士表现出来的吃苦耐劳、与困难作坚决斗争的革命精神,给予高度的评价。1943年5月,毛泽东号召延安党政军民学习359旅718团团长陈宗尧、政委左齐的事迹。他说:陈宗尧是八路军的团长,他率领全团走几百里路去背米,他不骑马,自己背米,马也驮米,全团指战员为他的精神所感动,人人精神百倍,没有一个人开小差。左齐为该团政委,他在战争中失去一只手,开荒时拿不起锄头,就在营里替战士做饭,挑上山去给战士们吃,使战士们感动得无可名状。毛泽东强调说:"我们共产党不是要做官,而是要革命,

---

① 赵晓峰:《抗战时期的片断回忆》,中国人民解放军历史资料丛书编审委员会:《八路军参考资料》(1),解放军出版社1992年版,第633页。

② 左权:《坚持华北抗战两年中之八路军》,中国人民解放军历史资料丛书编审委员会:《八路军回忆史料》(1),解放军出版社1988年版,第51页。

我们人人要有这种彻底革命精神。"①

八路军大无畏的革命精神,对全党全军起了极其深刻的教育作用,对战胜严重困难,完成抗日大业乃至夺取民主革命的胜利,都产生了重大作用。

高度的政治觉悟、民族觉悟和艰苦奋斗的革命精神,这是八路军文化的精髓所在。

三、高度的团结精神

团结的精神,首先体现在坚决拥护和执行抗日民族统一战线的方针,这是"八路军最中心的任务,也就是八路军政治工作的基本方针"②。根据这个方针,八路军政治工作的一项重要任务就是对部队进行长期的有关统一战线的教育。从马克思列宁主义理论原则的高度,说明党的抗日民族统一战线政策,是根据中日矛盾上升为主要矛盾,国内阶级矛盾已降为次要和服从地位,国内阶级关系发生了变化的新形势而确定的;又用西安事变的和平解决,从而推动国共两党的第二次合作,促进抗日民族统一战线形成的事例,说明党中央和毛泽东同志确立的抗日民族统一战线的方针是无比正确的。正如左权同志总结的:"八路军之能在华北坚持战胜敌人,首先在于八路军能与友军协作,能取得地方政权与民众团体的帮助。军政民的三位一体是战胜敌人的基本因素,而八路军却能把握住这一点。八路军能团结抗战力量,并发挥这些力量。八路军很多胜利的获得,就依仗于统

---

① 中国人民解放军历史资料丛书编审委员会:《八路军综述·大事记》,解放军出版社1994年版,第115页。

② 谭政:《八路军政治工作的回顾》,中国人民解放军历史资料丛书编审委员会:《八路军回忆史料》(3),解放军出版社1991年版,第7页。

一战线执行得正确。"①

　　团结的精神体现在八路军内部的关系上。八路军战士有很好的政治文化教育,有活泼的文化娱乐工作,能上下一心,指挥员与战斗员一律平行,指战员相互间亲爱和睦、团结得像一个人一样,更有优秀的共产党员在部队中起模范作用,因之八路军部队中富有生气,部队能十分巩固与坚强,能克服困难,发扬艰苦奋斗的精神。贺龙总结说:八路军"部队铁一般的团结。无论上级与下级,指挥员与战斗员,以及同志与同志之间,无不亲密友爱,大家同心同德,一个意志——把日本帝国主义打出中国去,争取中华民族的独立、自由和解放"②。时在国民党军服役的赵晓峰,曾亲眼目睹朱德总司令在怀台镇时,"一天早上和士兵在河里一起洗漱,有说有笑,亲密无间的情景。它生动地体现了八路军官兵一致的平等精神。我本想也去向朱总司令问好,但囿于旧军队的等级观念,未敢贸然向前,一直引为憾事"③。

　　团结的精神还体现在取得民众的爱戴、拥护和帮助上。在抗日战争中,党的政治路线就是坚持统一战线,团结和动员全民族一切抗日力量,去争取抗日战争的最后胜利。所以,从抗战一开始,八路军各部队就用很

---

①　左权:《坚持华北抗战两年中之八路军》,中国人民解放军历史资料丛书编审委员会:《八路军回忆史料》(1),解放军出版社1988年版,第52页。

②　贺龙:《依靠群众　夺取胜利——一二〇师在晋西北抗战概述》,中国人民解放军历史资料丛书编审委员会:《八路军回忆史料》(1),解放军出版社1988年版,第92页。

③　赵晓峰:《抗战时期的片断回忆》,中国人民解放军历史资料丛书编审委员会:《八路军参考资料》(1),解放军出版社1992年版,第633页。

大的力量去做群众工作,把宣传与动员群众参加抗战,作为一项极为重要的任务来对待。八路军以自己的模范纪律来影响、发动和组织民众,民众和八路军像一家人一样,他们爱护八路军,掩护八路军,配合八路军作战。民众为八路军担任运输、担架、侦察、警戒、交通、联络等等工作,民众帮助八路军破坏道路,自动参加作战。这一切,解除了八路军很多困难,"几乎没有一次战斗没有民众参加"。

美国驻延安观察组成员约翰·谢伟思说:"这里处处强调民主以及与普通老百姓的密切关系。这在他们十分认真进行的文化工作中就看得出来。话剧和音乐都采用当地农民的民间艺术的形式。集体舞也包括了当地的民间舞蹈。"[1] "正因为八路军能和民众亲密合作,与民众打成一片,就得到了民众热烈的拥护和帮助。因之也就能胜利、发展和壮大。"[2]

正如1945年4月25日朱德在中国共产党第七次全国代表大会上所作的军事报告《论解放区战场》中指出的:"把军民团结和官兵团结发扬到最高度,并普遍推行了拥政爱民与拥军优抗的运动,不管敌伪的从外进攻及其奸细特务的从内挑拨,这个团结都是打不散、挑不开的。"[3]

高度的团结精神,这是八路军文化的核心所在。

综上所述,坚决听党指挥,是八路军文化的根基;高度的政治觉悟、

---

[1] 约翰·谢伟思:《对中共和八路军的观察印象》,中国人民解放军历史资料丛书编审委员会:《八路军参考资料》(1),解放军出版社1992年版,第1060页。
[2] 左权:《坚持华北抗战两年中之八路军》,中国人民解放军历史资料丛书编审委员会:《八路军回忆史料》(1),解放军出版社1988年版,第52页。
[3] 中国人民解放军历史资料丛书编审委员会:《八路军回忆史料》(1),解放军出版社1988年版,第10页。

民族觉悟和艰苦奋斗的革命精神,是八路军文化的精髓;高度的团结精神,是八路军文化的核心。正是因为拥有这样独特的、先进的文化内涵,八路军才拥有了既有别于其他一切旧式军队,又不同于初创时期的红军的本质特性,也才逐步成长为团结广大民众、战胜日本侵略者的中坚力量。

作者简介

李　颖　中央党史研究室一部副巡视员、研究员

八路军文化建设探析

董志铭　赵世敏

我军历来十分重视文化建设,在过去各个革命历史时期,人民军队的文化工作都发挥了巨大的积极作用,形成了许多优良传统。就是在我党我军面临巨大困难的抗日战争时期,军队文化建设也丝毫没有放松和停滞,尤其是在八路军中,由于许多文学家、戏剧家、音乐家、美术家抱着献身于民族解放斗争的崇高愿望,投入军营,同部队原有的文艺工作者一起,开展革命文化活动,使部队文化工作取得了不菲的成绩。今天,我们回顾八路军文化工作历程,借鉴其成功经验,对于促进新形势下军营文化大发展大繁荣,推动部队建设科学发展,仍然具有十分重要的现实意义。

一、八路军文化建设的地位和作用

军营文化建设的作用在于创造整体精神活力。八路军在当时极其窘迫的条件下,通过开展丰富多彩的军营文化活动,培养了全体官兵严格的纪律、英勇顽强的作风、执著追求的毅力、崇高的爱国主义精神、百折不挠的气概、忘我无私的品德等等。正是由于具备了这些优良品质,才使中国共产党领导的以八路军为主力的武装力量成为抗日战争的中流砥柱。

（一）激励作用

八路军文化建设的核心是树立革命军人的价值观,能使全体官兵的价值观同军队组织的价值观统一起来,形成共同的价值观,唤起每个革命军人的职业荣誉感和自豪感,从而激励全体指战员奋勇杀敌,自觉维护军队形象,为保持军队荣誉而尽职尽责,努力工作。"（每次）战后的工作,若不受时间的限制,好好发展文化娱乐方面的工作,如组织晚会、唱歌、革命的游戏、战斗的故事,以及其他许多正确简单的消遣如供给报纸、图书等等,对于提高情绪会有特殊的意义,是不应当忽视的。"[1]它还能为部队中的每一个官兵的发展和他们的潜能挖掘创造良好的条件,把握和激励官兵向上的动力和能动性,给官兵以导向和无形的驱动力,激励指战员坚定信念,奋发努力,为军队的建设目标顽强地工作,以至于牺牲生命。"剧社分散到连队去帮助工作,领导连队的文化娱乐。记者也派到连队去组织连队的通讯和文娱活动。部队的报纸则经常登载着文化运动的消息,交流各部队的经验。文化运动的浪潮便一天天泛滥着,连队里、班排里都溅濡着浪花"[2]。同时要求"在部队转移时,切忌政治工作的中断,十人团、民运小组须要特别活跃,并在一般情况下,活跃连队文化娱乐工作。"[3] "部队剧社是文艺团体,其基本任务是通过艺术形式完成政治任务。这即艺术

---

[1]《中国人民解放军政治工作历史资料选编》第4册,抗日战争时期(一),解放军出版社2004年12月版,第306页。

[2]《中国人民解放军政治工作历史资料选编》第7册,抗日战争时期(四),解放军出版社2004年12月版,第209页。

[3]《中国人民解放军政治工作历史资料选编》第6册,抗日战争时期(三),解放军出版社2004年12月版,第34页。

服从政治,据此,剧社的具体任务是:巩固部队,提高部队战斗力与政治情绪。"①正是通过开展痛陈日寇罪行、维护部队荣誉等多种活动,使八路军指战员同仇敌忾,凝聚了意志,激励了斗志,为革命胜利奠定了基础。

(二)凝聚作用

八路军文化建设是一种无形的"黏合剂",它微妙地将指战员们紧紧地联结在一起,把全体军人引导到军队发展的整体目标上来,团结一致地为抗日战争胜利而不懈努力。"由于组织与进行连队中的体育娱乐工作,使部队的生活相当活跃,并使课外的时间用到正当的娱乐上了,这样便起着调节生活,提高情绪并防止不良倾向产生与发展的作用。"②八路军文化重视人的价值,特别重视珍视和培养人的感情,通过人的感情把军营中的每一个分子联结在一起,其感情建立的基础是尊重、理解和信任,其感情建立的手段是帮助、体贴和爱护。"动员新战士发扬阶级友爱,帮助新战士学习,解决新战士的困难,并举行欢迎工作。"③这种关系的建立,能使全体军人感到部队"大家庭'的温暖,增强责任意识和集体意识。"体育娱乐工作的目的,一方面为着调节日常生活,提高部队的情绪与活跃、生动、友爱的精神。"④具有这种意识的官兵,会

---

①《中国人民解放军政治工作历史资料选编》第6册,抗日战争时期(三),解放军出版社2004年12月版,第777页。

②《中国人民解放军政治工作历史资料选编》第5册,抗日战争时期(二),解放军出版社2004年12月版,第547页。

③《中国人民解放军政治工作历史资料选编》第4册,抗日战争时期(一),解放军出版社2004年12月版,第85页。

④《中国人民解放军政治工作历史资料选编》第5册,抗日战争时期(二),解放军出版社2004年12月版,第535页。

自觉约束个人的行为，使他们的思想感情和行为与军队整体联系起来，凝聚成军营活力之源泉。"就是各种政治组织的建立与工作的培养（如十人团，流动宣传队，纪律检查组，俱乐部），特别是文化娱乐工作，是支队最大的特色，成为今天部队推动一切工作与保障胜利的有力助手。"①"发扬文化娱乐工作与加强物质保证，以提高与巩固部队情绪。课外活动、俱乐部工作应适当的建立，宣教部门与报社、剧团应以练兵为中心来计划自己的工作，反映报导与供给各种现实材料，使部队感到练兵是愉快的。"②

（三）约束作用

在引导革命军人行为过程中，八路军文化具有"软性约束"和"内化控制"的特点，潜移默化地贯注在全体官兵的行为之中，它能通过巧妙的暗示、内在的提醒等形式，对每个军人实现无形的自控和约束作用，使全体军人的行为符合军队的要求。如"应当开展识字运动，消灭文盲；提倡娱乐和体育运动，以健全战士的身心；反对一切不清洁、不讲卫生的现象，提高科学的认识和知识，进行反迷信的教育。"③又如，对一些意志薄弱者，"应以政治工作的威力，把反逃亡的斗争造成为群众的运动，用群众的力量去反对逃亡。应运用各种方式与方法去反对逃亡，要把逃亡是最可耻、

---

①《中国人民解放军政治工作历史资料选编》第4册，抗日战争时期(一)，解放军出版社2004年12月版，第674页。

②《中国人民解放军政治工作历史资料选编》第7册，抗日战争时期(四)，解放军出版社2004年12月版，第575页。

③《中国人民解放军政治工作历史资料选编》第4册，抗日战争时期(一)，解放军出版社2004年12月版，第427页。

逃亡是帮助敌人的这一思想,灌注于每一个战士的头脑中去,引起大家对于逃亡的强烈反对和仇视,使个别企图逃跑的分子,在群众的压力之下,结束自己的动摇"①。正是由于文化工作的约束作用,较好地肃清了革命队伍中的动摇思想,为凝聚部队、取得了抗日战争胜利奠定了基础。

(四)设计作用

八路军军营文化的渗透,使革命军人在遵守条令条例的前提下,能够在各项工作任务中表现突出和自行设计、自行创新,同时能够获得设计创新的鼓励。"从军事上、政治上、文化上加强老干部,提高其能力,使之知识化,这样去消除其狭隘性和'帮口'观念,而发展其整体观念(特别使之了解中央对知识分子问题的指示),使之相信新的成分,并了解没有新的血液就无法建立模范党军。"②八路军特别注意发现、培养和表扬先进集体和英模人物,以榜样典型带动各项任务的顺利完成。"有下列条件之一者,授一等奖:1. 总揽全局,指挥有方,因而制胜者。2. 打开僵局,战役上转危为安者。3. 对于根据地有特殊建树与成绩者。4. 完成危险和艰巨任务,战役上有重大意义者。"③并对第二、三等奖项条件都给予了明确。还有通过宣扬狼牙山五壮士的壮举,使八路军指战员崇尚荣誉蔚

---

① 《中国人民解放军政治工作历史资料选编》第6册,抗日战争时期(三),解放军出版社2004年12月版,第359页。

② 《中国人民解放军政治工作历史资料选编》第5册,抗日战争时期(二),解放军出版社2004年12月版,第223页。

③ 《中国人民解放军政治工作历史资料选编》第5册,抗日战争时期(二),解放军出版社2004年12月版,第190页。

然成风,部队士气高昂。

（五）吸引作用

八路军军营文化像"磁铁",其通过具体文化形态来反映军人形象,向全社会展示八路军的精神风貌和良好形象,从而引起社会对人民军队的倾慕与爱戴,提高军队的荣誉感和吸引力,促进军政、军民关系的协调发展。"组织青年积极于文化娱乐体育工作,如积极写墙报（有青年栏）,读报,举行体育比赛,学歌咏等。青年工作始终保持了青年是部队文化娱乐工作的中心力量。帮助地方青年工作,如驻在某地即帮助当地青年开会,训练教歌,与当地青年开联欢会等。"[1]只要部队在一个村庄住上一天半天,这个村上的群众特别是青少年便学会了战士们唱的歌。地方青年由于受到了部队的吸引,纷纷参军入伍,或者奔向革命圣地延安,投入到轰轰烈烈的革命事业中,革命队伍不断发展壮大,为取得抗日战争的胜利积蓄了力量。

二、八路军文化建设的内容和形式

八路军在当时的战争环境下,面对各种困难,因时制宜、因地制宜、因人制宜地开展文化工作,取得了骄人成果。主要表现在如下五个方面。

（一）建设了一支文艺队伍

八路军各个团都成立了15—20人的宣传队,旅以上单位都成立了剧团（剧社、宣传队、服务团、文工团）。到了抗战后期,随着我军的发展壮大,专业文艺团体几经整编、扩充,队伍大为发展。据不完全统计,有

---

[1]《中国人民解放军政治工作历史资料选编》第5册,抗日战争时期(二),解放军出版社2004年12月版,第690页。

文工团90多个,各团有文工队,人员总数达6万。①这些文艺团体不仅常给部队基层和人民群众演节目,而且经常到连队做辅导工作,帮助培训骨干;打仗时,还参加战勤工作以及战时宣传鼓动工作,深受部队欢迎。

(二)创作了一批文艺精品

广大文艺工作者面向前线、面向连队,创作了许多鼓舞士气、激励民心的优秀的戏剧、音乐、舞蹈、小说、诗歌、美术等作品。从音乐上说,人民音乐家冼星海的《在太行山上》(桂涛声词)、贺绿汀的《游击队歌》、郑律成的《八路军进行曲》、吕骥的《抗日军政大学校歌》等等,都极大地鼓舞了军民的革命斗志。特别是1942年毛泽东发表了著名的《在延安文艺座谈会上的讲话》后,指明了文艺为人民大众、首先是为工农兵服务的方向,提出了一系列无产阶级文艺的根本原则,把革命的文艺工作推进到一个新的历史阶段。在《讲话》精神指引下,产生了《战斗里成长》、《无敌三勇士》、《刘胡兰》、《团结立功》、《李国瑞》等一系列表现新的人物、新的世界的好作品。

(三)造就了众多文艺人才

1935年10月中央红军长征到达陕北后,次年冬就成立了"中国文艺协会"。毛泽东曾誉其为"苏维埃运动的创举",号召"发扬苏维埃的工农大众文艺,发扬民族革命战争的抗日文艺,这是你们伟大的任务"。接着,1938年创办了延安鲁迅艺术学院(设有文学、戏剧、音乐、美术等系)和部队艺术学校;各战区也相继创办了鲁迅艺术分校。这些艺术院校,实际上成了各地军民的文化艺术中心,汇集了大批文艺人才,为八路军、新四军和各抗

---

① 《部队文化工作教材》总政治部文化部编,解放军出版社1988年7月版,第27页。

日根据地培养了许多文艺干部。新中国成立后至今我军有成就的老的文艺干部,相当部分是根据地开办的艺术院校培养出来的,还有一部分是部队长期艺术实践中"土生土长"的,其中不少同志是从事业务文艺活动中逐渐造就出来的。他们为抗日战争和解放战争的伟大胜利,为部队文艺事业的发展,都作出了重要的贡献。不少同志(如著名作曲家任光,戏剧家刘保罗、许晴等)还牺牲在为民族、为革命的战场上。在幸存的部队老文艺工作者中,有不少同志在战争中负过伤,而他们仍在为繁荣部队文艺事业积极地工作着。

(四)活跃了部队基层文化工作

"普遍开展群众性的文化娱乐活动,建立连队墙报,把'穷人乐'的创作方法在连队中推广。"[1]在八路军里,每个连队都设有俱乐部,并专设一名文化教员,既教战士学文化,又具体负责教歌、排练节目等,部队走到哪里,就把革命歌声带到那里。"在教育中,政治与文化是相辅并进的,除了同样按照一定的时间上课以外,俱乐部是部队文化活动的中心,俱乐部的组织普遍到每个连队,在指导员领导之下,经常出版墙报,组织军人晚会,唱歌,跳舞,演街头剧和进行体育活动;同样,在行军驻军以至于战斗中,都没有停止过。"[2] "体育文化娱乐工作,中心是打棒球、读战场报、分区报纸。在整训时期内,可以出墙报。军事、政治问题研究,演剧等工作,可以临时组织进行。机关支部(特别是工厂、学校),可按具体

---

[1]《中国人民解放军政治工作历史资料选编》第7册,抗日战争时期(四),解放军出版社2004年12月版,第672页。

[2]《中国人民解放军政治工作历史资料选编》第5册,抗日战争时期(二),解放军出版社2004年12月版,第417—418页。

情况规定,但总的原则,要有名义有工作。"①连队还经常举行文艺晚会,有时还同根据地解放区的学校师生和村剧团共同举办文艺晚会,军民同乐。"发扬文化娱乐工作:(1)恢复每团一个小的剧社组织,经常在部队中、居民中工作。(2)连队的晚会与居民的联欢会利用可能机会举行之,与实际的任务与政治口号联系起来。(3)创造新的、活泼的游戏。"②那时乐器较少,文艺骨干能够发明创造,用弹壳、钢钎、锯条、酒瓶、饭碗、镐锹等当乐器,演奏出不少动听的乐曲,表现了战士们高度的智慧和革命乐观主义精神。游戏更是部队经常开展的一项活动。尽管那时游戏比较简单,但由于不受场地、器材限制,大家都喜欢做。"体育运动是非常热烈的,每个营得有篮球、排球,行军的时候带着运动器具,一到宿营地就布置运动场。每当雨过雪霁,干部和战士就忙着扫雪整运动场。运动会也常常举行,球类、田径赛、超越障碍、掷手榴弹、游泳均很普遍,划船则为水滨部队'近水先得'的运动了。克拉克球、打日本等,虽是老游戏,至今兴致犹未衰减。"③这些都体现了官兵同乐,亲密无间,使人民军队无往不胜。

(五)掀起了官兵识字热潮

由于八路军的兵源补充主要来自广大农村,受当时条件限制,绝大部分战士和部分基层干部文化程度很低,基本处于文盲半文盲水平。

---

①《中国人民解放军政治工作历史资料选编》第7册,抗日战争时期(四),解放军出版社2004年12月版,第225页。

②《中国人民解放军政治工作历史资料选编》第4册,抗日战争时期(一),解放军出版社2004年12月版,第63—64页。

③《中国人民解放军政治工作历史资料选编》第7册,抗日战争时期(四),解放军出版社2004年12月版,第210页。

在这种情况下,八路军充分发挥我军"大学校"功能,在部队中大力开展文化学习,提高官兵文化素质。部队把识字学习作为一项组织活动,"以晋东南、冀东、晋西北、山东四个区域的最高政治机关,负责编审印刷干部的基本政治文化教材及读物,并在集政统一的意志下,规定各自的教育计划,并监督其实施。"① "设置各种必要的组织,如抗战室、俱乐部、晚会等等,发展官兵中的正当娱乐与体育运动,发展士兵文化识字运动"②。同时,强调指出了识字学习的重要性,"提高文化水平,是为着打开我们的眼睛看世界,同时提高文化水平,也是帮助军事政治的学习"。"因为部队中的文化水平比较低,同时文化知识与军事政治教育有密切的联系,因此,我们需要进行文化教育。"③ "凡不识字的或文化水平过低的干部必须以学习文化课消灭文盲为主。"④并且根据战时情况灵活组织学习及各种活动,"它应当转入于简短的方式,不管是属于宣传鼓动或者文化娱乐方面的都是一样。譬如说,只能举行飞行的集会、飞行的读报,在行军中进行识字、唱歌、讲笑话、讲故事,或者利用进入战斗的瞬间进行几分钟的报告与首长的讲话,在行军途中,或者到达战场上的道旁利用鼓动棚、鼓动车的活动,政治人员与士兵个别的或者

---

① 《中国人民解放军政治工作历史资料选编》第5册,抗日战争时期(二),解放军出版社2004年12月版,第64页。

② 《中国人民解放军政治工作历史资料选编》第4册,抗日战争时期(一),解放军出版社2004年12月版,第99页。

③ 《中国人民解放军政治工作历史资料选编》第4册,抗日战争时期(一),解放军出版社2004年12月版,第308页。

④ 《中国人民解放军政治工作历史资料选编》第5册,抗日战争时期(二),解放军出版社2004年12月版,第1页。

三五人的谈话，战斗瞬间的鼓动口号……这一切的一切，都成为战时政治工作之主要的方式了"①。同时，注意工作的连续性，通过这种持续不断的识字学习运动，"八路军中新战士识字人数较前增多，部队文化亦普遍提高，教育时间比之过去容易，这一切条件，都给部队以更好完成教育工作"②。正是由于识字运动的普及，使八路军战士在军队这所"大学校"里学到了知识，汲取了力量，提高思想道德水准和军事技能，使人民部队成为抗日战争的中流砥柱，不断从胜利走向胜利。

三、八路军文化建设的经验和启示

回顾过去，在抗日战争时期，军队文化工作始终以弘扬爱国主义、革命英雄主义和集体主义为主导，同作战、训练等中心工作紧密结合起来，为提高部队战斗力提供了强大的精神保障，并积累形成了优良的文化传统。我军正是在这种优良的文化传统熏陶之下，发展壮大成为一支举世闻名的文明之师、正义之师、威武之师，受到全国人民的拥护和信赖。当前，随着改革开放的不断深入和市场经济的加速发展，各种文化思想的纷繁复杂和相互激荡，军营文化建设也面临着一些挑战。回顾八路军文化建设情况可以看出，军营文化作为社会主义文化建设的重要组成部分，只有在与大众文化合拍押韵、同频共振的同时，紧紧围绕自身使命任务，紧贴官兵思想特点，充分挖掘自身潜力，形成独具特色的文化形式，才能发挥其固有的作用。

---

①《中国人民解放军政治工作历史资料选编》第4册，抗日战争时期(一)，解放军出版社2004年12月版，第265页。

②《中国人民解放军政治工作历史资料选编》第4册，抗日战争时期(一)，解放军出版社2004年12月版，第560页。

(一)军营文化建设必须始终坚持正确方向,突出先进性,不断增强感召力

八路军文化建设的成功经验之一,是坚持了文艺为人民大众首先是为工农兵服务的方向,得到了官兵信任。由于坚持了"文艺为工农兵服务的方向",八路军文化建设取得了卓著的成效。这一经验启示我们,现在的军营文化建设,必须始终坚持正确方向,即要高举中国特色社会主义伟大旗帜,坚持以邓小平理论和"三个代表"重要思想为指导,深入贯彻落实科学发展观,科学把握历史定位和发展方向,才能进一步增强时代感和号召力。一是要把军营文化努力建设成为体现时代要求的先进文化。文化工作属于意识形态范畴,具有鲜明的政治性。我们必须从学习贯彻中国特色社会主义理论体系和建立社会主义核心价值体系的高度来定位军营文化,切实把握军营文化建设的指导思想、理论基础和发展方向;必须从中国特色社会主义文化建设战略全局的高度来定位军营文化,科学确立军营文化建设的目标任务、整体布局和发展规划;必须从走在全社会前列的高度来定位军营文化,明确军营文化建设的标准要求。因此,军营文化建设,要紧跟党的理论创新步伐,高举中国特色社会主义伟大旗帜,热情讴歌中国特色社会主义理论体系的科学真理,充分展现人民军队学习贯彻党的创新理论的时代风采,真正把军营文化的鼓点敲在时代主旋律上,敲在主流价值观上,敲在官兵思想的共鸣点上,帮助官兵培育和践行当代革命军人核心价值观。二是要把军营文化努力建设成为部队特色鲜明的军旅文化。军队是肩负战斗任务的武装集团,作战执勤是官兵经常性的主要任务。即使在平时,承担的也是战备训练、抢险救灾之类的急难险重任务。战争的突发性、实效性、残酷性,战场的复杂性、多变性、危险性,要求部队必须具有团结紧张、快速敏捷的战斗作风,要求军人必须具备英勇顽强、视死如归的战斗精神。因此，军事职业的特殊性与我军的职能，决定了军营文化必须具有浓郁的"兵味"，体现鲜明的战斗风格。从内容上讲，要突出沸腾的军事生活，塑造新时期军人的光辉形象，弘扬革命英雄主义精神；从形式上讲，要力求因地制宜，因势利导，因陋就简，以适应战争、战场、战斗的需要；从风格上讲，要有阳刚之气，雄健豪迈，粗犷昂扬。只有这样，军营文化才能适应军队职能和任务的需要，为"打得赢"提供强大的精神动力。三是要把军营文化努力建设成为培育新型军人的大众文化。新形势下的军营文化建设，不能局限于传统意义上的"吹、拉、弹、唱、打球、照相"等活动，而是要着眼满足官兵"娱乐、审美、求知、成才"需求，建设集文化娱乐、思想教育、实践活动、知识普及、信息传播、环境熏陶于一体的综合性文化活动，是内含政治思想的"大文化"。一方面，军营文化不单单是具体的活动，而是通过活动这个载体和形式，实现教育人和培养人的一种文化形态；另一方面，军营文化又不是单纯的说教，而是通过具体、生动、有形的文化活动，发挥情感渗透、求知育人、审美娱乐、强身健体等功能。通过军营文化建设，不仅要极大地丰富全军官兵的业余文化生活，而且要在加强思想政治建设、配合中心工作、培育新型军人、推进科学发展观贯彻落实等方面发挥不可替代的作用。

（二）军营文化建设必须着眼创新表现形式，突出创造性，不断增强吸引力

八路军文化建设的成功经验之二，是创新了许多表现形式，极大地激发了广大官兵的文化兴趣。八路军的文化建设，因地制宜、因时制宜，创建了许多军民喜闻乐见的形式，收到了很好的成效。在今天，军营文化要适应时代的发展，就要开拓进取，探索新的途径，更加积极主动地改革创新，焕发出新的生机活力。一是要围绕部队改革实践推进军营文化创新。

进入新世纪新阶段以来，我军建设与时俱进，着眼建设信息化军队、打赢信息化战争的战略目标，正面临着由机械化、半机械化向信息化的转型。这为军营文化创新发展，既提供了丰富的资源和养分，也提供了难得的发展机遇。部队的整体转型，包含着文化理念的转型；部队的全面发展，包含着文化事业的发展；部队战斗力水平的提高，包含着文化软实力的提高。从部队转型与军营文化的内在关系看，部队建设越是要加快发展，越需要军营文化的推动；越是要推进转型，越需要军营文化的引领；越是要实现跨越，越需要军营文化的支撑。因此，军营文化建设要积极适应部队改革实践需要，确立与信息主导、科技先行、综合集成、联合作战、勇于创新等新思想新观念相适应的文化表现形式，从而把我军的信息化转型不断推向深入。二是要着眼官兵文化需求推进军营文化创新。进入信息时代，官兵接触外界的渠道越来越多，精神文化需求急剧增加，而与青年官兵日益增长的精神文化需求相比，当前部队文化建设还存在一定差距，不能给予有效满足；与地方丰富多彩的精神文化生活相比，部队的精神文化生活相对单调，吸引力还不够；与青年官兵精神文化需求面临传统和时尚双重满足的新要求相比，部队提供的精神文化服务还存在滞后现象，时代感不强。军营文化建设创新，要针对青年官兵对精神文化需求的自主性增强、个性化明显、层次性提高、知识含量加大等特点，从以前较为单一的精神文化需求扩展到学习求知需求、文化娱乐需求、社会交往需求、情感心理需求、个人情趣需求、追求时尚需求等多方面的精神文化需求，把军营文化搞得丰富多彩、生动活泼，最大限度地保障和满足广大官兵的不同文化需要。三是要顺应文化潮流变革推进军营文化创新。在信息化时代，军营文化受社会文化、国际文化的影响越来越大，军营文化只有兴利除弊，顺应时代发展，通过调动积极因素，破解各种难题，才能不断推进文化创新在更高层次上发展。要寓教于乐，"乐"中有"教"是现代文化的主要特点，军营文化应该充分考虑官兵的娱乐需求，在设计上要突出娱乐功能，使官兵能够在文化活动中放松身心，舒缓压力。要"大""小"兼顾，互动是现代文化传播的又一特点，军营文化既要组织大规模的群众性活动，培养官兵高度的集体认同，同时也要根据广大官兵的兴趣爱好，组织便于官兵参加的小型活动，让所有官兵充分的"动"起来。要"软""硬"结合，现代文化传播，既讲硬件建设，又讲软件质量，军营文化建设一方面要加大投入，完善各种活动设施和场所，更新文体器材，丰富图书资料；另一方面，要理顺领导机制，健全活动组织，广泛培养文体骨干，使软件与硬件有效地结合起来，提高建设成效。

（三）军营文化建设必须紧紧围绕励志育人，突出知识性，不断增强战斗力

八路军文化建设的成功经验之三，是八路军文化建设以提高官兵文化素质作为重要内容，受到官兵欢迎。这一经验启示我们，知识是文化的内核，没有知识作为支撑，文化建设也就失去了育人的功能。在信息时代和知识经济条件下，文化作为一种"软实力"，既是国家综合实力的重要组成部分，也是军队战斗力的构成要素。新时期军营文化建设，要突出知识性，充分发挥军营文化的育才功能，努力为培养高素质新型军事人才提供强大的智力支持。一是要加大创新理论的分量，夯实思想基础。军营文化建设，要坚持正确导向，注重加大党的创新理论分量，宣传科学真理，传播先进文化。要按照"三个确保"要求，突出铸牢军魂这个根本，着眼党对军队绝对领导地位的不断巩固，着眼党的理论武装工作的不断深入，采取多种文化形式，传播党的理论，宣传党的政策，颂扬党的成就，维护党的形象。要紧紧围绕构建社会主义核心价值体系，用科学的思想理论引导

官兵有效应对"西化"、"分化"的挑战,用先进的文化理念引导官兵追求积极向上的文化生活,用科学的价值判断引导官兵正确对待日益多样化的文化产品,用健康有益的活动引导官兵自觉抵制腐朽落后的生活方式,从而打牢中国特色社会主义的理想信念。要针对部队尤其是青年官兵的理论素养实际,采用一些易接受、趣味性强的活动,坚持把党的创新理论大众化经常化,让理论贴近官兵,让官兵走近理论,使官兵真学、真信、真用,把党的创新理论真正内化为坚定的政治立场、高度的政治敏锐性、敏锐的政治鉴别力和科学的思维方式,真正转化为立身做人、践行宗旨的思想武器和根本准则,使官兵的思想和意志进一步统一起来,力量和智慧进一步凝聚起来,创造热情和活力进一步激发出来,切实打牢官兵高举旗帜、听党指挥、履行使命的思想基础。二是要突出军事知识的含量,强化军事素质。军人生来为战斗,军营文化建设,归根结底是为战斗力服务。因此,要在发扬军营文化娱乐功能的基础上,加大军事知识的含量,使广大官兵在文化娱乐中,提高军事素质。要将军事理论贯彻到军营文化建设之中,通过一些简明的文化活动,如知识问答、演讲、辩论等,使官兵通晓基本军事理论,提高军事素养。要将军事技能运用到军营文化建设之中,多开展一些部队特色的活动,如协作对抗、小比武竞赛等,使官兵既能强身健体,又能掌握军事技巧。要将军事理念蕴含到军营文化建设之中,使官兵意识到,部队的每一项建设,都是与军事有关的,都是为了打赢战争服务的,从而不断强化官兵的战斗意志、战斗作风、战斗精神。三是要注重科技内容的容量,拓展文化领域。科学技术是人类智慧的结晶,是认识和运用自然规律、社会规律能力的集中反映。科技进步和创新,必然推动着经济发展和社会进步,同时也会引起军事领域里的革命,引起战争形态的根本转变,引起武器装备向着高、精、尖发展。因此,军营文化要想紧跟科技飞速发展的形势，就必须增大传播军事科技知识的容量。要充分发挥军营文化在传播高科技知识中的巨大作用，鼓励官兵在博采中汲取，在苦学中升华，不断提高自身的知识水平，掌握科技知识，并使其转化为驾驭现代战争的智能。要紧密结合部队的工作任务，及时提供军事科技读物，提供以现代战争为题材的知识载体。要创作出更多的反映科技强军内容的文学艺术作品，大力加强科学的普及工作，积极传播科学知识、科学精神、科学思想、科学方法，使官兵的科学素养不断提高，以适应未来战争的需要。

（四）军营文化建设必须广泛吸纳社会资源，突出时代性，不断增强鲜活力

八路军文化建设的成功经验之四，是注重吸收社会内容，受到官兵青睐。这一经验启示我们，军营文化建设的活水源头，存在于时代发展和社会进步之中。只有适应社会实践的新发展，不断吸取新的优秀思想文化成果，军营文化建设才能与时俱进，保持生机和活力，才能更好地吸引群众，引导官兵前进。一是要充分借鉴大众文化的优秀成果。军营文化若要保持优势，不断发展，就应该海纳百川，有容乃大，以大气魄吸收借鉴大众文化的可取之处。要解放思想，转变观念，开阔眼界，充分运用反映时代精神的新思想、新观念、新道德、新风尚丰富官兵头脑，帮助他们增长见识，提高素质。要坚持面向基层、服务官兵，加大对主旋律文化产品的生产和投放力度，用先进文化产品主动占领官兵的思想文化阵地。要采取走出去参观访问、邀请地方人员作报告等形式，让官兵及时了解国家改革开放和社会主义现代化建设取得的巨大成就，亲身感受社会的发展进步，帮助官兵自觉用积极进步的东西克服消极落后的东西。要利用社会教育基地、各种纪念场馆和重要展览等，学习人民群众中涌现的先进典型和新生事物，

丰富部队教育资源，提高官兵思想境界，促进军营文化建设。二是要充分运用现代传媒的技术优势。社会上一旦有技术上的创新，只要对大众文化传播有利的，立即就会得到应用。军营文化若要在当今时代占领官兵思想文化阵地，提高竞争力，积极引进现代传媒技术至关重要。当今社会，网络文化已成为青年官兵精神文化需求的一大热点。网络文化之所以备受青年官兵的青睐，因为它代表了文化信息化的发展方向，体现了文化的高技术含量，满足了官兵高品位文化消费的心理。为此，必须加快军营文化向信息化转型的步伐，大力加强军队网络建设，努力建设一个非保密性质的军营文化"因特网"，有效满足官兵信息化条件下的精神文化需求。三是要充分发挥社会实践的广阔舞台。军营文化建设是社会主义文化建设的一个重要组成部分，军营文化建设与社会文化建设是一个相互影响、双向流动的过程，社会实践的广阔舞台也是军营文化的一个良好展示平台。在我军文化建设的历史进程中，有许多脍炙人口的军营文化作品，如《团结就是力量》、《十五的月亮》、《军人道德组歌》等部队歌曲，《霓虹灯下的哨兵》、《DA师》、《士兵突击》等大量影视作品，以及部队各类文艺团体到地方的高品质慰问演出，都深深地影响和打动了社会。在新的历史条件下，军营文化建设应该更加重视社会实践舞台的巨大作用，多创作好的作品，开展更好的活动，对内愉悦官兵身心，提高部队战斗力，对外宣扬部队风采，向社会大众展示军营的激情和活力。

作者简介：

  董志铭 国防大学军队建设与军队政治工作教研部教授
  赵世敏 国防大学学员18队硕士研究生

八路军文化教育初探

宗成康

八路军的文化教育,是抗战时期八路军文化建设的重要组成部分,在八路军的军队建设中占有十分重要的地位。八路军的文化教育,是红军文化教育的继续,贯穿于抗日战争之始终。关于红军的文化教育,笔者曾发表专文探讨,[①]而对于抗战时期八路军的文化教育,学术界尚无专文研究。探讨八路军的文化教育,对于研究八路军的文化建设史,全面了解八路军史,继承八路军的光荣传统,很有裨益。

一

抗战时期,八路军十分重视部队的文化教育。深刻阐述文化教育的重要性,正视部队文化教育现状,坚决反对和纠正轻视文化教育的现象。

八路军的文化教育,基于对文化教育的深刻认识。抗战时期,中共中央、军委和八路军的领导多次阐述文化教育的重要性。认为具有文化知识,是中国共产党领导的人民军队的本质特征,"我们军队是共

---

① 参见《军事历史》2010年第1期。

产党领导的先进军队,不是所谓'老粗'的军队,也不是单纯的农民军队,不识字和无知识应当不是光荣,而是痛苦,而是我们进步的最大障碍"①。人民军队是先进的军队,有文化是先进性的特征。这也是中国共产党领导的人民军队区别旧军队的显著的标志,人民军队"不能像过去军阀军队中的愚民政策,想尽千方百计要使部下盲目服从。我们的政治工作,要让队员增加其聪明知识,提高他们的政治水平"②。而只有具有文化基础,才能提高政治军事水平。"文化是深造军事政治学识的工具"③,"是提高政治军事水准的钥匙"。④学好文化,才能更好接受地政治教育和学习革命理论,"文化水准比较低下的工农干部,当学习理论时,必然要遇到一些困难,因而提高文化,提高知识,必须看做是提高理论的重要手段,应当把提高文化与提高理论的任务在地位上平列起来"⑤。抗战时期,尽管条件十分艰苦,八路军已经在考虑现代化军队的建设问题。"中国总会有一天有机械化和近代的军事技术。到了这一天,战争的面目将为之一新,战略战术,军队的组织训练和各种工作将会有一个大的变化。所以我们应当有学习上书本上的

---

① 总政治部办公厅编:《中国人民解放军政治工作历史资料选编》第5册,抗日战争时期(二),解放军出版社2004年版,第33页。
② 总政治部办公厅编:《中国人民解放军政治工作历史资料选编》第4册,抗日战争时期(一),解放军出版社2004年版,第47页。
③《刘伯承军事文选》,解放军出版社1992年版,第76页。
④ 总政治部办公厅编:《中国人民解放军政治工作历史资料选编》第4册,抗日战争时期(一),第18页。
⑤ 总政治部办公厅编:《中国人民解放军政治工作历史资料选编》第4册,抗日战争时期(一),第689页。

准备。"①要求部队学习文化，掌握科学技术，为未来新的军事技术条件下战争作准备。毛泽东在陕甘宁边区文教工作者会议讲演时断言，"没有文化的军队是愚蠢的军队，而愚蠢的军队是不能战胜敌人的"②。这清楚地说明，人民军队只有掌握文化知识，才能克敌制胜。

抗战初期，八路军官兵文化基础有了很大改善，但文化水平总体较低的状况没有根本改变。抗战开始后，八路军迅速壮大，大批知识分子的加入是可喜的现象。谭政在关于八路军的干部问题报告中说，"现在大批知识青年涌入我们的军队，这对军队政治文化水准及战斗力，将有很大一个改进"③。抗战初期根据地兴办的学校，也培养了不少有文化的干部。但八路军新进的成分中，大量的还是没有文化的工农分子。"八路军的干部大部分是从工农出身的工农干部，八路军的战士也是以工农为骨干的工农战士。中国工农群众文化水平的落后，在今天还是一个严重的问题。"④"大批久经斗争之工农干部其科学知识之缺乏，文化程度之浅薄，仍属惊人。"⑤据1940年115师政治部的统计，该师营以下干部中，能看不能写者，占10.4%；一字不

---

① 总政治部办公厅编：《中国人民解放军政治工作历史资料选编》第5册，抗日战争时期（二），第33页。

② 《毛泽东选集》第3卷，人民出版社1991年版，第1011页。

③ 总政治部办公厅编：《中国人民解放军政治工作历史资料选编》第5册，抗日战争时期（二），第6页。

④ 总政治部办公厅编：《中国人民解放军政治工作历史资料选编》第5册，抗日战争时期（二），第48页。

⑤ 总政治部办公厅编：《中国人民解放军政治工作历史资料选编》第6册，抗日战争时期（三），解放军出版社2004年版，第398页。

识，占39%。①1941年底，八路军野战政治部关于部队文化水平及教育状况的报告中说："干部文化水平：一般的各种常识异常缺乏，即以识字而论，文盲尚占相当比例。"②"据一二〇师一九四〇年统计，排以上干部识字不足五百者尚占百分之三十六。……据一二九师一九四一年统计，排以上干部识字不足一千占百分之二十五点七。……战士文化水平：据一二〇师一九四〇年统计，战士识字不足五百者占百分之六十七。据一二九师一九四一年统计，战士识字不足五百者为百分之七十六。"③由于文化水平的低下，给部队的教育训练和官兵的工作学习带来很多困难，"他们的文化水平较低，政治理论与军事知识还不够，这使他们在工作中和学习中，感觉到极大的困难与痛苦！"④特别是工农干部，随着党的事业的发展，他们领导工作的能力显得很不够，如，"阅读文件……有些连排干部简直就没有看，或粗枝大叶地看了一遍，原因是文化程度低，看不懂"。⑤"甚至有许多不能担任教育工作。有的干部说：'我打仗时指挥打一打，冲几下，那还行，可是要我上课担任教育，

---

① 总政治部办公厅编：《中国人民解放军政治工作历史资料选编》第5册，抗日战争时期（二），第704页。

② 总政治部办公厅编：《中国人民解放军政治工作历史资料选编》第6册，抗日战争时期（三），第512页。

③ 总政治部办公厅编：《中国人民解放军政治工作历史资料选编》第6册，抗日战争时期（三），第512页。

④ 总政治部办公厅编：《中国人民解放军政治工作历史资料选编》第4册，抗日战争时期（一），第456页。

⑤ 总政治部办公厅编：《中国人民解放军政治工作历史资料选编》第7册，抗日战争时期（四），解放军出版社2004年版，第563页。

那可没有办法'。"①所以抗战时期，八路军的文化教育显得非常迫切，而抗战时期较之红军时期的学习环境大为改善，"抗战以来，八路军中新战士识字人数较前增多，部队文化亦普遍提高，教育时间比之过去容易，这一切条件，都给部队以更好完成教育工作"②。

在文化教育中，八路军开展了反对轻视文化教育的斗争。尽管文化教育已经实行多年，但八路军中还存在种种轻视文化教育的现象。有的部队领导机关不重视文化教育，1942年2月，中共中央《关于在职干部教育的决定》指出："文化教育，是我党多数工农出身的干部所迫切需要的，但也没有引起党政军各级领导机关的充分注意。"③从各部队反映的情况看，不少官兵认为文化学习不重要，"我们有些同志中还存在着某些不正确的认识，如认为文化教育是不关重要的，或多或少抱着轻视的心理"④，"工农干部对学习的情绪不高，因为没有学习的习惯，害怕学习，特别是学习时间太长了最为老〔恼〕火"⑤。许多同志长期从事实际斗争，不习惯学习，认为不学习照样工作。"大多数人的文化水平却很低，没有学习的习

---

① 总政治部办公厅编：《中国人民解放军政治工作历史资料选编》第4册，抗日战争时期（一），第632页。

② 总政治部办公厅编：《中国人民解放军政治工作历史资料选编》第4册，抗日战争时期（一），第560页。

③ 中央档案馆编：《中共中央文件选集》（1941—1942），中共中央党校出版社1991年版，第348页。

④ 总政治部办公厅编：《中国人民解放军政治工作历史资料选编》第5册，抗日战争时期（二），第45页。

⑤ 总政治部办公厅编：《中国人民解放军政治工作历史资料选编》第7册，抗日战争时期（四），第217页。

惯与兴趣，尚未觉得学习的重要。而且过去长期斗争的经验告诉他们，没有很多的学习，不懂得更深的理论，似乎亦能担负革命工作，可以当干部。因此有一些同志觉得，自己坚决革命便是了，服从共产党的领导好了，何必要去求知识呢？"①还有的将文化学习仅仅作为娱乐活动，"也有这种不妥当的观念，以为文化教育与娱乐工作联系在一起，叫做文化娱乐工作，所以把文化教育也认为是一种与娱乐工作差不多的东西，而轻视了文化教育的重要，把它当作是一种辅助教育来看待"②。所有这些，都影响着文化教育的开展。为此，从中央、军委总部到八路军各部队都开展了反对轻视文化学习的斗争，中央指出："对于一切文化程度太低或不高的干部，除业务教育与政治教育外，必须强调文化教育，反对轻视文化教育的错误观点。对于他们，学习文化，提高文化水平，是他们全部学习的中心一环。"③八路军政治部要求"必须把文化教育提高到与政治教育同等的地位（从它的实施与对它的注意来说），反对任何轻视与放松文化教育的观点"④。

二

八路军的文化教育，贯穿于抗日战争始终。红军改编为八路军后不久，总政治部即发出指示，对部队干部战士教育提出要求。1940年9月，

---

① 总政治部办公厅编：《中国人民解放军政治工作历史资料选编》第5册，抗日战争时期（二），第99页。
② 总政治部办公厅编：《中国人民解放军政治工作历史资料选编》第4册，抗日战争时期（一），第379页。
③ 中央档案馆编《中共中央文件选集》（1941—1942），第350页。
④ 总政治部办公厅编《中国人民解放军政治工作历史资料选编》第5册，抗日战争时期（二），第533页。

中共中央发出指示，要求在国统区及抗日根据地开展抗日文化运动，"普及与提高抗日军队抗日人民的政治水平及文化水平"①。1942年初，中央军委、总政治部对军队干部教育连续发出五号指示，其中第四号指示对干部文化教育专门作出要求，从而使八路军文化教育发展到高潮。

八路军部队各级政治机关和组织加强对文化教育的领导。1937年8月，中共中央组织部作出的《关于部队改编后党及政治机关组织的决定》提出，部队各级政治机关"职务"之一是"实施部队的政治文化教育"。②1938年制定的《八路军政治工作暂行条例（草案）》具体规定，团政治处"领导干部战士的政治文化教育"③，连政治指导员"依照上级政治机关的规定，负责进行战士的政治文化教育"④，在连队建立救亡室，其工作内容之一是"开展识字运动，消灭文盲"⑤。1940年初，该《条例》经修改重新颁布，进一步规定，野战军政治部要"组织并指导战士与干部的政治文化教育工作"⑥。连支部的基本任务之一"在提高党的政治和文化水平方

---

① 中央档案馆编《中共中央文件选集》（1939—1940），中共中央党校出版社1991年版，第487页。

② 总政治部办公厅编《中国人民解放军政治工作历史资料选编》第4册，抗日战争时期（一），第15页。

③ 总政治部办公厅编：《中国人民解放军政治工作历史资料选编》第4册，抗日战争时期（一），第341页。

④ 总政治部办公厅编：《中国人民解放军政治工作历史资料选编》第4册，抗日战争时期（一），第338页。

⑤ 总政治部办公厅编：《中国人民解放军政治工作历史资料选编》第4册，抗日战争时期（一），第351页。

⑥ 总政治部办公厅编：《中国人民解放军政治工作历史资料选编》第5册，抗日战争时期（二），第166页。

面"①。在连队中设"文化教育干事或政治文化教员一人,协助政治指导员进行工作"②。在排一级设政治战士,"组织与领导"班排识字等课外活动,③从而有组织有领导地开展文化教育工作,使文化教育工作真正落实到实处。

确立文化教育对象的层级、学习内容与标准。八路军继承了红军的光荣传统,坚持以部队官兵为文化教育的基本对象。与此同时,突出重点,将重点放在干部的文化教育上,口号是"工农干部知识化"。1941年10月,彭德怀等在关于加强干部文化教育的指示中,认为"在目前一般干部文化程度低的情况下,部队文化教育的中心基本的应着重干部的文化教育"④。1942年初,中共中央作出《关于在职干部教育的决定》,明确指出"在目前条件下,干部教育工作,在全部教育工作中的比重,应该是第一位的"⑤,对于文化水平低的干部,中心是抓好文化学习。而文化教育的内容与标准不是简单的识字,消灭文盲。1937年8月,总政治部《关于新阶段的部队政治工作的决定》指出:"必须纠正过〈去〉所谓消灭文盲的错误认识,消灭文盲的标准应该是最低限度能看报纸文件,能写普通的通报和命令。"⑥ 1940

---

① 总政治部办公厅编:《中国人民解放军政治工作历史资料选编》第5册,抗日战争时期(二),第179页。

② 总政治部办公厅编:《中国人民解放军政治工作历史资料选编》第5册,抗日战争时期(二),第156页。

③ 总政治部办公厅编:《中国人民解放军政治工作历史资料选编》第5册,抗日战争时期(二),第176页。

④ 总政治部办公厅编:《中国人民解放军政治工作历史资料选编》第6册,抗日战争时期(三),第399页。

⑤ 中央档案馆编:《中共中央文件选集》(1941—1942),第347页。

⑥ 总政治部办公厅编:《中国人民解放军政治工作历史资料选编》第4册,抗日战争时期(一),第16页。

年，总政治部在政治工作总结中指出，"干部文化教育的主要内容为识字、读报、写日记等"①，1942年，总政治部《关于部队政治文化教育给宣教会议的指示》进一步提出："（干部）文化教育的基本要求是：识字、懂算、有知识，因此应进行国文、算术、自然科学等方面的教育。在这些方面，初级文化教育要达到高小毕业的水平，中级为初中毕业的水平，高级为高中毕业的水平。要号召所有干部应向高中毕业的目标努力。"②关于战士的文化教育，八路军野战政治部主任罗瑞卿提出："（战士）文化教育的内容，主要在于识字、联句、作文（简短的文），常识课可以不教，算术课也可以不教，因为战士大多数都是文化水平很低的农民，又处在频繁的战争情况中，东西弄多了是吸收不了的。"③

调配教员和编写教材。抗战初期，八路军各连队都配备有政治文化教员，他们的文化层次相对较高，"连队中的政治文化教员，全是抗大的学生"④，"文化课的教员，主要是连队的教员负责，并以连队的文书辅之"⑤。同时，抗战以来，部队补充一大批新干部，"大多数

---

① 总政治部办公厅编：《中国人民解放军政治工作历史资料选编》第5册，抗日战争时期（二），第704页。

② 总政治部办公厅编：《中国人民解放军政治工作历史资料选编》第6册，抗日战争时期（三），第675页。

③ 总政治部办公厅编：《中国人民解放军政治工作历史资料选编》第6册，抗日战争时期（三），第703页。

④ 总政治部办公厅编：《中国人民解放军政治工作历史资料选编》第4册，抗日战争时期（一），第412页。

⑤ 总政治部办公厅编：《中国人民解放军政治工作历史资料选编》第4册，抗日战争时期（一），第641页。

是知识分子出身"①，这是宝贵的文化教育资源。"发动新干部在文化知识等等的方面，去给一些工农出身的老的下级干部以某些帮助"。②但是尽管如此，教员仍很缺乏。1942年初，随着教育重点向干部队伍转移，为保证干部的文化教育，取消了面向战士教育的连队文化教员之设置，改以文书及其他具有一定文化程度之连、排干部代替。在"独立营及小团、大团设国文教员，担任所属各单位排以上干部之国文教员"。③为吸引优秀知识分子担任教员，稳定教员队伍，八路军倡导尊师重教，提高教员的政治地位和待遇，"把国文教员的名义改名为干部教员，初级班教员每月津贴四元，中级班教员每月津贴四元五，上级班教员每月津贴五元。应当尽量吸收教员参加各种会议，丰富其政治生活"。④抗战前期，八路军文化教育的教材，基本由各部队自编。1940年，总政治部在政治工作总结中，指出"各部队自编识字课本、算数课本、地理课本，存在很不一致"的弊病，⑤为此，在延安开始统一编写干部文化教育教材。至于战士文化教育教材，1942年初，罗瑞卿在宣教会议上提出，"基本教材由师

---

① 总政治部办公厅编：《中国人民解放军政治工作历史资料选编》第4册，抗日战争时期（一），第457页。
② 总政治部办公厅编：《中国人民解放军政治工作历史资料选编》第4册，抗日战争时期（一），第462页。
③ 总政治部办公厅编：《中国人民解放军政治工作历史资料选编》第6册，抗日战争时期（三），第399页。
④ 总政治部办公厅编：《中国人民解放军政治工作历史资料选编》第6册，抗日战争时期（三），第699页。
⑤ 总政治部办公厅编：《中国人民解放军政治工作历史资料选编》第5册，抗日战争时期（二），第698页。

编,临时教材由旅与分区编"①。这就是说,干部文化教育教材统一编,战士文化教育教材仍由各部队自编。

部队教育和院校教育结合,以部队教育为主。抗战前期,八路军各部队总结了红军文化教育的经验,依文化程度对干部战士采取分层次教育的方法。1940年,总政治部对抗战以来各部队文化教育情况有个分析,战士文化教育"最大多数是分甲乙丙三个组,根据不同的程度,对各组提出不同的要求。在一一五师采用升级制,乙丙组可按其进步升级,这是很好的"。"上课次数:每周文化教育为五次,每次一小时。有的部队上三次听字课,一次算数课,一次自然常识(或地理常识),有的全上识字课"。根据干部教育存在的不正常不正规等缺陷,为加强干部文化教育,1942年初,中央军委、总政治部《关于军队干部文化教育的指示》中,提出以文化程度将干部分成3个班,"大团直属队应设初级班与中级班,小团及营应设初级班,旅、师直属队应设初、中、高三班,每班都应有专门的教员。教员困难时可由团设教员,轮流到各营上课"。"各班每周应上一次或两次课,上课后须进行自习。"②抗战时期,延安创办了抗日军政大学,各根据地建立抗大分校,团级以上的政治机关开办短期训练班,野政与北方局继续办高级党校。这些学校和训练班都开设了文化课,为提高部队干部的文化水平作出了贡献。

建立检查督促制度,提高文化教育质量。在开展文化教育中,八路军

---

① 总政治部办公厅编:《中国人民解放军政治工作历史资料选编》第6册,抗日战争时期(三),第704页。

② 总政治部办公厅编:《中国人民解放军政治工作历史资料选编》第6册,抗日战争时期(三),第599页。

各部队采取多种检查督促方法。如,129师实行检查签字制,干部日记"连排长的每晚要交营级干部检查签字。营团级干部的每星期六要交团级首长检查签字"。战士文化学习情况"由连队文化干事每日检查"①。115师,"排一级干部的日记,由连上的教员负责修改,每三天一次;连一级干部的日记,由营教导员指定人修改,每周一次"②。晋察冀军区采取测验方法,"先把要测的字编成故事或口号之类,由测验人口讲,被测者随着书写"③。1941年10月,彭德怀、左权、罗瑞卿《关于加强干部文化教育的指示》中,进一步提出建立文化教育的奖惩制,"实行作文制度(不是写简单的日记),每十天一次,所有授课干部都要参加,由专门任教员出题目,代教自然科学,教员要定期测验。对于学习优良者应有表扬与鼓励,对于不用心学习而落后者应受批评与责备"④。1942年初,军委、总政治部对建立文化教育的考试制提出要求,"确立干部教育中的定期考试制度。如学生入校及毕业时,轮训班开始及结束时,均须举行考试。在职干部则须举行定期的考试,以测验我们干部教育的成果,以改进往后的教育内容与方法"⑤。建立检查考试制,进一步督促官兵的文化学习。

---

① 总政治部办公厅编:《中国人民解放军政治工作历史资料选编》第4册,抗日战争时期(一),第194页。

② 总政治部办公厅编:《中国人民解放军政治工作历史资料选编》第4册,抗日战争时期(一),第388页。

③ 总政治部办公厅编:《中国人民解放军政治工作历史资料选编》第5册,抗日战争时期(二),第699页。

④ 总政治部办公厅编:《中国人民解放军政治工作历史资料选编》第6册,抗日战争时期(三),第399页。

⑤ 中央档案馆编:《中共中央文件选集》(1941—1942),第321页。

三

八路军文化教育的开展，在部队中形成了浓厚的学习氛围，取得了很大成绩，促进了战斗力的提升。文化学习的经验教训，也为我们今天提供了镜鉴。

抗战时期，文化教育的开展，在八路军部队中形成了良好的学习风气。许多部队反映，官兵对学习的认识提高了，自觉性增强了，养成了良好的学习习惯。"文化程度在八路军本来是很低的，因此，学习文化也更重要了。学习文化的兴趣，比任何学习为更高，学习能有自动性。"① 特别是干部的文化教育得到了重视，形成了前所未有的热潮。1942年初，中央在《关于在职干部教育的决定》中指出："在职干部教育，自六中全会以来，已经引起党内相当的注意，在许多地方与许多部门的在职干部中引起了学习的热潮，这是极好的现象。"② 各部队在学习中创造了多种学习形式，建立了严格的学习制度，"课外的讨论也建立起来了，学习组也建立了，检查测验的制度也建立起来了"③。在抗战极端艰难困苦的条件下，官兵们克服困难，坚持学习文化。将行军休息时间充分利用起来，"行军时由文干发字条识字"④，"晋察冀军区部队并采用识字卡片，打识字牌，识字路碑，站岗识字（不识字不交班——

---

① 总政治部办公厅编：《中国人民解放军政治工作历史资料选编》第4册，抗日战争时期（一），第391页。

② 中央档案馆编《中共中央文件选集》（1941—1942），第348页。

③ 总政治部办公厅编：《中国人民解放军政治工作历史资料选编》第4册，抗日战争时期（一），第634页。

④ 总政治部办公厅编：《中国人民解放军政治工作历史资料选编》第6册，抗日战争时期（三），第75页。

这办法不好)等。129师在行军中把生字贴到前面同志的背包上,后面的一面走路一面学习"①。杂务人员如炊事员"在伙房里挂着识字牌,一面揉面烧火,一面念着牌上的'大白菜',下半周则又改为'黄花鱼'了"。没有经费买学习用具,许多部队自制学习用具,如115师有的部队,"粉笔则有利用白圭、红土、锅灰等代用品的,最近已有了自制的粉笔和活动黑板。印刷厂裁余的纸边都装订成笔记本,大量供给部队"。"三旅八团三连的战士创造了'三八三'自来水笔,不但书写流利,而且形式精巧,有抽水装置,有笔帽,有箭形的笔卡,各部队纷纷仿造,而且花样翻新。新战士入伍时,老战士便为他定造一支'三八三'以为礼物。根据各旅的统计,半数以上的战士都有了钢笔,而教三旅则为百分之八十,至于干部那就人手一支了,无怪老百姓说:'穷八路,富钢笔'的"②。更多的则是因地制宜,"没有纸也会用树枝木条划地来写"③,"没有写字本的则在地下写"④,有的利用沙盘写字。文化学习在八路军中蔚然成风,形成了光荣传统。

文化教育的开展,使部队官兵文化水平得到了很大提高。识字率得到提升,一字不识现象已少见了。据总政治部1940年对八路军留守兵团

---

① 总政治部办公厅编:《中国人民解放军政治工作历史资料选编》第5册,抗日战争时期(二),第698页。

② 总政治部办公厅编:《中国人民解放军政治工作历史资料选编》第7册,抗日战争时期(四),第209—210页。

③ 总政治部办公厅编:《中国人民解放军政治工作历史资料选编》第4册,抗日战争时期(一),第391页。

④ 总政治部办公厅编:《中国人民解放军政治工作历史资料选编》第4册,抗日战争时期(一),第634页。

调查，全团没有一个不识字，最少识50字，识500字以上者占51.6%。1943年115师文化教育的报道称，"文化运动开展以后，二百字以下的文盲在老战士中不多见了。……在教二旅、教五旅、教六旅很多战士都能写日记。根据最近检查教三旅的一个连队的例子，三旅七团三连有五分之一的战士是特等文化组，他们学习丙组干部的文化教材，而且都有笔记。五分之三的战士则分隶甲乙两组，其余五分之一则为丙组——他们多半是新入伍的战士或最近的俘虏。一般连队的文化程度都大致如此"①。特别是干部，"许多干部的文化水平都突飞猛进提高了一步"②，129师1943年的报告说，"干部的文化程度也提高了。例如过去从未写过文章的，现在已能向分区机关写报告、写简短稿子，还有的过去只能认一些单字，现在则能填字造句"。③ "过去许多识字很少的同志，现在也可以写文章和做笔记（例如萧永智、陈锡联等同志）"。④陈锡联在回忆录中讲道："我这个一天学没上过的放牛娃，还是在参加革命以后，在同志们你一笔他一笔帮助下才认识了一些字。由于整天行军打仗，学习文化的时间很少，认识的字有限，只能看一些简单的电报、战斗文书，大篇的文章就不行了，因此（1943年）在党校学习期间，我非常珍惜这次机会，如饥似渴地读书、学文化，从不懈怠。遇到不认识的字，不理

---

① 总政治部办公厅编：《中国人民解放军政治工作历史资料选编》第7册，抗日战争时期（四），第210页。
② 总政治部办公厅编：《中国人民解放军政治工作历史资料选编》第6册，抗日战争时期（三），第977页。
③ 总政治部办公厅编：《中国人民解放军政治工作历史资料选编》第7册，抗日战争时期（四），第171页。
④ 总政治部办公厅编：《中国人民解放军政治工作历史资料选编》第6册，抗日战争时期（三），第36页。

解的概念,我就主动向老师或老战友们请教。"①很多老战士像陈锡联一样是在革命战争年代的部队中才学会认字读书的。

　　文化教育的开展,促进了部队建设。文化教育改变了部队工作的面貌,推动了各项工作的开展,一些工作过去受官兵文化低的限制,进行不下去,现在开展得轰轰烈烈。如115师报道:"过去俱乐部的活动是很消沉,现在已有了很大的进步。'点将台'上的挑战被勇敢的应战着,墙报经常的出版,而且三旅还创造了一种'文化帖',把本班战士的作品,如诗歌、作文、图画及生字等贴上,各班互助传阅。"②宣传工作也进一步开展起来,过去一些战士看不懂宣传材料,对外宣传自然不会讲不会写,现在能讲会写,抢着写标语,凡是部队住过的地方,"你很难找出应该写标语而空着的墙壁"③。更重要的是文化教育提高政治教育和军事训练的效果。过去一些战士不会看政治教育材料,听不懂讲课,现在不仅能听懂,而且能自学。军事训练热情增高,有的还琢磨军事技术的改进。官兵文化水平的提高,也为社会建设储备了人才。朱德在党的第七次代表大会上所做的军事报告中说:"在文化学习方面,我们过去有成绩,近年来做得更好。……抗战胜利之后,八路军、新四军的战士就可以变成现代化的国防骨干和国家经济建设时期生产与文化的干部。所以将来我们军队的复员,是不会给人民与国家造成困难的。"④文化

---

① 陈锡联:《陈锡联回忆录》,解放军出版社2004年版,第176—177页。
② 总政治部办公厅编:《中国人民解放军政治工作历史资料选编》第7册,抗日战争时期(四),第209页。
③ 总政治部办公厅编:《中国人民解放军政治工作历史资料选编》第7册,抗日战争时期(四),第211页。
④《朱德军事文选》,解放军出版社1997年版,第525—526页。

教育激发了官兵的学习兴趣,他们感到在部队能学到东西,从而稳定了部队,巩固了部队。有的部队反映说"文化运动开展以后,二百字以下的文盲在老战士中不多见了,那曾经最令指导员头痛的逃亡现象也大大减少了,许多连队保持了一年多消灭非战斗减员,"①有些文化较高的新战士,在学习中受到重用,坚定了在部队服役的决心。中央警八团二连有个新战士陈虎,一直不安心在部队,对他多次做工作也无效果,"连的干部看见他的文化程度高,便培养他写通讯,吸收他参加通讯小组。总结工作时,大家选举他为模范通讯员,又选他担任卫生组长。他很高兴,说:'上级是真相信我们'!从此,回家的念头打消了,安心要在八路军干下去"②。

当然,由于战斗环境和条件的限制,八路军的文化教育还存在一些缺陷。文化教育发展不平衡,有些部队由于战斗流动和重视不够,文化教育比较落后。直到1944年,萧华在山东军区政工会议的报告中说,山东部队"目前各地文化教育尚未认真进行,对'文化教育是军政教育的门径'认识模糊,一般的未当作政治工作的任务去进行。因此教育进度甚慢,收效不大"。据某团调查,识200字以下者占27%。萧华认为,其中原因"除了战斗流动外,主要因为还未严格组织这一教育"。③有的部队对文化教育的地位认识不足,消灭文盲的标准不高,"没有明确的把文化教育提到政治

---

① 总政治部办公厅编:《中国人民解放军政治工作历史资料选编》第7册,抗日战争时期(四),第211页。

② 总政治部办公厅编:《中国人民解放军政治工作历史资料选编》第7册,抗日战争时期(四),第789页。

③ 总政治部办公厅编:《中国人民解放军政治工作历史资料选编》第7册,抗日战争时期(四),第479页。

教育总的方针上来，对于提高文化水平的认识还有些人是模糊的，比方以为文化教育简单就是识字教育，以为认识五十字、一百字就是消灭文盲等等。"①忽视关于文化基本知识的教育，诸如自然科学知识、地理历史知识、算术知识等。教员缺乏和素质不高的问题较普遍。1940年总政治部在政治工作总结中说，当下"教员数量不够，质量也不高，或缺乏部队教育的经验，或教育能力太弱，文化程度差（在新部队中）"②。有的部队驻地分散不能集中上课，教员无法解决，指导也不能经常。有的教员认为在连队当教员地位太低，不安心工作。有的教员教学能力不高，"发音不正确，解释不周到，使战士学了仍然不会用，因而降低了他们的学习情绪"③。这些存在问题，是文化教育前进中的问题。

作者简介：

宗成康 解放军南京政治学院教授

---

① 总政治部办公厅编：《中国人民解放军政治工作历史资料选编》第5册，抗日战争时期（二），第701页。
② 总政治部办公厅编：《中国人民解放军政治工作历史资料选编》第5册，抗日战争时期（二），第698—701页。
③ 总政治部办公厅编：《中国人民解放军政治工作历史资料选编》第6册，抗日战争时期（三），第138页。

试论八路军文化的时代意义

袁俊山

在艰苦卓绝的八年抗战中,八路军三师健儿,东渡黄河,出师华北,与华北广大地区的人民群众,同甘共苦,以其坚定的信念和"不怕牺牲、不畏艰难,百折不挠,艰苦奋斗,万众一心,敢于胜利,英勇斗争,无私奉献"的精神,用小米加步枪战胜了日本侵略者,谱写了一曲气壮山河的民族独立篇章。华北作为抗日战争的主战场,在战火纷飞的八年抗战中,形成了独特的八路军文化。它不仅对抗日战争起到了重要的指导和推动作用,而且为中华民族留下了宝贵的精神财富。

一、八路军文化描绘了气壮山河的抗战画卷,奏响了中华民族反抗侵略、保家卫国的最强音

八路军文化是在当时特定的历史条件下,八路军军旅生涯与地域文化相融合,为唤起民众抗日热情、服务抗战的一种文化。它的产生、发展、定型与八路军在党的领导下,不断发展壮大紧密相连,可以说,没有八路军艰苦卓绝的抗战,就没有彪炳千秋的八路军文化。

应该说,八年抗战是在特殊的年代历史赋予全国人民,一切进步团体,特别是国共双方的共同责任。反映这一特定历史阶段的文化不仅应包括以八路军文化为代表的解放区文化，还应包括国统区文化。但是，在其困难当头的特定历史时期，什么是代表中华民族精神的强势文化呢？什么样的文化得到了包括国统区、解放区以及一切进步团体和爱国华侨在内的中华民族全体同胞的共同拥护呢？什么样的文化奏响了抗日战争的最强音呢？

八年抗战，八路军文化始终是时代的最强音。《我们在太行山上》的坚定与雄浑，《游击队之歌》的乐观与洒脱，把八路军坚定乐观、勇敢斗争的英雄气概描写得淋漓尽致；《白杨礼赞》《风景谈》《英雄沟》等一大批反映解放区军民抗战生活的散文享誉全国；特别是从解放区走出来的作家赵树理，写出了文学名著《小二黑结婚》。小说以发生在左权县的一个人命案为创作原型，反映了边区青年小二黑、小芹争取婚姻自主，并最终取得胜利的故事。小说一经发表，就像一声春雷轰动了太行山区，所印书本很快销售一空。很快，冀鲁豫、胶东、东北、苏北等根据地和蒋管区的大城市，以及香港等地也都纷纷翻印，有的地方还把它改编成连环画、曲艺出版。还有许多地方，改编成戏曲、电影，把它搬上舞台。从此，小二黑、小芹、三仙姑、二诸葛等人物传遍了千家万户，赵树理这个名字也飞向五湖四海。可以说，解放区人民的精神面貌，八路军战士的精神面貌就是靠八路军文化这个阵地，走向了全国各地，走进了一切有爱国之心的人民心里。

领袖与人民始终是紧密相连的。有伟大的人民，就一定有伟大的领袖。在革命的关键时刻，由于领袖所处的特殊地位，所具备的特殊智慧，他们的一举一动往往对人们认识八路军具有更加独特的视角。当今社会，文化是一个很大的范畴，如饮食有饮食文化，军事有军事文化，政治有政治文化等等。如果我们承认饮食也是一种文化，毛泽东招待陈嘉庚所吃的一顿饭，无疑最具文化气味。1940年初夏，著名爱国华侨陈嘉庚，带着海外华人捐助的财物回国支援抗战。先到重庆，国民党大员招待他时一掷千金，但陈嘉庚的心里却很不是滋味。后来他到了延安，毛泽东在杨家岭自己的窑洞前摆了小桌招待他。从坡下自己的小菜畦里拔来新鲜青菜，主菜是邻居大嫂送来的一只鸡，这顿饭让见过大世面的陈嘉庚大为感动。他正是从这顿平常的饭菜看到了中国的希望。这顿平常的饮食，顷刻成为特殊的文化，奏响了八路军文化的最强音，奏响了中华民族不畏艰难困苦，决心抗战到底直至胜利的最强音。

二、八路军文化吸收了丰富多彩的民族形式，开创了为大众服务的新天地

创新是民族进步的灵魂。由于八路军特殊的历史使命，特定的历史发展阶段，特定的人文地理环境要求，八路军文化在其发展过程中有其特殊的轨迹。循着这个轨迹，我们发现：八路军文化与其说是创新，不如说是传承，如果说是传承，其实在很大程度上是创新。总之，旧瓶装新酒，民族的形式、群众的心声是八路军文化创新中的一个显著特色。

在抗日战争时期，八路军始终与人民有水乳交融的关系。正因为这个原因，反映八路军军旅生活与解放区人民生活的八路军文化自始至终得到了人民群众的积极支持、广泛参与，形成了具有民族形式、民族感情、科学思想的大众文化，这个文化的形成对我们党长期以来坚持的新民主主义文化，即民族的、科学的、大众的文化产生了深远的影响。

当我们今天回眸60年前的八路军文化时，最先感受到是那时根据地人民群众反映抗战的文化形式，其形式的多样性，其风格的民族性，其内容的战斗性，其参与的广泛性，其环境的艰巨性，其成就的独创性，无不让后人感动，无不让后人尊敬，无不让后人深思。在这丰富多彩的文化形式中，仅诗歌，按内容分就有抒情诗、叙事诗；按吸收的地域文化形式来分,又可分为信天游、开花调、快板诗;按发表的形式来分,又可分为:街头诗、广播诗。除此之外,还有标语、口号、版画、木刻、墙报等即兴创作。这时的八路军文化,即使小说、散文、诗歌这些正统的文学形式,即使八路军根据地的正统文化名人都大量地在他们的作品中借鉴了群众喜闻乐见的形式。贺敬之的诗歌借鉴了陕北民歌信天游,田间的诗歌借鉴了街头诗的形式,赵树理的小说借鉴了太行山区评书说唱传统。那时那地,几乎所有的文化工作者把吸收民族文化作为自己光荣的使命。他们都以自己独特的风格走向了全国,走向了世界。

与此同时,群众文艺运动也进入了如火如荼的发展阶段。整个八路军根据地到处都有属于群众自己的、同时又有属于抗战的文化生活。那时,抗日根据地虽然环境十分艰苦,但村村有抗日标语,人人会抗日口号,区区有自编自演的文艺节目。由于文化生活的广泛深入,有的村拆庙盖戏台,有的村成立新剧团,一批反映八路军根据地军民抗日的剧目应运而生。《小二黑结婚》《王贵李香香》《赤叶河》纷纷被搬上舞台。他们的成绩甚至得到了党报党刊和文艺名家的肯定。1947年,武乡县东堡解放剧团被《人民日报》介绍,得到了赵树理、靳曲、朱穆之的表扬。文艺名家推动了群众的文化生活,群众的生活又为文艺名家的创作奠定了坚实的基础。赵树理、丁玲、阮章竞、曾克、徐肖冰、杨朔、刘白羽等一大批文艺名家在抗日根据地,在八路军文化的氛围中创作了一大批传世名作。他们的名字让一些外国作家如雷贯耳。美国作家杰克·贝尔登甚至说,在解放区,除朱德之外,赵树理的名字是最为响亮的。文艺与群众建立了前所未有的联系。

三、八路军文化是中华民族的前进号角,是中华民族走向胜利的精魂

今天,我们可以说,八路军文化催生了毛泽东《在延安文艺座谈会上

的讲话》,也可以说,毛泽东《在延安文艺座谈会上的讲话》指导了八路军文化。总之,领袖与人民、领袖与文艺结合的愈紧,愈显示了八路军文化强大的生命力。历经60多年的洗礼,《在延安文艺座谈会上的讲话》已成为党成功地领导文艺为人民服务的历史文献,《在延安文艺座谈会上的讲话》发表前后成长起来的一批文艺名家已成为屹立在八路军文化史、中华民族文化史上的历史巨人。他们不仅与人民群众一起创造了伟大的八路军文化,也与人民群众一起成为中华民族反对投降、反对倒退的前进号角。

众所周知,在五千年的文明史中,中华民族不乏国破家亡的历史。每当民族灾难来临之后,反映生活的文化都要有强烈的反映。正是在这样的文化环境中,表现忠义节烈的《三国演义》,表现精忠报国的《岳飞传》、《杨家将》等一大批文艺作品相继出现。他们的出现表现了精忠报国的爱国情怀,但也反映了忠义节烈的文化糟粕。诞生于60多年前的八路军文化既继承了传统的爱国主义精神,也扬弃了封建文化的糟粕,对社会主义文化事业的发展产生了深远的影响。

一是八路军文化有鲜明的政治诉求。八路军文化集中表现了坚持抗战,反对倒退的爱国主义精神。这个时期出现的作品有名家名篇《荷花淀》所表现的先小家后大家的爱国主义精神,也有大量的群众自编自演的文字作品,他们的产生为建国后一大批反映战争题材的名著出现,特别是以自己亲身经历进行创作,如《红岩》、《林海雪原》等名著的出现,开了先河。

二是八路军文化有深厚的群众基础。作家与群众的关系,一直是文艺界十分关注的问题,作家究竟应该写什么,怎样写,这一时期的作家和众多群众文艺骨干为我们留下了宝贵的财富。不仅众多群众文艺骨干是一边工作一边创作,就是赵树理、丁玲这样的名家也是一边工作一边创作。赵树理在《也算经验》中说,我在工作中发现的一时难以解决的问题,往往就是我写作的主题。

三是八路军文化有强烈的批判精神。民主和科学正是五四运动的两面旗帜。今天看来,民主要有科学的民主,批判要有科学的批判。说到底,就是要坚持实事求是。在《小二黑结婚》中,赵树理以小二黑、小芹结婚为线索,写了假选举真专制带来的恶果;在《李有材板话》中,赵树理又通过写阎恒元把持村政失败的过程,歌颂了工作务实、作风民主的老杨同志推动真选举给阎家山带来的翻天覆地的变化。丁玲《在霞村的日子》通过写女主人公贞贞在遭日军蹂躏后,家庭、恋人、邻居、村民的不同反映,批判了农村巨大的封建遗毒,塑造了贞贞敢于直面生活,敢于挑战世俗的新女性形象。这些作品在今天看来,仍然值得我们深入思考,对我们建设社会主义和谐社会仍然具有重要的指导意义。

总之,鲜明的政治诉求、深厚的群众基础、强烈的批判精神是八路军文化留给我们的宝贵的精神财富,也是我们今天研究八路军文化应该着重关注的问题。

作者简介:

袁俊山　武乡县人大常委会主任

深刻认识弘扬八路军文化的时代意义

李蕙芬

在开创中国特色社会主义道路的伟大进程中,在全面建设小康社会的历史新时期,弘扬八路军文化具有重大时代意义。要深刻认识这个问题,就要站在时代的高起点上,从不同的视角,从历史与现实、理论与实践、创新与发展等各个层面,比较全面地认识弘扬八路军文化的重要意义,从而把对这个问题的认识逐步引向深入。深刻认识弘扬八路军文化的时代意义,是坚持正确导向,弘扬社会正气,奏响时代主旋律的时代要求。八路军文化具有鲜明的实践特色、民族特色和时代特色,大力弘扬八路军文化,能够潜移默化地使爱国主义、社会主义等先进思想文化深入人心,同时使八路军文化成为推进中国特色社会主义文化大繁荣大发展不可或缺的重要组成部分。

一、历史与现实

弘扬八路军文化具有深远的历史意义和重大的现实意义。八路军文化,一般是指八路军在抗日战争时期形成的政治、思想、纪律、作风、教育、新闻、体育、文学、艺术等及由八路军整体意识所辐射出来的一切活动。抗日战争爆发后,国共两党以民族利益为重,再次携手,共抗日军。

第二次国共合作告成时，中国共产党领导的工农红军，改编为国民革命军第八路军，八路军和八路军文化诞生了，一直到抗日战争胜利结束时，八路军改编为中国人民解放军，八路军文化成为了历史。八路军文化，在中国历史上存在的时间虽然还不到10年，但是它的影响经久不衰。因为一种文化是否具有强大的生命力，并不在于它存在时间的长短，而在于它的实质。八路军文化的实质是什么呢？八路军文化的实质就是在中国共产党领导下，以马克思主义为指导的新民主主义的先进文化。八路军文化所具有的强大的穿透力、震撼力、感召力和凝聚力，穿越了时空隧道，至今仍有很大的影响，因此必须大力弘扬，彰显其深刻的时代价值。

八路军文化曾经在历史上产生过重大的影响。从历史的角度来看，八路军文化源远流长，它并非是抗日战争时期突然冒出来的，虽然它诞生于抗日战争时期，但是它是由红军改编而成的军队，全面继承了红军时期的革命文化传统和中华民族的优秀文化精华，又融入战地文化的特色，并加以创新与发展，形成了具有鲜明特色的八路军文化。八路军文化包括政治文化、思想文化、军事文化、历史文化、经济文化、民俗文化等等，内容精彩纷呈。尽管是在炮火纷飞的战争年代，八路军文化冒着敌人的炮火发展起来了，它曾开展了轰轰烈烈的戏剧运动等文化运动。它形式多样，门类齐全。从形式来看，不仅有话剧、京剧、歌剧、舞剧、活报剧等各类剧目，而且还有诗歌、小说、报道、军乐、歌曲、舞蹈、相声、秧歌等等。从内容来看，围绕抗日战争主题，有讴歌八路军英勇作战的，如《平型关大捷》、《狼牙山五壮士》等；有歌颂军民鱼水情的，如：《子弟兵和老百姓》、《不要杀他》等；有反映党领导边区军民创建抗日根据地的，如《两年间》等；有描写战前准备的，如《我们的乡村》等。有动员青年参军为主要内容的，如《当兵去》、《弄巧成拙》等。除了突出抗战主题外，八路军还演出了五四以来的名剧《雷雨》、《日出》,外国名剧《大雷雨》、《母亲》、《复活》等等,八路军文化整体的先进性、深刻性,使它对当今社会仍具有很大的推动作用。

八路军文化的形式与内容在历史上是客观存在的,八路军文化发展得很快,产生的效果特别好,其先进性、深刻性超过了人们的想象,影响甚为深远。八路军拥有业务精湛的演出团队,部队本身都有文艺骨干,他们积累了丰富的文化建设经验。八路军文化建设形成的这些历史经验,对现在来说仍有着积极的意义。一是党和军队对文化建设的领导。八路军对文化建设高度重视,从政治、思想、组织各方面加强对文化工作的领导。八路军正副总司令朱德、彭德怀对文化工作发表了一系列重要讲话,为八路军文化指明了方向。部队各级领导都为八路军文化的发展做出了努力。二是吸引人才政策。八路军作为共产党领导的抗日队伍,吸引了千千万万的热血青年踊跃加入到这支队伍中来。八路军刚成立时仅4.5万人,到抗战胜利时,已达到90余万人。八路军文化队伍也随之扩大,其中有不少青年知识分子成为八路军文化的骨干。三是加强文化队伍建设。层层加强对骨干的培训,开办了不少不同层次的学校,开办各种培训班,培养出大批的抗战文化英才。四是善于总结经验,肯定成绩找出不足,及时纠正。八路军的专业文化团、社和部队的各级宣传队一般在一段演出结束后都要召开分析会、总结会,及时发现问题、解决问题。五是保质保量地完成任务。尽管战争年代条件极其艰苦,有时用竹竿、床单搭建临时舞台,文艺战士们总是想方设法保质保量地完成演出任务。在峥嵘岁月里,八路军文化,感召着千百万人民群众共赴抗日救国大业,起到了鼓舞人、激励人、教育人、改变人的重要作用,为动员全民抗战,英勇杀敌,发挥了不可替代的作用。

弘扬八路军文化,是铭记革命历史的需要。"历史是不能忘记的。"列宁指出：忘记过去，就意味着背叛。我们的国家曾经遭受过巨大的国耻和国难，有过一段屈辱的历史和艰苦的岁月。八路军在抗日战争的艰苦岁月里与人民群众同仇敌忾、众志成城的奋斗史，在中国革命的历史长卷中留下了辉煌的一页。八路军文化深刻、真实、典型、生动地反映了抗战时期八路军气壮山河的英雄战斗史诗，以八路军文化为代表的先进文化，唱出了当时时代的最强音。这段历史又成为中国共产党的骄傲、中国军队的骄傲、中国人民的骄傲！讴歌、反映这段光辉历史的八路军文化，成为时代的瑰宝、文化的瑰宝。弘扬八路军文化，就要将八路军的历史深深镌刻在亿万人民的心中，使子子孙孙永远铭记这段历史，为中华民族的复兴奋起直追，英勇奋斗。弘扬八路军文化，有必要明确八路军文化的概念是什么，也就是它的内涵和外延是什么？只有对这两个方面都有准确的了解，概念才能明确，才能下定义。从逻辑学、语言学的角度看，概念的内涵是指概念所反映的对象的本质属性。概念的外延是指具有概念所反映的本质属性的对象。这里，以下定义的方式来揭示八路军文化的内涵和外延。八路军文化的定义是：八路军在抗日战争时期创造和凝聚而成的以爱国主义为核心的民族精神与为全人类无私奉献的先进思想及其精神、物质文明的总和。

弘扬八路军文化，是当前加强对党员干部和全体党员教育的需要，也是加强对全国人民，特别是青少年教育的需要。新中国成立已经有60多年了，长期处于和平环境，人们对战争年代的艰苦卓绝的斗争缺乏深刻的体会，艰苦奋斗的思想淡薄了，即使是当年的一些亲历者，有的也需要温故而知新了，更何况不少年轻人对八路军文化知之不多。八路军文化是一部活生生的教科书，它取材于抗日战争的烽火岁月，记载着热血沸腾的战斗激情和军民团结的血肉深情，具有不可复制性。它可以让广大党员干部和群众学到一般教科书上学不到的东西，它的生动的史实能给人们留下深刻难忘的印象。弘扬八路军文化，使年青一代接受传统教育，懂得今天的幸福生活来之不易，同时又要面向未来，发扬八路军奋发向上的精神，自觉地肩负起天下的兴亡，早日成长为国家的栋梁。当今时代，教育工作的难度越来越大。但是，教育还是必需的。事实证明：大多数人在接受教育后，提高了觉悟，振奋了精神，激发了热情，以昂扬的姿态投入到工作中去。弘扬八路军文化，就是为了加大教育的力度，要注意在开展廉政教育、作风教育、纪律教育、党建教育、军队教育等不同类型的教育活动中，针对不同层次，运用不同的内容和形式，加强针对性，提高有效性，力争收到预期的效果，达到教育的目的。这是时代的需要，是人民的需要，是党的事业的需要。

弘扬八路军文化，是传承先进文化，发扬光荣传统的需要。八路军文化的先进性表现在八路军爱国主义思想、集体主义思想、党和人民群众利益至上的思想、全心全意为人民服务的思想等先进思想，这是永远值得学习和发扬光大的。2001年8月20日，江泽民视察山西省武乡县王家峪八路军总部时，挥毫写下了"发扬老八路光荣传统，为中华民族的伟大复兴而奋斗"的题词，老八路的光荣传统，说到底，就是八路军文化。八路军文化是无价之宝！经过半个多世纪的风风雨雨，如今它仍魅力四射。要把老八路的光荣传统世世代代传下去，应当成为当代中国人的心愿。要学习八路军，树立正确的世界观、人生观和价值观。要发扬当年八路军不怕牺牲、英勇奋斗的精神；团结一致、无私奉献的精神；艰苦奋斗、百折不挠的精神，为中华民族的崛起建功立业。八路军文化是深深扎根于人民群众的土壤之中，是深受群众欢迎的、喜闻乐见的文化。要运用八路军文化的优势，以人们乐意接受的形式加大宣传的力度。在建设中国特色的社会主义的征途上，弘扬八路军文化，成为不可或缺的重要环节。要全面建设小康社会、和谐社会,并非一帆风顺,中华儿女任重而道远。八路军文化是不同凡响的文化,是不朽的文化,是中华民族的优秀文化,它能凝聚人心,能迸发出无穷的力量。弘扬八路军文化,在战争年代,打败了日本侵略者,取得了抗日战争的伟大胜利;在和平年代,作为凝聚以爱国主义为中心的民族精神的八路军文化,是中华文化百花园中的一朵奇葩,正激励着人们在中国特色的社会主义道路上奋勇前进!

二、理论与实践

弘扬八路军文化具有重要的理论意义和伟大的实践意义。从理论和实践的角度看弘扬八路军文化,中国特色的社会主义理论已经初步形成,文化作为构建中国特色社会主义的重要组成部分,作为当前的重要任务之一,要与建设中国特色社会主义相适应,离不开理论的支撑。这个理论不仅仅指马克思列宁主义的革命理论,马克思列宁主义理论是全党全军总的指导思想。马克思主义的中国化,在抗日战争时期已经被明确地提出来,所以在弘扬八路军文化时,特别要注意八路军文化有哪些重要的主张,有哪些重要的原则和方针政策,有哪些具有指导意义的思想理论和文艺理论,这对建设中国特色的社会主义文化具有重要的理论意义。

关于文化的性质问题,为什么说它是新民主主义的先进文化呢?这是有理论依据的。八路军当时提出了"我们主张民主的、大众的、科学的文化。我们不主张并且反对复古的、读经的、愚昧无知的、封建迷信的文化,那是倒退的文化"[①]。赞成什么,反对什么,一目了然,旗帜鲜明。八路军提出了文艺为什么人服务的问题,"你们的工作对象主要是部队,是每天处

---

① 一丁:《太行根据地文化》,北京:中国文史出版社 2005年2月版,第22页。

在战斗的部队,明确了服务对象,演出的节目当然是要鼓舞士气的",①"要为广大群众服务,必须了解群众,了解群众的生活和要求,要接近群众,才能够提高群众,过去有很多脱离群众的现象,作品还不能够普遍地为群众欢迎"②。这就指出了要为部队服务,为广大群众服务的方向问题。这些理论都是在毛泽东《在延安文艺座谈会上的讲话》发表以前提出来的,具有重要的理论价值。

八路军对当时文化领域的斗争作了归纳,指出:"三种文化正在中国境内进行着殊死的斗争,这就是日本帝国主义的奴化活动和大地主大资产阶级的封建主义,买办主义的文化与进步的中国人民的新文化运动的斗争。"③这里对三种不同文化的定性是相当准确的,对三种文化之间的殊死斗争把捏得十分到位。针对反动文化,八路军针锋相对,拿起笔做刀枪,革命文化是战胜敌人的武器。贺龙指出:"演旧戏一定要除掉封建毒素和低级庸俗的内容,要表现历史上除暴安良的正义人物和抵抗外侮的民族英雄,使人增长历史知识和民族意识。"④1939年冬,朱德总司令作了重要指示。他指出:"我们广大敌后根据地面临日本帝国主义的军事进攻和文化侵略,必须在文武两条战线上奋起还击……"⑤1940年2月8日,时在武

---

① 中国人民解放军文艺史料编辑部编:《中国人民解放军文艺史料选编》(抗日战争时期 第3册),北京:解放军出版社1988年5月版,第109页。

② 中国人民解放军文艺史料编辑部编:《中国人民解放军文艺史料选编》(抗日战争时期 第3册),北京:解放军出版社1988年5月版,第1页。

③ 一丁:《太行根据地文化》,北京:中国文史出版社2005年2月版,第22页。

④《120师建设》一文。

⑤ 太行革命根据地史总编委员会:《太行革命根据地史稿》,太原:山西人民出版社1987年版。

乡王家峪总部驻地的朱德总司令和总政宣传部长陆定一等领导，发起召开了太行山区文艺座谈会，参加这次座谈会的有李伯钊、徐庸、任白戈、孙泱、彦涵、罗工柳、杨筠、华山等文艺工作者。朱德总司令指出："抗战要文武两条战线并肩作战，先搞好文艺宣传，才能发动起群众性游击战争。"①朱德总司令多次提到文武两条战线，把击退敌人的军事进攻和文化侵略相提并论，把八路军文化工作的地位提到了一个新的高度。八路军不仅枪杆子上有马列主义，笔杆子上同样有马列主义，八路军文化同样是不可战胜的力量！

1940年1月，毛泽东同志在延安发表《新民主主义论》。在这篇文章中，他旗帜鲜明地指出："所谓新民主主义的文化，就是人民大众反帝反封建的文化；在今日，就是抗日统一战线的文化。"②八路军对抗日统一战线的文化十分重视，指出："应当巩固与扩大以抗日为中心的文化界统一战线，要反对一党一派，一种主义垄断文化的企图，要广泛吸收各种抗日文化人到根据地里面来，把太行山建立为华北新文化运动的根据地，领导及推动全华北的抗日民主的新文化。这个新文化就是新民主主义的文化，新三民主义的文化，不是旧三民主义的文化，也不是混同与空喊口号的社会主义文化。"③这些思想理论对八路军文化发展具有重要的指导意义。在中国共产党的领导下，八路军、新四军成为中华民族实现最广泛的抗日民

---

① 太行革命根据地史总编委员会：《太行革命根据地史稿》，太原：山西人民出版社1987年版。
② 《毛泽东选集》(第2卷)，北京：人民出版社1991版。
③ 一丁：《太行根据地文化》，北京：中国文史出版社2005年2月版，第22页。

族统一战线的中坚力量，开展统战宣传教育，号召海内外中华儿女地不分南北、人不分老幼，团结一致，共同抗战，聚合了中国近代历史进程中空前的团结精神，形成了真正战胜日本侵略者的无坚不摧的力量源泉。八路军文化本身就是抗日统一战线的产物，又为抗日统一战线的巩固和发展作出了应有的贡献。

　　理论和实践是密切联系的。弘扬八路军文化，不仅要注意它的理论意义，更要注意它具有伟大的实践意义。八路军文化伟大的实践意义在于它对加强党的建设、政权建设、军队建设、廉政建设、统一战线建设、文化建设、军民关系等都有着密不可分的关系和重要的作用。八路军在伟大的实践中牢牢把握党的领导、统一战线和武装斗争这三大法宝，并以文艺的形式表达出来，它与新民主主义文化的关系、与新四军文化的关系、与抗战文化的关系在实践中不断发展。它以爱国主义为中心的民族精神正是在伟大的实践中形成的。八路军文化的伟大实践，在那高高的山冈上，在那密密的森林里，在那抗日战争的战场上，在那艰苦的岁月里，在那炮火纷飞的年代中，八路军文化显示了神奇的力量。八路军文化传承下来的党的三大法宝不能丢。无论在战争年代还是在和平建设年代，三大法宝是中国人民的传家宝，要世世代代传下去。党的领导是八路军文化的根本。没有党的领导，就没有八路军和八路军文化。正是党的领导，使八路军文化坚持了民主的、大众的、科学的文化的正确方向，繁荣和发展了新民主主义的先进文化，为抗战文化写下了不朽的篇章。在建设中国特色社会主义的征途中，党是率领全国人民奔小康的领导核心，党的执政地位的巩固与否，关系到党的事业的兴衰成败，所以在今天建设中国特色的社会主义伟大实践中，党的领导始终要放在第一位。这是传承八路军文化的灵魂。

　　八路军文化对统一战线的伟大实践，给人们留下了深刻难忘的印象。

国共合作后，中国工农红军改编为八路军，要改穿军服，戴有国民党帽徽的帽子，许多战士都想不通，但是为了统战大业，大家都服从命令听指挥。八路军和国民党军联合会演时，国民党军的舞台前观众寥寥无几，而八路军的舞台前吸引了大批观众。据说，演出结束后，国民党把八路军的演出队伍留下，热情招待，想把他们收归国民党所有，结果当然是不可能的。平时，连国民党的一些官兵也唱起了八路军的歌曲，有个别的连队甚至还唱起了八路军军歌。由此可见八路军文化的影响之广，魅力之强。新中国成立以来，党一直在做统战工作，近年来海峡两岸的关系有所改善，展望未来，实现第三次国共合作也并非没有可能，回顾总结抗战时期的八路军文化，对当前和今后的统战工作仍具有伟大的实践意义。武装斗争当然十分重要，八路军的文化战士都是能文能武的优秀人才。新中国成立以来，已经建立了强大的中国人民解放军。军队建设同样离不开三大法宝。

弘扬八路军文化对党的建设具有伟大的实践意义。中国共产党作为执政党，肩负着领导全国人民奔小康等崇高的使命，如何加强执政党的建设，措施方法有许许多多，其中肯定有一条，就是马克思列宁主义不能丢，老八路的光荣传统不能丢，艰苦奋斗的革命传统不能丢，从思想上建党的传统不能丢。弘扬八路军文化，就要思考为什么八路军文化能起到很好的宣传教育的效果呢？在新形势下，如何才能有效地从思想上建党呢？伟大的实践产生了伟大的精神，八路军文化反映出八路军不怕牺牲、英勇奋斗的精神；团结一致、无私奉献的精神；艰苦奋斗、百折不挠的精神，这些精神不仅在当时是值得赞颂的，就是今天在党内也是值得带头发扬光大，学习继承的。八路军文化"进一步弘扬了以爱国主义为核心的伟大民族精神，并表现出许多鲜明的特点，这就是：坚持国家和民族利益至上、誓死不当亡国奴的民族自尊品格，万众一心、共赴国难的民族团结意识，不畏强暴、敢于同敌人血战到底的民族英雄气概,百折不挠、勇于依靠自己的力量战胜侵略者的民族自强信念,开拓创新、善于在危难中开辟发展新路的民族创新精神,坚持正义、自觉为人类和平进步事业贡献力量的民族奉献精神"[1]。在抗日战争的炮火中,八路军围绕抗日战争做文章,涌现出大量的优秀作品。八路军文化不仅对思想上建党有着伟大的实践意义,它对党的组织建设、作风建设等都具有伟大的实践意义。八路军文化告诉人们,它在发展党员、健全党的组织的一系列工作中,都创造了新鲜的经验,值得借鉴的。八路军的作风建设,更是人见人夸,留下了许多动人故事,对当前党加强作风建设意义特别重大。

三、创新与发展

弘扬八路军文化,具有独特的创新意义和强劲的发展意义。从一般意义上说,八路军文化是一种传统文化。但是,很明显它与传统的文化不同,它是在战争年代产生的文化。环境特殊,特别严酷,正如毛泽东指出的那样:一切新的东西都是从艰苦斗争中锻炼出来的。八路军文化从诞生之日起,就始终处在艰苦卓绝的战争环境中,为了适应艰苦的环境,于是开始不断地创造出新的东西。新东西刚出来时,就像豆芽,又细又小,但是,不要看不起豆芽,看它不起眼,它如雨后春笋,破土而出,茁壮成长。八路军是由中国工农红军改编的,它继承了红军的光荣传统,在继承的同时又不断创新。八路军的首要任务当然是打仗,当时的条件特别差,武器落后,在军事上处于劣势。为了扭转局面,八路军创造了许多新的作战方法,其中最有名的就是地雷战、地道战,还创造性地继承了红军时期"敌进我

---

[1]《胡锦涛讲话》(回忆抗战)。

退,敌驻我扰,敌疲我打,敌退我追"的精神,开创了五花八门的游击战,打得敌人晕头转向。除了在军事上创新外,八路军在开创抗日根据地方面也建立了奇功,在朱德、彭德怀统帅下,八路军由延安东渡黄河,经晋南、晋西辗转晋北、晋中而直上太行,开辟了以上党为轴心的太行山抗日根据地,这是八路军最早开辟的抗日根据地。后来又开创了华北抗日根据地等五六个抗日根据地,其中华北根据地成为全国抗日的重要战场,八路军威名天下扬。早在1938年,八路军后方留守处在第一次党代表会议上,就提出了把开展生产作为三大任务之一。改变八路军经济贫困的状况,粉碎敌人的军事进攻和经济封锁。轰轰烈烈的大生产开展起来了,不仅巩固了根据地的革命政权,而且学会了经营经济事业的经验,毛泽东称:"这是中国历史上从来未有的奇迹,这是我们不可战胜的物质基础。"①八路军文化没有现成的路可走,创新是八路军文化发展的重要手段。八路军以抗战为主题的许多节目都是围绕八路军的主要任务,在抗战前线创造出来的,因此也具有独特的创新意义。

弘扬八路军文化具有独特的创新意义,是针对当前全面建设小康社会、和谐社会的新形势提出来的,在建设中国特色的社会主义的进程中,人们面临的任务十分艰巨,情况千变万化,新情况、新问题不断涌现,没有现成的答案可以提供,要应对新情况、解决新问题,完成艰巨的新任务,就必须要弘扬八路军文化,发扬八路军勇于创新的精神,增强敢于创新的勇气。八路军凭自己的双手把一个荆棘丛生、荒无人烟的南泥湾改造成为

---

① 沙健孙:《中国共产党与抗日战争》(上),北京:中央文献出版社2005年8月版,第376页。

五谷丰登的米粮川，成为陕北的江南。今天的条件与当年是不可同日而语了，明显要好得多。八路军敢于排演《平型关大捷》《狼牙山五壮士》等前人从来没有演过的戏剧，敢于在模仿中创新，当代人为什么就不能呢？新时代提倡开拓创新精神，这与弘扬八路军文化思想上是一致的。文化是推动社会进步的重要力量，要借助文化这一重要的力量推动社会前进！弘扬八路军文化，敢于创新，目的都是为了早日建成中国特色的社会主义。要创造更多更好的条件，大力弘扬八路军文化，使中华民族拥有强大的发展后劲，提前进入现代化社会，实现全面建设小康社会的目标。

中国人民解放军就由八路军改编而来，是八路军文化的发展和延伸，《八路军进行曲》已成为中国人民解放军军歌，八路军文化的优良传统和经验得到了一定的传承，但是还远远不够。弘扬八路军文化具有独特的创新意义，应该说也是指弘扬八路军文化本身具有独特的创新意义。战争年代，戎马倥偬，虽然留下了丰富的史料，却缺少应有的系统的研究。新中国成立60多年来，由于种种原因，以前似乎还没有把八路军义化专题提出来认真加以系统研究和宣传，而是习惯把八路军文化统称为抗战文化，和各类抗战课题混编在一本书里。即使是专题写八路军的书，涉及八路军文化的篇章也非常少。如已经出版的《八路军》一书，就没有专门的章节写八路军文化。所以八路军文化虽然早就客观存在，但是至今仍散落在各种书籍中，作者手边有10多本相关的书，如《八路军》、《中国共产党与抗日战争》、《中国西部抗战文化史》、《太行山根据地文化》等等，就是找不到八路军文化的专题书。近几年来，有人提出了八路军文化和弘扬八路军文化，特别是这次研讨会上，列出了一系列的相关论题，我认为这是在继承传统文化过程中的一种创新，是一种新思想、新观念，必将取得新成果。要弘扬八路军文化，必须要把八路军文化梳理出来，提供可以弘扬的内容，这是弘扬八路军文化的前提和基础。弘扬八路军文化的提出，打破了原来习惯于按不同时期、不同地区编写抗战历史的固定的思维模式，站在一个全新的角度，站在时代的制高点上提出深刻认识弘扬八路军文化的时代意义。这就开辟了八路军文化研究的新领域，为人们打开了一个新的视野，是对抗战文化研究的进一步深化和拓展。

八路军文化，就像一座知识宝库，取之不尽，用之不竭。至今还有许多未开垦的领域，等待人们去开采。八路军将士优秀诗词的采集与研究，无论在数量上和力度上都远远不够，有进一步开拓之必要。对八路军文化自成体系的系统研究，要进一步加强研究的力度和深度。八路军文化的创新与发展仍是一个非常值得研究的课题。八路军的动人故事值得进一步去收集和精选。八路军文化中的优秀歌曲《我们在太行山上》、《黄河大合唱》、《游击队之歌》、《绣荷包》、《歌唱朱总司令》等，脍炙人口、久唱不衰，这些从抗日前线的战火中诞生的革命歌曲，至今唱起来仍令人热血沸腾，具有一种永久的生命力和感召力。八路军文化在人民心中展开了一幅无比壮丽的历史画卷，八路军精神在960万平方公里的土地上回荡。让人们在八路军文化魅力的感召下，向前！向前！向前！奏响时代的主旋律，发出时代的最强音，为伟大祖国的繁荣昌盛，为伟大祖国文化的繁荣发展，万众一心，贡献力量！

作者简介：

李蕙芬　上海市虹口区委党史办公室原副主任

八路军文化是武乡老区永恒的精神财富

王建华

武乡县是全国著名的革命老区，被誉为"八路军的故乡，子弟兵的摇篮"，是全国"革命文物重点县"和"红色旅游重点县"。抗日战争时期，在党的领导下，以武乡为中心的太行根据地军民，同仇敌忾，英勇奋战，为中华民族的解放事业作出了巨大的牺牲和贡献，谱写了辉煌的历史篇章，孕育了内容丰富的八路军文化。

一、八路军文化的孕育之地

武乡县地处太行山西麓，浊漳河上游，是一块具有光荣革命传统的抗日老根据地。1937年抗战全面爆发后，遵照党中央的指示，八路军将士迅速挺进华北，承担起了拯救中华民族的历史重任。出于战略上、政治上、物质上的充分考虑，武乡成为八路军总部、中共中央北方局、一二九师师部、野战政治部、后勤部等主要首脑机关驻扎的首选地。此外，晋冀豫区党委、太行三地委、抗日军政大学、鲁迅艺术学校、华北新华日报社、《前线》杂志社、抗大文工团等诸多党政军机关、高等学校和文艺团体也曾长期在武乡驻扎。抗战时期，先后有八路军成建制的8个旅（纵队）31个团在这片红色沃土上战斗生活，如此众多的部队驻扎于一县，这在整个抗日根据地乃至全国几乎没有先例。这些部队在武乡打仗、休整、补充兵源，与武乡人民结下了浓厚的革命情谊。当时的武乡，几乎是"村村有过八路军机关，户户住过八路军将士"，成了名副其实的"八路之都、抗战之都"。

在八路军总部及中共中央北方局驻扎的日子里，武乡作为华北抗战指挥中枢的地位非常突出，朱德、任弼时、彭德怀、左权、杨尚昆、刘伯承、邓小平、徐向前、聂荣臻、薄一波、罗瑞卿等老一辈无产阶级革命家在这里运筹帷幄，指挥整个华北抗战，决胜于千里之外。当抗日的烽火烧遍整个太行山之际，在中国共产党的领导下，武乡县广大民众与八路军将士一道，听党话、跟党走，为民族的独立而战，为工农大众的自由而战。在八年抗战中，为保卫太行根据地，广大军民在这片红色土地上进行大小战斗6368次，共计歼灭日伪28800余人，数千名八路军将士把鲜血洒在了这片热土上。武乡人民为中国革命的胜利作出了巨大的牺牲和贡献，当时仅有14万人口的山区小县，就有2万多人为国捐躯，正式载入英名录的烈士就达3200多人，涌现出了关二如、高贵堂、王来法、马应元、胡春花、李马保、石榴仙等众多杀敌英雄、拥军模范和劳动英雄。

八年抗战的历史，是一部中国共产党领导全国人民争取民族独立和人民解放的历史，是一部充满爱国主义、革命英雄主义的历史。在这部历史中，以武乡为中心的太行根据地军民，在伟大的民族解放战争中谱写了一曲曲慷慨悲壮的革命颂歌，留下了深厚的历史文化根基——八路军文化。

二、八路军文化的主要精神内涵

在伟大的抗日战争中诞生的八路军文化，是武乡老区永恒的精神财富，其核心内容可概括为：保卫疆土、抗击外侮的爱国精神；英勇善战、不怕牺牲的顽强意志；不畏强暴、敢于胜利的坚定信念；百折不挠、吃苦耐劳的传统美德；团结一致、共创家园的美好愿望。

八路军文化的产生是历史的必然，是太行根据地军民用鲜血和生命孕育的宝贵精神财富。在华北沦陷的危急关头，共产党、八路军挺身而出，走在抗战的最前列，创建了以武乡为中心的太行根据地。八年逐鹿，抗日烽火燃遍太行，在这块敌我双方殊死争夺的战略区域，我党领导的八路军与武乡人民一道，以"中华儿女不可侮，太行自有雄魂在"的气概，万众一心，筑起了牢不可破的铜墙铁壁。一个人倒下去，千百人站起来，前赴后继、至死不渝，充分表现了根据地军民保卫疆土、抗击外侮的爱国精神。

八年抗战中，根据地的广大军民英勇善战、不怕牺牲，以顽强的意志粉碎了敌人的一次次进攻。1938年4月16日，在著名的长乐村战斗中，我八路军386旅772团团长叶成焕英勇牺牲，为粉碎日军对晋东南的"九路围攻"，打击侵略者的嚣张气焰，起了决定性的作用；在石盘云簇战斗中，386旅新一团团长丁思林以身殉国；南沟战斗中386旅17团副团长吴龙主血洒疆场；温庄战斗中决死一纵队25团政委凌则之英勇献身；韩壁村突围中386旅政治部主任苏精诚不幸遇难……抗战时期，八路军共有722位团以上干部光荣牺牲，其中仅在武乡牺牲的团以上干部就有15位，还有100多位连以上干部长眠于老区大地，献出了自己宝贵的生命。

抗日战争是在党的领导下开展的一场人民战争，要彻底消灭日本侵略者，需要有一种不畏强暴、敢于胜利的坚定信念。1943年日军占领武东重镇蟠龙，为有效打击敌人，太行三分区部队与武乡人民一道，对蟠龙镇实施了严密的封锁与警戒，彻底切断了敌人与外界的联系，使日军在据点和碉堡里，没吃没喝，走投无路，最后将其一举歼灭。在长达八个半月的围困中，根据地军民与敌作战上千次，歼敌2100多名，取得了蟠龙围困战的最后胜利。

在日军"铁环合围、梳篦式清剿、反复扫荡"和重重包围封锁的严峻形势下，太行根据地当时的条件是极其艰苦的。为了生存，八路军与武乡人民一道，发扬百折不挠、吃苦耐劳的传统美德，从总部最高领导到普通士兵，都是一手拿枪、一手拿锄，自力更生，艰苦奋斗，不仅顺利地渡过了生活难关，而且使根据地得到了恢复和壮大。为了渡过灾荒，彭德怀副总司令曾下令离村10里内不允许八路军战士挖野菜、撸树叶，为的是让广大群众有野菜、树叶可食；而老百姓又把仅有的粮食都送给了驻地八路军，为的是支持他们消灭日本侵略者，军民亲如一家，体现了浓浓的鱼水深情。

为了抗战的最后胜利，实现共创家园的美好愿望，根据地军民团结一致，共同抗敌。英雄的武乡人民更是无私奉献，积极支援抗战，"出兵、出粮、出干部"，先后有9万多人参加了各种抗日救亡组织，有14 600余人参加了八路军，投身于抗战洪流之中。其中，仅名扬游击队就为八路军输送兵源达3000余人，出现了许多"母亲叫儿打东洋，妻子送郎上战场"的感人场景。老区人民踊跃为八路军将士捐献粮食，多达400万石，几乎是捐出了全部的粮食，可以这样讲，是武乡的小米养育了英勇抗战的八路军。在整个抗战中，武乡老区全民上阵，"村村像军营，人人都是兵，抗日根据地，一片练武声"，一批批优秀干部被调往各地，仅区级以上干部就多达5400名，留下了"五千干部一万兵"的佳话。

三、新时期八路军文化的继承和发扬

八路军文化是抗战文化的重要组成部分，是对中国优秀传统文化的继承和发扬，凝结着中华民族的光荣传统，凝结着中国人民的优秀品格，是

太行精神的集中体现。省委书记袁纯清在长治考察调研时，对八路军和太行人民在艰苦卓绝的抗日战争中孕育产生的伟大太行精神作了高度评价，对我们是巨大的鼓舞和有力的鞭策。

在全面建设小康社会的新时期，我们有责任、有义务继承和发扬八路军文化，不断赋予其新的时代内涵，使其成为激励老区人民建设美好家园、创造幸福生活的精神动力。在抗战时期，太行根据地军民用小米加步枪战胜了装备精良的日本侵略者，靠的是信心和勇气，是强大的精神力量给他们以支撑。那么，在新形势下，革命老区要发展，尤其是实现转型发展、跨越发展，还有很长的一段路要走，会面临很多的困难和问题，但再大的困难也吓不倒英雄的老区人民，革命战争年代如此，和平发展年代更是如此。

继承和发扬八路军文化，还需要紧密联系武乡县经济社会发展新的实践。只有不断在新的实践中继承和发扬，八路军文化才有源头活水。联系武乡的实际，就是要做好"结合"这篇文章，把这笔精神财富运用到老区转型发展、跨越发展的新征程中，推动经济社会又好又快发展。其中，最基本的是坚持解放思想、实事求是；最核心的是坚持以人为本、科学发展；最重要的是坚持求真务实、开拓创新。我们要紧紧围绕这些新的实践主题，从思想观念和精神状态的层面不断进行提炼，熔铸具有深刻时代内涵和鲜明时代特征的八路军文化。要充分利用武乡县丰富的"红色资源"优势，打响叫亮"革命老区一张牌"，以"一争天下无难事"的气魄和勇气，靠文化树形象、靠文化引项目、靠文化促转型、靠文化求发展，将做大做强八路军文化产业作为老区转型发展的切入点，大力营造"举步皆是八路军文化、处处展现武乡特色"的浓厚氛围，全面提升武乡老区文化"软实力"，实现经济社会可持续发展。

伟大的事业需要崇高的精神，崇高的精神推动伟大的事业。今天，为让老区人民过上幸福美满的生活，仍然需要我们高扬不畏艰难、英勇奋斗、敢于胜利的时代主旋律，创造性地把八路军文化转化为推动"一三三"战略顺利实施的强大精神力量，为早日实现全面建设小康社会的宏伟目标而努力奋斗。这也正是我们一切工作的出发点和落脚点。

作者简介：

王建华　武乡县政协主席

论八路军文化的基本内涵和时代意义

魏晋民　魏春洲

在认真贯彻落实科学发展观，促进全县经济社会又好又快发展的进程中，中共武乡县委明确提出要"打好革命老区一张牌"，坚持"以八路军主题公园为引擎，促进文化与旅游互融共赢，加快第三产业规划"。进而，"走好特色农业产业化、工业经济循环化、第三产业规模化三条路子"。那么，什么是八路军文化？八路军文化又是怎样形成和发展的？其基本内涵和主要特点又是什么呢？特别是在开创中国特色社会主义伟大道路的进程中，在全面建设小康社会的历史新时期，重提和弘扬八路军文化具有什么时代意义呢？

武乡地处太行山腹地，群峰壁立、地势险要，一向为兵家必争之战略要地。抗日战争时期，是八路军总司令部和中共中央北方局所在地，是华北抗日前线的司令台。朱德、彭德怀、左权、刘伯承、邓小平等老一辈革命家，曾在这里长期战斗和生活，指挥了敌后抗日根据地的游击战争和政治斗争，为中华民族的独立和解放作出了卓越的贡献。被誉为"八路军的故乡，子弟兵的摇篮"。本文仅以革命老区武乡为例，对上述几个方面问题作一简要论述。希望得到各位领导和专家、学者的指正。

一、八路军文化的概念解读和特征

（一）八路军文化的概念

什么是八路军文化？一定的文化是一定社会的政治和经济在观念形态上的反映。八路军文化，顾名思义，就是反映中国共产党领导的八路军在抗日战争时期战斗和生活观念形态的总和，包括宣传、教育、文学艺术、戏剧美术、新闻出版等等。八路军文化具有明显的时限性、地域性、时代性和统一性。从时限上来说，从1937年全面爆发抗日战争工农红军改编成八路军开始，到1945年9月抗日战争胜利为止；从地域上来说，是反映八路军的文化建设，主要指以山西为中心的华北抗日前线八路军活动的区域而言；从八路军文化形成的背景看，是特定历史条件下的必然产物，具有显明的时代性；从八路军文化的方向和精神实质看，八路军文化建设工作是在中国共产党的领导之下开展的，是抗日文化的重要组成部分,也是新民主主义文化的重要组成部分。它在新民主主义文化理论的指导下蓬勃开展，与新民主主义文化具有共同的性质和作用。

（二）八路军文化的特征

1. 具有明显的历史时代性

八路军文化的形成与发展有其特殊的历史背景。北大营悲歌、卢沟桥事变，把中华民族、中国人民推向了水深火热之中。在此国家民族生死存亡的危急关头，中国共产党决定实行全面的全民族的抗战，要求共产党人及其所领导的民众和武装力量要积极地深入斗争的最前线，使自己成为全国抗战的核心，用极大力量发展抗日群众运动。同时，八路军主力部队挺进抗日前线，在"保卫山西，收复平津"的口号下，紧急动员广大群众争取山西以及全国的持久抗战，把山西建成敌后游击战争的战略支点，以抵御日军对西北与中原的进攻，支援全国的对日作战。面对日本侵略军疯狂的武装清剿,多路围攻,实施"囚笼政策"、"蚕食政策"、"三光政策",我英勇的八路军战士奋勇杀敌,血杀疆场,我抗日军民万众一心,团结战斗,形成了波澜壮阔的人民战争,充分显示了全民族团结战斗的无比威力。同时,也正是在抗日战争的特殊历史时期和特殊环境中形成和发展了八路军文化。换言之,八路军文化是在民族危亡的历史关头孕育,在血与火的洗礼中铸就,在根据地军民团结奋斗中光大。

2. 具有引领新文化方向的先进性

在抗日战争时期,反帝反封建的新民主主义文化,代表着中国当时先进文化的前进方向。而八路军文化属于新民主主义范畴,代表着先进文化发展方向,也就是题中应有之义。新民主主义文化,是中国共产党总结领导中国革命的经验,在抗战时期提出的一个重要主张。中国共产党关于建立一个新民主主义社会,在这个社会中建设新民主主义文化的主张,成为敌后抗日民主根据地的指导思想,也直接影响到八路军文化的形成和发展。抗战时期,太行区是华北敌后的军事中心。1938年,八路军总部移驻太行山,太行抗日根据地基本形成。随即,一大批作家、记者、画家、艺术家也相继汇聚到此,同时由于中共中央北方局、八路军总司令部、晋冀鲁豫边区政府、抗日军政大学、鲁迅艺术学校等军政领导机关和文化团体的进驻与存在,太行区实质上成为华北前线的敌后抗战文化中心。当时,武乡这个信息闭塞、经济文化比较落后的山区小县,在八路军文化的带动下,宣传、教育、文学艺术等项文化事业蓬勃兴起。特别是中华全国文艺界抗敌协会晋东南分会、中苏文化协会晋东南分会、鲁迅艺术学校、太行三中等在武乡成立,示范带动作用更大。比如,经过八年的艰苦斗争,武乡县教育事业有了较大的发展,学校和学生数日益增加。到1945年8月,段村解放,全县共有高小6所,小学330所,学生9093人。同时,业余教育也十分活跃。各村都建立了民族革命室（简称"民革室"）。"民革室"是农民进行学习文化和娱乐的场所，稍后，"冬学"、"妇女识字班"也相继出现。特别是抗大总校在蟠龙开班，鲁迅艺术学校在下北漳成立，北方妇委举办的妇女训练班在石圪垤举办，以及武乡县民族革命两级学校（简称"民校"）和抗日干部培训班（简称"抗高班"）的相继举办，抗日根据地的文化教育空前活跃。

3. 具有抗日文化的民族性和大众性

八路军文化诞生于民族解放战争的烽火之中；它以马克思主义作为其理论基础，把科学理论和中国实际相结合，代表着先进文化的前进方向，是具有科学性的；它面向广大抗日军民，为抗日军民服务，采取人民群众喜闻乐见的形式，所以它是大众化的。正如毛泽东所说："这种新民主主义的文化是民族的。它是反对帝国主义压迫，主张中华民族的尊严和独立的。它是我们这个民族的，带有我们民族的特性"；"这种新民主主义的文化是科学的。它是反对一切封建思想和迷信思想，主张实事求是，主张客观真理，主张理论和实践是一致的"；"我们的文化是人民的文化，文化工作者必须有为人民服务的高度热忱，必须联系群众，而不要脱离群众"。毛泽东提出和阐述的这些原则，不仅对八路军文化的发展起到了重要的指导作用，而且构成了八路军文化具有的民族性、科学性和大众化的特点。

抗日战争中，十八集团军总部的火星剧团，晋冀豫区党委的太行山剧团，鲁迅艺术学校的文艺工作团，一二九师的先锋剧团，抗大总校的文工团，决死队的前哨剧团，太行军区的文工团，晋东南文联的太行文工团，以及部队各级文化团体曾多次在我县演出宣传。在其影响和扶持下，我县文化艺术活动空前活跃。如，诞生于战火烽飞的岁月里、誉满太行的武乡县光明剧团，以戏剧为武器，遵循毛泽东同志宣传群众、教育群众、鼓舞和激励广大军民斗志的思想。他们携带着简陋的舞台设备，走遍了太行山区50多个县、6000个村镇,演出16000余场次,观众达600余万人次,作出了令人赞叹的贡献,受到了朱德、彭德怀、刘伯承、邓小平、薄一波等党政军领导人的鼓励与嘉勉。他们深入实际、深入生活,编创和演出了《义务看护队》、《劳动模范李马保》、《纺织英雄石榴仙》、《地雷大王王来法》等现代戏,对推动拥军工作、掀起杀敌立功高潮起到了很大作用。据不完全统计,先后创作了《改变旧作风》等现代剧25部;改编、移植《小二黑结婚》、《王贵与李香香》等现代剧13部;创作《风波亭》等历史剧3部;移植、改编了《闯王进京》等历史剧13部。太行文联曾赠给武乡光明剧团"突飞猛进"奖旗一面,奖"鲁迅文艺奖金"500元。1945年8月26日解放段村时,缴获了一份日伪制作的《武乡县共系文化团体及中等以上学校调查表》,其中对光明剧团的叙述是:"伪武东县政府光明剧团,住址不定。该匪团于三十三年成立,受该政府领导,经费由该政府供给。团长梁希江等20余人。每日学习共产主义理论等。活动状况是每日由该政府率领,到各区、村召集民众,表演新旧话剧,欺骗人民等工作。"这就从反面充分说明武乡光明剧团在宣传、教育动员群众的巨大作用,也说明日军对光明剧团的恐惧与仇视。

4. 具有抗日根据地特色的地域性

八路军文化是在战略要地太行山的特殊地理环境中,在源远流长的太行文化的母腹中孕育产生的。八路军文化与抗日根据地的文化建设息息相关,直接服务于根据地的文化建设。所以,八路军文化同各抗日根据地的文化建设又是不可分离的。正因为如此,八路军文化才能在血与火的洗礼中不断发展与升华,既体现了根据地文化特色的地域性,又青出于蓝而胜于蓝,成为根据地文化的代表与榜样,从而承担起引领中国先进文化前进方向的历史使命。

二、八路军文化的基本内涵

强烈的爱国主义精神和革命英雄主义精神是贯穿八路军文化的一条红线。八路军文化是时代孕育的一座内涵丰富的精神宝库,有着非常广泛的内容。但体现其精神实质的,主要有以下几个方面:

(一)矢志报国、不怕牺牲的英雄气概是八路军文化之魂——爱国主义之魂

在中华民族生死存亡的危急关头,我八路军将士义无反顾地选择了奋斗和牺牲。八年抗战中,仅在武乡境内进行大小战斗6368次,其中包括著名的粉碎日军"九路围攻"的长乐急袭战、威震中外的"百团大战"中的关家垴歼灭战等。八路军著名将领386旅政治部主任苏精诚、772团团长叶成焕、16团团长谢家庆、太行三分区司令员郭国言等,都是"血洒武乡,名留太行",充满了"壮志未酬身先死"的英雄气概。在艰苦抗战的岁月中,武乡的男女老幼全部投入到抗日战争之中。当时只有14万人口的武乡,就有9万多人参加了抗日群众团体。为了源源不断地补充我方兵源,争取抗日战争的最后胜利,武乡先后有过12次较大的参军运动,广大青年以无畏的牺牲精神,积极报名参军,全县共有14 646人参加了八路军,走上前线与日伪军血战,充分反映了老区人民强烈的爱国主义和革命英雄主义精神。

(二)自力更生、艰苦奋斗的精神是八路军文化之宝——战胜困难之宝

抗日战争时期,特别是1942、1943年,面对日伪的频繁扫荡和经济封锁,加上连年自然灾害,我抗日军民遇到了前所未有的困难。在党的"自己动手,丰衣足食"的号召下,"没有枪,没有炮,我们自己造",仅武乡境内就有八路军柳沟、朝阳角和显王等三座兵工厂;"没有吃,没有穿,我们自己干",我军民开展大生产运动,开荒种菜、纺花织布,创办供销合作社,度过了战时困难。据时任特务团(也叫朱德警卫团)团长、新中国成立后曾任广州军区副司令员的欧致富将军回忆说:"在轰轰烈烈的大生

产运动中，总部特务团指战员一手拿枪，一手拿锄，在武乡左会板山一带披荆斩棘，开荒种地，共开垦荒地5000多亩，养猪、羊1000多只。第二年，全团粮食、蔬菜、肉类实现自给自足。"特务团在大生产运动中成绩卓著，荣获了总部授予的"欧团生产模范"光荣称号，并在延安《解放日报》的显著位置作了报道。由此不难看出，轰轰烈烈的大生产运动，减轻了人民负担，增强了军民团结，战胜了天灾敌祸所造成的重重困难，为取得抗日战争的胜利奠定了坚实的物质基础。

(三) 始终保持同人民群众的血肉联系是八路军文化之本——克敌制胜之本

"民兵是胜利之本"。抗日战争时期，我八路军指战员牢记党的全心全意为人民服务的宗旨，与群众同甘苦、共患难，赢得了人民群众的拥护与支持，形成了克敌制胜最深厚的力量之源，是实践毛主席人民战争思想的光辉典范。时间过去半个多世纪了，当年那种"军爱民、民拥军，军民亲如一家人"，军民鱼水交融，血肉相连的动人事迹，至今还历历在目。王家峪朱总司令手植的"红星杨"、砖壁村彭副总司令栽的"彭总榆"、左会山上左权将军带八路军挖的"圣人泉"、上北漳河滩的"德怀坝"及许许多多不知名的"抗日井"、"八路池"，都留下了军民亲如一家人的历史印记。根据地人民支前参战、救护伤员、筹集军粮、拥军优属，为支援抗战作出了巨大贡献。据不完全统计，抗日战争中，全县支前勤工达258万人次，折合3870万个工日；共为部队筹集公粮7200万公斤；妇女做军鞋494 500双，米袋、慰问袋、挎包1 007 500件；为部队提供蔬菜、肉类和食油5 007 500斤，提供煤炭、木柴等燃料30.7亿斤，为支援作战提供畜力车辆14 300多头（辆）。

(四) 纪律严明、步调一致是八路军文化之基——战斗力的重要基点

抗日战争时期，党领导下的八路军是一支有着铁的纪律的队伍。他们

严守"三大纪律，八项注意"，纪律严明，秋毫无犯，步调一致，斗志高昂，受到了广大人民的支持与拥护。"加强纪律性，革命无不胜"。正是以其严明的纪律和高度的团结统一，才始终保持了顽强的战斗力，以"小米加步枪"的劣势装备战胜了武装到牙齿的日本军国主义。这充分说明，严明的纪律和团队精神是战斗力生成的基本要素，是执行路线、夺取胜利的基本保证。

三、八路军文化的时代意义

在开创中国特色社会主义道路的伟大进程中，在全面建设小康社会的历史新时期，弘扬八路军文化具有什么时代意义呢？

八路军文化的实质就是在中国共产党领导下，以马克思主义为指导的新民主主义的先进文化。八路军文化所具有的强大的穿透力、震撼力、感召力和凝聚力，穿越了时空隧道，至今仍有很大的影响。当前要全面建设小康社会，和谐社会，并非一帆风顺，中华儿女任重而道远。八路军文化是不同凡响的文化，是中华民族的优秀文化，它能凝聚人心，能迸发出无穷的力量。因此，传承和弘扬八路军文化，具有深远的历史意义和重大的现实意义。

八路军文化内涵丰富，博大精深，既包含着深厚的历史渊源，又充满着强烈的时代气息。因此，弘扬八路军文化，就必须正确处理继承和弘扬的关系，准确把握八路军文化的科学内涵，认真做到"老祖宗不能丢，又要说新话；革命传统要弘扬，又要创造新办法"，努力实现八路军文化的时代跨越与发扬光大，让"传统"带着新时期老区人民不甘人后的争先创优精神走向未来。

（一）在继承的基础上弘扬

"继承"是弘扬的基础和前提，是弘扬八路军文化的必由之路。

一是八路军文化并没有"过时",更不是"可有可无"。抗日战争胜利已经半个多世纪了,形势发生了翻天覆地的变化,但八路军文化的基本内涵和精神实质始终没有变,其本身所拥有的凝聚力、感召力仍然闪烁着历史的光辉。我们不妨把审视的目光回到现实中来:在一些党员干部特别是领导干部中,政治上理想信念淡化,宗旨意识弱化;党风上以权谋私、消极腐败现象屡见不鲜;作风上官僚主义、形式主义泛滥;经济建设上害怕艰苦,无所作为的等、靠、要思想严重等等。所有这些,难道不正是忘记和背离八路军文化精神的实质结果吗?事实证明,在今天革命传统并没有"过时",更不是"无用"了,而是更加重要、更加紧迫了。在革命老区,"近水楼台先得月",老八路就是老区人民心中的一代楷模。把无数革命先烈用鲜血凝铸而成的优良传统和作风继承下来,发扬光大,是现实的呼唤,人民的愿望。

二是八路军文化、老八路光荣传统和作风是我们党提出的许多具有时代特征的新思想、新观点、新结论的重要思想源渊。比如,"三个代表"重要思想的提出。抗日战争时期,我八路军将士,为了全国最广大人民的根本利益——中华民族的独立和解放,艰苦奋斗,浴血奋战,把为人民利益而死的精神体现到了极致,是我党历史上代表先进生产力发展要求(劳武结合、变工互助)、代表先进文化发展方向(大众文化)、代表最广大人民的根本利益(抗日救国)的最辉煌、最具影响力的时期之一。完全可以说,八路军文化与"三个代表"重要思想有着深厚的历史渊源。又如,全党开展的保持共产党员先进性教育活动,也明确要求,"引导广大党员学习贯彻党章,坚定理想信念,坚持党的观念,发扬优良传统……"所有这些,都充分说明今天重提这些优良传统和作风,弘扬八路军文化,就是要把它继承下来,发扬光大。这种继承与发扬、老祖宗与新说法承前启后、一脉相承的关系，要求弘扬八路军文化，必须从继承做起，从内涵切入。

三是八路军文化更是加强党风廉政建设的"特效良药"。今天，对于党风方面各种消极腐败现象，已经引起了人民群众的强烈不满，也引起了人们对老八路光荣传统的深切怀念。这就从另一个侧面告诉我们，八路军文化是反腐倡廉、拒腐防变的"特效良药"，把这一宝贵的精神财富继承下来，对症下药，就可以收到"妙手回春"之效。

（二）在弘扬的过程中创新

"创新"是一个不断发展丰富的过程，是弘扬八路军文化的客观要求。

八路军文化以其基本内涵和精神实质而言，犹如一面永恒的旗帜，至今仍然闪烁着历史的光辉。但另一方面，从战争到和平，从革命到建设，从战场到市场，我们面临的形势和任务毕竟发生了巨大的变化：

一是随着世界多极化和经济全球化趋势的发展，各种思潮相互激荡，国力竞争日趋激烈，霸权主义与强权政治有新的发展，西方敌对势力加强对我国实施"西化"战略图谋，我们面临着国际环境重大变化带来的考验。

二是随着改革的深化，我国社会经济成分、组织形式、就业方式和利益关系日趋多样化，新矛盾、新问题不断出现，我们面临着国内环境重大变化带来的考验。

三是我们党"已经从一个领导人民为夺取全国政权而奋斗的党，成为一个领导人民掌握全国政权并长期执政的党"；"已经从一个在受到外部封锁状态下领导国家建设的党，成为全面改革开放条件下领导国家建设的党"。这两大变化，既集中反映了我们党80多年发展所取得的全部胜利、成就和进步，又集中反映了我们党所面临的全部挑战和考验。历史和现实都证明，执政党的建设和管理，从一定意义上说，比没有执政的党要艰难得多；改革开放条件下的执政党的建设和管理，难度更大。更何况从党的自身状况看，新党员大量增加，大批年轻干部走上领导岗位，教育、管理和提高的任务更加艰巨。当前，我国正处在全面建设小康社会的新时期，我国要以政权的力量推进改革，这就使权钱交易的频率和几率加大；我们要从计划经济向市场经济转变，而市场机制的形成和相应的法制建设都需要一个过程，这也会给消极腐败现象以可乘之机。由此可见，如果我们把八路军文化放在国际国内大环境中去审视，放在按照"三个代表"要求，全面推进党的建设新的伟大工程的大思路中去思考，放在实现中华民族伟大复兴的大目标中去求索，这就不难发现，大力弘扬八路军文化，是时代的要求，是实践的呼唤。而弘扬八路军文化，又必须坚持与时俱进，不断丰富八路军文化时代内涵，在弘扬的过程中创新。

（三）在创新的实践中跨越

"跨越"是一个不断探索和升华的过程，是弘扬八路军文化的必然结果。

八路军文化同样具有与时俱进的品质。只有高扬"创新"的旗帜，不断赋予八路军文化以新的内涵，坚持在创新中继承和发扬，才能真正使"传统"成为我们党战胜各种困难，经受各种风险考验的强大精神支柱；成为我们党带领广大人民群众全面建设小康社会的精神动力和智力支持；才能真正实现老八路光荣传统的时代跨越，让"传统"带着新时代人的思想升华和无私奉献，肩负起中华民族伟大复兴的历史重任，在新的历史条件和新的实践中，获得新的成就和新的发展。

实现八路军文化的时代跨越，实质上就是革命传统与时代发展要求相结合的历史性跨越。这就必须在回顾历史，面对现实，实事求是，求真务实的基础上，解放思想，拓宽视野，开拓创新，与时俱进，坚持理论与实际、历史与现实、继承与弘扬相结合，在结合过程中创新，在创新实践中跨越。就是既不能丢掉老祖宗，又要说新话，顺应时代进步潮流，从不断变化的客观实际出发，开创弘扬八路军文化的新境界。就是要把老八路始终保持同人民群众血肉联系的优良传统和作风同加强和改进党的作风建设以及全面推进党的建设新的伟大工程结合起来；把老八路自力更生、艰苦奋斗的政治本色同坚持改革、扩大开放的发展要求结合起来；把老八路矢志报国、不怕牺牲的革命精神同抓住机遇、迎接挑战，不断推进现代化建设结合起来；把老八路纪律严明、步调一致的战斗风格同正确处理改革、发展和稳定的关系结合起来，从而，实现由八路军文化向"三个代表"重要思想的观念性跨越；实现由"为中华民族解放事业而奋斗"向"为中华民族伟大复兴而奋斗"的历史性跨越。

八路军文化是一曲永唱不衰的正气之歌、永进不退的奋斗之歌。老区人民对八路军文化情有独钟。在社会主义现代化建设的新时期，我们既要深刻理解、积极弘扬革命前辈留给我们的这笔宝贵的精神财富，"打好革命老区一张牌"，高扬爱国主义和社会主义的时代主旋律，为祖国统一和社会主义现代化建设贡献力量，让八路军文化在推进经济社会发展、促进共同富裕的伟大实践中熠熠发光，以实际行动不断谱写出八路军文化的新乐章。

作者简介：

魏晋民　中共武乡县委常委、宣传部部长

魏春洲　中共武乡县委党史研究室主任

传承八路军文化与促进老区腾飞

李树生

2010年，山西省为增强山西文化的影响力，提出了"倾力打造七大节日、三台节目和八大文化品牌"。其中"八大文化品牌"是指：要全力打造华夏之根、佛教文化、黄河之魂、晋商家园、边塞风情、关公故里、古建瑰宝、抗战文化等文化品牌。将以武乡为中心的"八路军文化"作为全省的文化品牌，大大促进了八路军文化的弘扬与产业化进程，成为促进老区腾飞的重要支柱。

一、八路军文化的形成

在山西，抗战文化的根基说到底是八路军文化。而八路军文化是怎么形成的呢？

武乡，地形复杂，自古天险，先祖们在这里演绎过无数轰轰烈烈、可歌可泣的历史，早在春秋时期，诸侯争霸，硝烟四起，为求蔡地，发生了晋赵争锋；两汉之间，王莽篡政，民不聊生，岑彭、马武在此安营扎寨，习武练兵；羯人石勒，从一个奴隶成为统兵数万的将军，历经南征北战，最后打下天下，创建后赵；北魏臣相高欢携子高洋，讨伐朱尔兆征战武东；梁山好汉穷追田虎，石盘山下大功告成；宋将陆登镇守南关，昌源河畔抵抗金兵。元代答汗领兵入侵，武乡民众全力奋战，虽尸骨遍野，但浩气长存，表现了武乡人民抗击外来侵略的英武忠勇。明末农民领袖李自成带兵入武，在石壁一带与明军激战竟月，八国联军暴虐中华，武乡举县加入义和盟军……

而对武乡来说，1937年，是一个空前重要的年份，是一个划时代的里程碑式的年份。这年初冬，八路军踏进武乡的土地，并以此为中心创建了太行山抗日根据地，随之八路军总部、中共中央北方局、野战政治部、一二九师、中国人民抗日军政大学等一大批首脑机关进驻武乡，这里成为华北敌后抗日根据地的中心，成为共产党、八路军领导华北抗战的指挥中枢。八年间，武乡人民与八路军一道，同甘共苦，共赴国难，为夺取抗日战争的胜利进行了艰苦卓绝的斗争，与日军进行的战斗最频繁、最残酷、最艰苦。朱德总司令曾在此写下了豪壮的诗篇，"伫马太行侧，十月雪飞白，战士仍衣单，夜夜杀倭贼"。八年时间，在这片土地上发生大小战斗6368次，万余军民为国捐躯。八路军总部在此运筹帷幄，北方局领导在此制定方针，一二九师在此浴血奋战，抗大总校在此培养精英……这一切无不闪烁着英雄的光芒，凝聚着八路军指战员和广大人民群众百折不挠、不怕牺牲、不怕困难、团结御侮的民族精神和气节，同时也形成了具有典型意义的八路军文化。

在八年抗战中，抗日军民战胜困难的气概惊天动地，奋斗业绩彪炳千秋，他们用无数生命和鲜血浇铸的太行精神是中国共产党和中华民族的宝贵财富，是千百年来中华民族爱国精神的集中展现；太行精神是以爱国主义为核心的民族精神；是在极端艰难困苦的环境中形成的军民一家、鱼水依存、并肩作战、百折不挠、艰苦朴素的团结精神；是在任何时候都把人民放在心中的民本精神，是人民利益高于一切、为人民克服一切困难、无私奉献的爱民精神。这一切成为八路军文化的具体表现。

二、八路军文化的特点

什么是文化？关于文化的定义，全世界对文化的定义多达260余种。《辞海》给"文化"的定义为："广义指人类在社会实践过程中所获得的物质、精神的生产能力和创造的物质、精神财富的总和。狭义指精神生产能力和精神产品，包括一切社会意识形式：自然科学、技术科学、社会意识形态。有时又专指教育、科学、文艺、卫生、体育等方面的知识与设施。"

那么什么是八路军文化？我们所说的八路军文化，就是抗战时期八路军与根据地人民在打击日军、争取民族解放这一历史进程中一切社会实践的总和。

在抗战这一社会过程中，八路军经历了从小到大、从弱到强的发展过程，这一切得益于共产党、八路军站在抗日的最前列，站在争取民族独立和解放的最前列，从而赢得了人民群众的支持，正因为这样，八路军与广大人民群众一道，通过宣传群众、发动群众、组织群众，创建了大小数十块抗日根据地，创建了人民民主政权，使得军民团结、相互支持。八路军坚持抗战八年，使得八路军在一个极端缺乏给养的环境中发展、成长、壮大；一个没有现代武器装备，靠"小米加步枪"对付拥有现代飞机大炮、数倍于自己的武装到牙齿的疯狂侵略者，并且最后取得战争的胜利。八路军与根据地人民，在严峻的天灾敌祸面前，没有粮食自己种，没有衣物自己织，没有蔬菜自己种，并在1941年到1943年自然灾害十分严重的时期，硬是以草根、树叶充饥，顶过了粮食严重不足的困难。

八年抗战中，在北方局和八路军总部的直接领导和指挥下，八路军对日作战共计10万余次，歼灭日伪军125万余人，左权等34万将士血洒疆场，有力打击了日军的疯狂进攻，激发了全国人民的抗战热情，为中华民族的独立和解放建立了不朽功勋，为夺取抗日战争和世界反法西斯战争的最后胜利作出了重大贡献，创造了世界罕见的以少胜多、以弱胜强的奇迹，成为我们党的历史和民族独立史上的光辉一页。在这八年中，从八路军总司令到普通士兵，从我党高级首长到普通百姓，军民同舟共济、共渡难关，正是这种以团结一致、共同对敌，军民鱼水、艰苦奋斗为核心的八路军文化，才使我们的党赢得了群众，赢得了战争，同时也使得八路军发展壮大，由改编之初的4.5万人，发展到抗战结束时的102万人。

三、八路军文化的具体体现

党的十六大报告提出要培育和弘扬民族精神，这是一个重要的问题。我们现在正处于迎接民族复兴的重要时刻。民族复兴不只是表现在经济发展，更重要的还有民族文化的发展，民族精神的发扬。因为民族精神是一个民族赖以生存和发展的精神支柱，是民族的灵魂。一个民族，如果丢弃了自己的民族文化，丧失了自己的民族精神，就失去了独立存在的基础。即使经济和技术有高度的发展，它也只能成为其他民族、其他文化的附庸，而不再是独立的民族了。民族精神是在民族长期历史发展中形成的。它是民族文化的集中体现，贯串于民族发展的整个历史过程之中，渗透在整个民族历史和文化的各个方面，成为民族生存、发展的精神支柱，八路军文化正是经过长期的抗战岁月所形成。

太行精神是国家和民族处于危亡的关键时刻，中国共产党领导太行儿女展现的不怕牺牲、不畏艰险的革命英雄主义精神，是在极其艰苦的条件下展现的百折不挠、艰苦奋斗的精神，是为民族的解放展现的万众一心、敢于胜利的精神，是为人民利益展现的英勇奋斗、无私奉献的精神。太行精神凝聚着中国共产党人的优秀品质，凝聚着中国人民的坚强性格，凝聚着中华民族光荣的历史传统，同井冈山精神、长征精神、延安精神、西柏坡精神一样，是中华民族精神的重要组成部分，是党和国家极其宝贵的精神财富，是八路军文化在特定区域的具体体现。

八路军文化产生于抗战岁月，产生于以武乡为中心的太行革命根据地，并由此而孕育了伟大的太行精神。八路军文化是太行精神的先导和灵魂，太行精神是八路军文化的总结和提炼，两者息息相关，一脉相承。

今天，我们来传承八路军文化，把武乡打造成一座"没有围墙的八路军历史博物馆"，做强八路军文化产业，坚持"靠文化树形象、引项目、促转型、求发展"，把弘扬太行精神作为推动科学发展的动力，并围绕八路军文化这个大主题，开发建设了八路军文化园、游击战纪念园、《太行山》大型实景剧等一批重点项目。

八路军文化源出武乡，太行精神孕育于武乡，今天八路军文化将变为促进武乡转型发展的巨大动力，尽管现在的条件比当年抗战时期好得多，但是我们依然面临着很多的困难，这就需要我们保持艰苦奋斗、百折不挠、无私奉献的精神。武乡是一片英雄的土地，武乡是一片红色的土地，如何把这片土地建设成为现代化的、山川秀美、经济发展、人民生活幸福的家园，促进老区经济腾飞，这是我们所追求的根本目的。

作者简介：

李树生　武乡县人大常委会副主任、武乡县三晋文化研究会会长

抗战时期八路军开展京剧文化活动简述

李仲明

抗日战争时期,在极其艰苦的环境下,敌后抗日根据地开展诸多形式的文化活动,如话剧、音乐、美术、新歌剧、秧歌剧等逐步普及。

京剧文化创作演出活动同上述话剧、音乐、美术等一样,成为各抗日根据地十分普及而又活跃的文艺活动之一,特别是在延安文艺座谈会后,新剧本《遍上梁山》和《三打祝家庄》两剧的公演,受到毛泽东等中共中央领导同志的肯定。京剧演出活动日益频繁,并深受各根据地抗日军民的喜爱。

一、晋冀鲁豫根据地的京剧文化演出

晋冀鲁豫抗日根据地的京剧文化活动,主要指八路军部队系统,并多具专业性质。包括:八路军120师战斗剧社,十八集团军野战政治部实验剧团,八路军129师385旅野火剧社,抗大总校文工团等等。其中八路军120师战斗平剧社阵容整齐,1942年赴陕甘宁边区,与鲁艺平剧团等合作建成延安平剧研究院。

(一) 120师战斗平剧社

1939年4月,为粉碎日军的"铁壁合围",配合"齐会大战",八路军120师负责人贺龙、关向应命令剧社赶排文艺节目。剧社演员第一次用话报京剧的形式演出了新编剧目《松花江上》，这是该师最早的京剧活动。

1941年4月，120师决定在师部成立一个战斗平剧社，社长王镇武，副社长张一然，指导员薛恩厚，艺术指导牛树新。主要演员有薛恩厚、萧甲、齐秀林、崔炳玉、栗金池、齐冀民、郑万忠、高森林、白炳奎、刘宪增、岳建邦等。

据刘西林回忆，贺龙师长对负责组建工作的张一然和刘西林说了成立平剧社的方针、原则。贺龙指示："我们的物质条件越差，就越要活跃文化生活"，"许多战士演话剧还不那么习惯，但唱平剧却非常踊跃，我们不能放任不管。成立平剧社就是要起指导作用、示范作用"；"演旧戏一定要除掉封建毒素和低级庸俗的内容，要表现历史上除暴安良的正义人物和抵抗外侮的民族英雄，使人增长历史知识和民族意识"[①]。

战斗平剧社在晋西北一带演出的剧目主要有：《失空斩》、《古城会》、《黄金台》、《宝莲灯》、《打渔杀家》、《汾河湾》、《四进士》、《乌龙院》、《坐宫、盗令》、《辕门斩子》、《武家坡》、《刺王僚》、《白水滩》、《法门寺》、《将相和》等。

1941年8月，120师在小善村召开师属文艺团体编导和主要演员座谈会，讨论戏剧在抗战中的作用。发言中有人说：话剧是社会化大生产，京剧则是手工业。认为京剧没有前途，提出部队文艺团体不要搞京剧的主张。针对这种意见，贺龙指出：这种看法是错误的。京剧历史悠久，在全国影响很大，

---

① 刘西林：《京剧在敌后》，中国人民解放军文艺史料编辑部编：《中国人民解放军文艺史料选编》（抗日战争时期）第1册，解放军出版社1988年版，第349—350页。

在目前形势下,对唤起大众的民族感,打败日本侵略者有着特殊的作用。①

会后,张一然根据贺龙的意见,创作了新编历史剧《嵩山星火》,歌颂了历史上河南嵩山地区猎户们的抗暴斗争。张一然、王镇武、赵容美、牛树新、薛恩厚等主演,演出后获得好评。

1943年,吕正操调任晋绥军区司令员,他也十分关心京剧的演出,有一次他看了《空城计》后,对后方人员说:"诸葛亮一生用兵谨慎,空城计是他在没有其他办法的情况下所采取的权宜之计,这是个冒险行动,不足为法。打仗是人命关天的大事,必须谨慎从事,不然就要死人!"②

(二)野战政治部实验剧团

野战政治部实验剧团前身为"旧剧研究委员会",主要成员有裴东篱、陈德京、王承珍、田喜玉、刘方等。在罗瑞卿亲自指导下,研究会的主要工作是对京剧传统剧目的改编和创作反映抗战生活的新剧目。1940年至1941年间,旧剧研究委员会与兄弟部队的宣传队联合,在武乡、桐峪一带演出了反映陈庄战役的现代京剧《战陈庄》。

1942年春,罗瑞卿、杨秀峰决定,在麻田小树沟正式成立十八集团军野战政治部实验剧团(亦称"前线剧团"),裴东篱任团长,王鸣珂、陈桥任副团长,孙明远任指导员,主要演员有裴东篱、江涛、史若虚、宋光、徐道凯、钱海鸿、尹文清、张锡琪、刘荣滋、刘秀云等,及乐队唐连喜、

---

① 胡冬生、苏移等著:《中国京剧史》(中卷),中国戏剧出版社1990年版,第952—953页。

② 刘西林:《京剧在敌后》,《中国人民解放军文艺史料选编》(抗日战争时期)第1册,第35页。

王承珍等（武场）；陈德学、张佩衡、吴毅等（文场）。

演出的主要剧目有《孔雀东南飞》、《血泪仇》、《岳飞》、《血印禅师》、《打渔杀家》、《群英会》、《洪承畴》、《河伯娶妇》、《反徐州》、《韩玉娘》等。

马骥回忆剧团成立时，罗瑞卿指示："广大人民都喜欢京剧，希望你们把戏演好。要多宣传和鼓舞军民抗战斗志和生产热情。可以创作和改编一些剧本，这对于发展本地区戏剧活动和地方剧团都会有帮助。"①

（三）129师386旅野火剧社

野火剧社的前身是红军宣传队。1939年陈赓旅长把延安鲁艺毕业分配到386旅各团的文艺骨干集中到旅部，充实旅部宣传队，并定名为"野火剧社"。

剧社社长先后是朱兆林、徐蓟昌，主要成员有宋晋华、王秉臣、胡菁、张雪梅、蔡玉生等。剧社初创时期编演了现代题材的京剧《张团长》、《茂林恨》；传统剧目则演出《打渔杀家》、《让徐州》、《将相和》等。后来徐蓟昌根据白乙化的事迹编写了现代京剧剧本《小白龙》，受到根据地军民的热烈欢迎。1940年7月24日，朱德总司令在《三年来华北宣传战的艺术工作》一文中，赞扬《小白龙》说："提出大众化和通俗化这个口号之前，我们就已经注意到这个问题而取得一些成绩。如创作了某些反映八路军生活特点的士兵剧，演出过《小白龙》一类戏剧。提出这个口号之后，成绩就更大了。"②

---

① 马骥：《太行山根据地的京剧活动》，《中国人民解放军文艺史料选编》（抗日战争时期）第3册，第138页。

② 《朱德选集》，北京：人民出版社1983年版，第74页。

1940年初春,129师刘伯承师长在太行山半坡南温泉养病,野火剧社亦在此地学习,刘师长对社长徐蓟昌说:"……我还要强调一点,现在是战争,宣传队要少演大戏,不是反对演大戏,要多演一些短小精悍的节目。……对节目创作与演出,要注意形式上短小精悍,内容上注意现实,写战争、写部队,写战胜敌人夺取胜利的那种精神面貌。"[①]

(四)抗大总校文工团

抗大总校文工团1938年12月成立于延安。翌年7月,抗大总校副校长罗瑞卿率文工团离开延安,挺进敌后,来到太行山抗日根据地。主要成员有缪正心、欧阳山尊、孔敏、吕班、任苏、郑律成、裴东篱、苏里、颜一烟、傅涯等。

抗大总校文工团在山西盂县、辽县、武乡等地,先后演出了京剧《捉放曹》、《打渔杀家》、《四郎探母》、《反徐州》、《群英会》、《法门寺》等剧目。演新编历史剧《亡宋鉴》;现代京剧《横岭战斗》、《荡家恨》、《中秋月》等。1943年春节后,抗大文工团奉命调回陕甘宁边区。

二、山东根据地的京剧文化演出

1938年9月,中共胶东区党委在掖县郭家店成立了胶东文化协会。不久,又成立了国防剧团,该团演话剧、歌剧,也演京剧。1940年间,国防剧团进行了京剧改革试验。虞棘创作了"锣鼓剧"(又叫"大众剧")《刘金福参军》、《了然和尚》;左平创作了"锣鼓剧"《半升米》。这几个剧目利用京剧程式表现现代生活,收到较好效果,为群众所喜爱。

[①] 徐蓟昌:《"野火"剧团与陈旅长、刘师长》,《中国人民解放军文艺史料选编》(抗日战争时期)第3册,第109页。

1938年12月，抗战剧团成立，主要负责人高洁、郝艺军。翌年2月，龙口天宫舞台的朱瑞祥、李云、鲁浩等来到山区根据地参加抗战剧团。剧团常演京剧《杀四门》、《汤怀尽忠》、《打渔杀家》等。龙口天宫舞台的一些演员参加后，抗战剧团排演了现代京剧《唐官屯》、《张家店》；高洁编写了历史剧《汪精卫的祖宗》（即秦桧）。不久，抗战剧团与军政学校、胶东剧社合并，后改称鲁迅剧团。1940年5月，鲁迅剧团调入八路军第五支队政治部（胶东军区），易名为前线剧团。

1943年5月，胶东文协将前线剧团改编为胶东文协文艺实验剧团。同年7月正式成立平剧团，周保善、张波为负责人，主要演员有周凤兰、张海、李云、鲁诰、张青、王金茂、李金章等。剧团常演剧目为《打渔杀家》、《四进士》、《追韩信》、《失空斩》、《群英会》、《风波亭》、《汤怀尽忠》等。同年夏天，剧团还演出了高洁创作的历史剧《仲秋节》、《将相和》和张波创作的《牙山英雄》。

1944年2月，马少波编写的《木兰从军》由胶东文协平剧团演出，主要演员有赵华、姚翼、张海、李云等，该戏屡演不衰。同年9月，文协文艺实验剧团与平剧团合并，编为胶东剧团，马少波兼任团长，同年马少波创编的新编历史剧《闯王进京》于年底试演，1945年元旦正式演出。该剧从唱腔、表演、音乐、舞美都做了一些革新尝试，简化了过场。曾先后在党政军机关、部队、农村演出60余场，受到观众热烈欢迎。胶东军区司令员许世友、政治委员林浩指示党、政干部和八路军指战员通过看《闯王进京》的演出，座谈讨论，从中吸取教训，鼓舞士气。

京剧文化演出活动，仅为抗日战争时期敌后各抗日根据地文化艺术形式的一部分。但毫无疑问，在延安文艺座谈会"百花齐放"文艺思想的指导下，对根据地的文化艺术生活起到了促进作用，为八路军指战员、党政军机关干部和广大民众,提供了健康、丰富且艺术性较高的精神食粮。并为建国后京剧"三并举"(即传统戏、新编历史戏、现代戏)的确立、发展奠定了基础。

作者简介:

李仲明 中国近代史研究所《抗日战争研究》编辑部主任

略述八路军抗战文化
——以太行抗日根据地为例

魏国英

今年是抗日战争胜利65周年。抗日战争时期，中国共产党领导的八路军在太行山与侵华日军浴血奋战的峥嵘岁月中，不仅为中华民族的独立和解放作出了不可磨灭的历史贡献，也创造了彪炳千秋的八路军抗战文化，演绎了光照千秋的伟大太行精神。

一、八路军抗战文化的内涵

"文化"是一种社会现象，是人们长期创造形成的产物。同时又是一种历史现象，是社会历史的积淀物。基于不同的使用和研究范畴，长期以来，人们在使用"文化"这一概念时，其内涵、外延差异很大。对于"八路军抗战文化"这一特定的概念，迄今还很少见到全面、系统的论述，有人说八路军抗战文化就是打日本；也有专家认为八路军抗战文化是八路军在特定的历史条件和社会环境下，由自己的各种实践活动所积淀和形成的一种文化。还有的学者提出八路军抗战文化就是八路军在敌后抗击日本侵略者的过程中形成的物质文化、行为文化和精神文化的总和。凡此种种，大家都认为八路军抗战文化就是八路军在抗战时期的一切实践活动。

"八路军抗战文化"既然是八路军的一切实践活动,那么太行区八路军抗战八年的实践活动就是:七七事变发生后、穷兵黩武的日军妄言三个月内灭亡中国,在华北沦陷、民族危难、国民党节节溃退的紧急关头,中国共产党以民族大义为重,经过与国民党的艰苦谈判,将领导的中央红军改编为八路军,出师华北,根据党中央、毛主席战略部署,八路军129师挺进太行山,抗击日军,承担起拯救中华民族的历史重任。在八年抗战中,129师对敌作战2万余次,歼灭日伪军12余万人,创建了晋冀鲁豫抗日根据地,牵制和抗击了日军华北战场的主要力量,为夺取抗日战争的胜利和中华民族的彻底解放,作出了不可磨灭的历史贡献。

　　由此可见,太行区八路军抗战文化,就是抗日战争时期八路军和太行根据地人民在中国共产党的领导下,以游击战争为主要形式,以持久战为战略方针,以群众路线为中心内容,以太行敌后根据地为战略阵地,以争取民族的独立和解放为奋斗目标而形成的先进文化。简言之,太行区八路军抗战文化就是八路军抗击日军,创建太行敌后根据地的过程及其成果的总和,它既是"人化"的一种生存方式,也是"化人"的一个重要手段,而且具有独特的精神文化价值和知识文化内涵。说它是"人化"的生存方式,主要指在太行根据地,实行了"三三制"政权、解放妇女、精兵简政、减租减息、发展生产等符合实际的政策和改革措施,改善了根据地人民的生产生活条件,确立了工农群众的主人翁地位。说它是"化人"的重要手段,主要指不仅以马列主义武装了太行根据地人民,而且造就了一支人民武装力量,培养、锻炼了一大批治党、治国、治军的文武英才。说它具有独特的精神文化价值和知识文化内涵,既是指它鲜明地体现了民族的科学的大众的新文化性质,也毋庸置疑地成为毛泽东思想成功实践的载体,这也正是太行区八路军抗战文化最耀眼的闪光点。

二、八路军抗战文化的精髓

太行区位于晋冀鲁豫边区的腹心,东面与冀南、冀鲁豫两根据地为邻,西面与太岳根据地、晋绥边区相接,南面隔河与中原区相望,北面同晋察冀边区毗连,是我党我军在华北乃至全国实行持久抗战的战略支撑点。八路军总部、中共中央北方局、一二九师司令部先后在此长期驻扎,朱德、彭德怀、左权、刘伯承、邓小平、杨尚昆等老一辈无产阶级革命家曾长期在这里运筹帷幄。"决策赖延安,太行天下脊",太行根据地成为领导和指挥华北抗战的"神经中枢"。1938年至1943年,日军两次九路围攻,数次侵入太行山腹地,妄图摧毁八路军首脑机关;国民党顽固派又数次制造摩擦,残害同胞,八路军在这四面受敌、前狼后虎、围攻扫荡不断的恶劣环境下,生存发展并最终战胜敌人,创造出人类历史辉煌的战斗篇章。从根本上讲,靠的就是伟大的八路军精神。所谓八路军精神,就是八路军在抗战中熔铸的以爱国主义为核心的民族精神、抗战精神。八路军精神是八路军抗战文化发展过程中的精微的内在动力,它的内涵极其丰富,而其中最主要、最本质的内容集中体现在八路军臂章上写的训词,即"不怕死,不贪财,爱国家,爱同胞"。其具体内容阐述如下:"不怕死"就是八路军不怕牺牲、勇于战斗的革命英雄主义精神;"不贪财"指八路军严格执行"三大纪律,八项注意"纪律,是一支纪律严明之师;"爱国家"就是八路军将士以中华民族的根本利益为重,保家卫国、抗击日军的爱国精神;"爱同胞"就是八路军紧紧依靠人民群众,同人民群众生死相依、患难与共、艰苦奋斗的精神。八路军精神是中国共产党和中华民族的宝贵财富,是千百年来中华民族爱国精神的集中体现。在8年抗战中,八路军将士救国救民、不怕任何艰难险阻,不惜付出一切牺牲的奋斗业绩彪炳千秋,他们用无数生命和鲜血熔铸的八路军精神永远值得我们继承和弘扬。

(一)爱国主义是八路军抗战文化的核心价值

中华民族是具有优良传统和独创精神的伟大民族,在五千年的文明发展中,历经磨难而信念弥坚,饱尝艰辛而斗志更强,凝聚成以爱国主义为核心的团结统一、爱好和平、勤劳勇敢、自强不息的民族精神,同我们党领导人民在长期革命中形成的优良传统和时代精神结合在一起,是中华民族生生不息、发展壮大的强大精神动力。鸦片战争以降,西方列强发动了一次又一次对中国的侵略。特别是20世纪30年代,日本帝国主义发动了企图灭亡中华民族的侵略战争,中华民族又一次处于生死存亡的危急关头时,中国共产党领导的八路军奔赴山西抗日前线,前赴后继、冲锋陷阵,以劣势装备抗击日军,并取得了长乐大捷、粉碎了敌人"九路围攻",创建了太行敌后根据地,把抗日烽火熊熊燃烧在太行山上。正是这种精神的鼓舞和激励下,太行区掀起了"母亲叫儿打东洋、妻子送郎上战场"的群众热潮,他们拿起大刀、长矛,同日军展开殊死搏斗,经过八年的浴血奋战,终于赶走了日本帝国主义,取得了民族的独立和解放。

(二)革命英雄主义是八路军抗战文化的灵魂

八路军是中国共产党领导的一支千锤百炼成长壮大起来的军队,代表的是中华民族之魂。它具有浓烈的忧患意识,崇高的民族气节,和敢打必胜的光荣传统。抗战时期,侵华日军凭靠军队人数和装备占优,对太行根据地发动一次次的大规模"扫荡",八路军发扬一往无前、压倒一切而不被敌人所压倒的意志品质和战斗精神,不怕流血牺牲,英勇顽强,创造了一个又一个以少胜多、以劣胜优、以弱胜强的战争奇迹。据不完全统计,从1937年10月到1944年10月,太行区部队对敌伪军作战19 777次,毙伤日伪军120 241名,俘日军248名、伪军46 778名,同时,八路军指战员也付出了巨大的牺牲,到1944年10月,八路军有13 503人牺牲，32 345 人受伤，2459 人中毒。八路军将士的丰功伟绩，永远彪炳史册，辉映千秋。

（三）依靠群众是八路军抗战文化的基石

抗战爆发后，针对国民党单纯依靠军队和依赖外援，而不愿依靠、动员、组织、武装广大人民群众进行的片面抗战路线，中国共产党从国家与民族的根本和最大利益出发，认为在这场敌强我弱的反侵略战争中，只有发动和依靠人民群众才是全国抗战胜利的唯一出路。八路军129师挺进太行山后，贯彻"三大纪律，八项注意"，全心全意为人民服务的宗旨，发动、组织、依靠群众，成立了自卫队、武工队，形成军民团结一致对敌；敌后武工队在敌占区满地开花，使敌陷入人民抗日的汪洋大海中。在太行根据地，八路军把人民利益真正放在了第一位，实行了解放妇女、精兵简政、减租减息、发展生产等符合实际的政策和改革措施，留下了军民团结、鱼水依存、并肩作战的美好佳话。

（四）党的绝对领导是八路军抗战文化的生命

党指挥枪是人民军队治军的根本，是区别于一切旧时军队的根本标志。红军时期，人民军队就从政治、思想和组织上确立了党对军队绝对领导的原则和各项制度。七七事变后，为了维护中华民族的根本利益，早日建成抗日民族统一战线，我党在坚持独立自主的原则下，红军主力部队改编为国民革命军第八路军，并继续坚持党对军队的绝对领导。129师挺进太行山后，坚决执行党的抗日民族统一战线政策，坚持独立自主原则，加强军队中党的组织建设和思想政治工作，在党的领导下战胜了困难，扩大了抗日武装力量，打败了日本侵略者。

上述四个方面，构成了八路军抗战文化的最主要的深层内涵，它是八路军抗战文化的精髓，是中国民族精神的结晶和时代精神的体现。

三、八路军抗战文化的传承

八路军抗战文化的内涵和精髓充分表明,八路军抗战文化虽然产生于战争年代,虽然孕育于太行抗日根据地,但它的精神文化价值却具有长久性、普遍性和现实指导性。抗日战争胜利后,虽然太行区的八路军主力改编为晋冀鲁豫军区野战军,在"打到蒋介石、建立新中国"的新任务下,撤离太行区,解放全中国,但是八路军抗战文化的根却深深地扎进了太行山,八路军精神的魂却牢牢地萦绕在老区人民的心中。

在解放战争期间,为了支援前线,太行区先后有4次大规模的参军运动,入伍者达144 267人。加上抗日战争中参军的人员,全区共为261 840人,占太行区人口总数的4.9%。太行区调往全国各地的干部共有7998人(不包括部队干部)。其中:区党委级干部11人,地委级干部97人,县委级干部752人,区委级干部5023人,一般干部2115人。这一大批干部对于支援解放战争,开辟更加扩大的新解放区的工作,对于新中国成立后的社会主义建设事业,发挥了巨大的作用。

太行区人民在解放战争中,除以人力支援战争外,还以财力物力对战争作了有力的支援。在紧张艰苦的战争条件下,全区工人、农民辛勤劳动,生产大量粮食、布匹、武器弹药和生活用品,保证前线的供应。比如刘邓、陈粟、陈谢三支大军挺进中原作战,携带银元以百万计,其中相当大的部分来自太行区。后勤供应也很繁重,例如为军烈属代耕,黎城每个全劳力要代耕4亩地,邢西县全部耕地的三分之一需要代耕,其劳动量之大,负担之重,可想而知。

在改革开放和发展社会主义市场经济、全面建设小康社会的新时期,八路军抗战文化为太行老区的发展注入新的元素和更为丰富的文化内涵。太行区革命遗址星罗棋布,是一座没有围墙的革命历史博物馆,仅武乡县就有革命旧址40多处，可以说武乡的每一座山头都留下了八路军的足迹，每一块土地都洒下了八路军的热血。这里有全国唯一一座全面反映八路军八年抗战史实的大型军事专题博物馆——八路军太行纪念馆，有全国重点文物保护单位八路军总部王家峪旧址、砖壁旧址，以及中共中央北方局旧址、八路军总部后勤部旧址、鲁迅艺术学校旧址、抗日军政大学旧址、朱总手植"红星杨"、彭总手植"将军榆"，等等。近年来，武乡县政府在精心保护革命旧址的同时，充分利用这些"红色"资源，大打"八路军抗战文化"品牌，发展红色旅游产业。红色旅游业不仅成为武乡拉动内需、加快经济结构调整、培育特色产业、促进生态建设和环境保护、带动就业、推动全县经济和社会快速发展的新兴产业，而且有利于加强和改进新时期爱国主义教育，寓思想道德教育于参观游览之中，将革命历史、革命传统和革命精神通过旅游传输给广大群众，达到传播先进文化，提高人们的思想道德素质，净化人们心灵，增强爱国主义情感的宣教效果。

  青山不老忠魂在，八路精神励后人。当年在太行抗日根据地战斗过的老一辈无产阶级革命家和无数八路军将士创造的八路军抗战文化和铸就的伟大太行精神，永远是激励我们奋勇前进的强大力量。今天，我们仍要继承光荣传统，弘扬民族精神，奋发图强，开拓进取，为全面建设小康社会，实现中华民族的伟大复兴而努力奋斗。

作者简介：

  魏国英 八路军太行纪念馆馆长、研究馆员

简论八路军宣传工作的历史作用

李东朗

抗日战争时期,八路军在与民族敌人浴血奋战的过程中,开展了声势浩大的宣传工作。八路军的宣传直面现实,形式多样,贴近群众,贴近抗战,在动员和组织人民群众奋起抗日、配合敌后抗日斗争、推进全国抗日运动发展等方面发挥了重要的作用,卓有成效,影响深远。但学术界对此的研究,相当薄弱。本文试就此作一些探讨,见教于方家。

一

抗日战争全面爆发后,中共中央把发动人民、实行全面抗战路线作为夺取抗日战争胜利的根本途径。1937年8月,中共中央洛川政治局扩大会议制定了体现党的全面抗战路线的《抗日救国十大纲领》,指出:"本党今天所提出的抗日救国十大纲领,即是争取抗战最后胜利的具体的道路。"其后,毛泽东在《论持久战》中明确强调了发动民众对夺取抗日战争胜利的极端重要性:"兵民是胜利之本","这个政治上动员军民的问题,实在太重要了。我们之所以不惜反反复复地说道这一点,实在是没有这一点就没有胜利。没有许多别的必要的东西固然也没有胜利,然而这是胜利的最基本的条件"。而人民群众的动员、群众抗日运动的形成,有赖生动、活泼而触动心灵的宣传。只有思想觉悟的提高，民族意识、民主意识的提高，抗日理念的形成，才能认同党的抗日主张，跟随党参与到伟大的抗日斗争中来，才能达到发动群众、组织群众的目的，因此宣传工作是党发动和组织人民群众抗日的重要途径，正因如此，中共中央把宣传工作列为全党的一项战略任务。洛川会议明确规定："共产党员及其所领导的民众与武装力量，应该使自己成为全国抗战的核心，应该用极大的力量发展抗日的群众运动。不放松一刻工夫一个机会去宣传群众、组织群众、武装群众，只要真能组织千百万群众进入抗日民族统一战线，抗日战争的胜利是无疑的。"①

八路军的宣传是中国共产党在抗战时期宣传工作的主要组成部分。

（一）八路军是中国共产党抗日宣传的主要"媒介"

抗日战争全面爆发后，八路军迅速开赴抗日前线，在配合国民党保卫山西的过程中，在敌后实施战略展开、开辟敌后抗日根据地的过程中，通过各种方式特别是用实际行动宣传了中国共产党的抗日路线、方针、政策，产生了巨大的宣传效果。其后，八路军在坚持华北敌后抗日艰苦卓绝的斗争中，在巩固和扩大抗日根据地的过程中，进一步开展了广泛的抗日宣传，形式多样并逐渐形成完善的体系，把党的一系列抗日主张、政策深入地传播到抗日根据地的人民群众中去，成为动员、组织人民群众，不断激发人民群众抗日热情、努力夺取抗日战争胜利的重要精神来源。

---

① 中央档案馆：《中共中央文件选集》第11册，中央党校出版社，1991年版，第321—322页。

（二）八路军是国内外各种势力格外关注的一个焦点

八路军是由中国共产党领导的工农红军的主力改编而来，是中国共产党领导的主要抗日武装之一，是第二次国共合作时期长期被国民党"认可"的抗日军队。在当时历史条件下，中国社会普遍把八路军视作中国共产党的具体化身，把八路军作为了解中国共产党的政治主张、抗日意志和具体政策以及政治目标的主要窗口，八路军的活动具体体现了中国共产党的主张和追求，在很大程度上代表了中国共产党的形象。特别是在抗战初期，这种认知非常突出。因此有美国记者史沫特莱、美国作家斯特朗到华北抗日前线采访八路军总部，写出《中国在反击》、《人类的五分之一》等书，介绍中国共产党领导八路军和华北军民进行的伟大抗日游击战争；有意大利医生白求恩、印度医生柯棣华、德国记者希伯等到敌后参加八路军的抗战；有美国驻华大使馆海军武官埃文斯·卡尔逊上尉的两次历时6个多月、行程8000里的华北敌后之行；有1944年的中外记者团的西北之行（其中数位外国记者曾深入华北敌后考察）。英国记者贝特兰在1937年12月就明确地说八路军的情况"是很多人关心的"。[1]这种备受中外瞩目的现象，把八路军推到一个十分显著的地位，它的战斗、训练、组织及其各种活动、重大举措都被关注，既引人注目，又被大量宣传。因此，八路军的宣传和对它的宣传，成为中国共产党在抗战时期宣传工作的一个重要方面。

（三）八路军的社会影响大，宣传效果大

主要体现在两个方面。一是八路军在各地设立了许多办事处。国共合作建立后，根据与国民党达成的协议，党先后在西安、上海、南京、武汉、

---

[1]《毛泽东选集》第2卷，人民出版社1991年版，第378页。

桂林等地设立了八路军办事处，甚至领导南方各省工作的中共中央长江局、南方局也主要以八路军办事处的名义活动。这些以八路军办事处名义设立和开展工作的机构，自然在大后方扩大了八路军的影响。二是八路军战绩辉煌。战争环境中，军事斗争居于决定性的地位，战绩具有举足轻重的影响力，人们对支持军队的评价与它的活动特别是战绩紧密联系在一起的。战绩最引人注目，最具感染力和说服力，是对军队的最好宣传。哪支军队战绩辉煌，哪支军队的社会影响就大，其宣传效应也就明显。抗日战争时期，八路军取得了一系列震惊国内外的战绩，如平型关大捷、雁门关伏击战、七亘村重叠伏击战、夜袭阳明堡日军机场，如黄崖底、广阳、户封村伏击战；如创建和发展晋察冀、晋绥、晋冀豫、冀鲁豫、山东等抗日根据地的一系列作战；如针对国际法西斯气焰猖獗和国内正面战场形势低迷的状况，为了粉碎日军的"囚笼政策"，克服国民党投降危险，振奋全国的抗日斗志而在华北发动的威震中外的百团大战；如在严重困难时期粉碎日本侵略军的艰苦卓绝的反"扫荡"作战，如在局部反攻中把日本侵略军挤压到"点"、"线"之间、形成巨大包围圈的大规模进攻战。辉煌的战绩是对中国共产党和八路军的最大、最真实和最强劲的宣传，把中国共产党抗战路线、方针、政策的正确性和为中华民族的独立与解放英勇奋斗、忠贞不渝抗日到底的精神，把八路军努力贯彻党的指示、坚持在抗日第一线与民族敌人浴血奋战的形象，广泛地、深入地传播到亿万人民的心目中，产生了震撼无数人们心灵的宣传效果。

在考察八路军宣传工作的地位时，有一种特殊的现象应特别给予关注，即八路军"被宣传"的状况。在当时的历史条件下，八路军对外宣传的条件是有限的，但由于八路军在中国抗日战争中的重大作用，因此形成了广泛的"被宣传"的现象。主要表现在两个方面：一是通过大量的战绩报道,二是通过新闻记者等的反复采访和报道,使八路军广为人知,并把它在敌后英勇奋战的事迹传播到了全国和全世界。这是一种被动的宣传,是由于八路军事迹强烈感染而由他人替代八路军的一种宣传,但它实质上构成了八路军的宣传,成为八路军在当时历史条件下的一种特殊的宣传方式,是八路军宣传活动的重要组成部分。

二

八路军的工作和宣传活动对敌后抗战和全国抗战产生了重要的作用。

(一)有力地配合了敌后抗日游击战争和抗日根据地的开辟与巩固

1937年11月太原失守后,毛泽东根据国民党军向晋南、晋西撤退,其在华北的正规作战结束的形势,连电指示八路军领导人:八路军的任务是"发挥进一步的独立自主原则,坚持华北游击战争,同日寇力争山西全省的大多数乡村,使之化为游击根据地",从而"克服危机,实现全面抗战之新局面"。①据此,八路军在华北实施战略展开,大规模分兵,深入各地开展敌后游击战争,建立敌后抗日根据地。八路军在华北的抗日斗争进入一个新的阶段。历史证明,中共中央的这个战略部署,具有伟大的历史意义,为中国抗日战争的坚持、发展和最后胜利奠定了基础。而八路军的宣传工作,对之进行紧密的配合,为这个伟大战略部署的实现做出了应有的贡献。

开辟敌后抗日根据地的过程,就是发动和组织敌后人民群众的过程;

---

① 中共中央文献研究室编:《毛泽东年谱(1893—1949)》中卷,人民出版社、中央文献出版社1993年版,第36页;中共中央文献研究室编:《朱德年谱》(1886—1976)新编本(中),中央文献出版社2006年版,第710页。

就是宣传群众、教育群众、促进群众思想认识提高、奋起抗日的过程；就是向群众宣传日本帝国主义野蛮侵略造成严重的民族危机，只有组织起来抗日救国才能挽救民族危难的过程。为此，1937年10月29日，八路军总政治部专门发出《关于地方工作的指示》，要求"动员整个部队的指战员用高度的热情进行地方工作，创造抗日的根据地，做到人人能做宣传工作，每个干部时刻不忘创造根据地的任务，为完成每一动员计划而斗争"[①]。据此，八路军在分兵发动群众、建立抗日根据地的过程中，首先进行了普遍的宣传群众的工作。

八路军宣传群众的工作对敌后群众抗日运动的发动和发展，作用是非常突出的。以下几个具体事例清楚地说明了这一点。抗战时期担任根据地村干部的赵永安回忆说："其实我最初没有意识到抗日的意义，但是后来我听了八路军的宣讲，就开始从心底觉得誓死也不能当亡国奴。"[②]抗日老八路韩银山回忆说："国民党中央军南撤不久，共产党、八路军来到我的家乡，他们大力宣传共产党的抗日主张，唤起民众的抗日情绪，教育群众坚持抗战，破除迷信，自己解放自己。同时，对贫下中农实行减租减息，并恢复学校上课，建立民主新政权（村委会），设立武装委员会、妇女救国会、青年救国会，还建立了儿童团等组织。我的家乡抗日烽火熊熊燃烧起来。"[③]王鸿胪回忆说："八路军在我的家乡江苏省沭阳县阴平地区有相

---

① 转自《中国人民解放军政治工作史》，解放军政治学院出版社1984年版，第188页。

② 张元智：《村庄里的抗战故事——记抗战村干部赵永安》，清华大学新闻网：http://news.tsinghua.edu.cn，2005-08-25。

③ 韩银山：《敌后抗战亲历记》。

当大的影响。"当时他和一些青年收集了一支国民党军溃退时遗留的武器，但不知如何抗日，"就在这时候，我们村又来了一支军队，这就是八路军陇海南进支队三团，由汤树红任团长。这支部队开展抗日宣传，点燃了当地的抗日烽火。我们说，两支军队都帮了大忙，前者送来了枪炮，后者送来了抗日思想。"①华北敌后抗日根据地基本上就是这样在八路军的艰辛工作下建立的，民众的发动、抗日局面的开辟，抗日民主政权的建立，都与八路军大规模的宣传工作紧密地联系在一起。甚至到1944年，在开辟豫湘桂战役后新沦陷区的工作中，八路军仍采取了这样的通过宣传而发动群众的方式。担负开辟豫西敌后抗日根据地任务的八路军团长闵学胜回忆说："那时部队的宣传群众、动员群众的工作搞得比较活跃。部队中广泛建立了做群众工作的宣传组，走到哪里就宣传、动员到哪里，有时大会宣传，有时个别教育，有时走村串户，有时召集士绅开会，很快就帮助一些地方建立了民主政权和地方武装。我们还非常重视教育部队执行三大纪律八项注意，以自己的模范行动来影响群众。"②

在巩固敌后抗日根据地的斗争中，八路军的宣传活动也发挥了重要的作用。正如朱德1940年指出的："我们则首先经过部队的宣传部门，并取得抗日政权和群众团体的配合，出版了大批的报纸、书籍和相当多的宣传品，在部队中还发动每一个战士进行宣传工作。我们宣传的中心内容是坚

---

① 王鸿胪：《建立抗日队伍——八路军陇海南进支队三团四营创建记》，中国老战士网：2008-7-7。

② 闵学胜：《挺进豫西，创建抗日根据地——回顾豫西抗日武装斗争历史片段》，靖函网：www.xhw.gov.cn,2007-7-11。

持抗战，坚持团结，指出新民主主义的中国的前途。结果，虽然我们因技术和各种条件的限制，在宣传手段上远不及日本帝国主义，但是，我们拥有真理，同广大群众有密切的联系，使群众从自己的切身经验中认识到我们正确，所以群众是拥护我们的。"①比如八路军的戏剧宣传，作用就非常突出。著名的"第十八集团军西北战地服务团"（简称"西战团"），1937年10月奔赴山西抗日前线，随八路军总部行动，在6个月里行程3000余里，途经16个县市，60多个村庄，演出百余场，在发动敌后抗战方面发挥了重要作用。1938年11月，"西战团"再次进入敌后抗日根据地，在晋察冀边区开展宣传活动一直到1944年4月。在长达5年多的时间里，创作60多部剧本，如话剧《程贵之家》、《模范公民》、《慰劳》，歌剧《团结就是力量》、《八路军和孩子》，独幕剧《把眼光放远点》、《慰劳》、《哈那寇》等，创作歌曲和搜集改编民歌400余首，并组织演唱了冼星海的《黄河大合唱》，很受群众欢迎，在调动群众抗日积极性、宣传党和抗日民主政府的政策方面，功绩卓著。另外，晋察冀军区还成立了抗敌剧社，各军分区有战线、七月、冲锋、火线、回民支队抗战剧社等。120师的战斗剧社、129师的先锋剧社，都非常著名。活跃在山东根据地的有一一五师战士剧社、胶东军区国防剧社、抗大一分校文工团等，活跃在晋冀豫抗日根据地的八路军太行山剧团等。戏剧演出，为广大群众喜闻乐见，内容直面现实，所以虽然艺术性有时差些，但宣传效果非常明显。曾在八路军第三纵队政治部工作的王林回忆说："我在政治部负责宣传队和火线剧社的工作。宣传队和剧社实际上是一班人马。这一段，我根据中心任务的要求，写了一些

---

① 朱德：《三年来华北宣传战中的艺术工作》（1940年7月24日）。

小型的剧本。这些剧本是比较粗糙的，常常是，今天晚上写，明天自己还得上台演出，因为台词熟，还得当主角。可是，这些戏，敏感地反映了那一时期的斗争实际，对现实发生作用很直接，群众反映还是异常强烈的。"①由此可窥八路军宣传工作成功之一斑。

（二）在瓦解日伪军工作中发挥了重要的作用

瓦解敌军是中国共产党领导的革命武装政治工作的一个基本原则，抗战时期党仍坚持并强调这个原则的运用。1937年9月25日，朱德、彭德怀发布《中国红军告日本士兵书》，宣传八路军宽待俘虏的政策，号召日本士兵倒转枪口向着日本军阀开战，与八路军携手奋斗。②10月25日，毛泽东在与英国记者贝特兰谈话中，再次宣示了党的瓦解敌军和宽待俘虏的原则，指出："我们的胜利不但是依靠我军的作战，而且依靠敌军的瓦解"，强调这是八路军"极其重要和极其显著的东西"之一，毛泽东又提出了改造、争取日本俘虏为中国抗战服务的问题。③同一天，朱德、彭德怀向八路军发出关于对日俘政策的命令，规定：对被俘日军不许杀掉，并优待之；自动过来者，确保其生命安全；火线负伤者医治之；愿归故乡者，发给路费。④八路军总政治部在同月下发的《关于确定抗战之政治工作方针及组织案》中规定："为着削弱与瓦解敌人的力量，必须加强日军和伪军中政

---

① 刘绳：《记下一个伟大时代的风习——访作家王林同志》，《滹沱河畔》1981年第2期。
② 《朱德年谱》，第675页。
③ 毛泽东：《和英国记者贝特兰的谈话》(1937年10月25日)，《毛泽东选集》第2卷，北京人民出版社1991年版，第379、381页。
④ 《朱德年谱》，第702页。

治工作。在日军士兵中，应站在反对日本帝国主义以侵略政策来牺牲日本贫民大众的立场，去瓦解日本军队，破坏其军事工业、交通工具。对于伪军，估计其士兵与下级军官是被迫而去投日军，应以民族利益的立场，去瓦解和争取，组织暴动以响应我军进击。"①1941年12月，中共中央军委和总政治部在《关于太平洋战争爆发后对敌伪及对敌占区人民的宣传与工作指示》中更加强调了对敌伪的政治攻势，提出"对敌伪以政治攻势为主，以游击战争为辅"。②据此，八路军的宣传工作大力配合瓦解敌军的工作，不断对敌伪发起政治攻势、宣传攻势。在宣传内容上，初期主要向日军宣传八路军的俘虏政策、抗日战争的正义性、揭露日本统治阶级发动侵华战争的罪恶目的，以激发日本士兵产生厌战反战情绪；太平洋战争爆发后，主要向之宣传战争形势对日本极为不利，日本必败无疑等，促使日军产生悲观情绪。在对伪军宣传方面，主要致力于启发民族觉悟，扩大日伪矛盾，如提出"中国人不打中国人"、"中华好男儿，要打鬼子兵"、"拖枪过来一律优待"等等。

　　八路军的宣传攻势颇有声势，如1941年8月1日，八路军一二九师发动对敌闪击宣传战，出动59个武装宣传队携带传单、报纸约50万份，到敌占区散发。再比如组织大量武装宣传队、武装工作团（由武装部队、宣传和敌工人员与地方党政干部组成），深入到敌占区或敌伪据点周围进行宣传。著名的敌后武工队就是在武装宣传队的基础上发展起来的，而

---

①《军队政治工作历史资料》第4册，解放军政治学院1982年版，第47页。
②转自《中国人民解放军政治工作史》，解放军政治学院1984年版，第261页。

中共中央赋予敌后武工队的第一项任务就是"开展对敌伪的宣传战,收复人心"。①

这些大规模的宣传活动,有效地配合了整个瓦解敌军的工作。比如在一部分日本士兵从"日本鬼子"变成"日本八路"的过程中,虽然其因素是多方面的,比如八路军的英勇抗日的斗志,八路军对他们的优待等,而宣传则是他们走上反战道路的一个关键环节,宣传使其思想开了窍。首批参加八路军的前田光繁就是如此转变的。他被俘后,八路军一二九师政治部敌工科科长张香山反复给他讲解八路军的俘虏政策,讲日本军国主义的侵略本质,讲八路军抗战的决心,讲最后的胜利一定属于中国等等。前田光繁回忆说:"我不再恐慌担心,反而觉得八路军是世界上最好的军队。回想那段岁月,我和张香山先生一个炕头睡了十天,谈了十天。"由此而思想转变,参加了八路军。直至晚年,他确信当年的选择是正确的,"当年我参加八路,这条路是走对了,我很幸运,我感谢八路军,下辈子还想参加八路军"。②和前田光繁一同参加八路军的小林武夫、冈田义雄也经历了这样的思想转变的历程。1939年11月7日,觉醒了的前田光繁等7个日本人,发起成立日本人反战组织"觉醒联盟"。其后"觉醒联盟"相

---

① 敌后武工队共有五项任务,其他四项是:第一,与地方党政联系,开展敌占区群众工作,组织革命两面派村庄,发展敌后秘密武装;第二,进行敌伪组织工作(主要是下层);第三,铲除汉奸;第四,掩护交通与经济斗争。[中共中央:《关于武工队工作的指示》(1945年1月25日),《军队政治工作历史资料》第8册,解放军政治学院1982年版,第278页]。

② 殷占堂:《前田光繁:第一个"日本八路"故地重游忆当年》,《环球人物》,2006年第2期。

继成立了太行支部、太岳支部、晋东南支部、冀南支部、山东支部、冀鲁豫支部等。1942年8月,各地"觉醒联盟"统一改称"反战同盟"。据1944年统计,觉醒联盟和反战同盟的盟员达223人,支部数达到13个。①八路军的宣传攻势引起日军将领的极大恐慌,日军师团长桑木在部队长会议上说:"长期的事变,使士兵均懈怠志气,不守纪律,更发生许多幻想,在共产党赤化魔手之下,愈加繁盛,而对我官兵宣传反战与阶级斗争,使部队内部发生许多的不安现象。"②

而八路军的对敌军的宣传攻势因为这些"日本八路"的加入,更加强劲。参加八路军的日本反战人员的主要工作是对日军的宣传,向日军发动宣传战、思想战,具体就是书写传单和慰问袋,给日军中的熟识者写信,使用电话和扩音器在阵前对日军直接喊话,唱思乡思亲或反战歌曲等。由于他们熟悉日军的情况,语言相通,并以亲身经历做示范,所以更容易打动日军,在瓦解日军士气,激发日本士兵思乡、厌战情绪等方面效果更明显。前田光繁就认为:"由于我们参加八路军,使得八路军对日本军队的宣传在质量上有一定程度的提高。"日军指挥官对此感到头痛:"最近共产军企图瓦解皇军,实施各种的反战宣传,特别是优待俘虏,在听取皇军机密事项后,放还归队,并利用俘虏的宣传以影响皇军,实为皇军之大患。"③

---

① (日)香川孝志、前田光繁著,赵安博、吴从勇译:《八路军内日本兵》,解放军出版社1985年版,第156页。
② 谭政:《对敌工作的当前任务》,《八路军军政杂志》第2卷第6期,1940年6月25日。
③ 谭政:《对敌工作的当前任务》,《八路军军政杂志》第2卷第6期,1940年6月25日。

值得提出的是，参加八路军的许多日本反战人士为抗日宣传献身了。如反战同盟山东支部副支部长、鲁中支部支部长金野博，解放联盟冀鲁豫地区协议会副会长宫川英男等，截至1944年4月，解放区反战组织中牺牲的日本兵约有30人。①反战同盟清河支部副支部长铃木一宏，在对日本军队进行反战宣传时被捕，临刑还高呼"中国共产党万岁"、"日本共产党万岁"的口号。②

八路军的宣传工作有力地促使了日本俘虏的觉醒，而觉醒的日本反战人士发展了八路军的对敌宣传，这就是八路军对日宣传攻势的重大成果。

八路军对伪军的宣传攻势也颇有成效。在抗日斗争过程中，在对死硬的汉奸坚决打击的同时，八路军非常重视对伪军和伪政权人员的政治引导，争取他们迷途知返，如张贴传单，书写标语，邮寄报纸，动员家属劝导，夜间在伪军驻地喊话，对俘虏教育后放回，发送警告信等，这些活动曾产生较大的影响，许多伪军心理发生动摇。"他们（伪军）很多人要我们报纸看，要求与我们联络。"从七七事变到1939年10月，八路军争取伪军反正25次，1938年至1941年有32 293名伪军反正。其后，1942年有9131人、1943年有12 829人、1944年有18 596人、1945年1月至5月有40 412人、6月至10月有69 005人反正。③并且产生了大量"两面政权"和

---

① （日）香川孝志、前田光繁著，赵安博、吴从勇译：《八路军内日本兵》，解放军出版社1985年版，第156页。
② 《日人反战同盟山东支部拥护成立"解放同盟"》，《解放日报》，1944年3月6日。
③ 军事科学院军事历史研究部：《中国人民解放军战史》第2卷（抗日战争时期），军事科学出版社1992年版。

暗中倾向八路军并提供一些方便的伪军政人员。

（三）在国内外极大地提高了中国共产党和八路军的威望

中国共产党在抗日战争时期走向全国、走向世界，这是党的正确的政治路线和模范的抗日行动的必然结果。而八路军的宣传活动配合了党的整个宣传工作，在向国内外宣传中国共产党抗日主张和辉煌战绩方面做出了重要贡献。

首先，八路军的抗日业绩在大后方得到广泛传播。八路军英勇奋斗、连打胜仗、开辟敌后抗日大好局面的壮举，振奋人心，因此为国内外的新闻所瞩目。每当八路军战绩公布，国内外的许多通讯社、报纸、电台竞相报道。在大后方，除《新华日报》大量报道八路军不断取得胜利的战绩外，《大公报》、《国民公报》、《新蜀报》、《商务日报》、《世报》、《新中国日报》，以及湖南《力报》、衡阳《大刚报》、《浙江潮》、《妇女战线》、《东南战线》、《战时生活》等都有很多报道，甚至国民党的《中央日报》在一个时期里也有报道。阎锡山控制的民革通讯社把王震指挥的359旅等部在上下细腰涧歼敌700人，杨成武指挥的部队在易县大龙华歼敌350多人、生俘敌西陵警备队长等11人，120师在灵寿县陈庄歼敌1000多人，以及边区其他胜利消息，都给予了报导。比如百团大战期间，重庆《大公报》多次作了报道，其社评多所称颂。湖南《力报》赞扬说："担应华北出击的主力部队在装备方面及军事技术训练方面都不及一般部队，但是他们终能以劣势装备在敌人统治比较巩固的华北予敌重创"，是因为"这个部队具有长期的战斗经验，高度的民族觉悟与政治教育，提高官兵的政治认识，发挥最大的积极性"[①]。

---

①《力报》1940年9月12日。

特别需要提出的是,在抗战初期的一段时间里,蒋介石及国民党大员曾对八路军的战绩多所赞扬。如115师平型关大捷后,蒋介石两次致电朱德,称赞八路军"25日一战,歼敌如麻,足证官兵用命,深堪嘉慰","接诵捷报,无任欣慰,着即传谕嘉奖"。120师在1938年11月取得邵家庄、张家湾战斗胜利,蒋介石"传令嘉奖";1939年4月齐会战斗歼灭日军700余人,贺龙在战斗中中毒,蒋介石致电嘉奖:"贺师长杀敌致果,奋不顾身,殊堪嘉奖;除(宣传)成绩外,希转电勉慰为要。"陈庄歼灭战后,蒋介石又有电贺,并给贺龙写信,对八路军120师转战冀中英勇作战备致嘉奖。[1] 129师夜袭阳明堡后,国民政府军事委员会传令嘉奖,并奖2万元。百团大战捷报传出,蒋介石致电朱德和彭德怀大加赞扬:"贵部窥此良机,断然出击,予敌甚大打击,特电嘉奖,除电饬其他各战区积极出击以策应贵部外,仍希速饬所部积极行动,勿予敌喘息机会,彻底断绝其交通为要。"[2] 国民党大员程潜、卫立煌等也多有贺电。比如平型关战斗后,"我们捷报发至全国,连日各省祝捷电甚多"[3],杨虎城、龙云、马鸿逵、孙蔚如,国民党许多省、市党部,武汉行营,开封绥靖公署,浙江、福建等省政府,上海《大公报》、上海职业救国会、浙江抗日救国会等都有祝捷电。对百团大战,也是贺电纷纭,如第二战区副司令长官卫立煌曾连发两电致贺,表示敬佩:"查顽敌陆续增兵,企图扫荡华北,截断我西北之国际交通,兄等抽调劲旅,

---

[1]《贺龙年谱》,第275、291、302、307页。
[2]《百团大战历史文献资料选编》,解放军出版社1991年版,第224页。
[3]《毛泽东年谱(1893—1949)》(中卷),人民出版社、中央文献出版社,第25页。

事以迎头痛击，粉碎其阴谋毒计，至深佩慰"。①

这些对八路军胜利消息的大量报道,把八路军在敌后英勇奋战的事迹传播到全国各地；而时为中国最高军事统帅与中央政府的嘉奖,也在客观上加深了大后方民众对中国共产党和八路军坚决抗日情况的了解,从而在广大人民群众中树立了中国共产党和八路军的崇高形象。同时,八路军大量抗日战绩的宣传,也对全国人民的抗日斗志是极大的鼓励,比如百团大战之时,正值正面战场枣宜会战失利,宜昌沦陷、重庆震动,所以百团大战重创日军的消息广泛传开后,"后方的同胞们为此感奋到流泪"②。第二战区副司令长官卫立煌的贺电也清楚地指出了这一点："贵部发动百团大战,不唯予敌寇以致命打击,且与友军以精神上之鼓舞。"③（应该说明的是,虽然后来国民党严密封锁陕甘宁边区和敌后抗日根据地,但八路军和敌后抗日军民浴血奋战的消息仍通过各种途径传播到了大后方。）

其次,外国新闻记者等的采访报道。据统计,从1937年卢沟桥事变到1939年9月第二次世界大战爆发,外国记者、学者官员等有20批近百人次访问陕甘宁边区和敌后抗日根据地。其中,著名的有英国《每日先驱报》记者詹姆斯·贝特兰,美国《法兰克福日报》记者艾格尼丝·史沫特莱,美国合众社记者王公达和杰克·贝尔登,美联社记者霍尔多·汉森,美国记者埃德加·斯诺,英国记者杰·布鲁斯,奥地利记者汉斯·希伯,美国海军上尉埃文斯·卡尔逊,柯乐满、雅德、傅路德、雷克难等世界学

---

① 《百团大战历史文献资料选编》,解放军出版社1991年版,第147页。
② 1940年9月19日《新华日报》社论援引重庆某晚报语。
③ 《百团大战历史文献资料选编》,解放军出版社1991年版,第147页。

联代表团,有美国传教士和瑞士作家组成的西北游击队后援代表团,燕京大学英籍教授林迈可和班威廉、美籍教授乔治·泰勒、英籍教授拉尔夫·拉普伍德,加拿大医生诺尔曼·白求恩、护士尤恩,印度援华医疗队医生爱德华、卓克华、柯棣华、巴苏华、木克华,奥地利医生罗生特等。1944年,又有"中外记者西北参观团"访问延安,其中有6名外国记者:美国《基督教科学箴言报》的斯坦因、《纽约时报》的爱泼斯坦、天主教《信号》杂志的夏南汗神甫,英国《泰晤士报》的福尔曼、路透社的武道,苏联塔斯社的普罗岑科,并且他们中的数人深入到晋绥抗日根据地采访。

这些外国来访者撰写了大量考察报道,在国内外发表。如贝特兰在山西前线实地考察和采访3个月,在1939年出版了介绍八路军英勇抗日事迹的《华北前线》一书,在世界上产生广泛的影响。霍尔多·汉森也在1939年出版了《人道主义的努力:中国战争纪事》。卡尔逊和贝尔登也相继分别撰写了《中国的双星》、《中国震撼世界》。1944年外国记者在访问延安和返回抗日根据地后,同样撰写了大量报道(据统计,福尔曼、爱泼斯坦、斯坦因在延安拍发的电讯达100多篇),客观地向世界人民介绍了在延安和敌后抗日根据地的见闻和观感。如《中国共产主义军队是强大的》、《中国共产党人与富人协商》、《大丰收使延安丰衣足食》、《延安——一个在三种时间上的中国仙境》、《毛泽东朱德会见记》、《8600万人民随着他的道路前进》、《这就是毛泽东——中国共产党的领袖》等。甚至与国民党关系密切的武道也发表《我从陕北回来》一文,称赞延安政治民主、八路军在敌后英勇抗战。1945年,福尔曼和斯坦因分别出版了《来自红色中国的报道》和《红色中国的挑战》;1946年,怀特与贾安娜合著出版了《来自中国的惊雷》;1947年,爱泼斯坦出版了《中国未完成的革命》;班威廉夫妇把自己在解放区的两年生活写成《新西行漫记》。这些著作和报道在向世界介绍中国共产党的政治主张、陕甘宁边区和敌后抗日根据地的建设的同时，以很大的篇幅介绍了八路军和敌后根据地人民的抗日业绩，扩大了八路军的国际影响。比如卡尔逊有大量称赞八路军的语言："我相信，这是世界上最严于自律和自制的一支军队。我所见到的是料想不到的事实，是我终生难忘的阅历。"[1]"日军推进的速度很快，与此同时，红军也神速地深入敌占区开展消耗战，不断扩大自己的势力范围。"[2]"对八路军内幕生活的简短调查揭示了中国抗日战争中新的潜力。依我看，对日本的现代战争机器的挑战，这里就是答案。"[3]他由此判断："我开始看到席卷这个国家的团结和民族主义的强有力的精神，能转变成令人生畏的抵抗方式。或许北方的领导者正在做了。用中国人的积极性和创造力去抵消日本人在火力和机械化装备方面的优势。如果是这样而又成功了，就将改变这场战争的整个面貌。"[4]贝特兰在考察八路军英勇抗日的事迹后，得出的结论是："世界上任何军队，如要对抗苏醒中的中国的全部力量，必遭失败。"由赞美八路军而赞美其领导者中国共产党，由肯定八路军而对中国的抗日战争颇有信心，这样的评论无疑扩大了中国共产党和八路军的世界影响。

这些外国记者和学者本是慕名到抗日根据地访问，是八路军宣传活动的结果，而他们采访、考察的报道和著作，进一步宣传了中国共产党和八

---

[1] 史沫特莱：《中国在反击》，湖南人民出版社1987年版，第224页。
[2] 斯诺：《复始之旅》，《斯诺文集》第1卷，新华出版社1984年版，第237页。
[3] 卡尔逊：《中国的双星》，新华出版社1987年版，第109页。
[4] 卡尔逊：《中国的双星》，新华出版社1987年版，第30页。

路军，可谓是八路军宣传活动的扩大和深化。

这里，特别应该强调美国驻华大使馆海军武官埃文斯·卡尔逊上尉和英籍教授林迈克和班威廉的作用。卡尔逊将他的考察写成秘密报告，递送罗斯福总统，在报告中赞扬八路军，呼吁援助八路军，"作为证据，他给总统寄去了共产党缴获的一些日军文件、一本日记和一件皮军衣"。并且毫无保留地把他的所见所闻介绍给在武汉的外国记者，结果在外国记者中"引起巨大震动"，"他在游击区体验到的，才是唯一的真正的'善'。他毫不怀疑地相信，依靠中国共产党人的力量，新的、更加美好的世界可以建设成功。他不惜以最美好的言辞来赞扬他亲眼见到的共产党地区的政治组织和军事组织，对那些兴致勃勃地倾听他的发言的记者们满怀热情地说明情况。"①林迈克在1938年和1939年，两次闯过日军封锁线，到晋察冀边区和晋东南八路军总部访问，太平洋战争爆发后，他和班威廉在晋察冀抗日根据地工作到1944年3月。他俩耳闻目睹敌后根据地军民在极其艰险的条件下英勇抗战的种种情形，将他们的所见所闻写成秘密报告，通过英国大使馆送交英国政府。应该说，他们的报告对英、美政府产生了很大的影响，实际上是向两国政府宣传了中国共产党和八路军。

三

对于八路军在抗战时期的宣传工作，还强调几点肤浅的认识。

（一）八路军的宣传工作在中国共产党抗战时期的宣传工作中居于十分重要的地位

中国共产党在抗战时期的宣传工作，成效十分显著，影响至大至深。

---

① 王安娜：《中国——我的第二故乡》，三联书店1980年版，第218、219页。

而八路军其时在中国共产党领导的抗日斗争中的地位和发挥的作用,决定了八路军宣传工作在中国共产党抗战时期宣传工作中的重要地位。抗日战争是一场敌我力量悬殊的战争,中国共产党领导的八路军、新四军,在很长时间里人数少,装备极差,但要与庞大的装备精良的日军进行殊死的战斗,坚持敌后战场,就必须创造可资利用和有益与敌周旋的条件。有鉴于此,早在抗日战争全面爆发之时,中共中央洛川政治局扩大会议就明确指出:中国共产党在抗战爆发后的中心任务是"动员一切力量争取抗战的胜利"。"动员一切力量"任务的完成,其中一个重要的方面就是强有力的宣传工作。正因如此,1938年10月毛泽东在党的六届六中全会上强调:"必须动员报纸、刊物……及其他一切可能力量,向前线官兵、后方守备部队、沦陷区人民、全国民众,作广大之宣传鼓动,用以达到全国一致继续抗战之目的。"把宣传工作提到关系抗日战争全局的重要地位。即突出政治工作,通过强有力的宣传工作,通过充分挖掘中华民族的潜力,通过对广大人民群众的发动和组织,通过提高敌后抗日军民的觉悟和斗志,来弥补力量、装备等方面的劣势和严重不足,坚持抗战并争取胜利。也就是说,宣传工作对于中国抗战极具重要性。纵观八路军的宣传工作及其一系列活动,它认真地贯彻落实了中共中央关于宣传工作的部署,在华北敌后抗日根据地普遍、长期开展,并多有创造性。可以说,八路军在敌后战场的军事斗争和胜利,华北敌后抗日根据地的开辟、巩固和扩大,都与八路军广泛的卓有成效的宣传紧密联系在一起,中国共产党在抗战时期获得的巨大声誉也与之紧密相连。

(二)根据抗战时期的具体历史去考察,就能更加深入地了解八路军宣传工作的成效

因为与土地革命时期相比较,抗战时期宣传群众的工作难度是比较大

的。一是，华北敌后抗日根据地大都地处偏僻的山区，经济和文化十分落后，所以许多民众的现代意识、国家意识在抗战爆发之时是相当薄弱的；二是，抗日战争时期是激烈的战争环境，严峻的战争形势，战争造成的破坏和带来的危险，战争的异常激烈、紧张和艰苦，都会对宣传工作产生很大的影响，八路军的宣传工作和活动是在非常困难和充满挑战的情况下进行的，是非常艰难、非常简陋的；三是，为适应抗日战争和第二次国共合作形势的需要，党在抗战时期的土地政策由土地改革变为减租减息，给农民带来的看得见的利益较土地革命时期少很多，这无疑更增加了对敌后人民群众宣传的难度。八路军的宣传工作就是在这样的历史条件下进行的，是在艰难中开展和取得成效的，这就更彰显了八路军宣传工作的卓越性。

（三）八路军卓有成效的宣传工作，对抗日战争、解放战争及其后来都产生了深远的影响

其在抗日战争时期那样艰苦、复杂条件下的实践和探索，其经验在今天仍有很强的借鉴意义。一些八路军在华北敌后对民众的宣传，是在可能的条件下进行的，而其成功，突出地说明了八路军宣传活动的成效。在敌后激烈的战争环境中，它密切地、有力地配合了八路军的军事斗争，敌后抗日根据地的开辟和巩固，提升了中国共产党和八路军的影响，并在很大程度上直接影响了军事斗争。

作者简介：

李东朗　中央党校中共党史教研部教授，民族革命教研室主任

八路军文化工作在抗日战争中的重要作用及启示

李明计

八路军是抗日战争时期中国共产党领导下的一支新型人民军队,是我党团结人民、打击日本帝国主义的重要依靠力量。八路军的文化工作是八路军政治工作的一个重要组成部分,为动员人民、激励士气、打击日本帝国主义、完成以民族解放为目标的政治任务,起到了无可替代的重要推动作用。今天,我们回顾八路军文化工作历程,借鉴其成功经验,思考我军文化工作未来,对加强新形势下部队思想政治建设,推动部队科学发展,具有十分重要的现实意义。

一、八路军文化工作的性质和特点

(一)八路军文化的性质

人民军队是执行党的政治任务的武装集团,根本原则是党指挥枪,党的目标就军队的目标,党的方向就是军队的方向。八路军文化工作作为政治工作的一个组成部分,是党在新民主主义阶段政治任务的具体体现。民族解放的政治任务决定,八路军文化与新民主主义文化一根同源、一脉相承,具有其民族的、民主的、科学的、大众的性质。其民族性,即主张中华民族的尊严和独立,即是抗日的;其民主性,即反封建、反专制、反独裁，主张民主自由、民主政治、民主生活、民主作风；其科学性，即反对封建迷信，主张实事求是，理论联系实际；其大众性，即是大多数普通劳苦大众参与的文化，主张文化为大众所有，普及于大众，又提高大众。

(二) 八路军文化的时代特点

一是"组织健全，声势浩大"。作为与政治、经济、军事同等重要的文化工作，在抗日战争时期自始至终地受到八路军各级党委首长的普遍重视。据不完全统计，抗战八年间，从中央、八路军总部，到各个军区、师和根据地，下发关于文化工作的指示、决定、条例、训令、讲话等百余次，毛泽东、朱德、彭德怀、聂荣臻、叶剑英、邓小平、罗瑞卿、舒同、萧向荣等，许多领导同志都相继发表了指示、讲话。毛泽东同志就文化工作中的新闻工作一个方面，抗战八年中，在新华出版社出版的《毛泽东新闻工作文选》中就收录了26篇，重视程度可见一斑。最有代表性的是1942年5月毛泽东同志在延安文艺座谈会上的讲话，系统回答了党领导革命文艺运动的问题，包括部队文化工作中许多带有根本性的问题，认为文化工作是团结人民、教育人民、打击敌人的有力武器，明确提出了文化为工农兵服务的根本方向。1940年7月24日，八路军总指挥朱德同志在延安鲁迅艺术学院作的关于《三年来华北宣传战中的艺术工作》之报告，也对艺术在宣传工作中的作用、对艺术工作者的要求和希望，做了进一步明确。在八路军队伍里，各级各类文化工作组织机构逐步建全。从八路军总部到师、旅、团，各级政治机关都编制有专门的文化工作干部，许多团以上部队设有专业或业余文艺工作团体。1937年8月1日，中央组织部《关于改编后党及政治机关的组织的决定》①提出："实施部队的政治文化教育，巩

---

① 《毛泽东军事文集》(第2卷)，军事科学出版社、中央文献出版社，1993年12月第1版，第3—4页。

固与提高部队的战斗情绪",是政治机关的职责之一,故分设宣传教育部（股）,"专负部队内的宣传教育文化娱乐之责,并于下设青年干事",决定还规定在"团设俱乐部,连亦设俱乐部（又叫列宁室、救亡室）,组织与进行部队的文化娱乐及各种课外活动"[①]。连队俱乐部在指导员领导下,设主任及干事会,下设政治、军事研究组,文化娱乐组、体育组、经济协助委员会、墙报委员会等若干分支。1940年,八路军总政治部要求,要健全各级宣传队,旅级单位的宣传队必须有30人,团级单位的宣传队必须有20人。1941年1月18日,总政治部和中央文委关于部队文艺工作的指示中强调,"由总政治部到师一级机关,在宣传部下设文艺工作科……有计划地组织部队文艺工作。"在八路军总部号召下,军队专业文化队伍建设蓬勃兴起,特别是一大批热血青年和爱国志士不断从上海、武汉、重庆等大城市来到抗日根据地,充实到部队文艺队伍中,他们带了知识文化,带来了新的气息,也带来了欢歌笑语。八路军各根据地内先后成立鲁迅艺术文学院、延安部队艺术学校、山东鲁迅艺术学校、鲁迅艺术学院晋东南分院。师旅级和多数团一级单位,还建立了剧社、剧团。活跃在华北敌后的就有抗敌剧社、战斗剧社、火线剧社、烽火剧社、七月剧社等专业文艺团体,还有电影、广播、报刊等新闻宣传媒体。这一时期,宣传文化队伍可以说"组织健全,声势浩大",为文化工作开展创造了良好条件。

二是服从政治任务,工作目标明确。八路军的文化建设作为政治工作的一个重要组成部分,紧密结合抗日战争时期的形势任务,密切配合军事

---

① 1938年颁发的《八路军政治工作暂行条例（草案）》中专门作出《国民革命军第十八集团军俱乐部救亡室工作暂行条例》。

斗争，以先进思想文化激励斗志，反对投降卖国和妥协，组织动员各种力量一致对敌，具有鲜明的党性、政治性、战斗性。毛泽东同志一向反对单纯的军事路线，认为"共产党要左手拿宣传单，右手拿枪弹才可以打倒敌人"。把人民军队的任务规定为战斗队、工作队、生产队，其中，工作队这一任务的重要方面就是宣传群众，团结友军，瓦解敌人。行军途中，战士们经常是"一路行军，一路歌声"，即使离开了家乡和根据地，仍然保持着高昂的士气。抗战爆发初期，为了动员和组织全国人民起来抗战，毛泽东于1937年7月23日发表了《反对日本进攻的方针、办法和前途》一文，就文化工作提出要"根本改革过去的教育方针和教育制度。不急之务和不合理的办法，一概废弃。新闻、出版事业、电影、戏剧、文艺，一切适合于国防的利益"。1937年10月，总政治部关于确定抗战之政治工作方针及组织案中强调："在民族抗日战争中政治工作的基本任务，就是用政治的宣传鼓动和组织工作，从各方面去保障战争的胜利。"1941年5月，八路军一二九师政治委员邓小平同志在《一二九师文化工作的方针任务及其努力方向》一文中，第一个问题就强调："文化工作服从于政治任务。"因此，八路军的文化工作以抗日救亡为中心，宣传中华民族团结抗战，把日军赶出中国去，目标是十分明确的。开展政治工作和文化建设，是我军区别于其他军队最鲜明的政治优势，在一文一武两条战线作战，是抗日战争时期八路军对敌斗争的重要策略。党领导人民和人民军队把新民主主义文化作为人民文化觉醒的重要标志，作为团结人民、打击敌人的有力武器，为取得抗战的胜利做出了重要贡献。

三是深入战斗一线，形式丰富多彩。八路军部队的文化工作，紧紧围绕抗日战争的形势任务，内容十分广泛，形式丰富多彩。一是基层文化工作经常化。无论是行军、作战、训练还是生产，部队文化工作无处不有，无处不在。每逢一次战斗，战前军事干部进行战地勘察、兵力部署，政治工作干部则运用多种方式进行战前动员，出发之前召开誓师大会；战场上高喊战斗口号，战士们冲锋陷阵；利用战斗间隙，战士们自编自演各种小节目，活跃战斗生活。行军途中，宣传队员打快板、贴标语，宣传动员群众，激励官兵士气。在根据地内，八路军驻地，人民群众看到的是处处有歌声、处处有笑脸、处处有欢快的身影。二是专业文艺队伍大放异彩。抗日战争时期，其民族战争的性质，决定了中国人民的人心向背，各族同胞团结一致，共同对敌，军队文化团体吸引和凝聚了大批优秀人才，创作和演出了一系列影响较大、脍炙人口的文艺节目。比如抗敌剧社创作的歌剧《到山那边去》，战斗剧社创作的秧歌剧《兄妹开荒》，七月剧社创作的大型表演唱《生产大合唱》，火线剧社创作的话剧《从军行》，总政电影队拍摄的电影《延安与八路军》、《陕北江南》，晋察冀军区摄影科拍摄的具有划时代意义的《创建第一个抗日民主政府》、《八路军铁骑通过平型关》等，极大地丰富了火热的战斗生活。据统计，在1940年12月，晋察冀军区的10个军分区，各分区都有一个剧社，每个剧社紧跟形势创作排练了许多文艺节目。在八路军的各个抗日根据地，先后活跃着数以百计的文艺团体，演出话剧、歌剧、舞蹈、戏曲数千场次。他们创作了大量振奋人心的革命歌曲，到部队教唱和演唱，到根据地群众中演出，《黄河大合唱》、《八路军军歌》（即现在的中国人民解放军军歌）就是这个时期创作完成的。三是深入前线，激励士气。在抗日战场上，部队打到哪里，行军走到哪里，军营文化工作就开展到哪里，即使在战火纷飞的前线、险象环生的敌后游击区，也常常能看到他们的身影。部队的许多文艺工作者一边演出、一边战斗，敌人袭来时是战斗员，敌人撤退后为部队演出节目。根据地扩大时，他们迅速编排节目,敌人"扫荡"后根据地缩小了,他们就成了战斗员随部队战斗。除了战斗任务外,他们还配合主力部队负责打扫战场、看押俘虏、护理伤员、清理汉奸等战场勤务工作。许多优秀文艺工作者,为民族解放流尽了最后一滴血。1945年7月4日,冀热辽军区的尖兵剧社和长城剧社,在行军开进的途中,被7000多日伪军包围,长城剧社黄天社长、今歌同志和军区副参谋长才山等同志在战斗中壮烈牺牲。1942年5月,毛主席在延安文艺座谈会上的讲话发表后,许多部队的艺术学校奉命改为文艺工作团,真正做到"面向士兵,到部队去",采用小型晚会、小型演出、随时演出的方式,创作通俗的战士读物和短小的通讯、歌曲等,使艺术更加大众化、战斗化,更好地服务前线。

二、八路军文化工作的功能作用

八路军文化工作作为政治工作的一种特殊形式,在抗日战争期间,不论在实行统一战线工作中,与日军殊死拼杀的战场上,还是与顽军反"摩擦"斗争中,都以其独特的方式,起到了独特的功能作用。

(一)动员组织民众,为民族解放而斗争

八路军的宣传文化部门是一家,尽管工作形式各有不同,但目标任务是一个,都是为了唤起民众,凝聚人心,鼓舞士气,打击日本帝国主义,求得民族的解放。因此,可以说其教化功能十分明确,集中体现了三点:一是呼唤民族解放。即团结全民族各种力量,一致对敌,救国救民于水火,是这一时期中国人民头等的政治任务,是中华民族最强烈的呼声,也是八路军宣传文化工作的首要任务。1939年7月13日,第十八集团军政治部关于宣传教育工作的训令指出:"我军目前的方针,应动员一切宣传机关、报纸、杂志、宣传队、剧团、服务团、文化团等,在本军、友军群众中宣传投降的最大危险,反共就是准备投降的阴谋,号召广大群众反

对妥协投降及其反共，要求坚持抗战，打到鸭绿江边，巩固抗日统一战线与国共合作。"①这些指示，为部队宣传文化工作指明了方向。二是呼唤文化觉醒。在八路军各根据地，新生的人民政权让每一片红色的热土改了天、换了地，面貌一新。人民当家做主后，除行使了人民政权以外，用新生的文化占领人们的思想文化阵地，是十分必要和非常关键的。这种反帝反封建的新文化即毛泽东所说的新民主主义文化。中国封建社会数千年，封建思想文化根深蒂固，近代中国又沦入日本殖民统治，中国共产党人要改天换地，让中国人民的面貌焕然一新，就要"不但为中国的政治革命和经济革命而奋斗，而且为中国的文化革命而奋斗"。目的"在于建设一个中华民族的新社会和新国家"。"把一个被旧文化统治因而愚昧落后的中国，变为一个被新文化统治因而文明先进的中国"，"建立中华民族的新文化，这就是我们在文化领域中的目的"②。这种新民主主义文化理念，通过八路军部队各种宣传文化形式传播，较好地达到了唤起民众文化觉醒，建立文化新秩序的目的。三是宣传教育群众。正如红军长征是宣传队，是播种机一样，大敌当前的时候，八路军这支革命队伍除了与日伪军作战之外，重要的一项任务就是团结组织民众，扩大民族抗战力量，最后打败日本侵略者。正如1939年7月6日，第十八集团军政治部关于政治工作的训令中指出的："一切工作深入下层，深入群众工作，无论驻军、行军均须

---

① 中国人民解放军历史资料丛书编审委员会编：中国人民解放军历史资料丛书《八路军·文献》，解放军出版社1994年5月第1版，第363页。

② 毛泽东：《新民主主义论》，《毛泽东选集》（第2卷），人民出版社1991年6月第2版，第663页。

活跃群众工作。"①其目的就是让百姓感受到八路军的存在,感受到抗战之胜利希望,感受到中国之希望。同时,八路军还给根据地人民带来生动活泼的精神文化生活。在驻有部队的地方,普遍办起了快报、墙报、黑板报,开展球类、拔河、秧歌等文体活动。逢重要节日,举行军民联欢晚会。部队文艺工作人员还为地方培训文艺骨干,帮助建立乡村剧团等。另外,八路军还在根据地传播进步思想,引导群众移风易俗,部队所到之处,以各种形式宣传党的路线方针政策和政府的法令规定,积极扫除愚昧落后、封建迷信、男女不平等、婚姻不自由、妇女遭凌辱等旧社会的积弊。

(二)争取友军,瓦解敌人

孙子曰:"上兵伐谋,其次伐交,其次伐兵,其下攻城。……不战而趋人之兵,乃上之上策也。"两国两军的较量,不仅是军事实力的比拼,而且还包括经济的较量、政治的斗争、道义的向背、士气的高低等多方面综合因素的较量。抗日战争期间,作为被入侵国的中国,八路军中的宣传文化工作充分利用了道义上的优势,大力瓦解日军,争取伪军,团结友军,取得了非常可喜的成效。1937年9月25日,以八路军总指挥朱德、副总指挥彭德怀暨全体指战员名义,发出《告日本士兵书》,指出"你们都是日本工农出身,被军阀强迫送到中国战场……这样的牺牲是一钱不值的,你们的尸首也落在中国没有收殓……"这样极富哲理和道义性的宣传,对瓦解日军士气起到了不可估量的作用。据1939年8月27日朱德、彭德怀关于晋察冀军区开展瓦解日军工作情况给蒋介石等电报中称:"该部开办日语训练班,制发各种宣传品、标语、口号、歌谣,特别是利用经过教育

---

① 中国人民解放军历史资料丛书编审委员会编:中国人民解放军历史资料丛书《八路军·文献》,解放军出版社1994年5月第1版,第359页。

的俘虏在战场上向敌人喊话，颇著成绩，仅大小龙华一役，我军生俘日军官兵14人，半数以上为自动缴枪投降过来。"①为日军卖命的伪军均为中国人，其民族性、雇用性、反动性都与日军有着本质区别，只要加强沟通宣传，是完全可以争取的。为此，1937年11月26日，八路军总政治部发布《关于对伪满军工作的指示》，指出："要接近伪满士兵进行宣传……对伪满军俘虏经过教育后尽量放回，利用他们瓦解敌军……对其上层官长也要采用争取方式。"八路军冀南军区向伪军开展记"红黑点"运动，即伪军为中国人民做一件好事记一个红点，做一件坏事记一个黑点，将来"秋后算账"，对伪军震动很大。对顽军开展宣传战，瓦解敌军效果也十分明显。1935年11月，在红25军参加直罗镇战役中，东北军有一个营逃进坚固寨子里负隅顽抗，我军宣传队逼进敌人前沿，唱起了瓦解敌军歌曲，当唱完第二遍时，敌人的枪声就沉寂了，突然寨子里传来两声枪响，一会儿打出了白旗，扔出了枪支。原来觉悟了的士兵开枪打死了国民党特派员，宣布投降了。1938年，八路军烽火剧团奉命在陕北慰问从抗日前线撤回休整的国民党十七路军部分官兵，为了鼓舞友军的抗日之举，剧团当天就赶编了突出赞扬赵寿山将军的活报剧，并在舞台上高悬起大字横幅："慰问赵寿山将军及全体官兵联欢晚会"。他们演出的《放下你的鞭子》反映了日军占领东北后，百姓流离失所的悲惨情景，极大激发了官兵的抗日豪情。演出后赵寿山将军特地送来礼金和书写着抗日标语的红丝绒幕布，并请剧团输送一些人才，帮他们成立剧团以宣传抗日，鼓舞士气。一次，烽火剧团在给边区

---

① 中国人民解放军历史资料丛书编审委员会编：中国人民解放军历史资料丛书《八路军·文献》，解放军出版社1994年5月第1版，第377页。

军民演出的空隙,安排时间为一支国民党东北军部队演出《松花江·九一八》和《打回老家去》剧目,当唱到"爹娘啊!爹娘啊!什么时候才能回到我那可爱的故乡"时,刹那间全场鸦雀无声,一部分东北军官兵呜呜痛哭,有的带头高喊"打倒日本帝国主义!""打回老家去!""坚决抗战收复失地!"接着剧团又演出了大合唱《打回老家去》等歌曲,把晚会推向高潮,极大地激发了东北军官兵的战斗士气。东北军将领感慨地说,你们的一场戏比几次政治课管用,真是受教育啊! 1945年8月,冀热辽第十六军分区先期抵达沈阳,因种种原因,苏军开始不让下火车,后来下了车又不让进驻城里,军分区唐凯政委向部队传令:"唱歌子!"整齐的队伍里,嘹亮的歌声此起彼伏,成千上万的群众前来观看,一下拉近了我军与群众及苏军之间的距离,一位苏军上校军官追上部队,紧紧拉着分区首长的手说:"你们不是一般的队伍,我奉命请你们驻在沈阳城里。"

(三)活跃生活,娱乐身心

许多文艺和体育活动,是在人们的紧张劳动之后,为纯粹愉悦需要而创造出来的。这也是文化活动的基本功能。恩格斯说:"使一个农民做完艰苦的日间劳动,在晚上拖着疲乏的身子回来的时候,得到快乐、振奋和慰藉,使他忘记自己的劳累,把他的贫瘠的田地变成馥郁的花园。民间故事书的使命是使一个手工业者的作坊和一个疲惫不堪的学徒的狭窄的楼顶小屋变成一个诗的世界和黄金的宫殿,而把他的矫健情人形容成美丽公主。"[①]人的生理、心理机制决定了人的活动必须有张有弛、有

[①]《马克思恩格斯论文艺和美学》下册,文化艺术出版社1982年版,第558页。

劳有逸,才能持久地焕发出生机活力。军队是一个高度集中统一的武装集团,紧张、艰苦、危险是军人职业的突出特点。在行军作战间隙,利用各种文化形式,活跃官兵文化生活,调整官兵心理和生理,使之恢复体力和精力,进一步振作精神状态,是保持和提高战斗力的重要环节。文化的这种基本的愉悦功能,也是八路军文化的重要功能作用之一。比如八路军专业文化团体排练的一些古装戏《霸王别姬》、《雷雨》、《日出》、《花木兰》,还有国外戏剧名篇《罗密欧与朱丽叶》、《婚事》等,多为歌颂正义和真理的一般意义的节目,主要是通过戏剧形式达到观赏愉悦,调节生活,陶冶情操,并没有特别的政治渲染,并不直接解决官兵的思想或实际问题,并不一定都"包含政治内容"、"具有重要的教育作用",而是通过这些活动,使之在感受美、创造美的活动中,不知不觉地受到熏陶,净化心灵。无论什么活动,只要对官兵身心无害,能够得到正常的休息、娱乐,达到调解身心、缓解疲劳的目的,部队有需求,官兵受欢迎,就是合理的、进步的。当然这种相对"纯粹"意义上的文化节目不多,多数都是结合形势任务需要,寓教于乐的文化演出形式。在八路军文化工作中,还有一些文化形式,比如体育竞赛、杂技、舞蹈、杂耍、游戏等,也多为纯粹的健身娱乐形式。还有歌颂自然、感受人生、赞美生活的小说、散文、电影、歌舞等,有的寓教于乐、修德于乐、励志于乐,有的则陶情于乐、求美于乐、为乐而乐。开展体育运动一方面是娱乐,更重要的一方面是强身健体,提高身体素质和军事素质,同时增进了交流,沟通了感情,进一步加强团结。为此,毛泽东同志于1942年题词:"锻炼体魄,好打日本"。朱德同志在党的第七次代表大会上指出:"打仗是格斗,是角力,所以体力锻炼很重要。"1940年成立了八路军延安体育委员会,李富春任名誉会长,于1941年举行了延安各界运动会。抗战初期，八路军总部转战晋东南山区，在紧张的战斗间隙，官兵们发扬革命乐观主义精神，朱德、左权、罗瑞卿等领导同志经常和战士们一起打篮球、赛排球、踢足球。八路军120师贺龙师长亲自抓，各项体育工作开展得非常有成效，师篮球队吸纳一些参加过国际和国内大赛的专业运动员，1940年奉命到延安汇报表演，受到毛泽东同志的亲切接见。

（四）学习科学文化，提高官兵素质

参加八路军队伍，跟着共产党闹革命的多数都是农民、小生产者和无产者，这些"穷小鬼"、"红小鬼"文化水平比较低，文盲和半文盲占多数。要实现反帝反封建任务，完成民族独立解放伟大目标，只有冲天革命干劲是不够的，必须下大力气提高这支队伍的文化素质，从而才能进一步提高官兵的政治和军事素质。为此，中共中央军委、八路军总部和各部队非常重视科学文化建设。1940年军委发出《关于发展文化运动的指示》，要求各部队吸收大批知识分子，广泛团结爱国知识分子，组成革命的文化队伍，大力开展扫除文盲，开办学校，印刷报刊书籍和发展文学艺术等工作。1941年10月15日，八路军总部发出关于加强干部文化教育致各兵团并给军委电指出："各抗日根据地成立一陆军中学性质之学校，学生三百至五百人，以三年为期，初期主要学文化和自然科学，末期加强军事政治理论学习。必须抽调一切可能抽调，可能深造的干部就学。""战斗团干部有文化课，每周共有三堂，自然科学课半月讲一次。"[①] 1942年2月11日，中共中央军委、总

---

① 中国人民解放军历史资料丛书编审委员会编：中国人民解放军历史资料丛书《八路军·文献》，解放军出版社1994年5月第1版，第708页。

政治部关于军队干部教育的指示又指出:"教育的基本内容,分为军事、政治、文化三大部门。"学习的基本原则是:"……文化水平在相当于初中程度以下之老干部,首先以学习文化为主。文化水平在相当于高中程度以上者,则以学习政治或军事为主,文化为副,但学习文化仍然是必要的。……在学习时间分配上,以每周六天计,在职干部中,相当于初中以下水平者,文化约占六分之三。"[①]通过各部队长期坚持大抓文化学习,八路军部队科学文化素质得到极大提高。据1942年10月抽查留守兵团部分单位连以上干部,原来约67%的文盲、半文盲中,有31%能写简单的报告,35%具备一般的或初步的阅读能力,仅0.8%没有达到阅读能力。在扫除部队中文盲的同时,各根据地政府也向群众普遍提出扫除文盲和普及小学教育,八路军各部队派出大批干部帮助地方开办各种形式的夜校、识字班,掀起了学习文化的热潮。许多地方把"识字牌"挂到家庭和村头,儿童团设识字监督岗,行人经过必须识字,根据地出现了学习文化知识的新风尚。

三、新形势下搞好我军文化工作的几点思考

回顾过去,在我军成长的不同历史时期,军队文化工作始终以弘扬爱国主义、革命英雄主义和集体主义为主导,以同作战、训练等中心工作紧密结合、提高战斗力为宗旨,以培养革命的人生观、价值观为核心,积累创造了具有中国特色的军队文化传统。我军也正是在这种先进文化传统的哺育下,发展成为一支举世闻名的文明之师、正义之师、威武之师,受到

---

① 中国人民解放军历史资料丛书编审委员会编:中国人民解放军历史资料丛书《八路军·文献》,解放军出版社1994年5月第1版,第763页。

全国人民的爱戴和拥护。新时期以来，随着改革开放的不断深入和市场经济的加速发展，各种思想文化的纷繁复杂和相互激荡，西方文化利用现代传媒和经贸活动进行渗透，几千年根深蒂固的封建文化依然发生着腐蚀作用，酒绿灯红、光怪陆离的庸俗文化进行侵扰，军人作为来自社会的一个分子，军营作为社会大背景下的一个小天地，不可能也不会成为一片净土，一些拜金主义、享乐主义、极端个人主义思想时有显现，健康向上的优秀文化遇到挑战，也危及着军队革命化、现代化、正规化建设。有的单位对文化工作"说起来重要，干起来次要，忙起来不要"，还有的甚至把它看做是为单位撑门面、给领导添光彩的"花瓶秀器"，重"硬件"建设、轻"软件"开发，重"大场面"、轻"小活动"，重专业性、轻全员性，重热闹一时、轻坚持经常，致使基层部队出现"没有文化"的"文化现象"。为此，各级党委和机关要加强对文化工作的领导，认识到文化工作不是中心但服务中心，不是全局但影响全局，纠正"文化工作是宣传部门的事"的片面认识，树立军营大文化的观念，齐抓共管，形成合力，使文化工作深深融入战士之中。各级领导干部真正把文化工作当成部队思想政治建设的大事来抓，走"内涵"式发展的道路，精心计划，精心安排，精心组织，确保军营文化真正能走上前台，发挥其应有的作用。

（一）大力开展科技文化知识学习，提高官兵的科学文化素质

正像文化概念范畴本身一样，军队文化工作的范围很广，包括文体工作、科学文化、军史编研、文物陈列等许多方面。大家知道，军队是执行政治任务的武装集团，用一句通俗话说"军队是要打仗的"。但当前，我们的大部分士兵文化程度只有初中、高中水平，与打赢未来高技术战争还有很大的知识差距，尤为需要加强科学文化知识的学习。即使经过军校培训的军官，在知识更新周期不断缩短的今天，也需要及时充实新知识、新

技术。毛泽东同志曾说："没有文化的军队是愚蠢的军队，而愚蠢的军队是不能战胜敌人的。"因此，开展新时期军队文化工作，最重要的一个方面是抓好官兵的科技文化知识学习，以适应现代高技术战争的需要。这就要求各级党委机关要把学习科学文化纳入部队教育训练规划之中，安排专门人员备课、专门场地实施、专门时间学习，改变文化学习可有可无的现象；要把学习科学文化知识与打赢未来战争需要结合起来，紧紧围绕科技练兵的需要确定学习内容，增强学习的针对性、时效性，不仅仅为了普及文化和拿到文凭；要对科技文化知识学习实施正规化管理，作为硬指标抓好落实，区分层次实施、定期检查验收、逐步优化结构，改变随意现象和低层次徘徊的状况；要积极开拓科技文化学习的渠道，组织好在职学习、院校深造、依托国民教育、利用现代传媒等多种手段，组织官兵学好科技文化知识，全面增强官兵的科技文化素质。

（二）大力开展丰富多彩的文体活动，提高官兵的身心健康水平

军队是一个相对特殊的群体，战时经历生死考验，平时也在牺牲奉献。比如多数军营驻扎在边疆海岛、戈壁沙漠、深山丛林，他们终日以钢枪为伍、以寂寞做伴，有的哨所官兵们形象地称为"白天兵看兵，晚上看星星"；有的任务部队长时期封闭管理，官兵禁止调动和休假；有的执行特殊任务，官兵超强度体力和精力付出，在这种"直线加方块"阵营中的特殊群体，更需要一种文化生活调节官兵情绪，培育官兵情操。要按照《军队基层建设纲要》的要求，做到"队列集会有歌声，周末假日有活动，重大节日有晚会，体育每月有比赛"，使内容丰富多彩，形式生动活泼，官兵广泛参与。要坚持军营文化姓"军"的特点，深入挖掘军营文化内涵，使军营文化体现战斗精神，激发战斗意志；发扬我军优良文化传统，体现我军官兵一致、军民一致、威武之师、文明之师及全心全意为人民服务的

性质宗旨；要坚持弘扬主旋律，高唱正气歌，严格政治思想标准和艺术标准，杜绝"靡靡之音"、平庸之风和奇形怪调；要以旅（团）、连队两级为单位，建立自娱性的文化活动组织，旅（团）主要以军人俱乐部为依托，建立业余军乐队、演出队、报道组、各种球队等，连队主要由军人委员会和共青团为主体，建立业余演唱组、宣传报道组、影视评论组、书法摄影组等。旅（团）级机关和文化活动组织，要围绕部队中心工作，适时组织大型文体活动，以推动部队文化工作的开展；连队各种文化活动小组要经常开展活动，积极占领官兵业余生活阵地。

（三）大力加强军营环境建设，陶冶官兵的思想道德情操

马克思主义认为，人能改造环境，环境也能改变人。军营的环境建设，无时不影响着官兵的思想和行为。做好育人工作，不仅要盯住官兵思想变化抓教育，还要注重营造氛围抓建设。一是在政治上应把凝固的环境变为生动的教材。比如，在营区显要位置悬挂领袖题词，在训练场、操场和营区道路两旁设置体现我军性质、宗旨和各部队优良传统的标语牌、英模人物挂像等，使官兵时刻感知到党和人民的希望。要经常开展具有政治内涵的仪式化活动，如升国旗、授军旗，奏唱国歌军歌，新战士入伍举行授枪仪式，老战士退伍举行向军旗告别仪式，官兵晋衔举行授衔仪式，立功受奖举行庆功仪式等，以此来激发官兵从军报国的政治豪情，增强使命感和责任感。二是在文化上要着力从愉悦精神、陶冶情操上下工夫。要加强图书阅览室、文化活动室、综合运动场等文化设施建设，使官兵学习有条件、活动有场所。要结合实际，因地制宜，体现特色。驻高寒地区部队开展的冰雪文化，驻林区部队举办的根雕文化，驻海岛部队开展的"祖国山河微缩景观园"等，都是潜移默化进行思想政治教育的好形式。要强化阵地意识，开展经常性的歌咏比赛、读书评论、影视欣赏、群众体育以及书法、

绘画、雕塑、手工、集邮、收藏等健康有益的活动，用先进文化占领官兵思想阵地。三是在生活上要坚持以人为本的思想。把政治氛围的营造与物质生活的改善一起抓，把完成军事任务和教育训练与官兵成长成才一起抓，把严格管理、严明纪律与满足官兵文化生活和人性化诉求一起抓。要从抓军官尊重士兵这一根本态度入手，广泛开展尊干爱兵活动，使上下级之间、官兵之间多一分理解，多一片真诚，多一点关爱，切实使部队成为一个既有集中又有民主，既有纪律又有自由，既有统一意志又有个人心情舒畅的团结战斗的集体，不断增强凝聚力和战斗力。

（四）大力培养文化活动骨干，注重保留军营文化人才

培养军营文化工作骨干要注重抓好四个环节：一是注重选拔配备文化活动骨干。部队官兵中不乏具有各种文化专长的人才，各级领导要深入基层官兵中间，在与兵同乐中了解官兵的文化特长，发现和选拔人才，及时充实文化骨干队伍，确保每个旅（团）都有几个"叫得响"的台柱子，每个连队都有一批具备一定专长的文体活动骨干。二是注重培养训练文化活动骨干。军以上单位要采取各种形式对文化骨干进行培训，军事院校特别是政治、艺术院校，要针对部队需求加大对文化骨干的培训力度，提高培训质量。部队各级要注重选送综合素质优秀的文化活动骨干进院校培训，使其系统掌握军营文化工作的专业知识，提高组织指导文化活动的能力。要注重在实践中锻炼提高，大胆放手地支持骨干开展活动，通过交任务、压担子、给机会，逐步提高文化活动骨干的专业素质。三是注重关心爱护文化活动骨干。文化活动骨干往往在文化素质擅长的同时，在军事、政治、作风等某些方面，可能存在这样或那样的缺点，这就要求用辩证的观点对待文化骨干，在充分调动他们文化工作积极性的同时，加强其他方面的教育引导，使其以长补短，全面发展。各级领导要注重关心文化骨干的工作和生活，尽量满足他们的各种合理诉求，成为他们的"知心朋友"，及时为他们排忧解难。四是注重保留文化活动骨干。要把文化活动骨干当成与军事训练、理论学习、后勤装备同等重要的人才，看成是部队战斗力的一个重要组成部分，该提干的提干，该使用的使用，该保留的保留，该奖励的奖励，使军营文化能人觉着有奔头。要制定相关措施，形成机制，根据需要适当延长文化活动骨干的服役时间，不让为军营文化工作作出贡献的同志吃亏，使更多的军营文化人才干得顺心、留得安心、走得舒心。总之，只要各级领导和机关重视，培养好文化活动骨干，健全文化活动组织，加强目标牵引和活动引导，才能使军营文化建设进一步走上规范化、制度化、持续发展的轨道。

作者简介：

李明计　总政宣传部编研室副师职干事、大校军衔

邓小平抗战时期文化工作思想初探

宋毅军

2010年是世界反法西斯战争胜利65周年，也是中国人民抗日战争取得全面胜利65周年。此时，选择中国共产党抗战时期文化工作这样一个主题来探讨我们党在抗日战争中的伟大贡献、历史作用，无疑是一件很有意义的事情。在此，笔者仅以邓小平抗战时期文化工作的思想观点为视角进行初步探讨，回顾我们党在抗战时期特别是在抗战前线八路军部队中文化工作的特点、方针、任务及其方向，反映八路军前线将士同仇敌忾、奋不顾身、前赴后继、英勇战斗的革命精神。

邓小平，八年抗日战争期间在八路军部队中的主要职务有：八路军总政治部、政训处副主任，战地总动员委员会八路军代表，八路军第129师政治委员兼政治部主任等。此前，从1929年他和张云逸等领导百色起义以后，先后担任红七军前委书记，红七军、红八军政治委员，军分区政治委员，《红星》报主编，红一军团政治部宣传部长、副主任、主任，红军前敌总指挥部政治部副主任等职务。从上述他所担任的职务中不难看出，他长期参与和主持我们党领导的人民军队某一支部队的政治思想工作，具有丰富的政治工作经验，在当时他就是优秀的部队政治工作的领导人。因此,他在抗战时期提出了一系列关于八路军部队文化工作的思想和观点,这些从实战中来应用到实战中去的思想和观点,集中体现在1941年5月他在第129师全师模范宣传队初赛会上的报告《一二九师文化工作的方针任务及其努力方向》[①]中,和1942年1月在第129师政治部、中共晋冀豫区委联合召开的晋冀豫区文化工作者座谈会上关于《新的形势与对文化工作者的希望》的讲话中,以及这一时期的讲话、报告、电报中。本文将对此进行梳理和阐述。

一、任何派别的文化工作,都必须服从于其政治任务

邓小平认为,无论哪一种势力或哪一种派别的文化工作,都是服从其政治任务的。抗战中的中国,不管在政治上、军事上和经济上,都存在着三种不同的势力,即共产党为代表的抗战民主派,日军、汉奸、亲日派,大地主大资产阶级的反共顽固派。我们必须清醒地看到,"这三种势力的斗争,也尖锐地表现在文化领域。各种势力的文化工作都是与其政治任务密切联系着的,所谓超政治的文化是不存在的"[②]。

(一)关于日军、汉奸、亲日派

从1931年日本帝国主义制造"九一八"事变以来,日本帝国主义及其汉奸、亲日派的政治目的,就是要把中国变为日本帝国主义的殖民地,其文化工作方针是施行奴化政策,以奴化活动和奴化教育来腐蚀我们的民族意识,求得消灭民族爱国思想,摧残民族气节。他们毁灭中国的文

[①] 报告原文刊载于1941年6月16日第129师政治部出版的《抗日战场》第26期上,编入《邓小平文选》时题为《一二九师文化工作的方针任务及其努力方向》。

[②]《邓小平文选》第1卷,人民出版社1994年10月版,第22页。

化机关,焚毁中国的民族典籍,屠杀与监禁爱国的文化人、知识分子和青年学生,建立汉奸文化机关,豢养一批汉奸文人,鼓吹东洋文化,灌输"中日亲善"、"共存共荣"、"东亚新秩序"等奴化思想,培养奴化人才。他们提倡旧文化、旧道德、旧制度,提倡复古、迷信、盲从、落后,组织封建迷信团体等,以实施其诲淫诲盗、毒化奴化政策。他们还制造谣诼流言,散布失败情绪,推行怀柔政策,破坏我抗战法令,妄图摧毁我抗日根据地。可见,敌人的侵略不仅是军事的、政治的、经济的,还有文化的。

邓小平提醒八路军指战员,敌人文化侵略的方法是多样的,其主要特点是:善于迎合落后群众与农民的心理,善于以数量掩盖其质量上的(即政治上的)基本弱点,善于不厌其烦地重复宣传某几个中心口号,善于利用时机,抓住某些具体问题来进行欺骗宣传。所以,"我们应足够估计其危险性和毒辣性,与敌展开激烈的思想战是今天的严重任务"[①]。

(二)关于大地主大资产阶级的反共顽固派

大地主大资产阶级的反共顽固派,在政治上具有抗日的不彻底性和两面性,决定了他们在文化上鼓吹买办性的封建主义旧文化。表现在对外奴颜婢膝,投降妥协,对内搞封建主义。他们提倡旧思想、旧制度、旧道德,主张尊孔、复古,保存"国粹",读经救国。压制新文化运动,摧残新文化事业,封闭进步书店,禁售进步书籍报刊,压制抗日言论,镇压与取缔人民的反帝运动。他们宣传反共,排除异己,反对进步,鼓励倒退。组织封建迷信团体,破坏抗日军队、抗日政府和抗日根据地。他

---

① 《邓小平文选》第1卷,人民出版社1994年10月版,第23页。

们颂扬独裁政治，反对民主政治，宣传"安分守纪"、"严守国法"，使人民任其宰割。

邓小平认为，这种买办性的封建主义旧文化，对日本帝国主义的奴化政策起了帮助的作用，并且具有很大的欺骗性，因而对民族前途危害至大，这是我们必须坚决反对的。

（三）关于共产党为代表的抗战民主派

抗战民主派，在政治上主张团结抗战到底，彻底解放中华民族，建立新民主主义共和国；在文化上主张新民主主义的文化，中华民族解放的文化。所以，这是真正得到全国各民族人民拥护、符合社会发展历史潮流的先进文化。

什么是新民主主义的文化？毛泽东在《新民主主义论》中[1]概括道："所谓新民主主义的文化，就是人民大众反帝反封建的文化；在今日，就是抗日统一战线的文化。这种文化，只能由无产阶级的文化思想即共产主义思想去领导，任何别的阶级的文化思想都是不能领导了的。""民族的科学的大众的文化，就是人民大众反帝反封建的文化，就是新民主主义的文化，就是中华民族的新文化。"[2]

张闻天对毛泽东所说的新民主主义文化上述特点进行了阐发、概

---

[1] 这是毛泽东1940年1月9日在陕甘宁边区文化协会第一次代表大会上的讲演，原题为《新民主主义的政治与新民主主义的文化》，载于1940年2月15日延安出版的《中国文化》创刊号。同年2月20日在延安出版的《解放》第98、99期合刊登载时，题目改为《新民主主义论》。

[2]《毛泽东选集》第2卷，人民出版社1991年6月版，第698页，第708—709页。

括。他认为,一是民族的,即抗日第一,反帝、反抗民族压迫,主张民族独立与解放,提倡民族的自信心,正确把握民族的实际与特点的文化;二是民主的,即反封建、反专制、反独裁、反压迫人民自由的思想习惯与制度,主张民主自由、民主政治、民主生活与民主作风的文化;三是科学的,即反对武断、迷信、愚昧、无知,拥护科学真理,把真理当作自己实践的指南,提倡真能把握真理的科学与科学的思想,养成科学的生活与科学的工作方法的文化;四是大众的,即反对拥护少数特权者压迫剥削大多数人、愚弄欺骗大多数人、使大多数人永远陷于黑暗与痛苦的贵族的特权者的文化,而主张代表大多数人民利益的、大众的、平民的文化,主张文化为大众所有,主张文化普及于大众而又提高大众。

邓小平对毛泽东和张闻天的论断表示赞同,所以,他在报告中大段地引用了他们的这些论断,并且坚定地表示:"我们就是新民主主义文化的传播者与实行者。我们坚决反对殖民地文化,反对买办性的封建主义文化,而为新民主主义的政治目的服务。"[1]1942年1月,他在第129师政治部、中共晋冀豫区委联合召开的晋冀豫区文化工作者座谈会上发表《新的形势与对文化工作者的希望》的讲话,进一步指出"文化工作的任务,应该服从于政治任务"的原则,不应成为空洞的口号,而应成为实际工作的指标。"既然文化工作应该服从于政治任务,应该发挥其巨大的威力,就必须在文化战线上具有广泛的批判性。我们要求的不单是对文艺作品的批判,更重要的是对每个时期执行的政治任务中,以及实际工作中每个优点

---

[1]《邓小平文选》第1卷,人民出版社1994年10月版,第25页。

的传播和每个缺点的揭露。"①

二、八路军的文化工作，基本内容是提高军队战斗力

（一）抗战以来八路军文化工作发展中发生的缺点及原因

邓小平认为，抗战发动以来，由于八路军部队广大文化工作者的积极努力，部队的政治文化水平有了很大提高，同时也为今后部队文化艺术工作奠定了初步的基础。但是，根据新形势的变化和新任务的要求，我们在文化工作进行过程中尚有一些不足。当然，这是在工作发展中所难免出现的缺点，何况发现缺点并把它摆出来恰恰是改进缺点的开端。那么，这些缺点的主要表现是怎样的呢？

第一，某些文化工作者既缺少作高深研究，又没有深入群众的底层，这正是当时文化工作缺点的写照。由于种种原因，当时部队文化工作，不仅在高深研究方面很不够，而且在深入群众底层、为大众所接受所把握这方面也不够。这具体表现在对人民群众的文化宣传工作薄弱，有些连队救亡室工作和文化娱乐活动的死气沉沉。对此，"每个文化工作者都应注意的。我们要求把普及与深造结合起来"②。

第二，某些文化宣传内容不善于迅速地反映和宣传某一个紧急任务，不善于很及时地批驳敌人。比如演戏，一般是表现过去发生的事情。这样不能及时反映当前急迫的事情，就不能使我们的文化宣传工作与当前形势配合起来，从而成为打击敌人的有力武器。应该看到，只要我们文化

---

① 中共中央文献研究室编：《邓小平年谱》（1904—1974）（上），中央文献出版社2009年12月版，第415页。

② 《邓小平文选》第1卷，人民出版社1994年10月版，第26页。

宣传工作及时，虽然有的作品在某些地方难免比较粗糙，但在宣传效果上来说是有意义的。

第三，某些文艺作品不仅缺乏丰满的现实内容和生动的艺术性，而且还缺乏强烈的政治性，有的甚至与政治原则还有抵触之处，起了不好的作用。由于宣传形式不够大众化，往往不为群众所熟悉、所喜闻乐见，同时也不善于多方面地多样地表现政治内容，有时在表现急遽多变的现实面前显得无能为力。为此，宣传形式发展应该有两个方面，一方面是向比较复杂的高级的形式发展，另一方面则应向比较简单的普及的形式发展。采用旧形式反映新内容的方法也是必要的，因为旧形式在民间具有根深蒂固的潜势力，深为群众所喜爱，且其本身亦有可利用的价值。但采用旧形式必须以表现现实内容为主，方法则应是批判的有选择的利用。

第四，某些部队对文化工作者创造性发挥得不够，同时对后起的文化工作者培养工作也做得不够，致使今天部队有文化干部荒少的现象，使连队文化宣传工作受到影响。

第五，某些政治机关对外宣传工作显得极微弱，"打哑巴仗"的现象严重存在，经常用各种方法对外宣传我们的战斗生活大为不够。我们虽然设有随军记者，但由于大部分记者兼管编辑，以致影响了新闻采访工作。政治机关对此项工作具体指导不够，也是对外宣传工作削弱的一个原因。今后随军记者、旅的文艺组及政治机关，应加紧弥补对外宣传工作的缺陷，全师同志都应一致为加强这项工作而努力。

邓小平认为，造成这些缺点的主要原因是由于各级政治机关对文化工作的重要性及其特点认识得不够，对文化工作指导做得不充分。某些地方对文化工作者的工作条件注意得不够，没有充分发挥他们的才能。吸收知识分子的工作也做得不够。文化工作者不够群众化，并且缺乏部队工作和群众工作的经验,致使文化工作被限制于狭隘范围中,不能为大众所掌握。

（二）第129师文化工作应该坚持的方针、任务及其努力方向

八路军部队文化工作是其政治工作的一部分。抗战初期,邓小平在红军高级干部会议上讨论红军改编和开赴抗日前线等问题时就强调,在新的环境下,政治工作有了新的内容。政治工作也就是党的工作。无论是政治工作还是党的工作,都要保证党的绝对领导。[1]那么,八路军部队政治工作的方针和任务是什么呢？

邓小平非常明确地指出：就是总政治部颁布的《政治工作条例（草案）》[2]中指出的："在抗日战争中,第十八集团军政治工作的基本内容是提高军队的战斗力,求得官兵一致,军民一致,团结友军,瓦解敌军,以争取抗日战争的最后胜利。"这既是八路军政治工作的方针和任务,同时也是八路军文化工作的方针和任务。其具体内容是：

1. 加强对敌的文化斗争,展开激烈的思想战。要经常地了解与研究敌人,及时地不懈地驳斥敌人,开展我们的政治攻势。

2. 加强民族爱国的宣传教育。无论对本军、友军,根据地和敌占区的人民,以及伪军,都需要灌输以民族的爱国的思想,提高其民族自信心与自尊心,随时给敌人的奴化政策以有效的打击。更要激励民族气节,反对

---

[1] 中共中央文献研究室编：《邓小平年谱》(1904—1974)（上）,中央文献出版社2009年12月版,第147页。

[2]《政治工作条例（草案）》,是指八路军政治部制定的《中国国民革命军第十八集团军（第八路军）政治工作条例（草案）》。这个《草案》是对1938年颁发的《国民革命军第十八集团军政治工作暂行条例（草案）》的修订,全文载于1940年出版的《八路军军政杂志》第2卷第4期、第5期。1942年正式颁发。

动摇变节，提高对敌斗争的勇气，树立必胜信念。早在抗战初期，邓小平就和刘伯承电示所属各部队首长：我们的主要工作就是影响顽军下级军官和士兵，一方面用自己的物质生活及官兵平等等模范纪律去影响，一方面应进行积极的政治宣传。要动员地方积极分子与其士兵谈话。与此同时，我军应进行军事教育，特别是政治戒备，加强阶级教育，抓住友军的上级打骂、下级生活苦等实际材料进行阶级教育。对其军官工作也应该大胆地去做，但不可放松了自己的戒备。"抓紧友军经过我军区域的时机，用一切方法给以好的影响，这一工作应成为政治工作中心之一。"①

3. 加强和积极会同地方党组织、政权机关、群众团体及地方文化机关，宣传共产党的政策和主张，解释抗战法令，推行民主政治。向敌占区人民宣传根据地的一切善政和进步设施。1939年1月，邓小平在中共冀南区委召开的地委书记会议上作《冀南抗日根据地的工作》报告，他强调：做群众工作应该教育群众学习民主，号召参战，解决自身困难；战委会应成为统一战线的民意机关，吸收进步分子参加，设立委员会，实行民主做法；农会应注意统一战线工作，争取得到农民信仰；培养群众领袖，对党与非党的领袖都要爱护；坚持瓦解会门的方针，但要看到它的群众基础与它号召群众的力量。②关于建设根据地的抗日民主政权，重心应该放在掌握与贯彻统一战线政策，正确执行三三制的原则，首先完成村区的民选，树立民主政治的基础，以及加强财政经济、文化教育

---

① 中共中央文献研究室编：《邓小平年谱》(1904—1974)(上)，中央文献出版社2009年12月版，第268页。

② 中共中央文献研究室编：《邓小平年谱》(1904—1974)(上)，中央文献出版社2009年12月版，第245—246页。

的建设上。①

4. 加强提倡科学，宣扬真理，反对愚昧无知、迷信落后，加强马列主义的宣传。这不管对人民群众或者是对部队，都是同等重要的。"尤其需要加强八路军部队的科学文化知识学习，使科学为指战员所掌握，创造现代化的正规兵团。"②

5. 加强与人民打成一片的工作，同人民建立血肉不可分离的关系。要了解人民大众的实际问题，并帮助他们解决这些问题；要帮助地方推行文化教育工作；要启发指战员对文化宣传工作的热忱，使其成为新民主主义的宣传者与组织者；宣传教育部门也应该协同统战部门，进行文化统一战线工作。邓小平还认为，党的建设以进一步求得政治上、思想上、组织上的巩固与一致为准则，中心放在密切党与群众的联系上。建设我们的党，重心应该放在加强群众工作，密切党与群众的联系，切实掌握政策的领导，加强党对武装的领导和严密党的组织，加强党的纪律上。③

6. 加强用一切办法和尽一切可能供给友军以文化食粮即书报和宣传品，考究输送的技巧。设法组织互相参观互相观摩，融洽与友军的感情，扩大交朋友工作。1937年12月9日，邓小平在八路军总部召开的部队统战教育会上就指出：现在进入抗战时期，要在实行党的路线方面成为友军的模范。开展运动游击战，行动要积极，行军作战以分散为特点。"政治

---

① 中共中央文献研究室编：《邓小平年谱》(1904—1974)(上)，中央文献出版社2009年12月版，第331页。

②《邓小平文选》第1卷，人民出版社1994年10月版，第25页。

③ 中共中央文献研究室编：《邓小平年谱》(1904—1974)(上)，中央文献出版社2009年12月版，第331页。

工作要做到：对友军、民众扩大影响，扩大部队，巩固部队，减少逃亡。"①

7. 加强对外宣传工作。要通过文艺作品、报告文学、新闻通讯、摄影、绘画等，把我们八路军真实的战斗生活反映到国际上去，流传到华侨中去，传播到大后方去。在中国共产党成立20周年前夕，邓小平等发出指示电，强调要在"七一"、"七七"纪念周年进行宣传教育活动，要求各级政府机关有计划召集党的活动分子会、支部大会、党员大会来纪念党成立20周年，请党内负责同志作专门报告，要联系到部队本身党的工作。每个支部要在纪念党成立20周年时，切实检查党的生活及组织状况。要在"七一"这天奖励模范党员及模范干部、模范支部，在纪念大会上发放奖章及奖品。"也可以各支部为单位召集住地士绅座谈会，解释我党的十五项主张，并征求意见。"②1942年1月第129师政治部、中共晋冀豫区委联合召开了晋冀豫区文化工作者座谈会。邓小平在会上发表了《新的形势与对文化工作者的希望》讲话，指出："文化工作的力量能被有力地发挥出来，还依靠于全体文化人。要把所有老知识分子、新知识分子动员起来"，克服关门主义、小团体观念与狭隘的门户之见，真正地发展文化的统一战线。要为大众服务，就必须了解大众，一切要符合大众的要求，不可以用自己的水平去估计群众的水平，要接近大众才能提高大众。过去，许多戏剧、歌曲不受大众欢迎，而有些木刻作品却得到群众的喜欢，是很值得我们深味的。"文化工作同志，要切实注意调查研究工作，克服主观主义，才能

---

① 中共中央文献研究室编：《邓小平年谱》(1904—1974)(上)，中央文献出版社2009年12月版，第162—163页。

② 中共中央文献研究室编：《邓小平年谱》(1904—1974)(上)，中央文献出版社2009年12月版，第381页。

与实际斗争和人民大众相结合。"①

（三）第129师文化工作应该坚持的方针和任务

针对抗战以来八路军文化工作发展中难免出现的缺点，根据八路军部队政治工作的方针和任务，邓小平提出了抗战中第129师文化工作应该坚持的努力方向、基本方针和主要任务。这就是：

1. 要同一切轻视文化工作的倾向作斗争。应该克服文化工作没有大众化的现象。要经常鼓励文化工作者的工作热忱，大大发挥他们的积极性和创造性，使文化运动普及到连队中去，深入到群众中去，真正做到大众化。

2. 要造就大批的青年文化工作者，同时要提高原有文化工作者的素养。八路军部队中从事文化工作的大都是知识分子，加强他们在文艺方面的修养和政治学习，给以必需的可能的工作条件，帮助他们渗透到现实的底层里去，更充分地发挥其才干，从而使他们能够真正担负起部队文化运动的组织和领导工作。1941年4月3日，邓小平等关于今后更好地正确处理知识分子问题，电示所属部队：要有计划、有组织地重新在知识分子中来一次了解考察，以便按其历史及特殊技能分配以适当的工作，勿使其埋没或作代价不够的牺牲。对现任职的军事政治知识分子干部应很好地在工作中、斗争中培养，耐心教育，以发挥他们的积极性与长处，并应大胆地提拔。"连队文化干部，工作一定时期，经过政治测验和部队生活锻炼，应即按其思想能力（特别是特殊技术）提拔其参加政治工作或军事工作，不应长期停留在文化干事岗位上。发现不适宜当文

---

① 中共中央文献研究室编：《邓小平年谱》（1904—1974）（上），中央文献出版社2009年12月版，第415—416页。

化干事而应分配以其他工作者,即应调动其工作。"①在各根据地特别是新地区应以各种方法(如军队教导队、政府办的学校、文化团体等)大量地吸收知识分子与半知识分子参加工作。"新老干部的调剂、知识分子工作要适当。工农干部要提高文化知识,团结知识分子。要有适当的政治工作,党员要去接近非党干部。"②

  3. 文化工作者要不断增强自己在政治、文艺方面的修养和实际工作的锻炼,以提高自己,充实自己。应该深切了解:只有提高政治素养,才能提高对文化工作的积极性与创造性,只有具有强烈的政治性和丰满的现实性的艺术品,才能有高度的艺术价值。文化工作者的作品"要反映部队和根据地的现实,适合于现实的需要,就要既提高创作水准,又深入大众。提高自己,向大众普及文化,需要政治与文化的密切结合"③。

  4. 文化工作者要具有虚心学习、认真探讨的态度。要将自己的作品就教于大众,倾听大众的意见。现实是一天天发展的。为了更有效地开展工作,学习是绝对不能少的,而要想学到一些东西,就要虚心,不虚心的人是一无所成的。互相探讨是集思广益的好办法,一件作品经过大家研究和讨论,是会更加臻于完善、收效更大和不易发生毛病的。能接受别人意见,才能使自己进步。我们现有的文化工作者,一般说工作还仅仅入门,只有虚心学习,将来才会有伟大的成就。

---

① 中共中央文献研究室编:《邓小平年谱》(1904—1974)(上),中央文献出版社2009年12月版,第358—359页。

② 中共中央文献研究室编:《邓小平年谱》(1904—1974)(上),中央文献出版社2009年12月版,第389—390页。

③《邓小平文选》第1卷,人民出版社1994年10月版,第28页。

三、作为文化工作的基本队伍——宣传队是大学校和先锋军

（一）宣传队工作的重要意义和巨大作用

1. 宣传队是八路军部队文化工作的基本队伍。努力提高自己，努力追求深造，努力做文化普及工作，都是万分必要的。要使宣传员成为文化教育的得力干部，使宣传队成为新民主主义革命的先锋军。

2. 宣传队是培养干部的学校。邓小平提出：党的干部应遵循"光明磊落，大公无私，仁至义尽，委曲求全"十六字方针[①]。强调干部学习问题非常重要，干部要经常上课，开讨论会，要很好地研究问题、解决问题。

首先，特别是在新任务、新环境下，必须加强军政训练，提高指战员的阶级觉悟，组织深入学习了解和运用党的政策策略，抵御外来的不良影响。必须保持和发扬红军的优良传统，在制度上和生活上保持红军的本来面目，保持指战员的团结一致。

其次，我们的工作方针是必须加强干部教育，不仅使每个干部明了党的策略路线和实际运用党的策略，而且加强基本经验的训练，加强布尔什维克思想的锻炼，在工作和生活中不放松每一个不正确的倾向，充分发扬党内的自我批评。要加强支部生活，提高党员的水平。支部工作努力的方向，应该向着培养党员的最高的自动性与保证党和部队每个具体任务的实现。提高战士军事政治教育的程度。提高军事技术、战术、政治、文化及指挥能力，逐步走上正规化。[②]

[①] 中共中央文献研究室编：《邓小平年谱》（1904—1974）（上），中央文献出版社2009年12月版，第170页。

[②] 中共中央文献研究室编：《邓小平年谱》（1904—1974）（上），中央文献出版社2009年12月版，第147页。

最后，培养干部不仅要培养文化工作的干部，还要培养政治工作的干部。"在调动或提升宣传队的干部时，领导机关要照顾到宣传队的工作，切忌调之一空。宣传队的负责同志也要舍得让干部出去发展。总之，大家都要从大局着眼。"[①]

（二）宣传队在政治机关宣传教育部门领导下要完成的任务

1.要组织部队的文化娱乐工作，帮助政治机关检查连队政治工作，帮助宣传教育部门检查连队宣教工作。要面向连队，深入连队，了解连队，加强实际工作的锻炼。针对八路军部队发展中出现的贪污腐化；存在轻视政治机关，轻视党，轻视同志的；党的工作空前薄弱；军纪、党纪松懈等现象，邓小平提出：这是非常危险的。所以，必须反对政治上麻木、自由主义；必须加强党的生活，建立特别小组、干部小组，保持自我批评；必须严肃党纪军纪，教育同志克服松懈、散漫、调不动的现象；抓住部队实际例子，反对军阀土匪主义。

2.要进行战时宣传鼓动工作，在任何情况下都应不间断地进行宣传鼓动工作。邓小平在关于战时政治工作的报告中突出强调了这个当时特别重要的问题。

第一，政治工作分为平时与战时两大部分。"从红军产生到现在，我们的政治工作基本是战时政治工作，在战斗环境中完成战时政治工作与平时政治工作。政治工作是军队的生命线。战争胜利依靠两个条件——人和技术。我们军队在技术上处于劣势，主要靠的是人的条件来弥补技术条件的不足，因而战时政治工作比平时更重要。"[②]他认为，八路军在抗日战争

---

①《邓小平文选》第1卷，人民出版社1994年10月版，第22页。

② 中共中央文献研究室编：《邓小平年谱》（1904—1974）（上），中央文献出版社2009年12月版，第296页。

中的政治工作是由抗日战争的基本特点（如：长期战争；我们军队在敌后方；敌人采用许多办法来腐化、毒化、削弱我们民族力量；对增加的友军要做好统一战线工作；社会成分变动兵员增加很多；社会对我们军队有好坏影响；部队分散等）所决定的。

第二，战时政治工作的各项原则：一是战时政治工作的基本任务是实现战争胜利。二是党是战争胜利的基本保证。三是政治工作要保证战斗行动，主要指爱护战士、民众、根据地，保证军事技术提高，保证战争胜利，保证供给，保证卫生，保证兵站，保证本军的巩固与秘密。四是政治工作要适合情况，要根据不同情况来进行工作，提出具体口号。五是政治工作要有计划性、准确性及有系统的不间断精神。六是政治工作要有高度的集中性与自动性。七是政治工作要具有广泛的群众性。八是政治工作要发扬传统与新的创造。九是平时政治工作是战时政治工作的基础，要在平时有计划、有系统、不间断地打下坚固的基础，在战时才能起到应有的作用。①

3. 要推动并帮助连队不间断地进行对群众的宣传鼓动工作。1938年1月，邓小平即将前往第129师赴任时在八路军总部驻地撰写的《动员新兵及新兵政治工作》文章中指出：战争的最后胜败，要在持久抗战中去解决。这就要求我们还应该"以最大努力，利用一切可能，动员广大民众加入军队，补充现有兵团，组织新的部队，积蓄与扩大国家的武装力量，以支持长期艰苦的战争"。文章分析几个月以来动员新兵工作面临的具体困

---

① 中共中央文献研究室编：《邓小平年谱》（1904—1974）（上），中央文献出版社2009年12月版，第296—297页。

难和由于征调方式不当而可能产生的不好结果与影响,总结动员较好区域的一些可贵的经验时指出:"动员新兵的责任,在于一方面保证动员计划的完成,一方面还要从政治工作上,保证这些新战士具有高度的热情和自动性而开赴前线,使昨天还是一个有浓厚家庭观念的老百姓,很快成为军队中的熟练战士。"①

4. 要与地方文化工作者、小学教员等取得密切联系,建立广泛的文化统一战线,推动与帮助地方文化运动。1941年9月13日,为筹建北方大学,邓小平等致电杨尚昆,提出:为了适应根据地建设需要,北方大学必须早日开办,以培植各种专门人才。其计划是:(1)北方大学确定为华北各抗日根据地共同设立的正规大学,由发起人推选董事会,由董事会聘校长,学校行政以董事会为最高权力机关,须与地方政府取得密切联系,但亦不属于任何区域政府领导,这样才可以提高学校威望,广纳名流学者。(2)请朱总司令领导,其他人员尽量寻找在华北及可能来华北的大学教授,有声望的教育者、学者,名单由北方局决定。(3)拟设文理法三院,逐次举办,先开农业教育、社会科学各系。(4)已与北平燕京大学取得联系,该校已派人来,可以取得物质帮助,如图书仪器等。还可能争取一部分平津学生来学习。请能早开,"正确执行党的教育政策,给教师以适当待遇,是争取敌占区文化人、知识青年的好办法"②。朱德等复电:同意你们对于北方大学意见。1943年8月,邓小平致电毛泽东,答复来电所询10个方面情况,其中第5个方面是民众团体问题。

---

①《邓小平文选》第1卷,人民出版社1994年10月版,第22页。
② 中共中央文献研究室编:《邓小平年谱》(1904—1974)(上),中央文献出版社2009年12月版,第397页。

复电说:"民众团体在减租减息之后,转为领导各界人民发展生产、文化、卫生方面,十分需要。"对此,毛泽东称赞:"我完全同意你们的路线,望坚持贯彻下去。"

5. 要努力学习,提高政治文化水准,提高工作技能,不断增进新的知识。为此,邓小平提出这样的要求:"工农干部要努力于文化的学习,知识分子要注意实际的锻炼。我们重点还是要提高这些干部的文化知识,使之变为知识分子,成为合格人才。要一切为着部队,提高部队的战斗力,减少部队的困难。"①

第一,要抓紧干部本身教育。邓小平在《一二九师军事教育报告》中提出,要抓紧干部本身教育与透过干部进行教育;要编写出适合游击战争基本战术的教材;要理论联系实际。"知识分子到实际中去锻炼,工农分子要长期学习,注意提高文化知识。要利用各种方法进行教育检查,特别是抓紧中高级干部的测验、检查,作出正确的结论,推动教育进度。"②

第二,要加强部队教育。邓小平和刘伯承等提出:部队教育分为军事、政治、文化三种类型,教育干部对象分为高级(师旅)、中级(团营)、初级(连排),干部教育分为在职教育与学校教育。还指出:"文化教育学习不能以师旅团营连排等级去组织进行,应按其文化程度的高低分级组织进行,干部和战士一起学习。教材也应由浅入深,由认识三千字到造句、作

---

① 中共中央文献研究室编:《邓小平年谱》(1904—1974)(上),中央文献出版社2009年12月版,第390页。

② 中共中央文献研究室编:《邓小平年谱》(1904—1974)(上),中央文献出版社2009年12月版,第413页。

文兼有文法,而且是史地常识混合的文化课本。"①强调:学校教育课程和在职教育的课程应有一致性,各级军事干部和政治干部与各技术干部学习的课程要有异同。配给战士和各级干部学习的课程也要统一规定,这样才能使整个部队的教育计划统一、正规起来。在职干部教育有师团各级轮训队组织学习和在职每天两小时学习。陆军中学是准备培养工农知识分子的,完全采用中学的课程,使其能辨认、提高科学知识,培养成将来送抗大学习成为能掌握党的知识的军事干部。

第三,要加强我们革命队伍中的一致团结。邓小平和刘伯承等提出:鉴于现在抗战日益困难,日军及国内反动派,从各方面来挑拨我党干部的内部关系,我们更应该一致团结,坚决反对因斗争历史关系、来历关系、地域关系而容易产生的不良的狭隘习气。他们认为,129师是原四方面军干部最多的部队,几年来由于坚决地执行党的干部政策,无论在处理、教育、培养干部方面,在组织干部学习,加强干部训练,在选拔配备干部方面兼顾德、才、资三个条件,都做了比较耐心的工作。因此,"干部的文化水平与工作能力提高了,党性增强了,党的团结空前加强"。他们号召:"原红四方面军干部加强文化、政治、军事方面学习,提高对党的认识和工作能力,以便更好地团结在党中央和中央军委的旗帜下,更完善的完成党的每一任务,迎接伟大的新时期的到来。"②

从1937年全面抗战开始,邓小平和刘伯承等,在中共中央、中央军委

---

① 中共中央文献研究室编:《邓小平年谱》(1904—1974)(上),中央文献出版社2009年12月版,第424页。

② 中共中央文献研究室编:《邓小平年谱》(1904—1974)(上),中央文献出版社2009年12月版,第451页。

以及北方局的指导下,领导晋冀鲁豫边区抗日军民,对敌人展开了军事、政治、经济以及文化等方面的斗争。他们特别是邓小平作为八路军政治部副主任、第129师政治委员,以正确的战略思想为指导,实行党的一元化领导,充分发挥党政军民整体力量,把军事与政治、经济、思想文化斗争紧密结合起来,把公开和隐蔽、合法与非法斗争有机地结合起来,巩固和发展抗日根据地,保存和积蓄革命力量,准备全面反攻,成效极为显著。这一点,连日军也不得不承认:"中共的生存力极为坚韧","1942年底以后,中共方面挽回了过去两年的颓势,逐渐增强了力量"。"地下活动继续深入,同时表面活动又像两年前那样活跃起来","华北治安殊堪忧虑"。①

在这一时期中,邓小平政治、军事、经济以及文化等方面的思想和观点表现得更加成熟。这些方面的报告、文章、谈话、电文,不仅数量多,而且内容十分丰富,这是他革命生涯中思想理论发展的一个重要阶段。

在这一时期中,邓小平结合本地区的具体情况,全面阐发了关于抗战中八路军政治工作中的文化工作的思想和观点。实践雄辩地证明,他所阐发的上述思想观点具有明显的实践特点和很强的针对性,其内容简明扼要,表述通俗易懂。对于指导八路军部队特别是第129师的政治工作以及文化工作,对于发动广大抗日军民的爱国热情,对于鼓舞抗日前线八路军将士发扬革命英雄主义精神奋勇杀敌都起到了巨大的作用。毫无疑问,中共中央、毛泽东制定的一系列正确路线、方针、政策,张闻天、刘少奇、刘伯承等同志提出的正确思想观点和主张,为他上述思想的阐发准备了重要依据。

---

① 《华北治安战》下册,第254页。

在这一时期中，始终身处抗日前线的邓小平，非常注意从实际斗争中总结经验教训，注意"精细地研究"党中央、毛泽东的指示，"并使之适用于自己的工作环境"，①注意研究新情况、新特点，摸索规律。所以，特别是他注重在实际工作中，积极贯彻党中央、毛泽东提出的路线、方针、政策，并富有独创。这也可以说是邓小平几十年革命生涯中领导工作的基本特点之一。

作者简介：

  宋毅军　中央文献研究室研究员

---

①《邓小平文选》第1卷，人民出版社1994年10月版，第44页。

八路军部队文化工作特质研究

许福芦

八路军部队文化工作主题具有鲜明的文化价值取向。其精神追求的突出特征是：以民族的传统伦理情感、文艺审美移情特性等精神文化本体为基础，实现意识形态价值目标，将文化普及与政治民主协调推进，形成与时代主潮相契合的人文风尚。相比较我军创建之初的红色苏区部队文化工作而言，其政治工作属性丝毫未变，而在如何达成政工目标方面，则更注重精神文化本体的努力。这使得八路军部队文化工作某些时候会越出常规政治工作范式，更多注意到文艺审美的纯粹性，把艺术美感的风格取向及其对于部队指战员精神情感所产生的特殊作用，提上议事日程，从这一基点认识"其不仅在于能够帮助部队的政治教育与宣传鼓动，调节部队生活，提高部队战斗情绪，而且是密切部队与群众联系及扩大我军影响的有力工具"，对于理解八路军部队文化工作特质具有重要意义。①在这里，"调

---

① 《总政治部、中央文委关于部队文艺工作的指示》（1941年1月18日下发），见《八路军军政杂志》第3卷第2期，1941年2月15日出版。

节部队生活"、"提高部队战斗情绪",与"密切部队与群众的联系"实际都潜在地表述出一个关键含义,即依靠文化艺术本身的魅力,对人的情感(情绪)产生积极影响,比呼号似的直接宣传鼓动更能有效地实现意识形态价值目标。因此,当年八路军留守兵团专门成立部队文艺学校(简称"部艺"),"为前方和边区留守部队培养文艺干部"的举措,才可以称之为"活跃连队文化生活,加强部队政治工作的重要环节"。①而"活跃连队文化生活"的工作目标所关注的焦点,显然已进入非功利的或淡化了政治功利的精神娱乐层面。需特别指出的是,这并不意味着八路军部队文化工作对政治功能的忽略,恰恰相反,其政治功能更隐秘、更曲折,也更具人性穿透力。认识、把握八路军部队文化工作特质,应从这一根本点入手,对丰富多彩的工作现象进行价值观层面的分析,寻找符合时代主流精神特性的核心价值理念及其本质诉求。

一、缘于"民族危亡"意识的传统文化价值观

面对日军入侵、国土沦丧的民族危局,举国震惊,知识分子空前活跃,兴起"文化抗战论"、"新启蒙运动"等救亡思潮,大量党内外文化人奔赴延安,客观上加速了马克思主义中国化进程,推动着新民主主义思想文化体系、甚至整个理论体系架构快速形成。其直接表现是中国共产党的"文化意识"逐步强化,"民族性"文化体认明显增强。党内理论研究者纷纷撰文,强调马克思主义者并不排斥爱国主义和民族主义,"新启蒙运动的

---

① 朱仲一:《忆烽火剧团集训班》,见李伟主编《摇篮情,军旅爱——延安、东北、中南部队艺术学校纪念文集》,北京:长征出版社1995年10月第1版,第38页。

目标是要唤醒中国民众的民族自觉",并小心地剥离出"民粹主义"的嫌疑,指出我们所倡导的民族文化"是要能够激发民众的民族意识的东西"。这就是中华民族优秀的传统文化,尤其是近现代革命传统,值得发扬光大,喊出"要使我们的文化运动充分中国化"的口号,认为过去的新文化运动,外国气味太重,不能成为大众文化。要将外国文化种在中国的土地上,"使它适合中国的气候和营养条件",成为中国新文化运动的好帮手,"一切真正民族的文化,都需要在我们今后更切实更深刻的文化运动中建立起来的"①。上述观点代表了抗战初期的一种思想认识趋向,较早奠定了八路军部队文化工作的重要思想基础。

八路军作为国共合作背景下中共领导的抗日武装力量,意识形态色彩虽然没有也不可能产生根本性的改变,但其政治诉求无疑要暂时服从于"民族危亡"这一大局,只因"一旦强虏寇边疆",军人必须"慷慨悲歌奔战场"②,阶级对抗暂时隐身于民族对抗之后,民族文化价值观念特别是军事文化价值观念,与人民军队建军数年所培育起来的红色政治文化价值观念,自然会应时而恰当地融为一体,形成一种新的、带有鲜明政策意味的军营文化价值体系。其中,"民族性"问题成为坚守或体现新文化价值的焦点,强调"这种新民主主义的文化是民族的。它是反对帝国主义压迫,主张中华民族的尊严和独立的。它是我们这个民族的,带有我们民族的特

---

① 从贤:《现阶段的文化运动》,《解放》第 1 卷第 23 期,1937 年 11 月。
②《八路军军歌》歌词,作者公木,郑律成谱曲,作于1939年秋。同年冬,由延安鲁迅艺术学院油印出版,并由曲作者指挥,首次演出于延安中央大礼堂。1941 年 8 月,获延安五四青年奖金委员会评定的音乐类甲等奖。

性"。并进一步认识到"……中国应该大量吸收外国的进步文化,作为自己文化食粮的原料,这种工作过去还做得很不够",但要取其精华,去其糟粕,不能全盘西化,必须将马克思主义的普遍真理和中国革命的具体实践完全地、适当地统一起来,和民族特点相结合,通过民族形式应用它,不能搞主观公式。形式与内容的关系问题由此凸现出来,成为必须深究的理论话题,强调"……中国文化应有自己的形式,这就是民族形式。民族的形式,新民主主义的内容——这就是我们的新文化"①。深入体味上述价值逻辑中革命情感的伦理性意味,便不难发现作者彰显民族传统文化价值观的刻意与用心。以活动为主体的八路军部队文化工作,就是要自觉地将革命情感转化为民族大义,从而主导强烈的救亡图存意识及人本伦理倾向,形成对意识形态的崭新诠释。其文化凝聚效应对八路军军营文化价值生成与部队战斗力建设,起到了重要的推进作用。

我们知道,革命情感与民族文化情感这一对并非矛盾的概念,在人民军队创建之初,居于高层的知识分子思想认识上是有分歧的。由于对马克思主义超越民族界限、国际化表征的感性认知,同时也受全盘接受"五四"新文化运动成果,过度重视军营文化的时代性、革命性和阶级性影响,还有兵员知识结构局限等诸多客观因素的制约,在民族文化传统的继承、精神营养的吸收等方面,显然存在着某些不够自觉的倾向。它使得人民军队早期的部队文化工作,从内容到形式都比较单一肤浅,流于口号式的宣传鼓动和应景式的简单热情,缺乏更为深刻的文化内涵。到了抗战时期,随

---

① 毛泽东:《新民主主义论·新民主主义的文化》,见《毛泽东选集》(袖珍本),北京:人民出版社1964年11月第1版,第655页。

着对革命理论的深入认知，革命经验的日益丰富，以及兵员知识文化结构的明显改观，特别是面对社会现实中民族矛盾的上升，国共统一战线的建立，战时的人口流动、内迁难民和内迁文化的逐步渲染，"民族意识"的空前觉醒，中国共产党对新民主主义文化的定位也逐渐准确、明了。其"阶级性"仍毋庸置疑，即"无产阶级领导的人民大众的反帝反封建的文化"。"它是反对帝国主义压迫，主张中华民族的尊严和独立的。它是我们这个民族的，带有我们这个民族的特性。"①显然，"民族性"是"新民主主义文化"论题的焦点，因为它关系到军队战斗力建设的根本及实质。

为此，毛泽东当年曾痛彻地指出："我们的一切工作都是为了打倒日本帝国主义……首先是战争，其次是生产，其次是文化。没有文化的军队是愚蠢的军队，而愚蠢的军队是不能战胜敌人的。"②八路军部队文化工作的"治愚"工程，既包括了普及文化知识，也包括了转变文化理念，在具体工作任务中，深度关注部队整体的战斗精神培育，不再仅仅满足于倚靠提出简单的革命口号和表彰好人好事来"宣传群众"、"教育部队及鼓舞士气"，而是主动自觉地、有目的有规划地以民族文化传统中的先进军事文化"武装"广大指战员，如发掘和利用中华民族"武德文化"的理论资源和历史素材，把传统与现实的民族英雄事迹宣扬结合起来，在排演《反扫荡》、《我们的指挥部》、《保卫边区》、《军民之间》等当下性较强的现实题

---

① 毛泽东：《新民主主义论·新民主主义的文化》，见《毛泽东选集》（袖珍本），北京：人民出版社1964年11月第1版，第655页。

② 毛泽东：《文化工作中的统一战线》（1944年10月30日），见《毛泽东论文艺》，北京：人民文学出版社1983年7月第3版，第75页。

材剧目的同时，也开展对《岳飞》、《翠屏山》、《甘露寺》、《大明英烈传》、《太平天国》等一批传统剧目的排演，以唤起八路军指战员与敌后抗日民众的传统文化情感，生发抗日救亡的责任意识与献身热望，从"治本"的愿望出发，重点解决部队指战员们文化价值观的问题。

人是文化的人，文化是历史的沉淀物。中华民族有着极为深厚的传统文化内蕴，是八路军部队取之不尽、用之不绝的精神资源。抗战时期中国共产党民族意识的觉醒，有力地影响着八路军部队思想文化建设。其抗敌御侮的文化工作目标，与各民族、各阶级、各阶层和各政党、各团体、爱国人士、港澳台同胞以及海外侨胞的主流精神诉求一致，形成巨大的战斗能量，成为最终取得抗战胜利的可靠保证。

二、缘于艺术本体美感效应的审美趣尚

八路军部队文化工作对于民族文化传统的价值追求，在艺术本体接受美学视点上，找到了它的功利性切口，这就是强调"通俗化"、"大众化"的普及性要求，强调群众"喜闻乐见"的形式特征，强调"民族风格"、"中国气派"的精神文化内蕴，从而实现"为工农兵服务"、"为人民大众服务"的基本目标。毛泽东在《文化、教育、知识分子问题》一文中，把这种审美趣尚的方向性规约，提到了"新文化"和"新教育"的高度。他说："中国国民文化和国民教育的宗旨，应当是新民主主义的；就是说，中国应当建立自己的民族的、科学的、人民大众的新文化和新教育。"[①]这当然也是八路军部队文化工作所奉行的基本宗旨。它一方面依托广大投奔八路军抗

---

① 毛泽东：《文化、教育、知识分子问题》，见《毛泽东论文艺》，北京：人民文学出版社1983年第3版，第77页。

战事业的社会文艺青年与军中文艺骨干,组织起若干专业能力较强、特色鲜明的文艺团体,深入到基层部队或是部队驻地的中小城镇巡回表演,大力提倡"为兵服务",主张"写兵、演兵和给兵演",与部队指战员及抗战现实生活保持血肉联系;另一方面高度重视部队文艺人才的队伍建设,依托延安的"鲁艺"、"部艺"等,培养部队适用的专业文艺骨干,充实各级各类文化艺术队伍,迅速提高了部队文艺团体及文化活动的专业水平,保证演出宣传的内容具备专业审美品质,对广大指战员产生较强的艺术感染力,实现文化意义的价值追求;第三,在此活动过程中,创作了大量为八路军指战员及人民群众所喜闻乐见的文艺作品,大批堪称时代经典的精品佳作,客观上丰富了新民主主义文化内涵,给民族文化的历史发展注入了新的活力。

(一)专业文艺团体的努力与艺术本体的魅力

随着社会抗战热情不断高涨,大量文化青年受到延安精神的感召,不畏艰难涌入八路军部队。从延安八路军总部到抗日前线的各部队,都在这一特定背景下,纷纷组建专业文艺团体,为八路军部队和驻地群众及友军演出,在活跃部队文化生活、宣传八路军抗日主张,以及团结友军、鼓舞部队士气和激发民众抗日斗志等方面起到重要作用。其中,由"鲁艺"旧剧研究班脱胎而来的延安平剧研究院,由早期晋察冀军区政治部所属的抗敌剧社改编的"华政文工团",由著名作家丁玲、吴奚如等组成的"战地记者团"与抗日军政大学部分学员为基础合编而成的综合性文艺团体——西北战地服务团(简称"西战团"),八路军120师的战斗剧社,晋察冀军区第一军分区政治部的战线剧社、第二分区的七月剧社、第三分区的冲锋剧社,冀中六分区的前锋剧社、七分区的前进剧社、八分区的前卫剧社、九分区的前哨剧社、十分区的烽火剧社(原名先锋剧社)、十三分区（即冀热辽军区）的尖兵剧社等，都是这些文艺团体中的佼佼者。他们有的即便不是在编的八路军部队文艺团体，前前后后也都与八路军的战斗序列及军事任务密不可分，所完成的历史使命均属于八路军部队文化工作的重要组成部分。

战斗风雨中成长起来的八路军文艺团体，在所属部队政治部门直接领导下，肩负着宣传鼓舞军民抗日的重要职责。他们始终坚持深入基层部队，到抗日最前线、最普通的战士和群众中去，与指战员们并肩战斗。在战斗中发现创作素材，获取创作灵感。无论他们个人的艺术造诣有多深、社会影响有多大，到了部队就一律以普通战士身份生活，完成战斗任务毫不退缩，事实上已经模糊了宣传鼓动等部队文化活动与一般战场搏杀等作战任务的界限。以赫赫有名的"华政文工团"为例，在延安文艺整风精神鼓舞下，该团短短3年里，创作剧本180多件，歌曲200余件，还改编、演出了大量京剧、曲艺和中外名剧，足迹遍布晋察冀的山地、平原、乡村、城镇，先后4次直接参加对敌"政治攻势"，甚至冒着巨大牺牲，到敌伪军碉堡下演出。此外，这个团的所有队员，几乎都有火线抬送担架、护送伤员、押解俘虏、行军鼓动、战斗间歇为部队指战员演出小型节目等惊心动魄的经历。

部队文艺团体开展经常性文化活动，其影响力深入人心，甚至成为当时日军的"眼中钉、肉中刺"，列为重点攻击对象。八路军120师战斗剧社，就曾多次被日军视为必欲拔除而后快的"钉子"。日军为消灭战斗剧社，曾经从石家庄、灵寿等地抽调1500名兵力，偷袭战斗剧社的驻地——阜平七祖园。这次战斗，敌人不仅没有达到预期目的，反而钻进了八路军120师布下的包围圈。日军也许并不清楚，担负着文化宣传工作任务的战斗剧社，同样是八路军部队重点保护对象。战斗在陈庄只打了两天，我八路军120师就全歼了钻进包围圈的日军，为此贺龙师长给战斗剧社记一大功。战后，该剧社即突击创作话剧《陈庄战斗》在部队祝捷大会上演出，反响空前。

在毛泽东《在延安文艺座谈会上的讲话》精神指引下，八路军文艺团体始终把深入部队生活当作战斗任务来完成。生活即是战斗，战斗也是艺术，对工农兵生活的认知态度，决定了八路军文化工作在艺术本体上的执著追求。以晋察冀军区第一军分区政治部所属的战线剧社为例。1940年8月至10月，分区部队参加"百团大战"，该剧社专门为参战部队设立鼓动棚，持续慰问演出，战后创演以"百团大战"为背景的话剧《东团堡歼灭战》。1941年秋，日军对北岳区实施残酷扫荡，战线剧社大部人员分散到各部队，直接参加战斗。反"扫荡"结束后，剧社很快创作出三幕话剧《狼牙山五壮士》、《佳偶天成》，独幕话剧《端炮楼》、《巧计除奸》及歌曲《五壮士之歌》、《保卫一分区》等节目。这些节目战斗气息浓郁，既有较强的现实教育意义，又具备较高的审美品质，思想性与艺术性完美结合，深受部队和群众的欢迎。

诞生于火热战斗生活中的部队专业文艺团体，是八路军文化工作的支撑力量。他们顶着烽火硝烟成长，其创作、演出始终与战斗生活紧密结合，坚持艺术审美理想，忠实于生活实践，追求艺术真实，遵循从战斗实践生活中来、到实践生活中去的创作原则，作品充满着文化魅力，为部队执行军事任务提供了重要的精神保障。

（二）"大众化"方向及"为兵服务"口号

早在"左"翼文化运动时期，围绕文艺"通俗化"、"大众化"问题，就曾展开过专门讨论，也影响到八路军部队文化工作在军事文艺"大众化"问题上的认识。1942年11月9日，延安"部艺"奉命由学校改为工作团，《解放日报》为此发表消息："为执行精减政策，部艺奉留政命令，于日前召开整编会议,决定改学校为工作团,下分剧社、文艺社两部分,真正做到'面向士兵,到部队去',并决定今后多采用小型晚会、创作通俗的战士读物和短小的通讯、歌曲等。使艺术更大众化、战斗化,成为艺术军中的一支轻骑部队。"①"面向士兵,到部队去"成为部队艺术创作贯彻落实"通俗化"、"大众化"要求的具体措施,是长期影响着八路军部队文化活动价值走向的"航向标",对部队文化工作有效发挥政治保障功能、促进和提高部队战斗力,具有重要意义。

1942年5月是中共文艺审美导向的重要时间节点,具体事件就是延安整风及毛泽东《在延安文艺座谈会上的讲话》发表。"文艺为什么人"的问题并非空穴来风。大量史料表明,《讲话》之前的延安文艺界,确实存在着某些倾向性偏差,过于追求"雅化"而不够"通俗化"、"大众化"。如在戏剧界,文艺座谈会前演大戏较多,曹禺的《雷雨》、《日出》,夏衍的《上海屋檐下》等虽都是好戏,但群众和战士看不下去;文学中则有王实味的《野百合花》、丁玲的《三八节有感》;绘画中有华君武揭露阴暗面的讽刺画;延安文艺界有个"轻骑队"(大型板报),甚至提出要"暴露太阳中的黑斑",青年艺术剧院受其影响,开始以速写形式讽刺老红军等等。一方面,大的艺术剧团、大艺术家下不了乡、下不了部队;另一方面,部队小型团队如烽火剧团、抗战剧团等文艺团体,长期坚持在基层指战员和群众中。据老八路回忆:剧团到部队演《雷雨》,战士们看不懂,只会捏着

---

① 彦克整理:《延安部艺创建始末——从延安部艺到部艺工作团》。见李伟主编《摇篮情,军旅爱——延安、东北、中南部队艺术学校纪念文集》,北京:长征出版社1995年10月第1版,第51页。

嗓子喊"四凤——四凤——"有战士递条:"让他们回去吧。"《雷雨》无疑是优秀话剧,可当时的延安军民却普遍看不懂。作为抗战主要力量的工农大众和广大部队指战员,迫切需要有适合他们的"通俗化"、"大众化"艺术样式。

较早提出部队文化工作"为兵服务"这一口号的是八路军115师政治部宣传部部长肖向荣。他后来成为军委总政治部秘书长、宣传部部长兼《八路军军政杂志》主编,曾任陕甘宁晋绥联防军政治部宣传部部长。[①]之所以需要特别强调"为兵服务"这样一个看上去并无疑义的口号,因为在当时的八路军部队文化工作中,确实存在着某种脱离部队和群众的现象,存在着某些片面的创作、表演倾向。这一口号事实上提出了部队文艺创作的审美标准,这就如肖向荣具体解释的那样,"写兵、演兵和给兵演",所谓"写兵",就是"在部队中不论是搞文学、戏剧、音乐、美术的同志,都要把自己的笔头放到主要是反映兵的事情上面,创造真正兵的文艺";所谓"演兵",就是"在部队创作、表演、导演等工作者,要把自己的研究主要放到如何表现兵这个方面,创造真正符合于军队的感情和军人姿态的军队形式和军队作风";所谓"给兵演",就是"我们的演出和作品,主要是到部队中演和给战士们看"。[②]这表明,八路军部队文化工作总体指导思想是"眼

---

① 彦克:《坚持〈讲话〉精神,开拓部队文艺——怀念肖向荣同志》,见李伟主编《摇篮情,军旅爱——延安、东北、中南部队艺术学校纪念文集》,北京:长征出版社1995年10月第1版,第194页。

② 肖向荣:《部队的文艺工作应该为兵服务》,见李伟主编《摇篮情,军旅爱——延安、东北、中南部队艺术学校纪念文集》,北京:长征出版社1995年10月第1版,第184页。

睛向下"，以"兵"为服务主体，以部队军事任务为终极旨归，在这个意义上才能谈得上履行抗战、救亡的历史使命，才能实现"通俗化"、"大众化"的形式追求，做到"喜闻乐见"，体现民族风格及"中国气派"。

"通俗化"、"大众化"方向及"为兵服务"口号的提出，实质上规定了八路军部队文化工作，特别是文艺宣传的内容、形式、风格要求，确认了一种基本的审美价值取向。它是抗战大背景下社会矛盾主流倾向的体现，也是"民族性"文化要求的延续和深入，对人民军队的部队文化工作历史发展，具有重要的启迪意义，并实际上已经产生了久远的影响。

（三）"部艺"人才培养与部队文化骨干队伍建设

我军部队文化艺术人才的规模性培养，源自于红军时期高尔基戏剧学校，但直到延安"鲁艺"为止，尚未与工作服务对象及文艺本身审美价值取向形成直接联系。1941年11月间，延安"鲁艺"的文学研究室建立一年半之后，领导人周扬感受到当时社会舆论的压力，即学院式的关门提高所培养出来的文艺家，其创作表演存在着脱离抗战现实斗争生活，陷入单纯为艺术而艺术、盲目追求世界名著问题，因而不得不亡羊补牢，在努力拨正办学方针的同时，撤销文研室，将研究员分别调至实际工作岗位，或留校当助教，或分配给《解放日报》、《边区群众报》等新闻单位当记者、编辑，还有少数人员下派各专区党委宣传部门，担任干事、秘书等。而在八路军部队文化艺术人才培养方面，"鲁艺"的培养方向更显得捉襟见肘，不能满足部队文化工作需要。这就是八路军留守兵团于1940年4月专门与"鲁艺"合办部队文艺干部培训班的缘由。它说明：第一，八路军部队文化工作的现实状况，缺乏具有一定艺术专业能力的管理干部；第二，八路军部队文化工作的专业素质，具有不同于一般业务干部的特殊要求；第三，这种适合部队文化工作需要的专业素质培养，与"鲁艺"现成的教学模式（方向）不相吻合，或者干脆说"鲁艺"难以胜任。

陕甘宁边区八路军留守兵团政治部所属的部队艺术学校（简称延安"部艺"）由此成立起来。它是抗日战争时期党在延安创建的旨在培养部队文化艺术干部、满足部队文化工作特殊需要的艺术专业学校。学校由八路军留守兵团政治部主任莫文骅担任校长，并从留守兵团政治部烽火剧社和"鲁艺"抽调出大批骨干担任教员。学员以烽火剧社和"鲁艺"的"部队艺术干部培训班"为基础，又从部队其他文艺宣传单位吸收部分成员，先后约达到800人。延安"部艺"的成立，是对八路军部队文化工作特点、部队文化艺术人才素质要求深化认识的结果。由于人才培养模式的转变，专业素质特色的强化，八路军部队文化工作逐步有了质的变化，在军事管理功能的发挥、政治工作保障价值的体现方面，成效显著。新的人才队伍，坚持边演出边创作，每到一地，扑下身子采访，发现新典型，搜集新材料，现编现演。有个部队文艺团体，编排两台戏下部队，演出半年回到延安时，却带回33台戏。可见部队文化工作"服务观念"转变之后的积极效应。

毛泽东同志在《新民主主义论》中指出："这种新民主主义的文化是大众的，因而即是民主的。它应为全民族中百分之九十以上的工农劳苦民众服务，并逐渐成为他们的文化。"[①]缘于艺术本体美感效应的审美趣尚，在八路军部队中具有强烈的现实需要，因而也就必然成为部队文化工作自觉的价值追求，并逐渐形成完整明确的价值理念。八路军部队文化工作的精神特质，核心就在于文化价值观方面，而这种价值观念之所以与八路军

---

① 毛泽东：《新民主主义论·新民主主义的文化》，见《毛泽东选集》（袖珍本），北京：人民出版社1964年11月第1版，第655页。

部队的军事任务、政治信念和谐共振,是因为它们的价值体系建立在"民族性"的"新民主主义文化"基础之上,它是"大众的",也是"民主的",在此基点上,文化与政治、审美观念与意识形态,具有根本上的统一性。

三、缘于对敌斗争现实需要的军事作用力与政治保障力

处在敌后对敌斗争形势下,八路军指战员时刻面临着现实的牺牲危险,需要强烈的精神慰藉与情感激励,部队文化工作必须形成坚挺的支撑力量,以激发斗志、鼓舞士气,保证战场上的军事博弈获得更多的成功几率。因此,部队文化工作具有明确的功利性指向,即激励指战员顽强战斗、杀敌立功。以120师篮球队活动为例。该队成立于1938年初,在为球队起名时,师长贺龙一针见血:"红军有过'战斗球队'、'战斗剧社',八路军嘛,还是要战斗,这个球队就叫'战斗篮球队'吧。"①官兵们利用空闲时间在驻地附近开辟场地,自造篮球架和球筐,篮球补丁叠补丁,或干脆用棉花、破布、绳子,捆扎一下当球打。为显得正规,队员们将灰布剪成条,拼出"战斗"字样缝在背心上。球队曾多次与驻守附近的国民党部队球赛。球场上对方摔倒了,队员宁可失球,也要先把对方扶起来。对方进球或耍出花样,观赛的八路军战士和老乡也热情拍手叫好。球员彼此熟悉起来,相互间有说有笑。赛后,对方部队抗日态度上有了明显变化。这类具有政治色彩的文化体育活动实例数不胜数,成为八路军部队战斗力建设中的一项重要内容。

1941年1月18日,总政治部、中央文委下发了《关于部队文艺工作的指示》,明确部队文化艺术工作者应具备针对任务、目标及"反映战斗

---

① 田虎青:《贺龙与"战斗篮球队"》,见《党史博采》1996年第3期。

生活"的特殊能力。"部队文艺工作的方针,首先在于团结和培养有战斗生活经历的专门文艺工作者,使他们能够用戏剧、音乐、美术、文学等等形式,把民族战争中的一切现实生活(民众及将士在抗战中的英勇斗争,日军、汉奸、投降分子、顽固分子的阴谋诡计等等)反映出来。同时,要提高部队对文艺的修养,使指战员能够接受新的进步文艺,能够从进步的新文艺中深刻认识抗战各方面的现实活动。"①朱德总司令1941年4月10日在延安桥儿沟"鲁艺"礼堂举行的"部艺"开学典礼上讲话,指出"部队艺术工作要从打仗着手,方法要艺术。八路军天天打仗,离不开对敌人及群众的宣传。因此,部艺的学员应练习战斗生活与宣传的才能"②。这些明白无误的指示要求,表达了一个意思:战斗的文艺工作者与接受新文艺的战斗者应该融为一体,成为在立场上、情感上、素质能力上完全一样的人。

事实证明,八路军部队文艺团体的实际工作中,都切实做到了既是宣传员又是战斗员。1942年8月中旬,联大文工团奉校部指示随三分区武装工作队到游击区进行政治攻势。为此,它们突击创作、排练了一批歌曲、小剧本和曲艺作品,分别组成小分队,在武工队或侦察连的火力掩护下,越过封锁沟,到敌占区的"爱护村"日伪炮楼附近演出,一演就是两三个小时。边演边向炮楼"喊话",直接做敌伪军队的争取、教育工作。1940年10月,近百人的冲锋剧社在演出话剧之外,运用扭秧歌、说快板、歌

---

① 《总政治部、中央文委关于部队文艺工作的指示》(1941年1月18日下发),见《八路军军政杂志》第3卷第2期,1941年2月15日出版。
② 彦克整理《延安部艺创建始末——从延安部艺到部艺工作团》,见李伟主编《摇篮情,军旅爱——延安、东北、中南部队艺术学校纪念文集》,北京:长征出版社1995年10月第1版,第51页。

咏、舞蹈等形式到前线做宣传鼓动工作，与日本反战同盟支部成员组成宣传小组，深入唐县、完县和望都县敌占区"喊炮楼"，冒着生命危险对敌堡垒中的日伪军做口头宣传。前锋剧社深入敌占区刷标语，写传单，向群众做宣传、鼓动工作的同时，到基层部队给指战员们教歌，组织文娱活动。前进剧社还经常以快板书、拉洋片、莲花落、合唱等形式，活跃部队活动。前卫（抗敌）剧社在河北安国、深泽、无极、文安、霸县一带开展各种形式的抗日宣传和演出活动外，还募捐抗日经费，争取当地的联庄队伍，使之接受领导和改编。他们经常深入到一线作战部队，帮助开展各种文化活动，遇到战斗打响时，就带领民工抬担架、运送给养，以及对敌火线喊话等。前哨剧社身背道具，先后到冀中的河间、高阳、任丘、文安等十几个县城巡回演出，一次巡演长达三个多月。他们长途跋涉，写标语，撒传单，演节目，做宣传，经常参加部队战斗。烽火剧社巡演中多次遇敌秋季"扫荡"，损失较大，仍坚持在一线部队开展文化活动。尖兵剧社活动的冀东地区斗争环境十分险恶，工作条件非常艰苦。他们不仅经常遭敌突袭，而且随时面临与后方根据地隔绝。就是在这种情况下，仅1944年就创作剧本58个，歌曲、歌剧伴奏曲60多首，连环画122幅，演出188场，观众达133 500人次。所排演的话剧《英雄的故事》、《拥军模范于平》、《三百人一条枪》、《凯旋之夜》，歌剧《地狱与人间》、《满洲泪》、《慰问八路军》等，在冀东地区家喻户晓，部队战斗间隙，指战员们个个都会哼唱几句，极大地鼓舞了战斗士气。

1940年7月24日，朱德应邀在"鲁艺"作题为《三年来华北宣传战中的艺术工作》的报告，郑重强调部队文化工作的政治要求问题，提出"一个好的艺术家，应当同时是一个政治家。在阶级社会里，艺术是为一定阶级服务的，绝对不能超然。艺术家要加强自己的政治修养，才能做一个好的艺术家。所以必须学马列主义。决不能看轻了这一点。"此外,"艺术家应当参加实际斗争,体验生活。他不应当站在群众之外,而应当站在群众之中;不应当是旁观者,而应当是参加实际斗争的战士。只有这样,才能深入生活,创作出好的作品,为广大群众所喜爱"。①部队文化工作做到了这些,才能形成一条与"武"相对应的、独立的"战线"。毛泽东对此认识十分透彻,他说:"在我们为中国人民解放的斗争中……有文武两个战线,这就是文化战线和军事战线。我们要战胜敌人,首先要依靠手里拿枪的军队。但是仅仅有这种军队是不够的,我们还要有文化的军队,这是团结自己,战胜敌人必不可少的一支军队。"②这条文艺战线在世界各国军队的制胜砝码上,都具有相当的权重,无疑也是八路军部队文化工作最直接的缘由及驱动力。

  毛泽东在谈到部队文艺的提高与普及问题时,曾拿"豆芽菜"与"参天大树"作比喻:"大树都是从豆芽一样矮小的幼苗长起来的。提高要以普及为基础,不要瞧不起普及的东西。那些瞧不起普及的人,他们在豆芽菜面前熟视无睹,结果把豆芽菜随便踩掉了,将来也就看不见大树了。"③

---

  ① 朱德:《三年来华北宣传战中的艺术工作——在延安鲁迅艺术文学院所作报告的提纲》(1940年7月24日),见中国人民解放军文艺史料编辑部《中国人民解放军文艺史料选编·抗日战争时期(第1册)》,北京:解放军出版社1988年5月第1版,第8页。

  ② 毛泽东:《在延安文艺座谈会上的讲话·引言》,见《毛泽东选集》。

  ③ 彦克:《永远铭记的幸福时刻》。见李伟主编《摇篮情,军旅爱——延安、东北、中南部队艺术学校纪念文集》,北京:长征出版社1995年10月第1版,第60页。

也就是说，普及并不是目的，而仅仅是一种必要的手段。八路军部队文化工作的价值取向，自然也不是文艺审美本身所应该追求的终极目标，只是在特定历史条件下、特定工作环境中实事求是的选择。所以，毛泽东又反复强调"大鲁艺"与"小鲁艺"的关系，拿文艺工作者深入生活和学习书本的关系作比喻，认为"大鲁艺"就是群众生活与社会斗争，广大劳动人民就是"大鲁艺"的教师。这样说来，对于八路军部队文化工作特质的研究，实际上的焦点在于世界观与方法论。世界的物质属性决定实践第一的观点，历史的动因取决于历史的主人，而文化永远不会脱离具体的人。研究八路军部队文化工作，首先需要研究的是作为八路军部队主体的人——基层指战员。八路军部队文化工作特质由他们决定。

肖向荣主张部队文艺工作要"根据部队特点，创立部队作风，实现为战士服务的要求"，反映部队中"战士与干部、党员与非党员、先进与落后的复杂关系"等实际，特别是先进人物和先进事迹，认为"这样能感动人"。在艺术形式方面，他主张改造新秧歌，推广"部队歌舞剧"或"部队广场剧"，认为可以用郿鄠、道情、秦腔及其他民间小调，表现群众生活，以适于部队生活方式和情感的歌曲及音乐作品表现部队生活，创造军队的形式，包括军队的舞蹈、军队的歌曲，不反对利用战士们感兴趣的民间小调，提出"连队的文娱工作，以歌咏为主要的活动方式，并发展小型的喜剧活动，以及快板、大鼓、拉洋片、坠子等"[①]。这都是基于

---

① 肖向荣：《部队文艺工作要创立部队作风》，见《中国人民解放军文艺史料选编·抗日战争时期（第1册）》，北京：解放军出版社1988年5月第1版，第14—15页。

八路军指战员这一特定"人群"所作出的判断。由此形成特殊的文化价值观,自然具有科学品质,因而毛泽东说:"这种新民主主义的文化是科学的。它是反对一切封建思想和迷信思想,主张实事求是,主张客观真理,主张理论和实践一致的。在这点上,中国无产阶级的科学思想能够和中国还有进步性的资产阶级的唯物论者和自然科学家,建立反帝反封建反迷信的统一战线。"①它可以作为研究或解读八路军部队文化工作特质的一把钥匙。

作者简介:

  许福芦 解放军艺术学院文学系主任,大校军衔,文学硕士,教授

---

① 毛泽东:《新民主主义论·新民主主义的文化》,见《毛泽东选集》(袖珍本),北京:人民出版社1964年11月第1版,第655页。

猛士如云唱大风
——太行根据地新文化运动片段

王照骞　崔建英

朱德总司令和彭德怀副总司令率领八路军东渡黄河，挺进华北敌后，开辟了晋东北、晋西北、晋东南等抗日根据地之后，在发动群众广泛开展游击战争为主体的前提下，不仅注重了政治和经济方面的对敌斗争。还十分重视新的文化事业的建设，使敌后根据地的文化战线，成为对敌斗争的一条必要的战线。

八路军总部一进入太行山，朱总司令就派遣随总部来到敌后的文艺工作者分赴各地动员组织各种文艺团体，发动广大文艺工作者为抗战出力。总部不仅成立了鲁迅艺术学校和火星、太行山等剧团，还帮助地方建立了晋东南文教国总会，创办了文化教育出版社。1939年元旦，又在沁县创办了《新华日报》华北版，大力地推动了敌后根据地文化、新闻、出版事业的发展。

一

1939年冬季，八路军总部驻王家峪时，鲁迅艺术学校就设在王家峪西南15里的下北漳村。这年11月28日，朱总司令骑马踏雪到下北漳参加了晋东南文协分会成立大会。朱总司令一进村，就被鲁艺学校学员们的宣传工作吸引住了。当时住在村上的鲁艺学校的学员们,为宣传抗日救国,在街道、饭场上写下了"团结起来,抗战到底!""打倒日本帝国主义!"等醒目的红色大标语,在农家大院的墙壁上画"把侵略者赶过鸭绿江"等大幅宣传画。朱总司令下了马一边往开会的大庙走,一边欣喜地观看着街道旁的大壁画。他勉励陪他的鲁艺领导同志说:"搞得不错嘛!打日本光靠枪杆子还不够,还得发挥文艺这个战斗武器的作用啊!"

文协分会成立大会的会场,设在村子中央旧庙堂改建的会议厅里。厅内四壁挂满了红红绿绿的标语,前面讲台挂着一条红布横副,上面贴着一行金黄色的美术字:中华全国文艺界抗敌协会晋东南分会成立大会,下面摆满了一行行从小学校借来的桌凳,中间放着一个烧得旺旺的火炉,散发着暖融融的热气,整个会场显得温暖如春。

上午10点钟左右,朱总司令健步走进会议厅,坐在台下,并且说"一个文化人来开会的,坐在群众中就好嘛!"参加这次会议的有随部队来到晋东南的文艺工作者李伯钊、陈荒煤、伊林、洪荒(阮章竟)以及全国文协总代表叶以群等40余人,还有部分地方文艺工作者高沐鸿、王玉堂(冈夫)等。大家济济一堂,欢欣鼓舞。

大会一开始,会议执行主席孙泱说明文协分会在敌后成立的重要历史意义和现实意义,以及会议的主要议程。跟着,全场热烈欢迎朱总司令作指示。这时候,会议厅内响起了一阵热烈的掌声。朱总司令慢慢地站起来,走上了主席台。掌声过后,他讲道:"同志们我代表司令部政治处首先对晋东南文协会的胜利成立表示祝贺!我们广大敌后根据地面临着日本帝国主义的军事进攻和文化侵略,必须在文武两条战线上奋起还击!从目前看来,抗战已进入相持阶段。敌人增加了政治诱降的阴谋,他们也利用文艺这一形式,一面对民众进行奴化教育,一面制造汉奸舆论,配合他们的军事'扫荡'。这就使在敌后的敌我争夺战进入一个更残酷、更激烈的阶段。因此，和敌人进行文化大战，以文艺为武器，揭露日伪汉奸的一切阴谋，歌颂在战争中涌现出来的人物，以推动抗日斗争向前发展。"最后，朱总司令打着手势说："正如你们的《大会宣言》中所写的：在敌后参加艰苦抗战的一切文艺工作者，要带自己的笔到群众中去，为记这血与火的斗争历史，我们应该用一点自己的血和汗写下可歌可泣、可以庆幸的人和事来——"朱总司令坚信，文协分会成立以后，必须有组织地推动敌后根据地的文艺运动，他对当前文化工作的任务做了深刻的阐述，号召更多的文艺工作者到前线来，以笔杆来抗战，打击妥协投降的顽固派，控诉日军暴行，为保卫根据地，保卫祖国文化传统而战。

朱总司令讲话以后，全国文协总代表叶以群介绍了周恩来副主席在重庆支持全国文协活动，组织和团结广大爱国的文化界人士，壮大文艺界进步力量的情况。希望晋东南文协分会按照朱总司令的指示，办好这敌后的第一个文协会，接着，李伯钊同志报告了晋东南文艺运动的现状及今后的工作任务和方向。最后，大家结合朱总司令讲话，讨论和通过了宣言、提案及分会章程、理事会名单，并一致决议，以大会名义向坚持敌后抗战的朱总司令和彭副总司令致以崇高的敬意。

这次会议之后，全国文协分别到太南、太北、冀西等区开展了抗战文艺活动，使敌后根据地的文化工作蓬蓬勃勃发展起来。朱总司令还号召总部各直属机关大力开展文艺活动，进一步加强了火星、太行山剧团及一二九师先锋剧团，三八六旅野火剧团的戏剧创作和下乡演出，创刊了《战斗文艺》杂志，办起了抗大文工团、清漳文艺社、太行诗歌社、抗大文学研究会等文艺社团。总部驻地文化工作十分活跃。在朱德总司令关怀下进行"兵写兵兵演兵"活动。1939年春节，朱总的卫士长李树槐同志和几个警卫员集体编写了《妻子送郎上战场》这一小剧本，当即在总部大门外的场地上进行了演出。朱总司令在台下看见小李在台上扮演一个妇女的角色，不禁一阵大笑，高兴地说："只要一发动，大家的才智就出来了。"

二

转眼跨进了战斗的1940年。元旦过后，中共中央北方局和八路军总司令部、总政治部等单位分别召开了茶话会，热烈欢迎从延安来到华北前线的鲁艺木刻工作团。北方局书记杨尚昆等领导人，向画家们提出了艺术服从政治，文艺为抗战服务的号召。木刻工作团的同志们，深入战地生活，把上述口号变为实际行动，向民间艺术学习，创作出《军民一家》、《坚持抗战》等新年画和连环画。特别是2月8日，正值春节那天，朱总司令和总政治部副主任兼宣传部长陆定一等领导同志，在武乡县王家峪八路军总部驻地召开了太行山文艺座谈会，到会的文艺工作者有鲁艺木刻工作团的胡一川、彦涵、罗工柳、杨筠、华山和抗大文艺工作团的李伯钊、徐懋庸、任白戈以及总部孙泱等。朱总司令热情地鼓励这些日夜战斗在抗日前线的艺术家们，进一步运用文艺这个武器，开展对敌斗争工作。他说："抗战要文武两条战线并肩作战，甚至笔杆子要超过枪杆子，先搞好文艺宣传，才能发动起群众性的游击战争。"陆定一同志回顾了鲁艺木刻工作团从陕甘宁边区来到太行山期间，如何发挥艺术在抗战中的作用。同时，他向与会文艺工作者提出两个基本口号：民族形式和民间形式融合，创造出新的抗战文艺。他又有针对性地指出创造新文艺必须遵循的途径："第一，融合外国艺术和中国艺术，而创造出一种新的形式；第二，采用民间艺术形式，深入群众，学习传统艺术，在向群众学习的过程中，同时改变艺术形式。"陆定一同志认为，这种艺术的产生，将是一个长期奋斗的过程。会毕，朱总司令、陆副主任等总部领导人，宴请了与会的艺术家们，饭后又合影留念。太行文艺座谈会，对推动华北敌后文艺工作起了巨大的作用。1941年8月5日，晋东南文协分会召开第二次会员大会，总结了一年多来文艺工作中的经验教训，检阅了共产党、八路军的关怀下所取得的辉煌成绩。文学创作方面，以八路军总部《战斗文艺》、《新华日报》副刊《新华文艺》、《黄河日报》副刊《燎原》以及最初的《文化哨》、《文艺轻骑》等报纸杂志为阵地，发表了许多反映抗战的小说、散文、诗歌等作品，发动创作《晋东南之一日》为题的文章200余篇。音乐方面，创作和推广抗日革命歌曲300余首，鲁艺学校音乐组搜集整理出为抗日服务的民歌50余首。戏剧方面，在八路军总部所属火星和太行山等剧团的带动下，晋东南根据地先后成立了大小剧团500多个。在中华戏剧协会太行山分会成立时部队和地方的20多个剧团，在敌人进攻的炮火声中，在沁县作了10天联合公演。美术方面，总部鲁艺木刻各工作团来晋东南以后，大大推动了敌后木刻运动，曾在《新华日报》上刊印"敌后木刻"画等，还搞过多次木刻画展。朱总司令和彭副总司令参观画展后，指示总部成立木刻工厂，以进一步发展版画艺术。其他美术作品也大量涌现。在冀西有《山川画报》，在太行有《胜利报画刊》，武乡县有《大众画报》，陵川县有《战地画报》，太南高平县有《导报画刊》等。同时，广大美术工作者深入乡村，使山庄窝铺里也出现了宣传抗日的墙头画，革命文艺真正起到了团结教育人民，揭露打击敌人的战斗作用。

三

抗日战争一爆发，为了加强抗日救亡宣传，深入动员军民坚持抗战，扩大抗日民族统一战线，党中央和毛泽东同志，号召广大文艺工作者"到前线去"，深入抗日战争的火热斗争生活，迅速反映伟大的民族革命中的英雄人物和战斗事迹。周恩来同志从武汉、重庆等后方，介绍许多中外进步作家到到华北前线去工作与战斗。这样，先后随八路军总部转战前线的外国作家有美国的史沫特莱和斯特朗，德国王安娜等人；中国作家周立波、丁玲、吴伯箫、卞之琳、宋之的、黄纲、刘伯羽、李伯钊、阮章竞、杨朔、陈荒煤、李公朴、徐懋庸、华山、赵树理等人。当时，他们在战火纷飞的岁月里，除担任繁重的抗日工作之外，还写出了许多反映抗战的好作品，特别是作为文艺轻骑的报告文学，更成为这一时期歌颂人民、打击敌人的有力武器。在这一时期，周立波同志写出了反映这个伟大时代的报告文学集《战地日记》和《晋察冀边区印象记》。他这两个报告文学集都显出了朴素和严峻的风格，洋溢着血和火的战斗气息，是抗战初期华北战场和抗日根据地军民战斗生活的真实写照。在敌后军民的战斗队伍中，涌现出一批杰出的无产阶级革命将帅。作者写到了自己多次会见朱总司令、彭副总司令，以及刘伯承、贺龙、徐向前、聂荣臻、陈赓、徐海东等八路军将领的情景，他把对八路军领导人敬仰和热爱的感情，十分清晰地浸透在字里行间，用简洁的笔墨记载了不少感人至深的故事。与周立波同时，随八路军总部活动在山西抗日前线较早的老作家就是丁玲同志了。她从1937年秋天到1938年秋天的一年多时间里，作为八路军西北战地服务团团长，率领着从抗大等校刚毕业的20多个团员，随军开赴抗日前线，用演戏、歌咏、漫画等形式宣传抗战，发动民众打日本，同时，也为部队演出，鼓舞他们的战斗情绪。同时，她还抓紧业余时间，写了《西北战地服务团成立之前》、《河西途中》、《临汾》、《冀村之夜》和《马辉》等反映抗战生活的人物速写，1938年还出版了短篇集《一颗未出膛的子弹》和剧本《重逢》等作品。

1938年秋天，吴伯箫和卞之琳等文艺工作者，也赶赴刚刚开辟的晋东南根据地采访，当时八路军总部驻在上党盆地的屯留和潞城县一带。吴伯箫为了宣传抗日，扩大我八路军的影响，曾不辞辛苦地走访了转战晋东南前线的八路军和决死队指战员，及其打过胜仗的著名战场神头岭、响堂铺等邯长大道沿线各地。陆续发表了通讯、报告文学，如《夜发灵宝站》、《潞安城》、《沁州行》、《响堂铺》、《神头岭》、《夜摸常胜军》和《微雨宿渑池》等作品，大都收录在《烟尘集》和《出发集》这两个集子中。他以流畅朴实的文笔，描述了朱总司令、彭副司令和刘伯承、薄一波、陈赓等老一辈革命家，刻画了抗日游击战中的英雄人物，记叙了根据地民主政权建立的过程，写出了八路军的声威。与吴伯箫同时随军采访的诗人卞之琳，通过战地磨砺，诗风大变，开始歌颂军民的战斗和生活，诗体写了《慰问信》。1940年在昆明出版了他在太行山区时写的诗集《慰问信集》和报告文学《第772团在太行一带》。1941年又出版了诗歌汇编《十年诗章》等作品。这一时期，在华北前线影响大的还有黄钢这位具有独特风格的报告文学作家。他在1939年3月，随鲁艺战地文艺工作团来到晋东南作战地采访。1940年回延安后，先后在《中国文化》和《解放日报》上发表了《我看见了八路军》和《雨——陈赓的兵团是怎样作战的》等报告文学名篇，得到了毛泽东同志的肯定和鼓励。抗日时期遍历华北各根据地的作家刘白羽，在炮火连天的战斗岁月里，他跟随八路军总部进行艰苦转战，一面撰写反映军民抗战生活的小说、散文，一面在朱总身边采写《朱德传》。这段时间，他还写了小说集《五台山下》和反映太行敌后抗日斗争的报告文学集《游击中间》。八路军总部驻扎武乡时，著名女剧作家李伯钊，在中共中央北方局任宣传科长兼总部鲁迅艺术学校校长。她不仅领导部队文艺工作，而且直接抓总部火星剧团（前方演出队）和太行山剧团的编导工作，作品有话剧《老三》，发表在矛盾主编的《文艺阵地》上；《母亲》刊发于《抗战生活》。当时，作家陈荒煤同志也随八路军队伍生活战斗在一起，一同反"扫荡"，一同搞文艺。他写的《童话》和《破坏吗？建设吗？》等作品，都采用了鲜明的对比手法，具有强烈的说服力。陈荒煤同志还写了

《刘伯承将军会见记》、《陈赓将军印象记》等许多刻画和歌颂老将老帅的报告文学。与其同时，在敌后战斗的文学工作者还有"抗大"的徐懋庸、任白戈和太行剧团的政治、艺术指导员阮章竞（当时笔名洪荒）等同志。阮章竞同志多才多艺，开始从事剧本、诗歌创作和美术、导演工作。他在太行山的十年之中写话剧较多，前期有《周年》、《巩固抗日根据地》等，后来写出了著名的长诗《圈套》和《漳河水》，还有大型歌剧《赤叶河》，成为太行山人民熟悉和喜爱的诗人与作家。

抗战初期，也有许多作家随时从延安或大后方来华北前线慰问和采访。杨朔同志就是1939年夏天参加了中华全国文艺界抗敌协会组织的"作家战地访问团"和作家宋之的等同志来到驻太行山武乡县八路军总部的。他来到抗日根据地后，在党的教育下，更明确了文艺为工农兵服务的方向，不断地到火热的群众斗争中去。他跟着部队从山西到河北，边战斗边写作，结合战地实际，先后写了不少歌颂抗日英雄人物和壮烈事迹的文艺通讯和报告文学作品，如《潼关之战》、《征尘》、《火并》、《风暴》、《铁骑兵》等，还写了不少短篇小说，均收在《月黑夜》这个反映抗战生活的集子里。杨朔同志是十分热爱人民军队的指战员的，上至八路军的总司令，下至扛枪的战士，都和他滚打得十分热火。在严酷的反"扫荡"斗争中，他跟部队跋山涉水，穿越封锁线，风餐露宿，忍饥挨冻，一切在所不惜，想尽办法深入细致地访问指战员和群众，甚至亲自审问俘虏，掌握第一手材料。他曾说过，他了解工人、农民，不如了解战士多。他1938年写的《潼关之夜》，叙述一个革命女战士的经历，故事是从作者和她在旅途中的邂逅开始的，由于她的全副戎装，作者起初并未认出她是一位女性，直到当天夜晚，他们在黄河边散步时，她诉说了和自己丈夫一起参加革命的经过，作者才明白了她的性别，用作者在文章结尾的话来说："这是一个多么富有传奇意味的夜晚"。描写一个新时代的花木兰，确实是有点传奇意味的，特别是它发生在雄伟和古老的潼关城下，奔腾咆哮的黄河岸边，就更为这个传奇故事增添了浪漫主义的色彩，更是给读者一种永远值得回味的感觉。杨朔同志酷爱军事生活，更热爱八路军的领导人，他在武乡王家峪总部和朱总司令互相和诗的故事曾在太行山军民之中传为佳话。原来，1939年12月1日，是朱总司令五十四岁诞辰，我党我军为了扩大八路军的影响，团结各基层人士抗战，扩大抗日民族统一战线，为朱总司令举行了祝寿大会。许多战友和同志为他写了祝词贺信，杨朔同志当即写下了《寿朱德将军》以示祝贺：

立马太行旆旆红，
雪云漠漠飒天风。
将军自有臂如铁，
力挽狂澜万古雄。

作者这首贺诗，形象地再现出朱总司令立马太行，力挽狂澜的英雄气概。朱总司令阅后，除向杨朔同志道谢之外，即兴写出了和诗《和杨朔作学原韵》：

北华收复赖群雄，
猛士如云唱大风。
自信挥戈能退日，
河山依旧血流红。

后来这首诗选入《朱德诗选》时，将当年原题改为《赠友人》，末句又修改成"河山依旧战旗红"。杨朔每当谈起朱总赠他这首诗时，总是伸出大拇指盛赞朱总司令水平高，气魄大，诗的第一句就指出恢复被日军践踏的大好河山，要依靠广大军民中的抗日英雄们，群众观点非常鲜明，诗的主题十分突出。杨朔在和朱总的密切交往中，发现朱总司令在工作之余，常在总部门前的石凳上和农民下象棋、谈家常，有时又到清池边和儿童团的孩子们游戏，教他们唱抗日歌曲；对待战士们比亲儿子还亲，他每晚都到警卫员房子里去查看，给小战士盖被子，为伤病员找医生，送饭菜，白天战士们都像在家长身边一样，围坐在朱总身旁，请他讲红军长征等故事，傍晚战士们又邀朱老总和他们一起打篮球、赛棋。杨朔在王家峪总部生活的日子里，深深地被朱总那宽厚质朴的崇高品德所感动，不久又奋笔疾书写了《代寿朱德将军》这首诗：

抚循部曲亲如子，
接遇乡农霭似风。
谈笑雍容襟度阔，
最从平淡见英雄。

四

当时，八路军组织起来的这支文化队伍，不仅是敌后新文化运动的开拓者和主力军，而且也成为发展根据地新闻出版事业的骨干力量。1939年由武汉来到太行山区的著名文化界人士何云和陈克寒等同志，在八路军的支持和捍卫下，在原晋冀豫区党委的《中国人报》的基础上创办了华北《新华日报》，很快报社发展成为太行山根据地一个最大的出版基地和文化中心。那时,该报社对外的番号是"十八集团军教导队",总部常派一个连保卫报社。由于报社人员是军队编制,战斗化的行动,群众称他们是抗日前哨的"新华军"。社长兼总编辑何云同志,确实可谓"华北新闻出版事业的主要奠基人"。1938年秋季,党中央六届六中全会和周恩来同志领导的《新华日报》总馆,决定在晋东南创办中共中央北方局机关报——《新华日报》华北版,在华北战场上开辟一块紧密配合军事斗争的新闻阵地。何云同志负责筹建工作。他刚到晋东南,首先办了新闻记者训练班,培训一个月就和从延安抗大、陕公、鲁艺等单位来到抗日前线的文字和美术工作者,组成了华北《新华日报》的基本队伍。他对这些青年人,循循善诱,诲人不倦,从讲授新闻理论到手把手教他们编稿、划版、校对,使他们很快成为精干的办报人才。在工人方面,他动员老师傅带徒弟,传技术,新老结合,互相帮助,使新工人逐步掌握了印刷技术,保证了报纸的及时发刊。编辑人员和印刷工人得到了初步解决,但机器设备和印刷材料还跟不上。当时,只有从黄河南岸运来的一部破旧印刷机,只有一种老五号签字,三个月,铅字就全部坏了,只好改用老五号仿宋字,没用几次就模糊不清了,读者纷纷来信提出批评。何云同志发动全社同志人人动脑筋、出主意,开"诸葛亮会议",王显周、周永生和张建功同志终于研究创造出了"半铅模",手制了打纸版的大刷子,发明了用土纸打纸版的简易办法,闯过了难关。没有纸和油墨,老工人派周子高化装成卖油郎,巧妙地穿越几十道封锁线,到敌占区太原去搞。后来,日军占领了白晋线,碉堡林立,沟墙纵横,纸张和油墨不便再从地区购进,就上山砍松枝造油墨,下乡收麻头、破布、烂鞋,碾浆造纸,克服了一系列的困难,使华北敌后唯一规模宏大的《新华日报》办起来了。朱总司令欣闻华北《新华日报》连战难关,节节胜利,便远道赐奖报社100元,并写信鼓励道:"继续提高创造热忱,不断克服可能到来的任何困难,使敌后的文化工作更益前进!"在朱总司令的带动和影响下,从太行到太岳,从冀西到豫北,敌后各根据地的前方将士和各党政军机关人员,一致响应领导发出的募捐办报资金的号召,节衣缩食,慷慨捐输,使报社资金积累到1万余元,使华北《新华日报》发行到3万多份。

朱总司令曾给报社同志们讲:"一个铅字就等于一颗子弹,在敌后办报就是无形的战斗。"何云同志常以战斗员的姿态办报。1939年7月初,何云同志正在潞城中共中央北方局驻地开会,突然接到敌寇进占沁县的消息。他焦虑报社人马和物资的转移,立即驱马连夜往回赶。在襄垣和沁县交界的虎亭镇,与敌遭遇,他急中生智,掉转马头奔上山岭,在突围中为我军所救。返回北方局和领导研究了对策,又趁夜闯过日军封锁线赶回白晋线西的报社,指挥全体同志,带了机器、铅字等,冒着敌机的轰炸和扫射,淌过齐胸的漳河水,搬迁到路东武乡县八路军总部驻地附近,尽快恢复报纸的出版工作。何云同志还派人在全国各地党委的领导与支持下,出版了东、南、西、北四线的油印和石印的《新华日报》,大大鼓舞了广大军民的反"扫荡"斗志和抗战到底的决心。1940年,为了打破日军的"囚笼政策",我八路军、决死队在华北5000里长的交通线上,发动了举世瞩目的百团大战。何云同志为了及时地报道胜利消息,时而在报社抓编发稿件和印报工作,时而随总部和129师首长奔赴前线组织战地新闻采写工作。当"百团大战"的第三阶段的关家垴歼灭战打响后,何云和陈克寒同志带了部分记者和油印机,跟着彭副总司令、左权参谋长和129师刘邓首长,日夜战斗在火线上,写好报道,立即审阅,油印发行。虽然在激烈的反"扫荡"烽火中,报社经常转移,但报纸从未中断。何云同志的时间挤得一点空隙也没有,审改大样,处理文件,有时加上兼写社论,常是一灯萤萤苦思到深夜。转眼到了1941年冬,日军井关36师团和第四、第九混成旅团一部共约5000兵力，陆空配合，向我八路军在华北敌后规模最大的兵工基地黄崖洞发起进攻，报社奉命埋藏机器，坚壁资财，背起"报馆"打游击，在总部的周密安排下，事先做好了小型轻便的活动铅字架和小型脚踏机，用牲口驮着工人和编辑人员从连队荷枪实弹，一面和鬼子转山头，一面设法印报。尽管环境恶劣，炮火连天，但华北《新华日报》一直坚持出报。报社十分重视收听延安新华总社的新闻，及时把国内外重大新闻刊印出来，飞传各地，提供给党政军领导同志参阅，指导当前的对敌斗争。各界人士赞誉说："你们报纸（指华北《新华日报》）的特点就在于，每到时局严重的关头，或国内外形势发生巨变时，及时吹起号角，打响警钟，唤起千百万军民，为克服时局危机而斗争……"长期参考华北《新华日报》制定作战方案的常胜将军刘伯承也在纪念华北《新华日报》创刊一周年时，专门题词夸赞华北《新华日报》是："华北抗战的向导！"1940年元旦，在山西省武乡县安乐庄，庆祝华北《新华日报》创刊一周年时，朱德总司令、北方局书记杨尚昆、左权参谋长和野战政治部陆定一主任均亲临大会，讲话、撰文，深表祝贺。

　　1939年，彭德怀同志代表中共中央北方局对办报作过具体指示："报道华北抗战——包括军事、政治、经济、文化各个方面的斗争。"报社领导和全体人员认真贯彻了这一指示，使华北《新华日报》擎起了华北抗战旗帜。宣传马列主义和国际共产运动方向；宣传党的方针、路线、政策和中心任务；宣传根据地建党建军建政和减租、生产等方面的成就；揭露日军暴行和汉奸罪恶；表彰抗日斗争中涌现出来的英雄模范，并报道国内外大事。由于办报指导思想明确，反映的问题集中，报道和发行的范围由最初晋东南根据地扩大到太行、太岳、冀南、冀鲁豫、晋绥、晋察冀，真正成为指引全华北军民前进的灯塔。

总部和北方局为了扩大敌后新闻阵地,还先后选拔和派出了许多优秀的编辑人员去帮助各地方报纸开展工作。当时直接帮助武乡县《大众力量》报和襄垣县的《活路报》等。在华北《新华日报》的影响带动下,晋东南各地创办报纸杂志100多种。先后办起《太南导报》、《冀西导报》、《晋中导报》、《胜利报》,直至1940年6月,太岳区党委机关报《太岳日报》(后改为太岳《新华日报》)的出版,扩大了敌后根据地的宣传阵地,提高和鼓舞了华北军民对敌斗争的勇气和信心,使报纸真正成为抗日战争的宣传者和组织者。

华北《新华日报》不仅得到广大军民的爱护和支持,也得到全世界的关注。美国纽约的《今日中国》杂志,莫斯科外交人民委员会都长期订阅。先后为《中国人周刊》、《抗战生活》、《华北文艺》、《敌伪动态》、《华北文化》、《青年和儿童》、《文艺增刊》和北方局的《党的生活》和八路军总部的《前线月刊》等报刊输送了力量。他联系和培养了几千名工农兵通讯员,印行了45万册社会科学方面的读物和马恩列斯经典名著以及学校用书。报社从1940年设丛书编辑部以来,先后出版的主要图书有《共产党宣言》、《两个策略》、《斯大林选集》、《思想方法论》、《新民主主义论》、《陕甘宁边区的共产党》等;到1942年,又重点出版了整风文件,如《反对党八股》、《反对主观主义》、《改造我们的学习》、《论党内斗争》、《共产党员修养》、《整顿三风文件二十二讲》等书,为党政军机关整风提供了足够的学习材料。同时,还向敌占区发行了许多图书。当时曾将《新民主主义论》、《论新阶段》等书,伪装成《文史通义》、《虞初新志》传往敌伪区域,封面装帧和扉页题词古色古香,惟妙惟肖,达到了以假乱真的地步,因此得以通过敌人的文化封锁,在敌占区宣传了抗日道理和革命思想。此外还印了50余万份传单与布告。这在敌后物质技术万分困难的条件下,能印这么多的精神食粮，真可谓世界出版史上的奇迹。

五

为了推动敌后群众文化工作的进一步开展，1940年冬，由生活书店、新知书店、读书生活出版社从延安派李文、王华、刘大明等同志到太行来，在桐峪镇办起了"华北书店"。这些由延安来的同志，经验丰富，作风朴实，刚铺开摊子，他们就用油印的简便办法，印行了《阿Q正传》、《狂人日记》、《故乡》等鲁迅著作和《烟袋》、《不走正路的安德伦》等一些在前线难以找到的翻译文艺小册子，受到广大读者的欢迎。1943年，代表当时出版机关的华北新华书店，由新华日报社分了出来。这年4月边区文联和新华书店召开了丛书编辑座谈会，根据晋冀鲁豫中央局宣传部的出版方针，确定出版通俗的大众读物，并具体确定了编辑组的负责人：张秀中负责文艺组，靳典模负责戏剧组，蔡九冒负责美术组，王显周负责自然科学组，张渔负责根据地读物组。在贯彻毛主席《在延安文艺座谈会上的讲话》精神以后，以赵树理写的《小二黑结婚》、《李有才板话》和《李家庄的变迁》等小说为榜样，出现一大批广大读者欢迎的通俗文艺读物，如《石圪节煤窑起义》、《李勇大摆地雷阵》、《重庆的喜剧》，以及由陕甘宁边区传来的《女状元》、《夫妻识字》、《兄妹开荒》等；还重印了《甲申三百年祭》和剧本《前线》等大后方出版的书籍。这一时期，被称为敌后根据地执行"为工农兵服务"的方针以来，太行区出版业务大为发展的黄金时代。由于文化战线的空前活跃，鼓舞了广大军民大反攻的胜利信心。

作者简介：

王照骞　武乡县文物管理所文物管理组组长

崔建英　武乡县八路军总部王家峪旧址纪念馆馆长

八路军文化与抗日民族统一战线

叶成林

抗日战争时期的八路军文化,在中国共产党倡导的抗日民族统一战线中发挥了重要作用,是抗日民族统一战线工作的有机组成部分。遵循中国共产党制定的全面抗战路线、高举抗日民族统一战线的旗帜,坚持抗战、进步、团结,是八路军这支中国共产党领导的人民军队的神圣职责。八路军的文化工作,始终贯穿着抗日民族统一战线的精神,这对团结争取一切抗日力量,提高部队的战斗力,发挥了十分重要的作用。在此,仅对八路军与抗日民族统一战线的关系作一初步探讨。

一、八路军文化与抗日民族统一战线的建立

八路军文化工作在抗日民族统一战线旗帜下得到展开。在严重的民族危机面前,中国共产党倡导和建立了以国共第二次合作为基础的抗日民族统一战线。全国各族各界人民对此都衷心拥护。八路军的改编,也是在统一战线这面旗帜下、在统一战线这个前提和基础上得以实现的。所以,可以说八路军就是抗日民族统一战线的产物。八路军的文化工作也是在党的统一战线的旗帜下得以展开。

八路军奉命开赴抗日前线后,和正面战场的友军密切配合,在忻口等战役中并肩作战。在和阎锡山建立统一战线关系的基础上,八路军在山西境内、随后在华北大地展开,并积极支持山西新军等地方武装的建立。八路军只有坚持高举统一战线旗帜,才能发展抗日力量,包括尽量扩大和发展八路军——这是中国人民坚持民族抗战的最可靠的武装力量;同时,也才能坚持持久战争,争取最后胜利。

抗战初期,八路军的宣传、教育和出版等工作的一项重要内容,就是建立和巩固抗日民族统一战线。红军改编之初,很多指战员思想一时转不过弯来,内战时期的敌人现在成了友军,红军帽上的帽徽也由五角星变成国民革命军"青天白日"帽徽,心里很有抵触。这对部队的情绪影响很大。还有一种情绪则认为国共合作了,八路军要受国民党领导,就与国民党军队没有本质区别了。

针对这些模糊认识,部队抓紧进行了统一战线和民族解放的教育,使全体官兵认识到,在中华民族面临生死存亡的危急关头,必须抛弃前嫌,团结抗日。国共虽然合作了,但共产党仍要坚持统一战线中的独立自主原则。为统一部队思想,八路军政治部编写了《抗日军人读本》等基本教材下发部队。各部队首长还深入部队进行调查研究,有针对性地加强指导。正因为八路军文化统战工作的卓有成效,才逐步提高了广大指战员的思想认识,使大家认识到"党的基本的策略任务"不是别的,"就是建立广泛的民族革命统一战线"①

针对国民党总是力图限制和削弱共产党和八路军的力量,毛泽东还强调:"必须保持加入统一战线中的任何党派在思想上、政治上和组织上的

---

① 《毛泽东选集》第1卷,人民出版社1991年版,第152页。

独立性","有相对的自由权"①。在上述思想的指导下,八路军指战员自觉维护国共合作的大局,同时又不放弃独立自主原则,逐步形成了正面战场和敌后战场相互配合的战略态势。在抗日战争时期两个战场的形成过程中,八路军文化对部队的教育和熏陶,提高了指战员们对抗日民族统一战线的认识,对国共合作的开展和巩固发挥了重要作用。

二、八路军文化与抗日民族统一战线的维护和巩固

八路军文化工作为维护和巩固抗日民族统一战线做出了重要努力。抗日民族统一战线形成后,全国人民团结一致,共同对敌,全国抗战出现了令人鼓舞的新局面。但是,统一战线内部矛盾和斗争仍然存在和不可避免。特别是中国抗战进入相持阶段以后,国民党顽固派不断挑衅,制造摩擦,抗日民族统一战线遇到危机和挑战。在这样的情况下,中共中央于1939年7月提出要"坚持抗战到底——反对中途妥协!巩固国内团结——反对内部分裂!力求全国进步——反对向后倒退!"②这三大口号,成为中国共产党,也成为八路军的重要行动方针。毛泽东明确指出:"各项统一战线中的策略原则和根据这些原则规定的许多具体政策,全党必须坚决地实行。""唯有实行上述各项策略原则和具体政策,才能坚持抗日,发展统一战线,获得全国人民的同情,争取时局好转。"③作为党领导的人民军队,毫无疑问地也要在各项工作中贯彻落实统一战线精神。

在国共合作、统一战线的条件下,八路军面临着如何认识和处理与国

---

① 《毛泽东选集》第2卷,人民出版社1991年版,第524、525页。
② 中央档案馆编:《中共中央文件选集》第12册,中共中央党校出版社1991年版,第143页。
③ 《毛泽东选集》第2卷,第769页。

民党军队的关系问题。1940年3月,毛泽东发表《目前统一战线中的策略问题》一文,高屋建瓴地指出:"抗日战争胜利的基本条件,是抗日统一战线的扩大和巩固。而要达此目的,必须采取发展进步势力、争取中间势力、反对顽固势力的策略,这是不可分离的三个环节,而以斗争为达到团结一切抗日势力的手段。在抗日统一战线时期中,斗争是团结的手段,团结是斗争的目的。以斗争求团结则团结存,以退让求团结则团结亡,这一真理,已经逐渐为党内同志们所了解。但不了解的依然还多,他们或者认为斗争会破裂统一战线,或者认为斗争可以无限制地使用,或者对于中间势力采取不正确的策略,或者对顽固势力有错误的认识,这些都是必须纠正的。"①

  具体到对国民党军队采取什么政策?毛泽东提出:"对于国民党军队,应继续采取人不犯我我不犯人的政策,尽量地发展交朋友的工作。应尽可能地吸收那些同情我们的国民党军官和无党派军官参加八路军新四军,加强我军的军事建设。在我军中共产党员在数量上垄断一切的情况,现在也应有所改变。当然不应该在我主力军中实行'三三制',但是只要军队的领导权掌握在我党手里(这是完全必需的,不能动摇的),便不怕。在我党我军的思想基础和组织基础已经巩固地建设成功的现在时期,大量地吸收同情分子(当然决不是破坏分子),不但没有危险,而且非此不能争取全国同情和扩大革命势力,所以是必要的政策。"②在这些思想指导下,八路军文化工作得以有声有色地展开。为了争取更多的抗日力量,八路军通过各种形式开展统战工作。晋察冀的部队剧社在对敌人展开政治攻

---

① 《毛泽东选集》第2卷,第745页。
② 《毛泽东选集》第2卷,第769页。

势时,演出一些劝说敌伪军弃暗投明的节目,如《刘二姐劝夫》,收到很好的效果。经过中国共产党的努力,国共合作的统一战线没有破裂,一直坚持到抗战胜利。统一战线成为中国共产党克敌制胜的重要法宝,也是八路军得到发展壮大的重要保证。

三、八路军文化与文化统一战线原则

八路军文化工作认真遵循文化统一战线原则。八路军文化工作随着抗日战争的进行,党领导的人民抗日力量的发展,特别是抗日民主根据地的创建和发展,建立一个新民主主义共和国任务的提出,越来越受到中共中央重视,文化统一战线也是如此。张闻天明确指出:"除抗日的统一战线外,应该有各种各样的广泛的文化统一战线。"[1]可以说,在发展文化运动的同时,文化统一战线的问题就提上了议程。而文化统一战线的实质就是为了团结和争取一切可以团结的力量,争取中国革命的胜利。

1944年10月30日,毛泽东在陕甘宁边区文教工作者会议上,不仅把文化建设作为一项重要任务提到全党面前,而且强调指出:"我们反对群众脑子里的敌人,常常比反对日本帝国主义还要困难些。我们必须告诉群众,自己起来同自己的文盲、迷信和不卫生的习惯作斗争。为了进行这个斗争,不能不有广泛的统一战线。而在陕甘宁边区这样人口稀少、交通不便、原有文化水平很低的地方,加上在战争期间,这种统一战线就尤其要广泛。因此,在教育工作方面,不但要有集中的正规的小学、中学,而且要有分散的不正规的村学、读报组和识字组。不但要有新式学校,而且要利用旧的村塾加以改造。在艺术工作方面,不但要有话剧,而且要有秦腔

---

[1]《张闻天选集》,人民出版社1985年版,第252—253页。

和秧歌。不但要有新秦腔、新秧歌,而且要利用旧戏班,利用在秧歌队总数中占百分之九十的旧秧歌队,逐步地加以改造。在医药方面,更是如此。"如何反对落后的文化,反对封建遗迹?毛泽东从政治文化的角度,提出了两项原则:"统一战线的原则有两个:第一个是团结,第二个是批评、教育和改造。在统一战线中,投降主义是错误的,对别人采取排斥和鄙弃态度的宗派主义也是错误的。我们的任务是联合一切可用的旧知识分子、旧艺人、旧医生,而帮助、感化和改造他们。为了改造,先要团结。只要我们做得恰当,他们是会欢迎我们的帮助的。"①

在抗日根据地,统一战线的精神不仅贯穿在政治建设中的"三三制"原则,即"不论政府人员中或民意机关中,共产党员只占三分之一,而使其他主张抗日民主的党派和无党派人士占三分之二。无论何人,只要不投降不反共,均可参加政府工作。任何党派,只要是不投降不反共的,应使其在抗日政权下面有存在和活动之权。"②在文化运动中也是如此。"不论是消灭文盲工作,学校教育工作,报纸刊物工作,文学艺术工作,除党校与党报外,均应与一切不反共的资产阶级知识分子及小资产阶级知识分子联合去做,而不应由共产党员包办。要注意收集一切不反共的知识分子与半知识分子,使他们参加在我们领导下的广大的革命文化战线,应反对在文化领域中的无原则的门户之见。"③在抗日战争时期各根据地上的文化运

---

① 《毛泽东选集》第3卷,第1012页。
② 《毛泽东选集》第2卷,第760页。
③ 中央档案馆编:《中共中央文件选集》第12册,中共中央党校出版社1991年版,第487页。

动中，八路军文化工作是重要组成部分。

四、八路军文化与统一战线精神

八路军文化在各项工作中都体现了统一战线精神。八路军文化工作的统战性表现在八路军的宣传工作方面。为提高部队战斗力，明确八路军的性质、敌人和党的政策，必须加强宣传工作。红军改编成八路军等部队后，周恩来于1938年1月在《抗战军队的政治工作》中明确指出，政治工作的基本目的是提高军队战斗力，保证战争胜利，使军队本身团结起来，军队与人民结合起来。他提出的政治工作应分为三方面：一是在军队内部，向全体官兵实施革命的政治教育，"使每个官兵有着革命的前进的人生观"，"高度地提高战士的民族觉醒与自我牺牲精神"。努力注意改善士兵待遇与生活；建立革命军队自觉的革命军风纪；保障军事指挥员在军事行政上命令的贯彻执行；全体政治工作人员以身作则，起模范作用。二是对地方居民的政治工作，目前迫切需要的是："保护人民的利益，使军民打成一片"；组织人民，武装人民；发动人民肃清汉奸。三是对敌军的工作也应当进行，经常地对敌军进行宣传，"使敌军瓦解和涣散，因而减弱敌人的战斗力量"；在火线上，对敌军喊话或散发传单，使敌军动摇；极力禁止虐待俘虏，经过优待、教育、解释后，立即把他们放回去。①

八路军文化工作的统战性还体现在八路军的教育工作方面。八路军开办军政学校，大力培养抗日干部。八路军认真贯彻中共中央关于团结知识分子的政策，吸收了大批爱国知识青年入学，经过培养和锻炼，使他们迅速成长为德才兼备的部队骨干。抗战期间，仅中国人民抗日军事政治大学

---

① 《周恩来选集》上卷，人民出版社1981年版，第96—97页。

及其分校培养的干部就达到10余万人，对提高八路军的军政素质和坚持持久抗战，争取抗战的最后胜利，作出了贡献。还有多种形式对各类干部特别是基层干部的培训。如设立教导团、教导队，举办随营学校等；还有各种形式的临时训练班。经过训练和教育，干部的思想觉悟和工作能力得到普遍提高，适应了部队发展和对敌斗争的需要。在对部队进行教育的过程中，抗日民族统一战线的政策和立场，始终是重要内容。针对红军改编初期一些指战员对"换帽子"的抵触情绪，八路军第129师师长刘伯承在大会上讲：我们共产党人要把祖国和人民的利益看成最高的利益。现在大敌当前，国家民族危在旦夕，我们要把斗争的矛头指向日本帝国主义。"换帽子"算得了什么！那是形式，我们人民军队的本质不会变，红军的优良传统不会变，我们解放全中国的意志也不会动摇！说完，刘伯承带头换帽子。领导干部带头做思想教育工作，深入进行党的抗日民族统一战线政策的教育，使广大指导员懂得了党的统战政策和立场，理解了红军改编为八路军对促成抗日民族统一战线、实现全国一致对日作战的重大意义，激发了部队对日本侵略者的民族仇恨和拯救民族危亡的责任感。[①]

八路军的文化工作的统战性还表现在八路军的出版等工作上。出版各种学习材料，是为部队建设提供重要的精神食粮。与之紧密相关的是印刷的条件。如果有较好的印刷条件，有关宣传品的数量和影响就会大为扩大。同时，纸刊物书籍的发行工作也是如此。中共中央要求开办印刷厂，

---

① 中国人民解放军历史资料丛书编审委员会：《八路军·综述大事记》，解放军出版社1994年版，第15—16页。

且有机关和部队运输文化食粮,而运输文化食粮要比运输被服弹药还重要。"各根据地上的文化教育工作,每一较大的根据地上应开办一个完全的印刷厂,已有印刷厂的要力求完善与扩充。要把一个印厂的建设看得比建设一万几万军队还重要。要注意组织报纸刊物书籍的发行工作,要有专门的运输机关与运输掩护部队,要把运输文化食粮看得比运输被服弹药还重要。"①中央要求的地方和部队的文化工作,力度是很大的。

在八路军文化中,既有中国的有民族特色的因素,也有外国的积极进步的因素。如八路军作为科学指导思想的马克思主义的军事理论、将马克思主义和中国实际相结合的毛泽东军事思想,就是既有民族特色,也有吸收外来先进文化的因素。毛泽东曾指出:"中国应该大量吸收外国的进步文化,作为自己文化食粮的原料,这种工作过去还做得很不够。这不但是当前的社会主义文化和新民主主义文化,还有外国的古代文化,例如各资本主义国家启蒙时代的文化,凡属我们今天用得着的东西,都应该吸收。"②如在太行山,第六军分区文工团就演过从苏联翻译过来的剧本,即话剧《前线》,其中有个记者叫客里空,他不上前线,不到士兵中去,不做实际考察,而是凭自己的一知半解和捕风捉影的材料加上自己的主观臆断来编写战地报导。后来就出了"客里空"这个用语,以之形容那些不切实际的人和做法。这个剧里还有个老干部叫哥尔洛夫,摆老资格,不接受新事物,后来老哥尔洛夫就成了大家对摆老资格的同志的代称。从此例,不仅可见八路军文化对外来进步文化的借鉴和吸收,也可以看出八路军文化对中国

---

①《中共中央文件选集》第12册,中共中央党校出版社1991年版,第487页。
②《毛泽东选集》第2卷,第706—707页。

抗日军民的影响。

五、八路军文化与抗日民族统一战线的贡献

抗日民族统一战线是抗战胜利的重要法宝。八路军文化坚持统一战线原则，建立文化统一战线，为八路军的发展创造了有利的条件，对抗日民族统一战线产生了重要影响。八路军尽量和友军友好合作，协同作战，用长期合作支持长期战争。经过八路军的宣传、教育工作，吸收了许多的同情者和支持者参加抗战工作，有的甚至加入了八路军；包括一些日本俘虏在内。特别是八路军急需的一些军事部门和技术部门的建设，吸收了大量同情分子前来参加，使部队的发展得到保障。还有一些国际友人，也受到八路军文化的深深吸引，实际上是受到中国共产党统战政策的吸引，主动参加八路军建设，为中国抗战做出了特殊的贡献。

通过文化统一战线，八路军为巩固发展抗日民主根据地作出了贡献。八路军文化不仅提高了八路军指战员的知识水平和民族自尊心，而且"以提高和普及人民大众的抗日的知识技能和民族自尊心为中心"。八路军"放手地吸收、放手地任用和放手地提拔"①一切有抗日积极性的知识分子；在容许资产阶级自由主义的教育家、文化人、记者、学者、技术家来根据地和八路军合作，办学、办报、做事等方面，取得成绩；在吸收一切较有抗日积极性的知识分子进八路军办的学校，加以短期训练，使其参加军队工作、政府工作和社会工作方面，取得成绩。八路军的壮大发展，有文化统一战线的一份功劳。

八路军文化在宣传中国共产党主张，扩大中国共产党影响方向，发挥

---

① 《毛泽东选集》第2卷，第768页。

了重要作用。八路军以自身的宣传等文化活动,以一切可能的文化成果,大张旗鼓地宣传中国共产党的政治主张,宣传抗日民族统一战线,在国内外都产生了很好的影响。总之,八路军文化对抗日民族统一战线产生了重要影响,也是抗日民族统一战线能够坚持下来的有利因素。

六、研究八路军文化与抗日民族统一战线的历史启示

八路军文化虽然存在于上个世纪,距今已有60多年历史,但却是中华民族的一笔宝贵的精神财富。研究八路军文化与抗日民族统一战线的关系,给我们以历史的启示。

(一)高度重视和发挥文化的作用

文化,更多的是一种精神或价值取向。八路军文化是体现八路军宗旨和性质的、具有深刻内涵的外在体现。在现今社会,文化常常被当作一种特定的修饰语,其意义却大打折扣。人们常听到的"时装文化"、"饮食文化"、"茶文化"、"酒文化",甚至还有什么"鬼文化"、"麻将文化"[①],似乎只要沾上了"文化"二字,就有了品味,就提升了价值。事实上远非如此。八路军文化是实实在在的,是中国共产党领导下的八路军创造出来的现象或产品,八路军文化之所以能够发挥统一战线这样重要的作用不是偶然的。从战略高度认识文化的作用是一个十分重要的因素。1944年10月30日,毛泽东在陕甘宁边区文教工作者会议上的讲演中指出:"没有文化的军队是愚蠢的军队,而愚蠢的军队是不能战胜敌人的。"[②]首先从部队建设的高度认识文化工作的重要性,可见这项工作对于部队的生存发展的重要意义。

---

① 周正刚:《文化呼唤真善美》,《人民日报》2010年3月30日,第24版。
② 《毛泽东选集》第3卷,第1011页。

（二）按照党的要求做好统一战线工作

八路军文化之所以坚持统一战线的原则，是遵循了一切听党指挥、服务大局的原则。抗日民族统一战线是中国共产党在抗战时期始终高举的一面旗帜，在党领导的政治、军事、经济、文化等各项事业都是一以贯之。抗日民族统一战线，也是中国共产党全面抗战路线的具体体现和实践。只有坚定不移地高举抗日民族统一战线旗帜，才能广泛动员全国人民参加抗战，才能靠人民战争打败不可一世的日本侵略者，取得中国抗战和世界反法西斯战争的胜利。

（三）文化的发展必须与人民的需要紧密相连

八路军文化也是人民的文化，人民的文化是不能脱离人民的。毛泽东深刻地阐述了密切联系群众的党的光荣传统作风，在八路军文化中也得到体现。八路军文化历来是把民族和人民的利益放在第一位。毛泽东提出了八路军文化必须遵循的一个重要原则，即文化的人民性问题。毛泽东指出："我们的文化是人民的文化，文化工作者必须有为人民服务的高度的热忱，必须联系群众，而不要脱离群众。要联系群众，就要按照群众的需要和自愿。一切为群众的工作都要从群众的需要出发，而不是从任何良好的个人愿望出发。"[1]统一战线工作，实际上也是群众工作，是把一切可以调动的积极因素都调动起来，共同为党和人民的事业奋斗。所以，必须坚持群众观点，联系群众，从群众的实际情况出发。"有许多时候，群众在客观上虽然有了某种改革的需要，但在他们的主观上还没有这种觉悟，群众还没有决心，还不愿实行改革，我们就要耐心地等待；直到经过我们的

---

[1]《毛泽东选集》第3卷，第1012页。

工作,群众的多数有了觉悟,有了决心,自愿实行改革,才去实行这种改革,否则就会脱离群众。""欲速则不达"。凡是需要群众参加的工作,如果没有群众的自觉和自愿,就会流于徒有形式而失败。①在1942年5月23日延安文艺座谈会所作的结论中,毛泽东提出正确的方向是文艺为工农兵服务。这对于认识文化与政治、文化与人民的关系,具有振聋发聩的作用。

(四)开阔视野,克服狭隘思想和关门主义

文化统一战线的形成和发展,必须克服各种狭隘的思想和关门主义倾向。张闻天曾经这样分析和批评过人们在统一战线问题上的错误。他指出:"抗日民族统一战线中的'左'倾危险表现在不愿意或不会用一切方法去接近一切抗战的人们。党内有些同志,常常倚仗共产党员的资格,自高自大,看不起别人,同非党分子总是格格不相入,或采取盛气凌人的态度。只有人家来拜访我们的时候,我们才不得已的敷衍了事。从我们这方面积极的、主动的去接近人家的事,那当然是更少了。党内还有些同志只知道用一种方法去接近人家,即直接拿共产党或八路军代表的资格去接近人家。如果对方对我表示冷淡,表示'话不投机',那就以为没有其他办法了,从此即轻易地得出对方如何如何的'不可救药'如何如何的'顽固'等等的结论。这种立场,显然也是要不得的。""我们共产党人对于中华民族的前途是完全负责的。共产党人是抗日民族统一战线的发起人,最积极的主张者与拥护者。因此,在这方面,共产党人首先要表现出自己的模范作用。"②

---

① 《毛泽东选集》第3卷,第1012页。
② 《张闻天选集》,人民出版社1985年版,第268—269页。

我们今天研究八路军文化和抗日民族统一战线的关系,要更深刻地认识八路军文化的历史价值和现实意义,不断发展和扩大爱国统一战线,实现国家的统一和强盛,中华民族的伟大振兴。

作者简介:

叶成林　中共中央党校教授

左权将军对八路军军事文化建设的贡献

罗存康

抗日战争时期,八路军副参谋长左权将军一边参加和领导敌后抗战,一边结合抗日战争的伟大实践,总结经验和教训,撰写了大量的军事论文。周恩来称他为"有理论修养同时又有实践经验的军事家"[1]。朱德称赞他"在军事理论、战略战术、军事建设、参谋工作、后勤工作等方面,他有极其丰富与辉煌的建树,是中国军事界不可多得人才"[2]。刘伯承、邓小平说他"善于从经验中抽取与总结出原则的理论,发现规律,来指导新的实践"[3]。

军事科学出版社出版的《左权军事文选》,收录了左权撰写的军事论文、评述及有关电文196篇,共计70余万字。本文结合有关论述,初步分析左权将军在八路军军事文化建设方面的杰出贡献。

---

[1] 周恩来:《左权同志精神不死》,《新华日报》1942年6月21日。
[2] 朱德:《悼左权同志》,《解放日报》1942年6月15日。
[3] 刘伯承、邓小平:《纪念我们的战友左权同志》,《解放日报》1942年7月4日。

一、强调对八路军开展军事、政治与文化教育的重要性

左权对抗战教育工作十分重视。他强调,要努力民族教育,持久战的教育,提高每个人的民族自尊心,坚定争取持久抗战的决心与胜利信心。关于军队的教育训练,他认为既要重视军事教育,更要重视政治教育,又不能忽视科学文化教育。

左权十分重视对部队官兵的军事教育,反对在军事教育上的教条主义和形式主义,强调要与抗日救国的伟大实践相结合。左权指出,对新战士进行教育要有正确的原则和方法。左权提出对新战士进行教育的四项原则。一、及时供给战争需要的原则。新战士教育时间之确定:一方面应尽量求得使新引进之大批新战士,能打下一般的军事教育的基础,同时主要的应顾及能及时供给抗日战线上的需要。二、着重于技术战术训练的原则。技术战术的教育,是新战士教育中的中心内容。在短期的训练中,必须使每个新战士都能达到善于使用自身所携带的武器——枪刀、手榴弹——和善于在各种战斗情况下,有烂熟的战斗动作。三、对日作战的原则。我们的一切工作,都要适合争取抗战胜利的条件。要使部队训练工作与前线战斗活动,很密切的联系起来,把前线的战斗经验,特别是胜利的模范的战斗经验教训及缴获敌人的武器等,拿来作教育。四、适合抗日战略战术的原则。抗日战争是民族自卫战争,在战略上是防御的性质,但在战役战术的运用上,应采取积极的主动的动作,向敌人进攻,主要的方式是采用运动战游击战,而不是战役上战术上的单纯防御。因此,在部队教育上,就必须进行适合这一战略战术原则的教育,即是加强其进攻战斗的教育,培养顽强的大无畏的进攻战斗的精神,进攻战斗的艺术和神速的动作。①

---

① 左权:《新战士的军事教育》,《群众》1938年第2卷。

在教育方法上，左权提出：一、一切训练的课目，尽量求得讲与做相联系起来。二、教育课目的选择，应着眼于战术实战的需要。三、在部队中造成紧张的学习空气，建立完善的教育组织。四、对新战士教育一经开始，必须建立严肃紧张的作风，以创造优良的基础。①

左权同时认为，对八路军官兵单靠军事教育是不可能的，而必须有紧张的深入的政治教育工作，有恰当的军事政治工作之联系。②

左权指出：军队的政治的质，在战争的进行上保有决定的意义。③因此，他认为，必须提高战斗员的政治素质，必须加强部队的政治工作。政治工作不能不是军队的生命线，我们不能不反对轻视政治工作的态度，它保证了部队的政治的质的优良，保证了党的领导，提高了部队的文化水平，保障了部队的团结和巩固，发扬了战斗员和干部的牺牲性和创意性，也就是发扬了部队的顽强性和机动性。④

重视政治工作在部队建设中的作用，可以说是左权指导部队建设的一个显著特点。他说："决定战争最主要的是靠人，人是起主导作用的。""提高战斗员和全体干部的质量，不但要加强其肉体的质，尤其着重要加强其政治的质。""这就是说，政治工作不能不是军队的生命线，我们不能不反对轻视政治工作的态度。"⑤左权注重军队的全面建设，同时在指导各方面建设时，总能敏锐周详地照顾到政治的一面，不忘政治工作的重要性，这

---

① 左权：《新战士的军事教育》，《群众》1938年第2卷。
② 左权：《新战士的军事教育》，《左权军事文选》第117页。
③ 左权：《论军事思想的原理》，《解放日报》1942年6月30日。
④ 左权：《论军事思想的原理》，《解放日报》1942年6月30日。
⑤ 左权：《论军事思想的原理》，《解放日报》1942年6月30日。

是他治军的一个特点。

左权指出：必须把进步的政治精神贯注于军队之中。左权认为："没有进步的政治素质的军队，它的人员和武器的结合是不稳的，而有着优良的政治素质的军队，则有最大的动机去掌握技术，去使用从最原始的到最近代的武器。"[1]他论述新战士的军事教育时，用大量篇幅讲了政治教育问题，明确指出："要使大批新战士在短期内训练成为熟练的战士，参加作战，单靠军事教育是不可能的，而必须有紧张的深入的政治教育的工作。"[2]

左权特别强调要加强对军队干部的教育。在军队教育上，左权认为应首先着重对干部的教育。应有计划地指导部队学校的教育，供给必要的教材，及时检查和总结教育，使教育与实战相联系，对于学习成绩优良以及实战中指挥恰当、动作熟练切实而获得优良成果者，应予以恰当表扬，以提高部队学习军事的热情。他认为，要提高干部的政治质量和工作质量，就要给干部以轮流训练的机会，使他们能够从斗争的前线，暂时调到较安静的地点给以学习，使他们能够了解全局，了解政策，避免可能只见一角，而产生悲观失望情绪。[3]左权强调，要将干部军事教育制度化。他说，必须利用一切可能利用之时间，建立干部军事教育之制度，以提高干部之军事能力，这是军队建设首要的任务，亦即提高军队战斗力，各级首长人员，各级司令部，特别是掌理教育之机关，应有计划的做指导与监督

---

[1] 左权：《论军事思想的原理》，《解放日报》1942年6月30日。
[2] 左权：《新战士的军事教育》，《群众》1938年第2卷。
[3] 左权：《开展反对敌人"蚕食"政策的斗争》，载1942年5月10日《党的生活》第51期。

这一工作的进展，并必须做出成绩来，一切轻视与忽视军事学习的观点，都是错误的。①

左权不但重视对军队干部的军事教育，而且重视对干部的文化教育。这是十分难能可贵的。左权在《对提高干部文化教育问题的几点意见》一文中指出：抗战以来，对干部在政治理论的教育上，由于有些教育计划之不切实，好高骛远，结果或则能背诵些条文，或则只能记住些名词，不能融化于实际斗争中。在文化与自然科学的学习上，其所获成绩更是微弱，大批久经斗争之工农干部，其科学知识之缺乏、文化程度之浅薄，仍属惊人。另一方面，在教育组织上，连队文化教员负责一般战士文化教育，对干部之文化与自然科学的教育设置则甚缺。

左权认为：对于在职干部，必须加强其教育，提高其能力，这是提高我军战斗力，增进军队建设重要的一环。没有好的、善于教育管理、指挥强的干部，企图训练出优秀的、能掌握技术战争的军队是不堪设想的。在目前一般干部文化程度低的情况下，部队文化教育的中心，基本的应着重干部的文化教育，而不是着重一般的战士文化教育（不是不要而是教育的重心应有变）。左权要求，各抗日根据地成立一陆军中学性质之学校，附属现有抗大分校或另设，由各战略根据地按照实际决定之。学生三百至五百人，学校以三年为期，初期主要的学文化与自然科学，末期加强军事、政治理论的学习。必须抽调一切可能抽调的、可能深造的中下级干部就学。

为了加强干部的文化教育，左权还要求在军队干部的学习过程中实行

---

① 《左权军事文选》第524页。

作文制度，每十天一次，所有授课干部都要参加，由专任教员出题目。①

左权认为，提高文化是增进一切知识之钥匙，了解初步自然科学又成为学习军事、政治理论的必要基础。为打开干部学习门径，为提高军事技术准备掌握新兵器，为建军的强大计，加强工农干部的文化与自然科学的教育，使工农干部知识化之口号变为现实的东西是有很大的意义的。左权指出，八路军不是蠢人集团，不能满足于狭隘的经验，要反对落后。必须加强政治文化的学习，工农干部知识化，知识分子干部实际化，工农大众化。提高政治文化的学习，就是提高战斗力。②

二、强调民众和民众武装对于八路军抗战的重要意义

左权充分肯定八路军在坚持华北抗战方面发挥的重大作用。他认为，"犬牙交错"的战争，是华北战争的特殊形态。它是最复杂、最繁重与最艺术的战争；它必须有精悍的、政治质量坚强的、最具机动能力的、最具艰苦奋斗精神的军队；它必须有最艺术的天才的战争领导与组织。在华北，没有庞大的军事力量，坚持华北抗战，是不可思议的。因此，要求军事方面大踏步地进步，增大军队的数量，提高指导人员之指挥艺术，加强军队之政治军事质量，加强政治工作，严肃军队纪律，提高军队之民族意识，坚持持久刻苦耐劳的精神，加强一切抗日武装部队之团结与协同，提高打仗的积极性、坚决性，缩小敌占区，以求得在紧张严重复杂的战况中，战胜敌人，是有决定意义的事。③

左权同时认为，没有把战争的最深厚的伟力从民众中发掘出来，是不

---

① 左权：《对提高干部文化教育问题的几点意见》，《左权军事文选》第747页。
② 左权：《关于建军问题的报告》，1941年。
③《左权军事文选》第213—214页。

能取得抗战的最后胜利的。要取得革命战争的胜利，不光靠我们有多少军队，军队仅是战胜敌人的一个力量，"主要的还要依靠民众的力量"，把军队的力量与民众的力量有机地统一与共同地发挥出来，"这是最伟大的不可战胜的力量"，也是争取战争胜利"所最依靠的"。

因此，左权特别强调开展深入的民众动员工作。他在《论坚持华北抗战》一文中指出，要更广泛地动员民众，组织民众，把一切无组织的民众组织起来，武装起来，动员一切生动力量，为着战争，这是至为迫切的任务了。为此，首先必须坚决反对一切对抗日民众运动之摧残，"今日取消那，明日取消这"的自杀政策。我们希望一切的抗战人们，深刻认识"依靠民众则一切困难能够克服，任何强敌能够战胜，离开民众则将一事无成"的真理。左权号召动员群众："一切为着战争，一切服从战争"，将政治动员作为第一位的工作。①

1939年4月16日，左权在接受《新华日报》记者采访谈论晋鲁豫战局时指出：为保证未来大战的胜利，必须更进行广泛深入的动员。动员工作应不仅只及于中心城镇与交通要道，更需深入穷乡僻村，深谷山野，务使全晋冀豫男女老幼个个都能了解此次战争之意义，与民众在此次战争中之责任。目前急需完成的有以下几项工作：第一，应继续政治动员，以村区等为单位召开民众大会，正确认明目前战争形势和保卫晋冀豫的任务与工作，坚定胜利信心，更高度的发扬民众的抗战积极性。第二，是加紧春耕，加紧生产，厉行节约，停止一切浪费现象，继续囤积粮食，保证战争物质[资]供给。第三，是动员大量勇敢有为青年壮丁参加部队，保证兵员

---

① 《左权军事文选》第152页。

补充,加紧自卫队军事政治训练,完成战时准备工作,使在战争中能担任各种勤务工作,配合军队作战,成为正规军的后备军。第四,是加速完成破路拆城、空舍清野等准备工作;搜寻各种新旧武器,如手榴弹、戈矛大刀等武装民众。第五,是厉行抗日戒严,加紧锄奸,严防一切汉奸活动;揭破敌人"以华制华"阴谋及汪精卫等民族叛徒的欺骗宣传,破坏团结阴谋,以巩固团结,激发民众抗日意识。动员广大民众配合作战,是争取战争胜利的主要条件。在此次作战中我们动员民众直接参加军事行动,民众运动成为军事的一部分,以保证战争的必胜。①

左权认为,不去发动民众,就不能巩固根据地;不发动民众,就不能开展游击战争;不发动民众,就不能坚持华北抗战;不发动民众,就等于把华北一万万民众送交给敌人任其宰割。②

为了充分发挥民众的力量,左权提出,要"广泛地动员民众,组织民众,把一切无组织的民众组织起来,武装起来";党、政、军、民四位一体要密切配合,组织各种不同性质的民众武装,开展广泛的民众性的武装斗争;加强民众的军事教育,给民众武装更多的帮助与培植,使其学会革命战争的方法与艺术;加强民众战斗性的组织与训练,提高民众斗争热情,使民众的革命斗争与军队行动统一起来。军队中之军政干部不仅要善于训练军队与指挥军队英勇的作战,而且,还应善于训练民众与指挥民众英勇参战。要动员民众,进行人民战争,必须实行民主政治,改善人民生活。③

---

① 《左权军事文选》第240—241页。
② 左权:《"扫荡"与反"扫荡"的一年》,《左权军事文选》第323页。
③ 左权:《论华北战局形势的特点和坚持华北抗战中作战指导与组织上几个基本问题》,《左权军事文选》第476页。

左权坚决反对压制民众运动。左权指出：有一部分人，反对发动组织与武装民众，反对开展民众游击战争，似乎亡国是小事，老百姓武装起来了，学会了打仗便是大事，对民众畏之如虎。甚至有些人说："不组织民众是个空子，组织起来是个乱子，为了消灭这个乱子，不如丢下一个空子。"①实际上，有的人宁愿把民众交给敌人，而不愿把民众发动组织起来，抗日救国。因此这些人们是一方面以各种各样的方法压制民众抗日运动，制造军队与民众间不团结的事件，使军队与民众可能与必要的结合，全部分离。对已开展起来之民众游击队，便大肆侮辱与摧残，这些都是亡国政策。

左权认为，如能对民众力量加以"巧妙"地组织，适当地运用和正确地发挥这一力量，就能无限地增大战争的力量，就能节约我之兵力，而获得战争的美满结果。这是长期坚持敌后抗战万分重要的事。

在如何合理利用民力方面，左权有过精辟的阐述。他认为，指导群众战争是一件最难的事，必须有高度指挥艺术。这里的原则就是要有广泛的群众的参战，又不浪费民力；要有集中的指挥与组织，又不要违背群众的志愿与民主的精神；要领导进行英勇斗争取得胜利，又不要给群众过多的损失与牺牲。为着完成这样的任务与工作，军队与地方党政民机关密切结合是非常必要的。也只有党政军民结合起来，共同的发挥力量，一致向着敌人，才能取得战争的胜利。②

左权强调，在充分利用民力的同时，要警惕滥用民力。他说，一切民

---

① 左权：《论华北战局形势的特点和坚持华北抗战中作战指导与组织上几个基本问题》，《左权军事文选》第475页。

② 左权：《论战争指导、军队组织和战术问题》，《左权军事文选》第572页。

众力量的使用，必须合理。首先应有适当的民生改善，正确的财政经济政策，彻底执行"有钱出钱"、"有力出力"的口号，和坚决反对一切只图私欲，搜刮民资民力，浪费民资民力的有害行为。①

左权深刻阐明了正规军与民众武装的关系问题。他指出：正规军与民众武装，同是敌后抗日战争中、武装力量组织形式的不可分离的组成部分，不管他对于战争的作用有着不同的贡献，但两者都是不能忽略的，忽略了任何一个方面，都是领导战争与组织战争中的偏向，必不能顺利的、确切的执行"基本的游击战争不放弃有利条件下之运动战"的唯一正确之战略方针，就必将招致严重的恶果。②

左权指出，忽视正规军的建设，而过分强调地方武装的作用，以为只要有了群众游击战争的发展，就可以解决敌后抗战的严重任务，这种了解显然是不正确的，可能引起对于建设正规军的怠工，而招致战争的失败。但忽视认真的培养群众武装，甚至有意无意地削弱群众武装，阻碍群众武装发展，"抓一把""连根拔""吞并政策"等等，实质上是对开展民众性游击战争的取消主义。这种现象不力加纠正，真正的群众武装与广泛的民众性的游击战争是无法开展起来的。同时在另一方面，地方武装首先是游击队的升级问题，是个重要问题，经验证明，游击队必须逐渐的提高其质量，逐渐向正规军前进，才有光明的前途。但这里绝不是说，把游击队编入到正规军，就算正规军化了。这只是一个方法，而不是方法的全部，在今天说来，把游击队提高，基本上是应该不断扩大地方武装，不断提高其

---

① 《左权军事文选》第213页。
② 左权：《论晋察冀边区反"扫荡"战的伟大胜利》，《左权军事文选》第591页。

政治觉悟,军事技能,纪律素养,使之日益向正规军前进,这样才能一方面确切的建立民众武装,另一方面也就逐渐扩大了正规军队。同时更适应今日的战争需要与军事建设的政策。①

三、从理论高度概括和总结八路军的战略战术

左权积极主张加强我军战术理论建设。他认为,我们是工农革命的军队,是最具创造性的,中国和国际没有现成的适合我军斗争环境的战术,根据马列主义的理论,创立一条正确的适合中国国情的战术,是件非常大的事情。②左权虽然注重研究德国、日本、苏联的战术,但他认为我军的战术,不能是日本式或德国式战术,这是"因为不仅军队技术、兵器相差甚远,主要的还由于国家的性质、军队的本质、军队的军事任务的性质与本质根本不相同,在战术的基本精神上也有根本的差别"③。左权认为,人民军队的战术理论,必须依据人民军队所处的环境,具体条件,历史传统,军事任务的性质与本质来规定。左权明确指出:"中国是一个半殖民地半封建的国家,这种社会性质和国家的具体环境决定了坚持敌后抗战的战略方针,决定了战术的最基本组成部分是游击战术。"

左权运用毛泽东关于抗日游击战争的战略战术思想,并根据八路军在华北抗战的经验教训,对游击战术提出了许多独到的见解。他认为,游击战术的基本精神就是速决的进攻。所谓"速决的进攻"战术,就是发挥主动性、突然性与顽强性,主动快速的出击,出其

---

① 左权:《论晋察冀边区反"扫荡"战的伟大胜利》,《左权军事文选》第592页。
② 左权:《论战争指导、军队组织和战术问题》,《左权军事文选》第574页。
③ 左权:《战术问题》,《前线》(半月刊)1941年第8期。

不意地打击敌人。①主动行动是要有意识地去求得,从正确的情况估计与正确的处理情况中去求得,不是现成的东西,因此也是很困难的,但是必须虚心研究与寻求的。突然性是指部队行动要有计划有准备,和行动中的迅速与秘密。这是从组织战斗开始直到战斗发起止之重要事项。突然性愈大,战斗胜利就愈有保证。顽强性是指战斗中英勇杀敌,毫不犹豫,坚决与敌人白刃肉搏。②左权认为,实行"速决的进攻",体现了八路军的战术艺术,因为在抗日战争这样复杂的战争环境中,敌我力量还不相称的环境中,只有速决才能各个击破敌人,才能连续作战,才能使敌优点不能发扬;只有进攻才能消灭敌人,才能创造敌之弱点与抓住敌之弱点,才能避免自己弱点,发扬自己优点,取得战争的胜利。左权认为,只有通过速决的进攻战,不断消耗和歼灭敌人局部的有生力量,积小胜为大胜,逐步改变敌我力量的对比和整个战争形势,才能最后取得抗战的胜利。左权"速决的进攻"的观点,是毛泽东游击战争理论的生动体现,是对当时我军游击作战经验的科学概括。

左权善于从对日作战的实践中总结和创造新的战略战术。他在《坚持华北抗战的战术问题》一文中,总结抗战经验教训,在战术上提出六条"战术上的真理"。③在《论目前山西敌人的动态和我军采用的战术》一文中,左权明确提出15条战术原则:(1)在敌之联络线上,在其联络线近旁,在其一切可能为我活动和能打击、威胁敌人的地域上,广泛开展民众抗日斗争、自卫斗争,发展游击运动。(2)一切游击队和基干部队,应利用其一

---

① 左权:《战术问题》,《前线》(半月刊)1941年第8期。
② 左权:《论战争指导、军队组织和战术问题》,《左权军事文选》第575页。
③ 左权:《坚持华北抗战的战术问题》,《左权军事文选》第89页。

切优越条件,寻找自己的主动地位,并应具充分的积极性、敏捷性与弹韧性,和在刻苦耐劳、坚决勇敢的斗争中,求得自己的不断的胜利。(3)在一切活动过程中,游击队与基于部队,应有密切的联系和相互的补助。(4)当敌脱离联络线进入山地,向我进攻的时候,应成为消灭敌人的良机。(5)当敌人分途进扰时,应严格注意其各支队间之距离间隔,及其相互联系。(6)一切战斗的发起,主要的应带着高度的突然袭击的性质。(7)无论大小战斗,都不能当作儿戏。(8)基干部队及游击队,无论在什么情况下,都应有灵巧的动作。(9)对于敌人联络线上守备之敌,应施行不断的袭扰,增加其恐怖。(10)对于敌人联络线上守备之敌,应施行不断的袭扰,增加其恐慌,并不时采用佯攻诱击与伏击兼用的方法,调动其增援,求得在运动中突击其增援部队。(11)沿线各个部队,在一切斗争过程中,应有很好的配合与协同。一切隔岸观火,企图苟安一时,或各自为战等现象,都是不容许的。(12)加强对敌人技术兵种的防卫,注意隐蔽与伪装。(13)在敌人之联络线上,在其驻地之近旁,及一切可能来敌的方向,满布我之游击部队,及分派优良的射手,潜伏其近旁,见到敌人就打,有机可乘时就给以袭击,使敌无时无刻不在我包围中,袭扰中,使敌时刻有被我射杀的危险,这样不断的消耗敌人。(14)加强我军的侦察。(15)应严密抗日戒严。①

左权强调,要有效地打击敌人,必须重视研究敌人的战略战术。左权指出:"我们应当精细地、虚心地研究敌人的一切战略战术的原则与运用。"②为此,左权十分重视对日军战术资料的收集。他曾多次指示各部队,

---

① 左权:《论目前山西敌人的动态和我军应采用的战术》,载八路军总司令部编印《战术研究资料》1938年第1—3期。

② 左权:《八路军的战斗教练工作》,《解放日报》1942年8月9日。

要多向其提供关于日军"扫荡"战术和行动规律的材料。凡是缴获的日军文件、刊物及通过其他途径得来的日军材料，他都细心研究。

左权清醒地看到了八路军在战术问题上的缺点和不足。一是部分部队在一些具体战斗中缺乏消灭敌人的信心与决心，战斗的顽强性、积极性、主动性不够。如个别部队，在敌人进攻面前一味向后退缩，不敢接近敌人，不敢到边区或敌占区活动；有的部队在严令破路或打击敌人的时候，敷衍了事，虚放一枪，回头便跑。二是有些部队对于八路军战术的基本精神，不甚了解，把握得很差，对当面的敌情、对一些战斗没有任何准备，甚至一切情况都不加侦察、不加了解、不加考虑、不加研究，抱有侥幸，随便乱撞，盲目行动，以致遭受某些不必要的损失。三是技术知识和掌握技术能力薄弱，不善于发挥手中武器的技术战术性能和各兵种的作用，不善于与组织各兵种进行协同作战。四是缺乏组织与指挥民众参战的艺术，某些部队总是忽视游击队、自卫队的作用，不注意去加强它，更不注意研究与其配合协同作战的方法，总想将其收编到自己的部队中来，以致使野战部队本身形成"裸体跳舞"。五是战术上的游击主义习气严重。不顾全局，缺乏配合，各自乱动，参差不齐，不遵守时间，不执行规定。六是警觉性不高，政治上、军事上麻木，存在轻敌观念，不注意侦察敌情，不注意保卫自己的部队。

他在1941年2月发表的《战术问题》一文中指出："要使抗日战争胜利，便要求我军逐渐改善自己的装备，逐渐的提高自己的技术，也就是要求我们的战术逐渐的完善起来。那种战术不仅是步兵的、游击战的，而是更正规的、是诸兵种联合的、更富科学内容及富有组织性的战术。"左权认为，目前八路军仍处于华北敌后，仍应坚持敌后抗战的战略方针——基本的游击战，不放松有利条件下的运动战。但八路军已有大规模的正规军,而且处于山岳地带的有利地形,日军所持的技术兵器不能发挥大的威力,八路军已经创造了进行运动战的有利条件。在战争中,只把防御所取得的胜利用于抵御,而根本不想反攻是十分荒谬的。按照军事斗争的进程,也不只是打游击打到底,发展到一定阶段就要进行正规作战。

左权强调,八路军在具体作战时统一指挥与机断专行的统一。他指出:运动战与游击战,应该有严密的组织,统一指挥和协同动作,而不是各自为战。但同时须顾及情况变更得很快,前线作战部队如完全取决于上级指挥机关的命令,又要丧失消灭敌人的机会。因此,充分发挥各级指挥员在上级整个作战意图下之机断专行,这与统一指挥并不相矛盾,而恰是相互补助着的。在今后作战中,充分的统一指挥与机断专行,应成为极端重要的事。①

从以上阐述可以看出,左权将军提出的根据中国国情和中国社会的具体实际,创立具有中国特色的战略战术的思想;抗日战争的基本战术是游击战术,其基本精神是速决的进攻的思想;左权提出的对日作战战术的若干具体原则;左权提出要研究和掌握敌人的战略战术,要清醒地认识八路军自身在战略战术上的弱点等思想说明,左权将军已经将八路军对日作战的战术上升到理论的高度,进行了全面的总结和透彻的分析,丰富了我军游击战的战略战术,因而在我军战术理论的建设上作出了卓越的贡献。

四、积极探寻战争规律,建立符合中国实际的军事科学

左权十分重视军事理论研究,提出要创造中国马列主义的军事思想、军事科学。左权认为,"军事是一种科学",它的基础是社会经济条件,因

---

① 左权:《坚持华北抗战的战术问题》,《左权军事文选》第94页。

而军事科学的发展离不开社会经济的发展。同样，一切军事思想也都是随着社会经济条件而变化的，并受当时社会上层建筑的影响，然而一定时间与一定地点的经济条件，是起着主导作用的。虽然中国的军事思想随着社会经济而向前发展，但由于受唯心主义、形而上学及机械唯物论等错误观点的影响，从而严重妨碍了其进步。为此，我们必须用"新的方法"、"新的观点"，创造"新的马列主义的军事思想"，"以代替旧的思想"。要创造中国马列主义的军事思想，既不能从外国照搬，也不能凭空创造，而只能在中国一定的客观环境内，用马克思主义的科学方法来指导中国的革命战争，使其"逐渐从斗争中产生起来"。同时，要加强对战争经验、军事理论的学习与研究。要学习马列主义及马列主义关于战争的学说，要研究我军长期战争的经验教训，研究古今中外战争历史和军事理论，继承中国革命的传统，吸收中国历代军事思想的进步的优点，借鉴先进国家成熟的军事思想，从而把我国的军事理论推向前进，创造"中国光辉的马列主义军事科学"。

左权善于运用马克思主义的战争观和方法论，研究战争的特点和规律，提出了许多重要的作战指导思想。左权强调，在敌强我弱的形势下，我军要取得作战的胜利，必须坚持战略上的持久战与战役战术上的速决战、战略上的防御战与战役战斗上的进攻战、战略上的消耗战与战役战斗上的歼灭战的统一；要实行正确的内线作战中的外线作战，注意反围攻与围攻作战的统一与协同，避免孤军作战；要争取战略、战役及战术上的主动，善于发现、创造并抓住敌人的弱点，同时应发扬自己的优点，消灭自己的弱点；注重发挥地方军、民兵的作用，使其积极有效地配合正规军的作战，反对限制、削弱群众武装的错误做法；在组织战斗时，要灵活地使用兵力，善于大踏步地进退，善于分散与集中，善于组织各种力量参加战斗。

左权在《论华北战局形势的特点和坚持华北抗战中作战指导与组织上几个基本问题》一文中，提出了一系列充满辩证法思想的作战指导与组织原则：（1）反围攻与围攻的统一。（2）正确的内线的外线作战。（3）争取主动，敢于在战役战术上开展积极的进攻。另外，左权还提出军队行动与民众抗日运动相统一，运动战与游击战相配合，开展交通战，击破敌人的"囚笼政策"，加紧敌伪军工作和锄奸工作等战争指导原则。左权要求，八路军的各级领导者，要细心地去寻求战争发展的规律，认识敌我不同的具体条件，灵活的指导与组织战争，正确的规定战略与战术，以调动与控制战争。同时保持自己最大的独立性，与部队的顽强性、坚定性、高度的战斗力，机断专行的毅力，最坚固的团结力量。①

在战略指导上，左权提出，既要反对只一味向敌进攻，不作反"扫荡"作战准备或进行反"扫荡"作战的冒险主义，又要反对只停留在根据地里等着敌人来"扫荡"，而放弃有利条件，不向敌人作各种主动进攻，或一味退缩让敌人"蚕食"的保守主义倾向；要有团结一切有利于抗日力量的意志与全局观念，注意反围攻与围攻作战的统一与协同，从整体上避免孤军作战；掌握正确的内线的外线作战及主动的对敌作战的指导精神，达成作战的突然性和速决性；注重发挥一切抗日力量以及地方军、民兵的作用，不断提高其政治觉悟、军事技能和纪律素养，使之日益向正规军发展，形成全民抗战的人民战争的崭新局面；无论是进攻性的或防御性的战役与

---

① 左权：《论华北战局形势的特点和坚持华北抗战中作战指导与组织上几个基本问题》，《前线月刊》1940年第3期。

战斗，各个区域（分区）都要有独立作战、独立坚持的能力；各级军事指挥员和地方党政领导，都要时刻树立军事行动与政治、经济、文化等其他各种斗争形式积极、主动、密切结合的观念，以我全面斗争对日军的"总体战"、"全面战"，反对单纯的军事主义；注意积蓄力量，不能只顾打仗而不进行积蓄力量的工作，也不能借口积蓄力量而不打仗或少打仗，在使用力量上要善于保存有生力量和战争潜力。

左权对于战争规律的探寻，对作战指导思想和指导原则的概括，富有战斗性和辩证性。左权关于建立符合中国实际的军事科学的思想，体现了他对八路军军事文化建设的紧迫感、使命感。

综上所述，从左权对军事理论和军事文化工作的全面论述不难看出：左权的研究成果，是他长期锲而不舍，紧密联系战争实际进行深入思考的智慧结晶。他对八路军军事文化的建设做出了杰出的贡献。

作者简介：

罗存康　中国人民抗日战争纪念馆副研究馆员

八路军文化遗产之价值和功能探讨

史永平

八路军是中国共产党领导下的人民军队,在伟大的抗日战争时期,八路军占抗击日军侵华兵力的60%,抗击伪军兵力的90%;共与日伪军作战10万次,消灭日伪军125万,缴获长短枪45万枝,轻重机枪7400挺,各种炮1280门,创建了人口近100多万平方公里的敌后抗日根据地,八路军由改编时的4.5万发展为102万人,①为中国人民抗日战争和世界反法西斯战争作出了重大牺牲和贡献;在极端艰苦的战争环境中,八路军与根据地军民同仇敌忾,浴血奋战,34万八路军将士血洒疆场为国捐躯,其中牺牲正团以上干部730人,谱写了一曲曲爱国主义英雄壮歌,培育了伟大的太行精神,也留下了为数众多、内涵丰富的八路军文化遗产。八路军文化遗产印刻着抗战时期共产党、八路军的光辉历史,反映着抗战时期的艰苦风貌,洋溢着英勇奋斗的抗战精神。

八路军文化遗产是八路军文化的历史载体和真实记录,泛指八路军

---

① 王聚英:《八路军抗战简史》,解放军出版社2005年8月版,第354页。

在八年抗战实践（战斗、生活、生产、文化等）中，留给我们的具有突出价值意义的遗迹遗址、抗战文物、史料典章、英雄传唱等等。分类上，囊括八路军物质文化遗产和八路军非物质文化遗产；内容上，涵盖八路军重要组织、重要人物遗址，重要战斗战役、重大活动，重要会议遗址以及革命根据地遗址；八路军武器装备，生活用品，经典著述，文艺作品等。所有反映八路军抗战历史的纪念馆、博物馆、展览馆、陈列馆（室）、兵器馆、战史馆、旧址、旧居、陵园、纪念碑（塔）以及革命历史文物、革命文献等，都可视为八路军文化遗产的组成部分。以太行老区山西武乡县为例，全县以八路军太行纪念馆为龙头的抗战时期八路军遗迹遗址28处，其中八路军总部王家峪、砖壁旧址列为新中国第一批国保单位，名扬国内外。八路军太行纪念馆作为全国唯一全面反映八路军八年抗战历史的大型革命纪念馆，馆藏文物（包括纸质）8600件，展出文物近2000件，还有各种纪念雕像、场景复原、抗战油画等，这些都是十分珍贵而具有突出价值的八路军文化遗产。深入挖掘保护、有效开发利用共产党、八路军留给我们这片红色热土的宝贵的文化资源，具有非常重要的历史和现实意义，亦是传承八路军文化，弘扬太行精神的前提和保证。

　　文化遗产是前人创造的全部物质财富和精神财富及与人类实践活动有密切联系的自然景观之历史遗存和传统文化载体（或表现形式）。[①]作为人类实践活动的产物，文化遗产深刻反映了人类活动的历史印记，文化遗产在历史的发展进程中具有推动人类社会向前发展的作用。文化遗产虽是

---

① 鲍展斌：《历史文化遗产之功能和价值探讨》，绍兴文理学院学报2002年第6期，第92页。

唯一的，不可再生的，它的功能和价值却是多重的。文化遗产具有多重价值与功能。首先，作为基础的是文化遗产的"本征价值"[①]，主要体现在历史的、艺术的（审美的）和科技的三大方面。根据联合国教科文组织大会通过的《保护世界文化和自然遗产公约》和《保护非物质文化遗产公约》及相关文件，世界遗产的评定主要以这三大价值为标准。根据《中华人民共和国文物保护法》，我国文物的定级，也主要以这三大价值为标准。世界各国认定文化遗产，也基本如此。文化遗产林林总总又形形色色，具体文化遗产所体现的价值不尽相同又多种多样，可是就其总体而言，基本的或主要的价值确如上述三大方面。其次，是由本征价值"衍生"或"派生"而来的"功利性价值"[②]，也可称之为功能，即教育、政治、经济方面的价值。

八路军文化遗产作为一种"文化遗产"，也具有"本征价值"和"功利性价值"。此二者有联系也有区别，其价值高低取决于它的功能大小，它的价值也随着人类对八路军文化遗产功能认识的深化而变化。此外，它的功能和价值并非一一对应，有时还存在矛盾。如过分注重它的某种功能，必然影响其整体价值的发挥与保护；若片面强调它的某种价值，也势必影响其整体功能发挥。所以，只有发挥八路军文化遗产的整体功能，才能充分体现其价值；也唯有全面认识它的价值，才能充分发挥其整体功能。

[①] 徐嵩龄：《第三国策：论中国文化与自然遗产保护》，北京：科学出版社2005年版，第5页。

[②] 徐嵩龄：《第三国策：论中国文化与自然遗产保护》，北京：科学出版社2005年版，第5页。

一、八路军文化遗产的"本征价值"

八路军文化遗产的"本征价值",体现在历史方面,即它的本原价值——军事价值和历史文化价值。

(一)军事价值

八路军文化遗产是抗日战争时期八路军浴血奋战的见证,勇御外辱的缩影。八年抗战中,八路军所从事的实践活动主要是军事活动,或者说其一切工作的中心、最终的落脚点,都是配合军事斗争的顺利开展,这是由特定时期的主要矛盾——侵略与反侵略的民族矛盾决定的。因此,军事价值是八路军文化遗产的"本征价值"之一。

我国现存的八路军文化遗产,很大部分是八路军在英勇御敌、浴血奋战中实践创造的,还有一部分是后人依据真实的历史演化总结的。抗日战争时期,共产党领导的八路军东渡黄河,挺进华北,开展游击战,创建敌后抗日根据地,以小米加步枪打败了强大的日本侵略者,在创造人类历史上以弱胜强神话的同时,也创造了中国近现代军事理论的新辉煌。毛泽东《论持久战》,朱德《论抗日游击战》等军事著作不仅是当年八路军军事神话的真实见证,更是传播八路军军事思想的永恒教材。今天的我们在亲眼见到这些八路军文化遗产以后,能够真切地感受到当年八路军军事战略战术思想的神奇魅力和人民战争的伟大,从而激发当代人继承发扬八路军文化中的军事思想,增强在未来反侵略战争中战胜敌人的勇气和信心。

(二)历史文化价值

从遗产学的角度来看,八路军文化遗产属于历史文化遗产的一种。作为一定历史条件下产生的文化遗产,必然打上抗战时代的印记,反映当时中国社会的政治、经济、科技、军事、文化等状况,所以它具有历史价值;同时,八路军文化遗产还具有很高的文化价值,即它本身包含着特有的、丰富的文化信息。例如，陈列在革命纪念馆里的一把八路军兵工厂制作的手枪，当出于战争的直接需要而制作它时，根本不会想到它对后代有何意义。但我们今天参观这把手枪时，是把它当作八路军抗击日军的一个见证、八路军从弱到强的一个里程碑、反映中国人民抵御外来侵略的一块"历史化石"来看待的。在这里，八路军文化遗产所体现的"本征价值"，就是指这把手枪所物化的八路军坚持抗战的本质，只是人们对它缺少理论自觉而已。所以，毛泽东指出："人民认识自己的历史和创造力量是一件很要紧的事。"

从历史发展的眼光来看，八路军的历史，是中国近现代历史的重要组成部分；八路军的精神，是中华民族精神、历史文化传统的重要组成部分。八路军文化遗产，具有丰富的历史内涵和人文价值，对于后人学习历史、增长知识、鼓舞斗志、振奋精神、陶冶情操、提高修养，以及推动社会主义精神文明建设，发展社会主义先进文化，都具有重要价值。

二、八路军文化遗产的"遗产功能"

在本征价值的基础上，会产生文化遗产的使用价值，或称"功利性价值"，简称"遗产功能"。"遗产功能"是当代人乃至后世了解、认识八路军文化遗产的重要桥梁和媒介，如果不能正确认识八路军文化遗产的使用价值，不能将八路军文化遗产的本征价值转化为"功利性价值"或"遗产功能"，实为一大损失。具体地来说，八路军文化遗产的功利性价值，概括为三类：教育功能、政治功能、经济功能。

（一）教育功能

杰出的文化遗产，在中华文明史和世界文明史上都占有重要的地位。它是提高民族自信心、增强民族自尊心、进行爱国主义教育的良好课堂。文化遗产地还是爱国主义和精神文明建设的重要基地，文化遗产对国民尤其是青少年的教育作用是十分重要的。同时，文化遗产对提高国民的科学文化素质、陶冶情操、活跃文化生活等都是不可或缺的。

八路军文化遗产是抗日战争的真实见证，是一种不可替代的具有极高价值的教育资源。它与学校教育不同，是一种社会教育；它与书本教育不同，是一种实物教育；它与一般单一定向的教育不同，是一种综合教育。八路军文化遗产的教育对象涵盖整个社会，包括各种职业背景，各种知识水平，各个年龄层次。它实施教育的方式是欣赏性和体验性，既可与愉悦的休闲活动相结合，也可与富有创造性的探索性活动相结合。例如，山西黎城黄崖洞红色旅游景区推出"当一天八路军，做一天太行人"活动，八路军太行纪念馆通过百团大战半景画演示，窑洞战模拟景观等运用现代声、光、电合成技术，通过复原模拟当时的战场实景，使广大参观者能够近距离感受战争，接触战争，从而起到直白说教无法达到的效果与作用。

世界各国都非常重视通过文化遗产来进行社会教育，特别是在各类纪念馆、博物馆的展览中，尤其注意宣传、弘扬文化遗产中那些积极、有益、精华的成分。我们国家的各级各类八路军纪念馆、博物馆、纪念地也应总结经验，努力挖掘八路军文化遗产中的有益成分，结合21世纪人们的心理特点，扩大宣传，为社会主义精神文明建设和社会主义和谐社会建设，作出积极贡献，充分发挥纪念馆、博物馆的爱国主义教育功能。

（二）政治功能

文化遗产的政治功能，不仅是文化遗产教育功能的一个延伸结果，更有其独立意义。由于文化遗产与一个社会、一个民族的历史、精神等方面存在联系，因此，它可代表一种社会规范的传承，又可表征一种政治与意识形态延续的合法性。可以说，文化遗产本身就是一种精神符号或文化政治符号。艰苦卓绝的抗日战争时期，中国共产党领导下的八路军，坚持了八年抗战，打败了日本侵略者，走出了一条由弱胜强、由小变大的成功道路，留下了党的建设、统一战线、武装斗争等重要法宝。今天我们在建设和谐社会新时期，一定要让后代认识"没有共产党，就没有新中国"，"没有八路军，就没有抗战胜利"这一已被历史选择了的颠扑不破的真理。重温激情荡漾的八路军抗战历史，重忆创业之苦，重走抗战之路，感受共产党八路军艰苦卓绝、波澜壮阔的奋斗历程，对于今天加强党的执政能力建设，确保人民军队"打得赢，不变质"，对于坚定全国人民在党的领导下走中国特色社会主义道路、实现中华民族伟大复兴的理想和信念，都具有重要意义。

（三）经济功能

今天，人们已经越来越认识到文化遗产"经济功能"的重要性和必要性。它绝不是单纯为遗产保护而开拓新的资金来源，更重要的是，利用文化遗产向社会提供各种文化消费服务，这对于提高当地人民的生活品味，更好地履行文化遗产事业使命，提高社会就业率和国民收入，具有重大意义。八路军文化遗产作为一项重要而独特的"经济资产"毫无争议。当代文化遗产事业开发的核心，是到遗产所在地观光、体验为主要形式的"文化遗产旅游"。八路军文化遗产中的绝大多数，都具有开发"红色旅游"的优势，可以成为遗产所在地特别是革命老区的经济增长点，可以在社会主义市场经济条件下，实现社会效益同经济效益的结合，实现精神文化财富向经济财富的转化，以推动遗产所在地的经济发展，特别是推动老区人民脱贫致富，探索出一条切实可行的可持续发展之路。可喜的是，在国家发展红色旅游，加强文化软实力建设的战略方针指导下，近几年，在当年八路军活动的重点区域太行山区的武乡、黎城、左权、涉县等地，八路军文化遗产的挖掘保护、开发利用取得了较大的成就，已成为当地亮丽的风景线和重要的支柱产业。八路军文化活动区域较广，以整个华北地区为主，乃至许多大的城市都曾有八路军活动的踪迹。就目前所知，我们山西受国家、省、市保护的八路军遗迹遗址占到全省革命文物的80%以上。如何有效整合当地八路军文化遗产资源，加大发展红色旅游的力度，大力充分发挥八路军文化遗产的经济功能，乃是我们认真思考的问题。

八路军文化遗产的提法是否正确，有待商榷，但八路军文化遗产的功能和价值是确实存在的，主要集中于"本征价值"和"遗产功能"。具体来说，"本征价值"包括"军事价值"和"历史文化价值"；"功利性价值"（即功能）包括教育功能、政治功能、经济功能。之所以提这样的观点，第一，在对八路军文化进行研究中离不开对八路军文物实体的研究，其功能和价值是无法回避的；第二，无论从何种角度研究，开发利用才是最终落脚点，这也是八路军文化遗产价值和功能研究的最终目的。"文化遗产"均含有"继承""遗赠"之义。前人之赠，后人之承，爱护与珍惜是题中应有之义，对八路军文化遗产也不例外。我们应该坚持"保护为主、抢救第一、合理利用、加强管理"的原则，充分利用现有资源，实事求是地确定建设开发项目，认真把握好建设规模和标准，避免过度开发对八路军文化遗产及其环境造成损坏，做到科学发展、永续利用。

作者简介：

史永平　武乡县八路军太行纪念馆副馆长、副研究馆员

太行抗日根据地八路军主体文化综述

宋河星

太行抗日根据地是从1937年10月到1945年8月由中共北方局和八路军总部率领129师、115师344旅和决死一、三纵队，以晋东南、冀西、豫北交界的太行山脉为战略支点，创建、巩固和发展起来的。在太行抗日根据地，八路军在同日本侵略军、国民党顽固派进行军事、政治、经济斗争的同时，从文化建设上也确立了对敌文化斗争、对封建文化斗争的方针和建立新民主主义的民族的、民主的、科学的、大众的主体文化，从而全面开辟了太行敌后抗战的新局面。

一、太行八路军的主体文化实质上就是中国共产党的新民主主义文化

从全局和整体上说，在太行抗日根据地，八路军的主体文化实质上就是中国共产党的新民主主义文化。这种新民主主义文化，是建立在抗战胜利后建立一个新民主主义共和国的理想之上的。1940年1月，毛泽东发表《新民主主义论》，标志着中国共产党建立新民主主义共和国理想的确立。根据这一建国理想，在抗战阶段，同新民主主义政治、经济相适应的新民主主义文化，就是无产阶级领导的人民大众的反帝反封建的文化，是民族的、科学的、大众的文化，是抗日民族统一战线的文化。作为国民文化的方针，居于主导地位的是共产主义思想。并且认为这种新民主主义的文化是大众的，因而即是民主的。①

中国共产党的新民主主义文化，在共产党和八路军的其他领导人发表的文章或所作的讲演中，也作过全面阐述。长期生活和战斗在太行抗日根据地的八路军副总司令彭德怀、129师政委邓小平等曾经对新民主主义文化作过论述。1941年5月和7月，彭德怀分别在晋东南文化界举行的五四纪念会和晋冀豫边区临参会上的讲演中，指出敌后抗日根据地新文化运动的基本方针与任务，是提倡民主的、大众的、科学的文化；提倡民族独立与解放信心的文化；提倡马列主义，批评的接受外来文化和中国固有的文化。要求巩固与扩大抗日为中心的文化界统一战线，把太行山建设成华北新文化运动的根据地。洛甫（张闻天）对新民主主义文化也作过全面和精辟的论述，并被邓小平在1941年5月写的《129师文化工作的方针任务及其努力方向》一文中作了引用。邓小平指出："抗战民主派，在政治上主张团结抗战到底，彻底解放中华民族，建立新民主主义共和国；在文化上主张新民主主义的文化，中华民族解放的文化。什么是新民主主义的文化呢？洛甫同志说，新民主主义文化是：'民族的，即抗日第一，反帝，反抗民族压迫，主张民族独立与解放，提倡民族自信心，正确把握民族的实际与特点的文化；民主的，即反封建、反专制、反独裁、反压迫人民自由思想的思想习惯与制度，主张民主自由、民主政治、民主生活与民主作风的文化；科学的，即反对武断、迷信、愚昧、无知，拥护科学真理，把真

---

①《毛泽东选集》（第2卷），人民出版社出版，山西人民出版社重印，1991年6月第2版，第708页。

理当作自己实践的指南,提倡真能把握真理的科学与科学的思想,养成科学的生活与科学的工作方法的文化;大众的,即反对拥护少数特权者压迫剥削大多数人、愚弄欺骗大多数人、使大多数人永远陷于黑暗与痛苦的贵族的特权者的文化,而主张代表大多数人民利益的、大众的、平民的文化,主张文化为大众所有,主张文化普及于大众而又提高大众。"[①]。邓小平在文中还明确提出了反对与新民主主义文化相对立的殖民地文化和买办性的封建主义文化。1942年5月,毛泽东在《在延安文艺座谈会上的讲话》中进一步指出:现阶段的中国新文化,是无产阶级领导的人民大众的反帝反封建的文化[②]。虽然毛泽东没有在新民主主义文化的内涵中单独提及"民主的"文化,而"民主的"文化与"大众的"文化,其实不完全是一回事。但是太行抗日根据地八路军的文化,仍然朝着以抗战文化为核心内容的民族的、民主的、科学的、大众的文化方向发展,并成为八路军在太行抗日根据地的主体文化。

二、太行八路军新民主主义主体文化在根据地的具体体现及取得的成果

在太行抗日根据地,八路军以抗战为核心的新民主主义主体文化,是在中国共产党的抗日民族统一战线政策下,通过抗日战争发展的不同阶段逐步形成的,并在各个阶段通过八路军总部野战政治部及其领导的129师等部队各级文化宣传机构,如文化、文艺、学校等机关、团体和组织,运

---

①邓小平:《129师文化工作的方针任务及其努力方向》,1941年5月版。《邓小平在太行拾录》,第86页。

②《毛泽东选集》(第3卷),人民出版社出版,山西人民出版社重印,1991年6月第2版,第855页。

用报刊、图书、剧社、剧团、歌曲、诗歌、舞蹈、漫画、图片、标语、墙报等形式表现出来。其中，文化组织方面，有八路军总部野战政治部的日本问题研究会、129师师部的军事研究会等；文艺团体方面，有八路军总部的火星剧社、129师的先锋剧团、供给部的宣传队、总部炮兵团的怒吼剧社、抗大总校的抗大文工团，以及385旅（陈锡联旅）的野火剧团、386旅（陈赓旅）等部队的剧团（社）。这些文化、文艺团体都是八路军主体文化的宣传机构，在宣传八路军主体文化方面起到了非常重要的作用。

（一）抗日救亡文化为主体文化时期

在太行抗日根据地，八路军总部及129师等部队在1938年4月到1939年7月粉碎日军对晋东南的两次九路围攻之间，八路军文化尚未明确纳入民族的、民主的、科学的、大众的文化范畴，因此，文化的主体内容体现为抗日救亡文化，而抗日救亡文化实际上又是民族文化中的反侵略文化的组成部分，即集中体现为抗战文化。其突出的表现是，在1938年夏秋之交，由中共中央北方局和八路军总部所在地地域形成的、初创的太行抗日根据地的军事、政治、文化中心长治城，由中央军、八路军、决死一、三纵队及各县各部队二三十个剧团举行的百团会演，掀起了一个抗日救亡文化运动的新高潮。其中，八路军总部的火星剧社、129师的先锋剧团等八路军文化团体参加了演出。从各剧团演出的内容看，主要有街头剧《莲花落》、《放下你的鞭子》、《时事活报》、《日寇罪行》；剧目《(日寇)穷途末路》、《平型关大捷》、《阳明堡大捷》、《忻口大战》、《保卫南京和大武汉》；大型舞蹈《反侵略舞》（由100多个11岁到15岁的小演员们演出）、空军舞、海军舞、黑人舞和丁玲舞；歌曲《东北流亡三部曲》、《生死已到最后关头》、《工农商学兵一起来救亡》、《义勇军进行曲》、《我们在太行山上》、《五月的鲜花》、《大刀进行曲》、《游击队之歌》、《决死队歌》、《毕业歌》、

《军民合作》《热血歌》《八路军军歌》,以及反映统一战线的歌曲《枪口一致对外》等。这次会演,通过宣传抗日救亡,巩固了与中央军的统一战线,发挥了发动和唤起民众,有人出人、有力出力、有钱出钱,踊跃报名参军参战的影响和作用。这是抗战以来,太行区第一次文艺界的空前盛会,反映了全国军民同仇敌忾,不畏强暴,坚持抗日的决心和勇气;有力地鼓舞了广大群众抗日斗争的激情,并和其他抗日文化相配合,吸引和引导许多青年学生、农民及其他爱国人士,秘密加入中国共产党,参加八路军、决死队,或自卫队、游击队、儿童团,走上了抗战的道路。同时极大地丰富了太行抗日根据地初创时期抗日救亡文化的内容,成为奠定太行八路军抗日救亡文化发展的基础。

(二)民主运动文化为凸显文化时期

1940年4月,北方局黎城会议提出建军、建党、建政三大任务,其中建政,就是要实行"三三制"政权,在华北各抗日根据地区村"真正实行民选而不是推选"[①]的政策。从此,太行抗日根据地八路军以抗日救亡为主体的文化,开始朝着具有新民主主义社会形态的民族的、民主的、科学的、大众的文化方向发展。1941年春夏,冀太联办高举建设抗日民主根据地的旗帜,在根据地推行民主政治,通过开展晋冀豫边区临参会参议员和正副村长竞选运动,建立"三三制"政权,使得太行抗日根据地的民主运动文化凸显出来。这个时期,八路军的民主文化特征,高度地体现在它对民主政治的参与、宣传、传播和指导作用上。即通过八路军军人参与竞选

[①]杨尚昆:《在黎城会议上的报告(节录)》,1940年4月16日。中共黎城县委党史研究室编,《血沃太行》,山西省新闻出版局,2004年,第70页。

边区临参会参议员,以《新华日报》(太行版)指导、报道或介绍竞选运动的过程及其结果,以及竞选运动期间展演的文艺活动和展示的文化产品,从而与其他宣传民主文化的文化团体活动共同构成了太行抗日根据地新民主主义文化的氛围。特别是从报道中,充分显现出了民主的本质,即包括八路军等抗日军队在内的,从村长、边区参议员到参议长的竞选主张、竞选过程和最后得票数。

1. 对竞选办法、竞选主张和竞选文化活动的宣传报道。1941年4月1日,冀太联办颁布《晋冀豫边区临时参议会参议员推选办法》,明确规定:晋冀豫边区临时参议会严格遵守抗日民族统一战线的原则组成;凡留本边区年满18岁的公民,除有汉奸行为经政府明令缉办有案者、经抗日政府判决褫夺公权尚未恢复者、有神经病者之一情形外,都有被选举为边区临参会参议员的资格。尤其规定:"各党各派及各救国团体均可提出候选人,候选人得于该选举区域或全体提出竞选政纲,及发表竞选演说,从事竞选。"①按照这些规定,太行抗日根据地于1941年6—9月形成了各党派、各界、各团体提出候选人参加边区参议员、正副村长的竞选运动。包括邓小平在内的八路军高级军政领导人,参选为冀太联办临参会驻会委员,都成为中国共产党新民主主义政治对八路军民主文化发生深刻影响的一部分。此外,在边区参议员竞选运动中,抗大副校长滕代远,发表8项参政主张;黎城县候选人开明绅士谢好礼,发表3条竞选纲领;新闻界候选人何云,发表《确立明确的新闻政策》;抗日军人候选人申伯纯,发表4项政见。中共晋冀豫区党委书记李雪峰,被辽县群众公推为辽县参议员候选人参与竞选。申

---

① 《晋冀豫边区临时参议会参议员推选办法》,《太岳日报》1941年4月2日。

伯纯、滕代远、何云、谢好礼等人的竞选政纲在临参会选举之前还摘要发表在《新华日报》上。7月7日至8月15日，晋冀豫边区临参会在辽县桐峪镇召开，成立了晋冀鲁豫边区政府。八路军副总司令彭德怀在临参会上作了题为《目前形势与抗日根据地的各种政策》的报告，其中提出中国共产党主张民主的、大众的、科学的文化的文化政策。临参会还通过了一项由《新华日报》华北分社社长何云提交的与文化有关的《新民主主义的新闻政策》议案。

晋冀豫边区临参会召开和边区政府成立期间，在辽县桐峪镇形成了太行抗日根据地的又一次文化盛会。晋冀豫区各剧团举行会演。在会演中，129师先锋剧团公演大型话剧《日出》、鲁艺剧团演出大剧《巡按》(《钦差大臣》)，抗大文工团演出大型京剧《岳飞传》、《在转变中》，385旅野火剧团演出《太行镇》，朝鲜义勇队演出《皇军梦》、《朝鲜的女儿》，太行剧团演出《群魔乱舞》，辽县群众表演农村剧、太行诗歌社举行诗歌朗诵、太行中学及白光剧社表演新旧话剧，其中《太行镇》反映了4年来八路军敌后抗战的过程，反映了民主与反民主、抗战与投降、进步与倒退的斗争，使人们看到了八路军怎样坚持抗战，军队和民众、地主和佃户的关系，以及正确执行减租减息政策后群众生活的改善等情形。另有《凤凰》、《雾》、《荡家恨》、《雨过天晴》、《她们》、《模范妇女》等节目。同时，文化俱乐部举行了大型画展，有水彩、炭笔、钢笔画，其中有《拥护三三制》大幅壁画、《讨论会》、《厌战》等优秀作品；辽县群众大会还表演"社火"，内容包括花鼓戏、农村剧、秧歌、鼓词小调等，仅鼓词一项从七七事变唱到边区临参会成立为止。此外，还有小花絮舞、高跷戏等表演。特别是在太行军民庆祝边区政府成立举行的盛大晚会上，参加的有八路军直属队、全体参议员、各剧团、各文化团体与辽县群众8000多人。有秧歌舞，鲁艺实验剧团演出的反法西斯统一战线的活报剧，太行山剧团的火把伴舞蹈等。不久，文艺评论家们针对这次文艺、文化运动作了评论，提出了在戏剧上为工农兵服务的口号，主张戏剧工作者应该向着新民主主义社会的方向，深入到大众中间去，在艰苦的实践中，培训大批的农村新作家，发掘、团结、改造大批民间艺人，展开戏剧的统一战线运动。但是，如果从文化内容来看，这次文艺盛会中出现了大型戏剧，以及从工农兵实际生活中提炼产生出来的一些剧目，具备了抗战的、民族的、大众的，甚至还有外来的文化特点。

    2. 对竞选结果及典型竞选活动的报道。1941年5月，在边区参议员竞选中，晋东南妇联召集129师、联办直属机关等11个单位妇女代表，成立太行区妇女临代会筹备委员会。不久，太行区各分区、各县、各部队机关团体等38个单位的41名妇女代表召开临时代表大会，经过全体代表讨论，由各单位所提出的32位候选人中，用不记名的方式通过15位正式候选人，再由候选人发表竞选演说，最后投票，结果陈光（39票）、陈舜英（37票）、梁虹（26票）、江冬（22票）等5人当选为边区临参会太行区妇女参议员。6月，在辽县推选参议员的临代大会上，参议员候选人李雪峰、阎济甫在竞选中，李雪峰以51票（全票59票）的绝对多数票当选为辽县参议员。在晋冀豫区抗日军队参议员选举中，有八路军、决死队、平汉纵队及各军区单位代表，来自冀南、太行、太岳、冀鲁豫等地57人参加的临代大会，候选人在会上纷纷发表政见参加竞选，最后八路军总部秘书长申伯纯、平汉纵队司令范子侠、八路军385旅副旅长赵辉楼均以56票，冀鲁豫军区司令员崔田民以53票、决死一纵队政治主任周仲英以51票当选。何云在新闻界参议员242名参加选举者中，以208票当选。新闻界收到的选票超过全区新闻从业人员的3/4以上。另外，晋东南文联陈默君以16票全票当选太行区文化界参议员。

同时，对会议按照一定的民主程序作出决策的问题也同样报道。如1941年7月24日《太岳日报》报道：在边区临参会第六次大会上，"出席会议的参议员131人，以讨论中共北方局十五项主张为基础，制定边区政府施政纲领，大会上经共产党参议员发起，得到104人及各区各县群众团体的赞同和拥护。"在选举结果上，同样如实报道。如在进行边区政府的选举中，参加大会的138名边区参议员，以不记名的联名投票方式，从大会主席团提出包括邓小平等八路军领导人在内的28名候选人中，选举出临参会驻会委员19人；从6名正副议长候选人中，选举出3人；从2名秘书长候选人中，选举出1人。其中，申伯纯以127票当选议长，宋维周、刑肇堂分别以121票、113票当选副议长，王乃堂以131票当选秘书长。选举出的15位驻会委员中，李大章135票、邓小平131票。在边区政府委员选举中，杨秀峰以138票当选边区政府主席，薄一波、戎伍胜分别以135票当选边区政府副主席。还选出4名边区政府候补委员，其中杜润生以130票当选。蒲化人以121票当选边区高等法院院长。此外，临参会通过的《边区政府组织条例》还规定了立法权归大会、驻委会可研究起草重要大法，以供下届大会讨论，以及驻会委员有权弹劾政府官员等民主规程、细则或条例。

3. 对太行区村选民主运动的宣传、指导和报道。太行区各村依据1941年7月5日《新华日报》发布的《晋冀豫边区村民代表会选举暂行条例》，按照条例中凡年满18岁居住本区域内人民，不分性别、职业、阶级、党派、信仰、文化程度及居住年限，经选举委员会登记者，均有选举权及被选举权；村选举日期应于选举前30日公布；在选举期间，公民自由组合提出候选人名单，在不妨碍选举秩序下自由竞选等等规定和"三三制"原则，太行区村选运动于同年8—9月在漳北、冀西、晋中、晋东、太南各区展开。在村选运动中，普遍经过宣传动员；公民登记、训练，划分公民小组，提出公民代表候选人，竞选为公民代表；成立村代表会提出候选人，开始竞选，候选人发表竞选纲领；召开村民代表会，候选人发表竞选演说，选举出正副村长，成立村公所及各委员会。其中，武乡县工农青妇各救会，在选举中提出的竞选纲领内容大致为：领导全村抗日除奸；办事公道民主，不贪污不卖法；进行村中公益事业；关心民众生活，解决民众的困难。辽县妇救会为争取20%的妇女当选，号召80%的妇女参加选举。冀西内邱县獐獏镇，选举大会到会公民296人，占全体公民人数的96%，选举出村长、副村长（女），会后举行千余人大游行。涉县河南店，参加村选的男女公民有800余人，占全镇公民80%，选出代表34人，其中妇女代表5人，选出了包括正副村长在内的村政委员会，并举行了千余人大游行和庆祝游行晚会。武乡县监漳村全村出席选举大会公民465人，占全村公民人数的75%以上，选出了包括正副村长在内的村政委员会27人。平（北）顺县北石城村选出新村长，选民到会的占全村公民总数的90%以上。武（安）南县选出了20个新村长，产生了全县1/2以上的村代表等等。

这种伴随民主政治运动的新闻文化宣传报道，在1942年也作过少量报道。即同年4月，晋鲁豫边区政府决定在太行区15县举行县选。在辽县尖庙村，进行村政权改选，通过宣传动员，组织公民小组，召集男女公民390余人（占公民总数的85%）进行村选大会，在旧村长向公民代表会报告一年工作后，进行选举，经过公民代表投票，两位候选人分别以33票、29票当选正副村长。35位公民代表和村政权主任委员中，包括了各阶层代表，有富农、中农、贫农、地主、商人①。但由于日军随之发动残酷的五

---

① 《辽县展开村选》，《新华日报》（华北版）1942年7月24日。

月大"扫荡",使得这次民选运动受到严重破坏。不过,在《新华日报》上也有反映民选情况的仅有几百字的小小说《落选》出现。小小说的梗概就是某村干部耍特权,进村拿不出路条,被站岗儿童团查住,后来这个干部在竞选大会上,讲得头头是道,得到群众称赞,有人还计划投票选他,当站岗儿童上台勇敢地揭露了这个村干部进村不带路条的行径后,这个村干部在选举中落选。此后,一直到1946年4月,太行区才有了较为鲜明的有关民主运动的宣传报道。其中的一条是同年4月3日《新华日报》(太行版)以《边参会胜利闭幕》为题报道的:薄一波以418票(全票478)当选边区参议会正参议长。还有同年5月4日《新华日报》刊登的《真正的民主实施在解放区》一文中所反映出来的根据地的民主政治:在4月19日,黎城县东黄须村举行竞选县参议员大会,周围的子镇、长垣、枣镇、西黄须村选民汇集到东黄须村参加选举大会。会议由各村选民通过三个晚上开会酝酿后推选出的候选人,在大会上发表竞选演说。选民根据候选人提出的竞选纲领和平日的作为,再次通过小组讨论,然后在候选人背后的盆子里分别进行投豆,选举出了县参议员。在上党战役和邯郸战役中放下武器的原国民党军官组成的校官团,针对在原国民党统治下的霸选、强选、贿选、伪选等现象普遍存在的情况,在亲眼所见这次"豆选"后,发出了真正的民主实行在解放区的感慨。因为,在这些军官中,有的人在国民党统治区为孙中山先生的三民主义奋斗了30年,却从来没有找到真正的人民选举。"豆选"虽然反映的是一种政治民主,同时也反映了一种文盲占97%左右的太行区公民,行使的是一种能够标识自己政治意愿的文化权力。

此外,在太行抗日根据地,还有一次大规模的文化成果展示。这就是1944年11月,在黎城县南委泉村召开的太行区第一届群英会。这次大会,既是群英会,也是太行区共产党八路军和广大群众的文化盛会。大会期间，中共中央北方局代理书记邓小平在会上做了讲话。大会进行了战绩、生产展览。太行区动员了全区的剧团、出版界、新闻界、摄影、漫画、木刻、广播、雕塑等向大会内外进行宣传。展览会每天有3000余人参观，参观总人数达到10万多人。其中，在生产展览中，有充分体现1942年到1943年太行抗日根据地出现的严重灾荒、蝗灾，以及党政军民团结一致、克服困难、生产度荒的连环画。同时，还通过各展室展示了"组织起来"的根据地党政军民，开展大生产运动，实行互助合作运动、妇女纺织运动；开发矿产、大搞水利建设、植树造林，进行农产品制造；实行深耕细作，种植"金皇后"玉茭、棉花与西红柿；展示太行民兵、朝鲜解放独立同盟和日人解放联盟的战绩，展览侵华日军在太行区的暴行等等。通过悬挂毛泽东、朱德、斯大林、罗斯福、丘吉尔的两组画像，在会场上张贴巨幅欧洲战场对德国、亚洲战场盟军对日本作战有利形势图，在会场门口竖起反映英勇杀敌姿势的八路军战士、反映"兵民是胜利之本"的八路军战士和手握锄头的农民紧密站在一起的两尊雕塑等等，再次全面集中地展示了太行抗日根据地包括八路军文化在内的新民主主义军事、经济、文化发展的成就，鼓舞了根据地军民战胜自然灾害和对敌斗争的勇气，拓展了根据地军民的文化视野，为抗战的最后胜利奠定了思想和文化基础。

（三）对敌政治攻势时期的对敌文化斗争

日军进行军事侵略的同时，必然伴随着文化侵略。在抗战进入相持阶段后，日军采取"三分军事，七分政治"的政治战防共，进行了5次以上"治安强化运动"。如，1942年日军在华北进行的第四次"治安强化运动"中，就认为敌占区人民尚属愚昧，必须开始"启蒙运动"，因此以"打倒英美，共同防共"、"全面反共"为基本内容，推行所谓的"东亚解放新国民运动"，妄图以"王道精神"，建立"合理的新体制，新秩序"，要求敌占区人民"立身在先,行道在后",在各维持村书写"××维持村"、"××联络村"、"中日亲善"等标语,试图建立"大东亚共荣圈",以泯灭敌占区中国同胞的抗战意志。早在1939年九一八纪念日,129师直属队在黎城县北社村和群众、自卫队、游击队、儿童团集会,唱《义勇军进行曲》、《松花江上》歌曲的同时,与129师部队对峙的日军则鸣炮庆祝他们在九一八的胜利。此外,日军在长治城上空用飞机散发汪精卫与妓女在一起的春宫画。1942年在五月大"扫荡"中,日军还携带一种刊有《金瓶梅新解》、《空门艳迹》、《乐苑》等插有春宫图的淫秽报纸——《和平报》,在黎城、平顺、涉县交界的山区散发,仅在黎城一带被群众或抗日政府焚毁的就达1000多份。日军以此卑鄙阴险的手段来妄图瓦解根据地抗日军民的士气。

日军在向根据地宣传淫秽文化的同时,在占领区则不仅向维持村强行索要巨款,还到处奸淫、惨杀妇女和其他群众。1938年3月,日军在武乡县轮奸并剖腹解体12个妇女、8个女孩。1942年4月,日军集中1500多兵力在沙河县突然跃进20余里,扩大维持村达85个。日军占据功德旺村两日,轮奸全村妇女;册井村在维持期间,被敌压榨88万元,被敌掳去247人,每天还要给敌人送100个大姑娘,而且是要带辫子的。仅沙河县一区的维持村被惨杀的群众就有48人。在敌人占领的20天中,被迫给敌出工达1.2万人。同时期,在长治县,也有据点日军向周围村庄要30个妇女到据点内长期奸淫的事实。

从1941年起,针对日军的"治安强化运动",北方局和八路军总部在华北开展了13次的对敌政治攻势,尤其是1942年7—9月的对敌政治攻势,更是全面的对敌军事、政治、经济、文化、思想的斗争。

1942年7月7日,在抗战5周年纪念日,北方局和八路军总部发布展开对敌政治攻势的指令,太行区党政军民展开全面的对敌政治攻势。9月中旬，北方局和八路军总部进一步发出开展向敌占区民众、伪军伪组织人员进行通讯运动；号召全区军政民各机关团体、学校等，在驻地附近普遍进行涂写对敌伪军的标语运动。

在政治攻势中，采取"敌进我进"的办法，实行党政军民一元化，以一部分八路军正规军、各区基干团、各县独立营、各区（乡级）基干队、各村民兵，与各级宣传队、工作队人员互相配合，以武装工作队和宣传队、工作队的组织形式，深入到敌占区各村庄及敌据点周围，以"身在曹营心在汉"的主旨文化思想和"今年打败希特勒，明年打败日本"的政治口号，大力宣传中共中央两大文献①，传输、散发多种宣传画、画报、小型刊物、小册子等，消灭日军，打击汉奸，争取瓦解伪军、伪组织。同时，文化界、新闻界通过通讯运动对敌占区同胞进行各种宣传，参加对敌政治攻势，向敌人展开全面的斗争。在政治攻势中，八路军129师两个旅在平汉、白晋两线，与地方武装使用的宣传品有13种，约30万份，用中日韩三国文字写成，其中包括中共中央两大文献、野政告国际友人书、边府告伪军书、日本兄弟的《张高峰、诺门坎回忆录》等②。另有朝鲜同盟及朝鲜义勇军，利用一切关系，给敌占区朝鲜人民写慰问信；日本觉醒联盟，组织巡回剧团到敌占区演出。385旅在对敌政治攻势中，宣传两大文献，大量使用传单、消息报、标语，并利用慰问袋，送进敌人的据点。同时，打击并阻止了日本票在维持村的流行，促使根据地的冀钞公开流通起来。

---

①《中国共产党中央委员会为抗战四周年纪念宣言》、《中国共产党中央委员会告抗日根据地全体党员和将士书》，《新华日报》1942年7月9日。

②《八月份上半月政治攻势各线大捷》，《新华日报》1942年8月18日。

在政治攻势中，各分区武装工作队深入到敌据点附近、敌占区村庄打垮维持会，召集士绅及伪干部会、群众大会，并向到会群众宣传两大文献，散发宣传品，割电线，填封锁沟、推封锁墙，同敌人进行战斗。如在太南区（太行第四军分区）的政治攻势中，主力兵团、地方武装、工作队，在潞城、平顺、壶关、屯留等地先后打垮维持会70多个，投入敌占区同胞和伪军伪组织人员手中的宣传品达9800份。分区政治部饲养员还利用会说大鼓书的特长，在平顺县两村进行的政治攻势中，向200多名老百姓宣传两年胜利的问题，受到群众欢迎。潞城两个村的40多个民兵，到县城附近活动，在多个村庄召开了群众大会，散发300多份宣传品，取消了两个村的维持会。分区武装工作队还同反正不久的长治县苏店伪自卫团，一度攻克苏店镇，活捉伪警备队16人，打垮18个维持会。受政治攻势的影响，从长治敌占区逃到根据地的人达到390名，其中一部分青年要求成立武装游击队，保卫家乡，并获得抗日政府允许。同时，边区政府正式成立长治县抗日政府。此外，潞城县11个村的抗日政权也得到恢复。黎城县、潞城县被敌人利用的"长毛道"道徒纷纷到抗日政府自首。黎城县"离卦道"，在1941年暴动被抗日政府镇压后，因受敌人欺骗逃到长治城的道徒有70人回县，并发表《告全县同胞书》，表示深刻反悔，不再被敌伪利用。太南在1个月的政治攻势中，发往敌占区的宣传品1万余份，其中中共中央两大文献占1/3[①]。

在太行五分区，武装工作队到磁县、武安一带的427个村庄，散发56

---

①《太南全区政治攻势中敌占区同胞大批来归》，《新华日报》，1942年9月7日。

种共77 851份宣传品，投向敌人碉堡及其他敌占区域。到处召开群众大会，士绅、知识分子座谈会，仅磁县就有52次，参加者达9842人。磁武各地伪军逃跑、反正、伪自卫团自动解散，仅在磁县5个据点的日军跑掉21名，翻译官逃跑2名。日伪成立不久的大乡公所，被武工队摧毁30所，有的大乡公所自动取消，并代武工队张贴宣传品。安阳武装工作队甚至深入到伪军驻地，给伪军"上政治课"，还通过给伪组织写信，规劝伪组织反正并收到部分回信。

在太行六分区，武装工作队深入敌后活动20多次，到69个村庄进行了宣传，召开群众大会31次，士绅及伪干部座谈会16次，个别宣传2242人，打断敌后维持村多个，与日伪战斗7次，毙伤日伪军25人，解救民夫1300人。在武（安）东，武装工作队摧毁维持会，散发各种宣传品1400份，在敌据点内书写日文标语80条，在敌占区、接敌区召集伪保长、士绅、知识分子座谈会，深入解释两大文献。八路军主力部队配合武装工队，动员1000多名群众，将矿山附近的敌封锁墙、封锁沟彻底破坏。在沙河，武装工作队配合地方工作人员，摧毁20个维持会，将5个死心塌地的投敌首要分子正法，并把5000多颗红弹——各种宣传品，射入了敌占区。同时，解放自卫团、抓汉奸、坐探，平毁封锁沟墙10里。在邢台，武装工作队配合地方工作人员，打维持会，召开群众大会、伪村干部座谈会、个别宣传，散发宣传品1380份。

太行一分区，武装工作队在80个村庄开展了活动，召开群众大会88次，士绅座谈会117次，接受宣传的群众达2万人，开辟了60多个新村庄为根据地。太行二分区，在政治攻势和抗日锄奸政策下，和顺县马坊镇敌人掌控下的97个"维持村"，减掉了84个。有两个维持村群众，相信八路军两年胜利的宣传，自动掀起反维持，拒绝敌伪勒索，全体村民从老家搬进大山。敌进我退现象停止，根据地逐步扩大。

在政治攻势中，日人觉醒联盟本部所组织的国际剧团，在敌据点附近、在敌占区村庄对群众7300多人作过宣传，涂写日文标语127条，向碉堡内的敌兵作过3次谈话、4次通讯，并在14个环境较坏的敌占区村庄演出话剧9次。其中，在潞城敌占区村庄上演话剧《三个日本士兵》、《富士山麓》及日本最流行的民间舞《樱音头》与反战歌曲，邻近村庄的群众到会的达500多人。受到敌占区群众的称赞。

1942年9月21日，由边区政府、129师、区党委组成的党政军民数千人举行政治攻势祝捷大会。大会认为，针对敌人"三分军事，七分政治"的阴谋，全华北在政治攻势中，打垮了敌人步步为营的蚕食政策，使日军、伪军、伪组织，以及敌占区的同胞，在思想上起了很大的变化，摧毁了300多个维持会，100多个接头村。而根据地发出的宣传品，有的甚至传到了北平，使敌人更加惊恐和泄气。同时，从敌占区来的同胞认为，由于敌人实行"三光政策"，妄图完全摧毁根据地，因此，敌占区老百姓不知道根据地究竟是个什么样子，以为就要亡国了，没有出头日子了。在八路军政治攻势开始后，才把敌占区的老百姓从黑暗中唤醒①。

对敌政治攻势，既是政治的，也是文化的，通过政治攻势，使敌占区伪军伪组织和广大爱国同胞看到了抗战胜利的希望，进而瓦解了伪军伪组织，动摇了日伪在敌占区的统治，吸引了敌占区一大批群众到根据地来。平顺、襄垣、辽县等地许多青年积极要求参加八路军和民兵组织，巩固和扩大了太行抗日根据地。同时，八路军以走群众路线方法，通过在敌占区广泛建

---

① 《太行党政军民数千人举行政攻祝捷大会》，《新华日报》1942年9月24日。

立起来的情报组织人员在伪组织和伪军中的秘密工作,使得敌占区伪组织和伪军中绝大多数不愿做亡国奴的人,甚至许多伪军中的高级军官和其他方面的大批知识分子,以"身在曹营心在汉"的方式和八路军建立了秘密的情报关系,为此后粉碎日军的多次大"扫荡"以及对日反攻奠定了基础。

(四)大众文化取得显著成绩时期

太行区八路军主体文化,包括出版、文化、新闻等各个方面各种形式所表现出来的文化内容,是太行区党政群各界文化中的一个组成部分。因此,太行八路军主体文化的一部分还体现在它的外延中,而其中最主要的是在党组织的新闻文化宣传中。也就是说,太行八路军的政治主张和新闻文化思想,往往体现于党的报刊文艺宣传活动中。

一是在报刊方面。在众多的报纸杂志中,影响最大的是《新华日报》(先为华北版,后为太行版、太岳版)。作为北方局(后为太行区党委)机关报,它不仅反映太行区、晋冀鲁豫边区及其他根据地乃至国统区军民的抗战情况,而且还报道世界反法西斯战争的动态。它及时登载中央、北方局、总部、边区政府、晋冀豫区党委和129师领导人的讲话、谈话、文章、报告,及时宣传和报道党和政府的统一战线、合理负担、减租减息、统一累进税、贸易、土地、工商业等政策、法令和主张;介绍反顽斗争、反扫荡战况、百团大战、军民开展游击战争的经验和教训;揭露敌人在扫荡、蚕食中的凶残和暴行;报道三三制政权建设、整风运动、对敌政治攻势、互助合作、生产度荒、灭蝗运动的情况;报道杀敌英雄、劳动英雄的动人事迹,以及文化教育方针及动态;介绍科学常识,发表重要社论、评论等。成为太行抗日根据地新闻文化事业的最重要的精神支柱和文化支柱。它不仅在晋冀鲁豫根据地发行,而且还发行到敌占区。在太行抗日根据地对敌军事斗争和政治、经济、文化建设上发挥了重大作用,并成为华北新闻文化事业的中心。1941年1月1日《新华日报》纪念创刊2周年时，报社已经培养了许多编辑人员，文化战线上的战士。还选拔了许多优秀编辑人员，参加到华北各新闻同业中去，帮助各地方报纸的工作，加强了与全华北各新闻机关的密切联系；同时，除了承印《抗战生活》等杂志外，还单独出版了《中国人》周刊，专门为开展敌占区工作，为敌战占区爱国同胞阅读。同时，报社印刷了45万册社会科学，马克思、恩格斯、列宁的名著，以及学校用书，50万份传单和布告①。

还有北方局机关刊物《党的生活》、冀豫晋省委（晋冀豫区党委、太行区党委）对内机关报《战斗》（一度改为太行分局机关报）、《胜利报》（后改为《晋冀豫日报》）等。129师政治部出版有《战场画报》，在创刊号上，刘伯承题词："胜利到来之前必须越发结合群众机警顽强进行斗争。"邓小平题词为："尽量应该反应部队的生动事实，成为教育的有力武器。"②这些报刊长期发表北方局、冀豫晋省委的有关指示、决定等，及129师领导人刘伯承、邓小平、北方局书记杨尚昆、组织部长彭真、区党委书记李雪峰等领导人指导华北抗战、坚持统一战线、开展游击战争、建立人民政权等有关文章。其中，1941年，邓小平在《党的生活》上发表有《反对麻木，打开太行区的严重局面》，1943年在《战斗》上发表有《五年来对敌斗争的概略总结》、《敌占区的组织工作与政策运用》、《根据地建设与群众运动》等文章。同年7月2日，邓小平在延安《解放日报》上发表《太行区的经济建设》一文。邓小平还有《在敌后方的两个路线》、《党与抗日民主政权》、

---

① 何云：《华北＜新华＞第二年》，《新华日报》1941年1月3日。
② 《太行革命根据地画册》编辑组编：《太行革命根据地画册》（1937—1949），山西人民出版社1987年6月第1版，第116页。

《一二九师文化工作的方针任务及其努力方向》等文章和讲话在不同的报刊上发表。从这些文章和讲话中，体现出了邓小平在太行抗日根据地党的建设、武装斗争、军队建设、统一战线、政权建设、经济建设、文化教育等各方面具有的卓越的思想理论指导才能，这使得邓小平理论萌芽于太行抗日根据地，并成为太行抗日根据地思想、文化、理论方面的一个重要贡献。

1943年9月，作为北方局代理书记和八路军副总司令的彭德怀，为赵树理《小二黑结婚》题词"像这种从群众调查中写出来的通俗故事还不多见"的书，由华北新华书店出版后，很快轰动了整个太行区。第一版就连续印了2万册。山东、淮北、晋绥、冀中等解放区也纷纷出版。根据地军民第一次在残酷的战争环境中，清新地嗅到了根据地建设中关于乡村里爱情婚姻故事的芳香气息。这种来自于人民群众中的文学艺术，又回到了人民群众之中，赵树理因此获得了人民作家的赞誉。

赵树理作为华北版《新华日报》社的工作人员，负责通俗小报《中国人》周刊的编辑工作，他写的《小二黑结婚》，在创作上突破了抗日文化只写抗日斗争的框框，以清晰的、通俗的、大众化的语言，描绘出了根据地婚姻自由在反封建文化中的突出形象，标志着太行抗日根据地文化艺术民族化、大众化新的实践的成功。这样杰出的成果，在根据地史上是破天荒的，也标志着经过太行区整风运动，按照毛泽东《在延安文艺座谈会上的讲话》中，有关文艺为工农兵服务的大众化文学创作实践的成功。

二是在戏剧方面。太行八路军从总部到连队的剧团（社）、文工团、宣传队有许多，普及演出具有抗日内容的新剧目。加上太行山剧团、抗大文工团、鲁艺实验剧团，构成了根据地戏剧运动的主导力量。各剧团（社）除演出《黄河大合唱》、《兄妹开荒》、《夫妻识字》等延安传来的大合唱、秧歌剧等节目外，多数剧团（社）随时随处自编节目。如怒吼剧社的《心头恨》等为自编话剧;《反扫荡》、《朱德将军》、《战斗的红五月》等为自编歌曲。此外,总部直属政治处还成立文艺小组,研究一般的文艺理论和创作问题,组织流动图书馆,出版不定期的文艺壁报,和部队中原有俱乐部、新文字研究组、歌咏组联系,在部队中开展文艺运动。

在太行区,八路军机关每逢三八妇女节、五一劳动节、五四青年节、七一、七七、九一八、双十等纪念日及其他重要活动,还常常单独演出节目,或者和党政群团组织进行会演。如在1941年的晋冀鲁豫边区临参会会议上和1944年的太行区第一届群英会上,八路军各剧团和其他剧团都进行了会演。另外,太行各分区剧团也很活跃。如太行三分区前哨剧团活跃在武乡一带,太行四分区道清文工团活跃在道清铁路沿线,和各县剧团,如黎城县委领导的黎明剧团等,在根据地演出,共同丰富根据地人民的文化生活。特别是《小二黑结婚》出版后,太行区的许多农村剧团,如武乡光明剧团、襄垣秧歌剧团等把小说改编成秧歌剧搬上舞台,在广大农村形成戏剧热潮。到抗战胜利前夕,根据太行区许多著名劳动英雄的故事编成的剧本,如《李马保》、《李来成家庭》、胡春花《义务看护队》等反映互助合作、劳动致富、拥军等内容的剧本在根据地上演。

除戏剧外,《东方红》、《好男儿要当兵》、《劝懒汉歌》、《纺织英雄石榴仙》等歌曲在太行区也广为传唱。北方局妇委,不仅主办《华北妇女》杂志,宣传妇女解放与抗日,而且十分重视编歌和教育青年妇女唱歌。在太行区各识字班中流行的歌曲有:《童养媳苦》、《政府组织起妇救会》、《盼八路军回家》、《妇女解放》、《纺织》、《放脚歌》、《买卖婚姻要反对》、《做军鞋》、《我要去当兵》、《男女要平等》等上百首。延安的著名作家、记者刘白羽、杨朔、陈荒煤等,都曾到太行区进行采访、写作。这些文化活动为团结抗战,抵制日本文化侵略,建立巩固的抗日根据地和推进新民主主义文化事业作出了贡献。

同时，共产党和八路军为在太行区发展文化艺术事业，还创办了各类学校，有著名的太行抗战学院、太行行政干校、太行联中等。尤其是小学，共产党从抗战开始后，在领导牺盟会改造旧政权的过程中，就对原有的学校中以"四书五经"为主的封建教材、阎锡山当局的反共课本进行了清理。此后，小学从1942年的1237所、5.28万学生，发展到1945年的2530所、12.5万学生。《太行山小学识字课本》在这个时期诞生，课本里除了宣传科学常识、民间故事等文化知识外，也通过短文和木刻画像介绍毛泽东、朱德等中国共产党和八路军的领袖人物。此外，还普遍开展了冬学，举办民革室，有夜校、识字班、读报组，开展成人教育、扫盲教育等等，初步改变了太行山区文化落后的面貌，空前地繁荣了太行区文化的反封建的科学化、大众化教育事业。同时，由于共产党是一个无神论政党，共产党领导的八路军是无神论军队，因此，在共产党八路军建立起来的太行抗日民主根据地，在文化宣传教育中实施的都是带有科学性的文化，无论中小学生还是成年人，接受的都是科学性的文化。因此，在太行抗日根据地，科学的文化，是普及的文化。

三、太行八路军主体文化是与党领导下的其他各界各类文化团体紧密结合的文化

太行八路军文化，实际上是中国共产党的文化，这是因为，在太行抗日根据地党的组织不是公开的。在太行抗日根据地，中共北方局随八路军总部活动，对外称香港，出版机关报《新华日报》（华北版，后改为太行版、太岳版）；中共冀豫晋省委是随八路军129师政治部活动，对外称129师编辑部，并出版油印刊物《战斗》。同时，八路军高级将领也是共产党高层领导人，对外以代号称呼。加之抗日战争中期，根据地实行党政军民

一元化领导,"平时,军、政、民接受党的领导,大家都服从和遵守政府法令,这是一元化的。战时,党、政、民各机关的工作人员则都得听从军事指挥,一切都服从于战争,这又是'一元化'的。"①所以,要分出哪个是党的文化,哪个是八路军文化,是很困难的。因为两种文化基本上是一致的。所以说,太行八路军的主体文化,体现的就是中国共产党的新民主主义文化,但又有不同于党和群众团体文化一些特点,因为其中毕竟还有一部分文化属于军事文化。如八路军唱的《三大纪律八项注意》歌曲,它既是八路军的纪律,又是八路军文化的组成部分,就是独有的,不构成党和群众团体文化中的重要组成部分。

在太行抗日根据地,八路军总司令朱德和副总司令彭德怀十分重视八路军的文化建设,号召八路军要在文武两条战线上同日寇作战。1939年1月3日,朱德在视察元旦创刊的《新华日报》(华北版)时指出,现在我们党的方针,就是集中力量开展敌后游击战争,独立自主地组织人民武装斗争。希望《新华日报》(华北版)成为实现这一伟大方针的一支宣传鼓动的生力军!针对国民党不让出《新华日报》(华北版)的问题,朱德指出:不管怎么说,敌后的天下是我们打下的,我们想出就出,他们管不了。我们要利用这张报纸,把千千万万的老百姓动员起来抗日!别看你们不上战场,这里比战场还重要。一个铅字就是一发炮弹,一部印刷机顶得上一个师,敌人的碉堡有时用整连整团的兵力攻不下来,用几张传单就拿下来了,敌人

---

① 《抗日战争中的太行军区——李达司令员同美军观察组惠德赛上尉谈话录》,中共黎城县委党史研究室编《血沃太行》,山西省新闻出版局,2004年,第81页。

拿一个团长我们也不与他换一个印刷工人①。此后还为报社提供100块银元。1940年春节，在八路军总部驻地召开的文化、教育工作者座谈会上，朱德出席会议并讲话。同年4月，朱德任中苏文化协会晋东南分会名誉会长，彭德怀任会长，直接领导和推动八路军和根据地文化事业的发展。

刘伯承是《新华日报》（华北版）热心的支持者和读者，1939年12月，刘伯承在邯（郸）长（治）战役结束后，要求师政治部在这份报上报道了皮定钧团长率领总部特务团，善于运用游击战术，同人民群众血肉联系，战绩显著，部队壮大的事迹，鼓舞了当地青年参加皮团打日本的决心；1942年2月，通过在报上了解，并在军训报告中宣传辽县神枪手刘二堂，倡导全师开展了学习刘二堂神枪手运动。1940年12月，日军在《东京朝日新闻》、《天津庸报》、《北平新民报》、《山西新民报》上大肆宣传华北版《新华日报》在"扫荡"中被毁灭，并被作为"扫荡"战绩的第二战绩，然而八路军没有被"消灭"，而是日军被大量消灭；《新华日报》也没被"毁灭"，而是继续使用报社人员发明的由利用水力的水碾和芦苇、废纸、破鞋、木屑、山草等制造出的8种纸张、几乎全是自造的油墨进行印刷出版。

八路军总部和129师等部队，从文化机构设置及其文化学习制度上也十分重视部队的文化建设。总部直属政治处成立有文艺小组，研究一般的文艺理论问题，组织流动图书馆，出版不定期的文艺壁报，并和部队中原有俱乐部、新文字研究组、歌咏组联系，在部队中开展文艺运动。同时，还以设在太行区的抗日军政大学为主，坚持培养八路军骨干。在太行抗日

---

① 彭建群收集整理：《一个铅字就是一发炮弹》，选自《太行山的记忆》，解放军出版社1988年7月第1版，第35页。

根据地，1938年抗大一分校进驻屯留、潞城、壶关，后迁往山东；1939年，抗大总校、陕北公学等5000人在副校长罗瑞卿带领下迁入晋东南抗日根据地。1940年，在山西武乡县成立抗大六分校。到1941年6月抗大成立五周年，为八路军、新四军培养了4万干部，并奔赴抗战前线。抗大由一个总校扩大到8个分校。邓小平在纪念抗大成立五周年时，要求抗大在斗争中"愈抗愈大"、"愈抗愈深"，希望抗大成为建设抗日军队的火车头，成为提高军事政治科学的领导者①。此外，八路军总部和129师等部队也有严格的学习理论和文化课制度。朱德总司令、彭德怀副总司令、左权副参谋长等自觉学习马列主义理论、毛泽东著作，还亲自教育身边的战士学习文化。特别是129师在整顿全师学风中，规定干部文化教育正规学制，还进行全区军事系统在职干部的文化测验。因此，太行八路军是一支十分重视文化的军队，也是一支注重文化宣传的部队，还是一支善于建立文化设施的部队。如除利用北方局《新华日报》印刷厂印刷文化宣传品外，129师也设有印刷所。1941年6月，129师印刷所职工为迎接七一，石印工人操作石印机，使每架机器在8小时内，印出的数量达到1000大版以上；在铅印方面，8小时内则能印出1万页材料。此外，129师政治部还每周出版新文字周刊，在干部战士中掀起学习新文字运动。

  八路军除加强自身的文化宣传教育和充分发挥文化宣传教育的各种功能和作用外，还十分注意与文化界的联系与合作。如1941年3月23日，晋冀豫文化界座谈会召开，由文联主持，参加会议的有文联、文协、民革室、抗战学院、青记北办、太行山剧团、华北书店、太行中学及《新华日报》

---

① 邓小平：《对抗大的希望》，《新华日报》1941年6月1日。

等的代表参加。中共中央北方局政治部部长张友清、八路军野战政治部宣传部长王东明,及联办行政委员罗青等出席大会。会议讨论了文联出版发行的《华北文艺》及《新华日报》等刊物的意见①。还由太行剧团组织了晚会。同年 8 月,在晋冀豫边区临参会召开期间,129 师政治部宣传队借临参会大会宴请太行区文化界及新闻界同仁。参加宴会的有野战政治部、抗大文工团、鲁艺、战旗、白光、太中、朝鲜义勇队、晋东南文联、美协、剧协、青记、国新社、晋冀豫及新华日报社记者等。宴会后还合影留念。随后,冀太联办与晋东南文协也在边区临参会召开之地,公宴太行山区各剧团、各文化教育团体及新闻界人士。边区政府主席杨秀峰出席,并成为太行山政府与文化界第一次盛大的聚会。临参会正副议长申伯纯、宋维周、邢肇棠,及秘书长王乃堂宴请参加临参会的各剧团及新闻界记者。八路军的剧团也参加晋冀鲁豫戏剧界剧协分会,分会有太行区抗大文工团、鲁艺、太行山、白光、战旗、先锋、清漳、太中、太岳太行剧团六分团、冀南文联等 14 个单位。同时,129 师为了加强对部队的领导,交流工作经验与创造新的办法,提高部队军事政治文化科学水平,开展部队文艺运动,在同年九一八纪念日出版了全师的《先锋报》,并有副刊《战场文艺》、《教育与学习》,刊登战士们的习作和文艺稿件等。

　　此外,129 师的文化运动还和体育运动相结合。1941 年 9 月,129 师运动会在涉县索堡举行,参加运动会的有 3000 人。运动会还布置了军事、政治、文化、教育、艺术等 7 个展览会供参会人员参观。彭德怀、左权到会检阅了运动员,并分别向大会题词。除宣传队的文化项目作为参加运动

---

① 《太行山麓漳河之滨 文化界欢聚畅谈》,《新华日报》1941 年 3 月 29 日。

会的决赛项目外,每天晚上还由各部队宣传队演出剧目,并请鲁艺剧团演出《巡按》,开展文化娱乐活动。决死队的战士和干部举行讲演比赛;戏剧工作者表演节目,剧协分会则临时出版《华北戏剧》,并请任白戈作《关于戏剧民族形式问题》的报告。在运动会上,抗大六分校军事、体育、政治文化三项以总分250分的好成绩获得第一名。另外,129师文化宣传部门自同年5月提出"面向大众,面向连队"的口号后,由野火剧团演出的独幕剧《团结》,从内容上着重体现了连队干部战士的平凡故事,从而丰富了文艺节目的内涵。

在太行抗日根据地,还有一种文化现象,无论是八路军,还是党政部门的各种重要集会、重要会议或重要活动中,主席台上都要悬挂领袖人物画像。主要领袖人物像有孙中山、毛泽东、朱德、彭德怀、刘伯承、邓小平、杨秀峰、薄一波、戎伍胜。如1941年,在晋冀鲁豫戏剧界剧协分会成立大会上,挂有孙中山、毛泽东画像;在晋冀豫边区临参会上,悬挂有当选边区政府领导人的杨秀峰、薄一波、戎伍胜的像。在129师运动会上,检阅台上悬挂着高约4丈的毛泽东彩色画像,200米以外是朱德、彭德怀的骑战马像,刘伯承、邓小平的全身像。即使在辽县的村选中,戏台上、广场上都挂有孙中山、毛泽东、朱德的画像。另外,文化宣传工具也有所提高。在一些重要会议上,配置上了扩音器。如在129师运动会上、太行区第一届群英会上都配置有扩音器。八路军记者有了一些相机,记者通过手中的相机,记录下八路军从总司令到普通战士的战斗、生产、生活的许多珍贵画面。加上129师政治部木刻组往图书报刊上提供的宣传画,极大地丰富了的根据地的摄影和木刻绘画艺术。特别是百团大战后,八路军还通过图片流动展览向根据地群众以一种新的文化表述方式,展示出了八路军和民兵、群众在战斗中取得的战绩。

由于马列主义理论在八路军理论学习和文化学习中占有重要地位,因此,在八路军学习的外来文化中,重点就是苏联文化。除出版和学习马列著作外,学习的文学作品还有高尔基的《母亲》,演出的剧本有果戈理的《钦差大臣》(《巡安》),以及戈宾权翻译的《列宁的故事》,介绍的有马克思夫人燕尼等等。包括列宁是怎样戒烟的,都成为一种宣传介绍,同根据地内的鲁迅文化研究与宣传放在同等地位上。

在太行抗日根据地,除了从进入太行山以来原有的共产党与八路军的文化干部外,大半是来自全国各大都市各阶层的文化人士,以及抗战以来参加文化战线的青年知识分子。八路军与边区政府,一方面继续培养大批地方知识分子,另一方面改造、提高地方知识分子的水平。特别是1941年4月,边区政府为推行全区文化运动,为了文艺工作者创作更多更好的民族化、科学化、大众化、通俗化的作品,还设立文化奖金,其中太行区最高奖金为7000元,奖励对象为浅近的中级科学读物,通俗文艺作品,各种专门问题的调查研究,儿童读物及民众识字课本,文化干部及文化工作者,并确定在每年的鲁迅逝世纪念日,即每年10月19日颁发。为了在政治攻势中发挥文字对大众的宣传引导作用,使干部群众易认,尤其是利于敌占区同胞认识,1942年9月,北方局和总部还发出指示,强调对敌占区同胞在通讯内容上"务求亲切动听,不损害对方;要民族化,反对洋八股";标语"涂写文字,要为群众所易认识,反对怪简笔字,怪美术字。"[①]10月中旬,129师、太行军区司令部颁布联合命

---

① 《北局野政联合指示所属普遍开展两大运动》,《新华日报》1942年9月18日。

令，禁止所属在对内、对外上行、下行、平行的函件，乃至一般文件标语中使用怪字，为对敌政治攻势文字书写确定了新的标准，促使太行区乃至全华北抗日根据地的文化实现了统一规范的文字表述形式。

四、太行八路军主体文化对发展当代中国特色社会主义文化的重要启示

从现象上看，八路军是这样的一支军队：八路军不实行薪金制，抗战到1940年3月，朱德总司令还继续穿着在延安期间发放的补了又补的棉衣，但拒绝并退回过警卫员为他换的新军棉衣，在黎城县柳渠寺时脚上穿的还是草鞋。1941年6月，在抗大举行成立五周年纪念大会时，受检阅的战士穿着的也仍然是草鞋。在根据地军民处于灾荒岁月，特别是群众靠吃树叶生存的时候，当陈赓带着一些红枣、核桃去看望生病的彭德怀时，被彭德怀严词拒收并训斥门外；当邓小平在武乡县刘家嘴村一位农家少妇那里借上针线后，用过的针带线，在3个月后又被八路军战士送还。当有官兵违犯《三大纪律八项注意》后，会受到严厉的惩罚；如果加入党的组织或八路军有不纯的思想动机，在整风中可能会受到严厉的斗争。但是，八路军每到一个村的驻地，会自觉地为房东担水扫院，对待群众态度和气，群众有困难会得到干部战士们的帮助。特别是在困难年代，八路军吃的是谷糠、高粱、野菜等。而八路军一些地方部队，新兵在参军时是从村里带的被褥，穿的是自己领来的土布，并由自己染自己缝起来的军装。

事实上，八路军总部和129师、115师344旅进驻太行山时，只有1万多人，每个团都有1/3的长矛，八路军只能拿少量的劣势武器缴获敌人的大批精锐武器来武装自己，到1944年抗战6年多时，129师与太行区未分开之前，八路军战士用从1.9万余次战斗中缴获的4万多枝长短枪，以及少量的轻重机枪、大小炮来武装自己；太行军区从1943年8月到1944年

10月，通过6893次大小战斗，从敌人手中缴获长短枪1万余枝，以及少量的重机枪、大小炮来武装自己。各地民兵则平均不到1/4甚至是1/5的人有枪。而民兵的主要武器则是手榴弹、地雷、石雷①。然而，在1941年8月25日《新华日报》（华北版）的报道中看出：苏联红军在两个月战斗中，使德军伤亡200万人、损失坦克8000辆、大炮1万尊、飞机7200架；红军伤亡约70万人，损失坦克5500辆、大炮7500尊、飞机4500架②。就连国民党依靠购买的美国武器，也不可能与如此世界大战中苏德战场上的这种武器对垒相比拼，而八路军的武器就更无法比拟。同时，在医药方面，野战卫生部附设的医院，伤病员有时连碘酒也没有，只得拿开水洗疮；一块盖伤口的纱布，最多要用10次以上。

文化设施方面，1938年初，八路军从长治城征用了3台私营印刷所的石印机开始出版报纸图书，接着，从延安运来铅字机后，于1939年1月在沁县开始了《新华日报》（华北版）的出版发行；这样129师既有铅印机，也保留着石印机。此外，就连129师司令部里电灯使用的马达也是从敌人那里缴获的。在日军频繁的"扫荡"和不断的"蚕食"中，印刷设备经常遭受战争破坏的危险，甚至为了转移方便，印刷工人还露天排版。而印刷工人、文化宣传人员则为了保护机器或投入战斗付出了生命代价。如为共产党八路军的新闻文化事业做出重要贡献的何云等新闻文化战线的干部战士，1942年就同左权牺牲在日军的五月大"扫荡"中。虽然八路军在太行

---

① 《抗日战争中的太行军区——李达司令员同美军观察组惠德赛上尉谈话录》，中共黎城县委党史研究室编，《血沃太行》，山西省新闻出版局，2004年，第86页。

② 《德军伤亡两百万》，《新华日报》1941年8月25日。

抗日根据地的生活条件、武器装备、文化设备都很落后，但是由于中国共产党坚持把马克思主义理论与中国革命的具体实践相结合，以及由此产生的毛泽东思想的正确指导，北方局和八路军总部率129师等部队在太行抗日根据地以一种坚定的革命理想，和与华北人民共存亡的坚定决心，顽强地抗击了敌人，并通过实行官兵一致、军民一致，实施民主政治、减租减息政策，开展整风运动和对敌政治攻势，以及克服困难、自己动手、自给自足，实施互助运动，大力发展经济、文化事业等政策和措施，站稳了脚跟，并以劣势逐步转化为强势，到1945年抗战胜利前夕，大批青年农民踊跃报名参军，大规模的民兵和自卫队随同八路军作战，太行根据地得到不断巩固、扩大，直到取得抗战的胜利。

在太行区，共产党八路军之所以取得这样的成功，其中之一的原因是，共产党八路军实行的民主政治、执行的减租减息政策、提倡的抗战救国思想和文化，在太行山区是进步的，在全中国也是进步的，是代表了中华民族根本利益的。因此，中国共产党号召人民在中国建立新民主主义共和国，能够成为全体人民的共同愿望。八路军的主体文化，正是以中国共产党抗战的、民族的、民主的、科学的、大众的主体文化为出发点，在太行区广大军民中加以宣传体现，从而通过文化，代表和体现出了人民真正的政治意愿。加之共产党八路军通过组成极其清廉的抗日民主政府所实施的各项政策措施，和不拿群众一针一线的严明纪律，使得根据地包括小脚妇女在内的各界人士，都开天辟地信仰了共产党八路军，通过即使是投豆来竞选，也要表达和实现自己的政治愿望，并真正有了当家作主的感觉，从而共产党八路军获得了绝大多数人民的衷心拥护，并从共产党八路军中看到了中华民族的希望，愿意跟着共产党八路军走，以至于建立一个拥有真正自由民主的共和国。因此，如果用文化方式来表达这种成功，尤以《没有共产党就没有新中国》这首歌表达的最真实、最准确。也就是，共产党、八路军在抗战中，给人民留下的一个最深刻的印象就是勤劳为民族，一心救中国，指给了人民解放的道路，领导人民走向光明，坚持抗战八年多，改善了人民生活，实现了民主好处多。歌词里的每一句话都决不是虚拟的。其中，歌词里"改善了人民生活"，"实现了民主好处多"等句子，则带有极为深远的历史意义和现实意义。因为中国共产党领导的新民主主义革命，即民主革命，其结果应当归结到实现民主的政治上来，从而也使得民主文化，更能够充分表达这场革命的意义。然而，新中国成立后的历史，还是曲折地记录了民主文化的艰难发展进程。尽管如此，共产党八路军还是在太行区的抗战中，通过改善人民生活，实施民主政治，烘托出了民主文化的辉煌，值得太行区人民永恒地记忆。

如果说，一切事物的过去、现在和未来，都只能用文化的方式来表述的话，在当代就只有发展民主文化是社会进步的必然。当然，把中国共产党新民主主义文化和当代中国特色社会主义文化对照来看，也可以发现一些问题。这就是，毛泽东所提出的新民主主义文化里，并没有把"民主的"文化单列出来，而张闻天、彭德怀、邓小平等共产党八路军领导人却都单独提出了"民主的"文化，尤其是彭德怀每次提到新民主主义文化时，都把"民主的"这一项单独放在首位。但是，在当代中国特色社会主义文化里，也不包括"民主的"这一项。因此，这表明，中国特色社会主义"民主的"文化道路，还处在脱离民主政治这一根本制度，进行艰难的探索之中。

作者简介：

宋河星　长治市委党史研究室副研究员

论文化软实力对抗日战争胜利的影响
——八路军文化及其传播机制

孙 丹

20世纪90年代初,美国学者在其著作中提出了"硬实力"和"软实力"的概念。①近几年,这一对概念在全世界都得到了极大关注,进入了中国学者的视野,并出现在官方文本中。胡锦涛总书记在2007年10月党的十七大报告中提出,要将提升"软实力"作为国家的一个重要战略任务。

这一概念的提出,无疑是对世界历史,特别是近现代历史发展特征的概括。来源于西方的"软实力"理论虽然是用来解释战后,特别是冷战结束后世界格局变化所使用的分析工具,但是这一理论显然也适用于20世纪

---

① 美国哈佛大学教授约瑟夫·奈在1990年提出。原书名为《注定领导世界:美国权力性质的变迁》(Joseph S. Nye, Jr., Bound to Lead: The Changing Nature of American Power .New York: Basic Books, Inc., Publishers, 1990). 中文译名为《美国定能领导世界吗?》,军事科学出版社1992年版。他认为一个国家的综合国力既包括由经济、科技、军事实力等表现出来的"硬实力",也包括以文化和意识形态吸引力体现出来的"软实力"。2004年,约瑟夫·奈又明确界定文化、政治价值观及外交政策是软实力的三种主要资源。

三四十年代的那场大战。的确,早在半个世纪之前的那场世界大战中就十分鲜明地体现了"软实力"和"硬实力"的特点。在中国人民的抗日战争中,在与东方强国日本经济、军事硬实力对比悬殊的情况下,可以说,是"精神"、"文化"这一"软实力"的较量决定了抗日战争的最后结局。在亡国灭种的危机面前,正是具有五千年文化传统的华夏民族意识使国共双方摒弃政见纷争,联合抗战。而中国共产党人以弱小之势无惧强敌,勇担民族大义,坚定地举起爱国主义的旗帜,在全国进行了一场伟大的抗战教育运动,发动了一场人民战争,感召并凝聚全国同胞以及世界上爱好和平的友人,参加到伟大的反法西斯战争中来,在极端困难的条件下,取得了抗日战争的伟大胜利。中国共产党领导的八路军在抗日战争中,不仅是顽强的战斗部队,也是一支出色的文化大军。在烽火连天的岁月里,不仅八路军的队伍从几万人壮大到百万雄师,而且以爱国主义为核心、以反帝反封建为主要内容,具有鲜明的时代特征、强烈的战斗性和意识形态性的新民主主义文化也在战争中成熟起来,并随着八路军征战的步伐传播流布、日益成长,并终成浩荡之势,彻底改变了中国人的精神面貌。

一、"伟大的抗战必须有伟大的抗战教育运动与之相配合"[①]

八路军文化是指在抗日战争时期,以中国共产党领导的广大抗日根据地(华北、华东)为依托,以新民主主义理论为指导思想,以传统文化和地方文化为根基,以八路军为主体创建的革命文化,具有鲜明的时代性、强烈的战斗性和意识形态性。八路军文化、八路军精神,是红军

---

① 毛泽东:《论新阶段——抗日民族战争与抗日民族统一战线发展的新阶段》。

文化传统在抗日战争时期新的发展,是伟大的抗日战争时期成熟起来的新民主主义文化、中国抗战文化的重要组成部分。早在1951年8月20日,时任中央人民政府主席的毛泽东,就曾经委托回访武乡革命老区的中央人民政府北方老根据地访问团晋冀鲁豫分团团长杨秀峰给武乡百姓捎口信,期望老区人民要发挥根据地特有的政治优势,搞好革命纪念地的开发利用,继承和发扬革命战争年代那种艰苦奋斗、无私奉献的八路精神,为社会主义建设再立新功!①

抗战初期,共产党从成立之初的几十人,已经发展成为有几万名党员及几万人军队,在中国政治舞台上拥有一席之地的重要政治力量。此时,共产党已经在右倾和左倾路线的挫折中探索并找到了适合中国国情的革命道路,确立了以毛泽东为首的党中央和正确的路线,明确提出了抗战建国的目标。在思想文化上,反帝反封建的、民族的、科学的、大众的新民主主义的文化理论也具雏形,并通过八年抗战的实践而趋于成熟。整个抗日战争时期,在中国共产党领导的抗日民主根据地的广大地区,围绕根据地政权建设,积极开展了新民主主义经济、文化、教育的实践。

七七事变的第二天,中共中央就在《中央关于卢沟桥事变后华北工作方针问题给北方局的指示》中提出"不让日本帝国主义侵占中国寸土"、"为保卫国土流最后一滴血"的慷慨悲壮的口号,拉开了战时文化建设与宣传教育鼓动的序幕。《指示》要求各地用宣言、传单、标语及群众会议等方式进行宣传与组织的动员,同时以此口号动员全体爱国军队全体爱国国民抵抗日本帝国的进攻,要求平绥平津地区、平汉线津浦线组织抗日义

---

① 魏国英主编:《八路军纪念馆》,山西人民出版社2006年版,第1页。

勇军，准备进行艰苦的游击战争。①7月14日，毛泽东发布"关于红军开赴抗日前线的命令"，要求红军将士做好政治和军事准备，随时奔赴前线。

1937年8月1日，军委总政治部发出《关于新阶段的部队政治工作的决定》，其中特别提出要利用公开环境，加强"对于友军和地方居民工作……采取完全公开的方法，在友军中居民中进行各种宣传工作，进行上层与下层的公开活动，用联络、联欢、参观等等方式，在友军中居民中广泛散播党的主张、解释民族统一战线的策略和实现民主的重要，号召他们为抗日战争的胜利而斗争，并以红军素有的模范作用去影响他们，团聚他们。"②不久之后，著名作家丁玲、吴奚如、史沫特莱等组织"西北战地服务团"随军奔赴前线。毛泽东在延安举行的欢送晚会上发表讲话，指出，你们要用你们的笔、你们的口，与日本人打仗。……我们要从文的方面武的方面，夹攻日本帝国主义。8月22日，根据国共两党达成的协议，国民政府正式宣布，由原西北主力红军，即中国共产党领导的中国工农红军一、二、四方面军改编而成"国民革命军第八路军"，朱德、彭德怀任正、副总指挥。同日，中共中央军委发布了改红军为八路军的命令。八路军是日军入侵、国共第二次合作中诞生的人民军队。虽然看起来八路军只是中国共产党领导的主力红军番号的改变，但在现代中国历史上却是标志性事件：她的诞生是中华民族团结抗战、现代中国历史格局发生根本性改变的

---

①《中国共产党宣传工作文献选编（1937—1949）》，学习出版社2005年版，第1页。

②《中国共产党宣传工作文献选编（1937—1949）》，学习出版社2005年版，第5页。

标志，是共产党主导的马克思主义新文化在古老中国生长发展的新起点。八路军不仅是一支特别能战斗的武装部队，而且是一支具有凝聚力和号召力的文化部队。

抗日战争全面爆发后，国民党的节节败退，重要城市的相继失守，以及面对中日经济、军事力量对比的巨大反差，中国社会各阶层都不同程度地弥漫着对抗战前途悲观绝望的情绪，而日军、汉奸、亲日派，则利用这种情绪，散布妥协退让的假和平意图，以此动摇瓦解中国人民抗战的决心。中华民族面临亡国灭种的深刻危机，真正到了最危急的关头。因此，共产党八路军要做的重要事情，除了用战场上的胜利鼓舞全国人民的士气之外，就是必须建立最广泛的抗日民族统一战线，进行彻底、有效的社会动员与教育，动员、争取一切力量投入全民族的抗战。1937年9月，总政治部主任任弼时在五台山八路军总部会议上指示各师旅政治部，要公开宣传动员群众，扩大统一战线，使共产党成为统一战线的领导者、组织者。[①]11月11日，八路军总部根据党中央和毛泽东的指示作出了在华北创建根据地的具体部署。[②]随后，八路军按照中央和总部的部署，在华北、华东的广大地区积极开展敌后抗日根据地的建设。

据公开资料的不完全统计，卢沟桥事变后，仅7—12月间，中共中央、北方局、总政治部就密集发出了十几个宣言、命令、指示等，誓言巩固国共团结，贯彻抗战到底，争取最后胜利，其中均把发动群众、组织群

---

① 李志宽、王照骞编：《八路军总部大事纪要》，解放军出版社1985年版，第7页。

② 李志宽、王照骞编：《一二九师深入晋东南太行山区，开辟晋冀豫根据地》，《八路军总部大事纪要》，解放军出版社1985年版，第11页。

众、武装群众作为争取抗战胜利的重要条件。党和军队的领导人多次公开发表文章、演说，申明抗日主张，尤其重视党的领导及部队的政治、宣传等工作，并给予具体的指示和部署。11月25日，苏联和欧美记者到访山西省洪洞县高公村，朱德、任弼时向他们作了广泛开展国际统一战线工作的讲话。①中共中央公开出版的报纸《新华日报》创刊后②，更是成为共产党宣传抗日主张、教育人民团结抗战的重要阵地。

1938年10月，毛泽东在中共扩大的六中全会上作题为《论新阶段——抗日民族战争与抗日民族统一战线发展的新阶段》的报告，提出"伟大的抗战必须有伟大的抗战教育运动与之相配合"，对文化教育和宣传鼓动工作提出了新的更高的要求。关于宣传，报告提出，全民族比以往更为重要的第一任务是"高度发扬民族自尊心与自信心……反对任何投降妥协的企图，坚持抗战到底。……为此目的，必须动员报纸，刊物，学校，宣传团体，文艺艺术团体，军队政治机关，民众团体，及其他一切可能力量，向前线官兵，后方守备部队，沦陷区人民，全国民众，作广大之宣传鼓动，坚定地有计划地执行这一方针，主张抗战到底……反复地指明最后胜利的可能性与必然性，指明妥协就是灭亡，抗战才有出路，号召全民族团结起来，不怕困难，不怕牺牲，我们一定要自由，我们一定要胜利，用以达到全国一致继续抗战之目的"。关于宣传内容，"一方面利用已经产生并正在继续产生的民族革命典型（英勇抗战，为国捐躯，平型关，台儿庄，八百壮士，游击战争的前进，慷慨捐输，华侨爱国等等）向前线后方

---

① 李志宽、王照骞编：《八路军总部大事纪要》，解放军出版社1985年版，第7页。

② 1938年1月11日在武汉创刊。

国内国外,广为传播。又一方面,揭发、清洗、淘汰民族阵线中存在着与增长着的消极性(妥协倾向、悲观情绪、腐败现象等等)。再一方面,将敌人一切残暴兽行的具体实例,向全国公布,向全世界控诉,用以达到提高民族觉悟,发扬民族自尊心与自信心之目的"。关于抗战教育政策,毛泽东提出了战时教育思想,这一思想是在其中日战争是持久战争、"兵民是胜利之本"、抗战胜利唯一正确的道路是实行人民战争的基础上提出的。要打一场人民战争,就必须有适应战争原则的教育。因此,毛泽东提出了男女老少、工农兵学全方位立体教育构想:"第一,改订学制……改变管理制度,以教授战争所必需之课程及发扬学生的学习积极性为原则。第二,创设并扩大各种干部学校,培养大批的抗日干部。第三,广泛发展民众教育,组织各种补习学校,识字运动,戏剧运动,歌咏运动,体育运动,创办敌前敌后各种地方通俗报纸,提高人民的民族文化与民族觉悟。第四,办理义务的小学教育,以民族精神教育新后代。"

毛泽东的这些论述,既是对抗战新形势提出的新政策、策略,也标志着党对文化教育宣传问题的思考,正在从战争初期一般政策宣传性的抗战救国的战时动员向全面建设和传播新民主主义文化、向抗战建国具体目标的转变。随着八路军各个敌后根据地的建立,一场伟大的抗战教育运动和新文化的建设运动也轰轰烈烈地开展起来。

二、人民军队——八路军指战员既是战斗员,又是宣传员

以八路军为代表的人民军队既是马克思主义新文化的接受者,也是新文化的创造者和传播者。抗日战争时期,共产党在局部地区执政、经济十分困难的条件下,建立像今天这样的舆论宣传硬件网络是不可能的,但是共产党充分发掘、依靠和运用了战争中的人和人的精神意志这个软实力,建立了以人为主体的无形却无所不在的宣传网络。与古今中外历史上

的军队不同,抗日战争时期,共产党领导的人民军队是战斗部队,也是政治部队、文化部队;全体指战员既是战斗员,又是宣传员。八路军与各种专门的宣传机构、团体一道,承担了宣传教育、发动民众的重任,凝聚和焕发了全民族不可战胜的斗志和力量。"八路军中的新闻宣传员,像中世纪的游吟诗人一样,把刚刚结束的战役编成快板,并在锣鼓的伴奏下,唱给战士们听。留下来的画有中国共产党领导人的海报,使无生气的村庄得到愉悦。"①

利用和依靠军队执行对群众进行文化宣传教育的任务,既是客观需要,也具备这种可能。

人民军队从诞生之日起,军队文化就随之诞生了。八路军文化是这种文化的延续,伟大的抗日战争则赋予其更加光耀千秋的精神内涵。共产党领导的军队本身就具有宣传队、播种机的优良文化传统。1935年12月,毛泽东在著名的《论反对日本帝国主义的策略》一文中,就总结过红军在长征途中传播革命火种的伟大壮举。1939年1月15日,八路军政治部创办的《八路军军政杂志》在延安创刊,毛泽东亲自为杂志写了发刊词:"当抗日战争向着新阶段发展的时候,八路军同人出版这个军政杂志,其意义是明显的:为了提高八路军的抗战力量,同时也为了供给抗战友军与抗战人民关于八路军抗战经验的参考材料。……"3月19日,毛泽东又致电八路军和新四军各政治机关,要求他们给《八路军军政杂志》新设的"八路军、新四军抗战英雄"专栏提供抗战中涌现的民族英雄事迹材料,除在报纸上发表,并择其最重要者广播。抗战八年,八路军的抗战足迹遍及晋冀

---

① [美]特里尔:《毛泽东传》,河北人民出版社1989年版,第181页。

鲁豫广大地区，从几万人发展到百万大军。抗日根据地的扩展和八路军队伍的壮大，本身就是革命思想和革命文化教育宣传的结果。

八路军自身的政治教育和文化建设，是他们宣传教育广大群众的基础。部队执行政治任务就是一切"为着积蓄与加强抗战的力量，保证在抗战中的胜利。这一工作（指政治工作）不仅在未加入作战前的每一分钟去进行，特别要抓住抗战中的每一空隙去实现"①。八路军以根据地为依托，利用战争间隙，对部队指战员进行军事技术训练的同时，党的基层组织的思想政治工作和文化建设十分坚强有力，在抗日战争的不同时期，反复向干部战士宣讲党的抗日民族统一战线的主张、立场，说明赢取战争胜利的基本条件和持久战争的艰巨性、复杂性。《战斗日报》、《新华日报》、《胜利报》等报刊在战争时期极端艰苦的条件下，坚持出版发行，"在军队中，每团有一个报纸"，在每个村都有读者联合会，②保证党的方针政策能及时地传递到每一个战斗部队、每一个根据地的村庄。

在八路军文化的建设中，知识分子起到了特殊的作用。知识分子的加入，不仅使革命队伍的成分、结构发生了变化，而且大大提升了文化教育活动的水平和质量。大批知识分子从全国各地投向革命根据地这件事本身，也证明了共产党政治主张和新民主主义文化的先进性和吸引力。随着抗日战争相持阶段的到来，共产党加强了陕甘宁边区和根据地政治、经济、文化建设，部队文化教育和宣传工作也提到了突出的地位。共产党的

---

① 《中国共产党宣传工作文献选编（1937—1949）》，学习出版社2005年版，第2页。

② 《中国共产党宣传工作文献选编（1937—1949）》，学习出版社2005年版，第40页。

队伍仅仅只有军事政治干部的状况远远不能满足建设所需的人才,加强部队的思想政治工作也需要大量具有较高政治素质和文化素质的人才。1939年12月,中共中央和中央军委先后发出《关于大量吸收知识分子的决定》和《关于军队吸收知识分子及教育工农干部的指示》。不仅吸收了大批知识分子,陕甘宁边区及各根据地还先后创办了几十所高等、中等军政干部学校、普通中学和师范学校,学校内普遍设立干部训练班,培养了大批自己的知识分子,为部队文化建设提供了坚强的保证。

革命文艺运动的蓬勃发展,在宣传教育运动中起到了十分重要的作用。以文学活动为例,在《抗日战争时期延安及各抗日民主根据地文学运动资料》①一书的编后记中,编者介绍,他们在编撰该书时披阅了包括铅印、石印、油印的近200种报纸、100种期刊。抗战时期条件艰苦,环境复杂,共产党报刊是很难完整地保存下来的,这些显然不是当年所编辑印制报刊的全部。②在该书编制的1937年7月至1945年9月抗日民主根据地的大事记中,记录了不少报刊的编辑出版时间很短,有的几个月就终刊了。但是可以想见,虽然当时条件十分艰苦,文化工作却是有声有色,部队和根据地文化生活相当活跃,特别是创作周期短且易于传播的诗歌、秧歌、新编地方戏曲和民歌等作品十分丰富。各地的戏剧运动也结合地方的文化传统和民间习俗蓬勃发展,抗战戏剧运动深入到每个乡村。

---

① 刘增杰等编:《抗日战争时期延安及各抗日民主根据地文学运动资料》,山西人民出版社1983年版。

② 据山西省武乡县八路军太行纪念馆工作人员介绍,该馆藏有抗日战争时期出版的报刊、书籍达400余种,并在该馆文化长廊中展示了其中的一部分,在同类纪念馆中别具特色。

报刊书籍的编辑发行,主要是为口头宣传鼓动提供材料。由于旧中国文化教育程度普遍低下,根据地又多在农村、偏僻之地,在发动群众方面,口头宣传比书面宣传更加有效,因此,具有流动性的部队——八路军成为名副其实的文化宣传教育工作队。1937年10月17日,八路军总政治部发出《关于地方工作的指示》,要求整个部队的指战员用高度的热情进行地方工作。做到人人能做宣传工作,每个干部时刻不忘创建根据地的任务,为完成每一个动员计划而斗争。因此,部队每到一地,就颁发布告,散发传单,书写标语,召开群众大会和座谈会,向群众宣传共产党的抗日主张,宣传八路军打胜仗的消息,控诉日军和伪军伪政权的暴行,激发群众的抗战热情。在此基础上,发动组织群众,普遍建立各界抗日群众团体,武装群众,扩大抗日力量,建党建政,建立起巩固的抗日根据地。

太平洋战争爆发后,抗日战争进入了极端艰难的时期,党一方面更加强对部队的思想纪律教育,克服对残酷战争的消极波动情绪,时刻保护老百姓的生命安危,与人民群众共克时艰;另一方面加强对群众的宣传鼓动教育,使人民群众成为八路军坚固的后防堡垒。正是在抗日战争最为艰难、惨烈的时期,根据地涌现了无数军民血肉相连、壮怀激越的慷慨悲歌!当时和后来创作出版的一些文学作品,如《吕梁英雄传》、《荷花淀》、《铁道游击队》、《敌后武工队》、《平原枪声》、《苦菜花》、《小兵张嘎》、《小英雄雨来》等小说,忠实地记录了这些峥嵘岁月,特别是对妇女和儿童抗日活动的描写,既反映了战争中无人能够幸免的残酷性,同时,人人参加抗战的描写也表现了伟大的抗战教育运动的巨大影响和作用。太平洋战争爆发后从燕京大学逃到根据地的英国友人林迈可,在战后出版的书中对此仍记忆犹新。1942年1月,林迈可夫妇来到平西根据地,根据地政府为他们举行了欢迎会,会上有地方群众代表讲话,对打败日军极有信心。林迈可惊异于中国穷乡僻壤之普通百姓而能谈抗日国事,且政治意识如此进步。①

战争年代,文艺的宣传教育功能被运用到极致。"一个弱国抵抗强国的侵略,想要彻底打击武器兵力优势的敌人,唯有广大的激励人民的敌忾,发动大众的潜力",而"文艺正是激励人民、发动大众的有力武器。"②短小、通俗、寓教于乐的文艺作品在传播共产党的政治主张、团结人民、振奋民族精神的过程中发挥了巨大的作用。抗战时期,很多优秀作品正是随着八路军的战斗部队、文艺团体,传遍了抗日民主根据地,甚至流传到国民党统治地区。在军队中附设文艺团体也是人民军队的一大特色。赵联在《活跃在敌后的文艺尖兵——晋察冀剧社扫描》一文中,介绍了17个成建制的抗战期间始终活跃在前线部队的文艺团体。其中直属于各军区、军分区的团体就有抗敌剧社、战斗剧社、前线剧社、战线剧社、七月剧社、冲锋剧社、前锋剧社、前进剧社、前卫剧社、前哨剧社、烽火剧社、尖兵剧社等12个。这些剧社,一般都有几十个人,多的达到100多人,既能演出话剧等比较大型的剧目,也进行小型演出,如秧歌、曲艺、歌曲等。而他们的共同特点是既为部队官兵演出文艺节目,也承担发动群众、向各地百姓做宣传教育的任务。《大刀向鬼子们的头上砍去》、《黄河大合唱》、《八路军进行曲》、《游击队歌》、《太行山上》等抗战歌曲传遍了全国的前线、后方,也超越时空,回响在今天人

---

① [英]林迈可(Lindsay,M.)著,杨重光、郝平译:《八路军抗日根据地见闻录:一个英国人不平凡经历的记述》,国际文化出版公司1987年版,第53页。
② 《中华全国文艺界抗敌协会发起旨趣》,《文艺月刊》第9期,1938年4月1日。

们的生活中和记忆中。

在华北广大地区，抗日民主政府还普遍设立了民革室①。陆定一在1939年4月9日发表的给《新华日报》（华北版）所写的专论《目前宣传工作中的四个问题》中，提出了民革室的五个任务，非常具体，内容也十分丰富。②从中可以想见，在战争的硝烟中，不但生活在延续，而且生活的方式还在发生积极的变化，新的社会理想正在新的生活中培育成长。共产党八路军正是用这种方式，教育了自己，唤醒了民众，与百姓建立了鱼水深情，进行了成功的社会动员和思想教育。根据地的百姓怀着对新生活的期望和梦想，心甘情愿地倾其所有、倾尽全力支援了抗日战争，支援了子弟兵，成就了共产党，使日本侵略者在人民战争的汪洋大海中"至于灭顶"。可以说，是根据地的人民群众与共产党一道共同迎来了中华民族的新纪元。

三、和平年代，文化是一种生产力；战争时期，文化则是一种战斗力

当今时代，一个国家的实力不仅表现为经济实力，还表现为文化实力，是谓硬实力与软实力。而文化实力不仅表现为意识形态和价值体系，还表现为实实在在的文化产业的发展规模和发展水平。因此说，在和平年代，文化是一种生产力，文化与经济的联系日益紧密起来。文化的影

---

① "民族革命室"的简称，也称救亡室，是抗日战争初期晋、冀、豫等地抗日军民开展群众性政治、军事和文化活动的组织形式。其名称各地区、各部门有所不同，山西一些地方通常称民革室，有的地方则称救国堂。

② 民革室的任务是：1.每天读报并讨论报纸上提出的问题。2.组织演讲，讲民族英雄故事、抗战故事、历史故事、生产生活常识，以及政府法令、国际国内形势等。3.娱乐和体育活动。4.扫盲。5.出版墙报。

响力是通过庞大的机器生产和资本运作来实现的。①而战争时期,对文化作用于人的精神的力量的争夺,则使文化力成为名副其实的战斗力。第二次世界大战中,世界反法西斯阵营之所以能顽强地度过战争初期惊心动魄的鏖战、战争中期令人绝望的相持,以及坚持到战争末期人力物力几乎消耗殆尽的决战,并取得最后的完全的胜利,应该说正是各民族的文化传统和深厚的民族意识凝聚和鼓舞了弱小民族的信心和勇气。这一点对于中国来说尤为突出。毛泽东在分析抗日战争的未来前景时就特别指出:"武器是战争的重要的因素,但不是决定的因素,决定的因素是人不是物。""战争的伟力之最深厚的根源,存在于民众之中。日本敢于欺负我们,主要的原因在于中国民众的无组织状态。克服了这一缺点,就把日本侵略者置于我们数万万站起来的人民之前,使它像一头野牛冲入火阵,我们一声唤,也要把它吓一大跳,这头野牛就非烧死不可。"物质力量固然是战争的重要因素,但不是决定的因素。战争双方力量的对比,不但是物质力量的对比,而且是人力和人心的较量,是意志和文化的对决。

抗日战争时期,日本侵略者除了武装侵略,也展开了文化的攻势。与冷战时期以及冷战结束后依靠文化工业,在资本的力量推动下,以压路机式的、倾泻式的文化扩张的情形不同,抗日战争时期,日本是在武装侵略开路的情况下的文化侵略,是在公然毁灭他族文化的基础上实行文化灭绝政策。他们摧毁中国的文化机关,掠夺、焚毁中国的文物和文化典籍,拉拢、监禁直至屠杀中国爱国的知识分子,同时建立大批由日本人控制的文

---

① 不可否认的是,随着资本的流动,文化价值观也无孔不入地渗透到接受者的意识当中。从这个意义上讲,和平年代里,文化的战争仍在延续,只是战争的方式有所不同而已。

化机关,豢养汉奸文人,鼓吹"日中亲善"、"共存共荣"、"东亚新秩序"等奴化思想。在日占区的中小学中,使用日本教科书,由日本人用日语授课,逼迫学生只说日语。这些举措无疑是想以奴化运动和奴化教育从思想意识上来瓦解和毁灭中华民族的家国传统和文化认同,实现文化征服的目的。当抗日战争进入相持阶段时,这种意图更加突出。因此,抗日战争的另外一个战场就是奴化与反奴化的斗争,毛泽东提出的战时国民教育特别是儿童教育问题就显得尤为重要。邓小平在指示部队文化工作时也指出:"与敌展开激烈的思想战是今天的严重任务","无论对本军、友军,根据地和敌占区的人民,以及伪军,都需要灌输以民族的爱国的思想,提高其民族的自信心与自尊心,随时给敌人的奴化政策以有效的打击。"①

在冀中冀南各地,从日军散布的报纸和宣传品中看到,他们利用各种宣传手段,"麻醉我同胞,诱惑我青年,把我们的儿童运往日本等等"。②在晋察冀抗日根据地,日伪在据点岗楼及所控制的村庄中强迫成立小学校,学校讲授日语和伪课本,通过"大乡"登记儿童,并指定各村保送适龄儿童去上学。此外,在社会上出版散布载有奴化思想内容的旧剧、电影和报刊图书,组织武装宣传队——宣抚班,对平民百姓进行奴化教育。

"使用一种语言意味着接受一种文化,割断一个人与母语的联系,也就意味着使他与自己的文化传统断绝了联系。"③因此,奴化与反奴化教育

---

① 《邓小平文选》第1卷,人民出版社1994年版,第23、25页。
② 《中国共产党宣传工作文献选编(1937—1949)》,学习出版社2005年版,第42页。
③ 段忠桥:《当代国外社会思潮》,中国人民大学出版社2010年版,第157页。

成为八年抗战史上不亚于军事战场的一场文化战争。八路军除了与日伪军的武力交锋,也展开了针锋相对的反奴化教育运动。八路军一方面成立抗日学校,如抗日伪装小学和抗日隐蔽小学。前者也叫抗日两面小学,即学校外表跟敌伪统治的学校一样,但校中有两部分教师——抗日教师和"应敌教师",敌人来时由应敌教师应付一下,敌人走后再换上抗日教师。后者也称地下小学,是在日伪控制区十分危险的环境下兴办的学校,凝聚着共产党人延续中华民族文化血脉的深切期望。另一方面,针对日军配合"三光政策"进行灭绝民族意识而在根据地边缘地带及广大游击区实行的"大自首运动",八路军在抗日根据地组织群众开展了大规模的"军民誓约"运动。1942年1月,边区各地村庄普遍举行宣誓仪式,同时,在儿童中开展"五不运动",要求儿童团遵守"五不誓约"。八路军组织群众把"军民誓约"写在各村的墙上,让群众诵读。[①]天真无邪的儿童也在战争的逼迫下少年老成起来,加入了庄严的抗日盟誓运动。

"军民誓约"的内容是:我是中国的国民,我是中国的军人,在日本帝国主义打进我们国土的时候,为着中国人民的利益,为着中华民族的生存,我愿意遵守军民公约如下宣誓:(1)不做汉奸顺民。(2)不当敌伪官兵。(3)不参加伪组织维持会。(4)不替敌人汉奸做事。(5)不给敌人汉奸粮食。(6)不卖给敌人汉奸货物。(7)不用汉奸钞票。(8)爱护抗日军队。(9)保守军事资财秘密。(10)服从抗日民主政府。以上誓约,倘有

---

① 反奴化教育的有关内容参考吸收了刘松涛著《晋察冀的反奴化斗争》一文,载《老解放区教育工作经验片断》第2辑,上海教育出版社1960年版,第54页。

违犯,愿受军纪法令制裁。

儿童"五不誓约"的内容是:(1)不告诉敌人一句实话。(2)不报告干部和八路军。(3)不报告地洞和粮食。(4)不要敌人东西,不上敌人当。(5)不上敌人学校,不参加敌人少年团。

在后来的回忆文字中我们不断地看到,反奴化教育运动在那个年代的人的头脑中是留有深刻的烙印的。如果说暴力侵害的是人或者说是国家的肌体,而思想、文化的奴役和征服无论对于个人,还是对于国家而言,都是致命的,然而又不可能是轻而易举的。伟大的抗战教育运动,不仅是民族危急关头的救亡运动,也开启了古老华夏民族的现代国家意识、民族意识和民主意识,因此,抗战教育运动也是一场伟大的现代启蒙运动。八路军所创造和传播的革命文化,在古老的大地上生根、开花、结果,创造了崭新的文化、塑造了新型的国民。马克思在《〈黑格尔法哲学〉批判导言》中写道:"理论在一个国家实现的程度,总是决定于理论满足这个国家的需要的程度。"[①]新民主主义文化正是在中华文化遭受毁灭性的摧残和打击的情况下诞生的,这种新文化继承了中华传统文化的精髓和马克思主义的科学思想,具有鲜明的时代特点、强烈的意识形态性和战斗性。因此,这是一种新的先进的文化。在伟大的抗日战争中,这种先进的新的文化支撑起中华民族精神的天空和生活的信念。当这样的文化、这样的政治价值观念掌握了亿万军队和民众时,就成为无所不在、无形却有巨大威力的、堪比先进武器的实力,成为无坚不摧的战斗力。在争取民族独立、追求民主自由的道路上,在解放战争、抗美援朝,以及建国以后的经济建设

---

① 《马克思恩格斯选集》第1卷,人民出版社1995年版,第11页。

中,这种信念和精神的力量始终鼓舞着中国人民的斗志。抗日战争已经过去60多年了,这些掷地有声的誓言,与那些在战争中出生入死的勇士们,已经深深地融入中华民族的历史,也深深地融入了滋养我们心灵的灿烂文化之中!

作者简介

孙　丹　女,文学博士,当代中国研究所副研究员

略论华北抗日根据地的抗战文化建设

张喜德　关晓颖

抗日战争时期的华北，系指陇海路以北，黄河和渤海以西的广大地区。包括山东、河北、山西、察哈尔、绥远、热河全省，豫北、苏北、皖北一部。总人口约8300余万。在这广阔的领域内，在中共中央的正确指导下，我八路军三大主力部队（115师、120师、129师）和北方局领导的地方军共同奋斗，先后创建了晋绥、晋鲁冀、冀鲁豫、山东抗日根据地。在华北抗日根据地的创建过程中，抗战文化建设始终是根据地建设的一个突出亮点。本文仅就华北抗日根据地文化建设试作探讨，以求专家同仁赐教。

一、华北抗日根据地文化建设的理论指导

中共中央、毛泽东等人的抗战文化建设理论，始终是华北抗日根据地文化建设的指导思想。

在新民主主义文化教育纲领的规定上，1937年8月25日，中共中央政治局洛川会议通过的《抗日救国十大纲领》中就提出了实行抗日的教育政策，要求"改变教育的旧制度、旧课程，实行抗日救国为目标的新制度、

新课程"①。在1938年9月29日到11月6日召开的中共扩大的六届六中全会上,毛泽东在10月12日至14日在会上作的《论新阶段》政治报告中指出:"伟大的抗战必须有伟大的抗战教育运动与之相配合"。"在一切为着战争的原则下,一切文化教育事业均应使之适合战争的需要……实行如下各项的文化教育政策。第一,改订学制,废除不急需与不必要的课程,改变管理制度,以教授战争所必需之课程及发扬学生的学习积极性为原则。第二,创设并扩大增强各种干部学校,培养大批的抗日干部。第三,广泛发展民众教育,组织各种补习学校、识字运动、戏剧运动、歌咏运动、体育运动,创办敌前敌后各种地方通俗报纸,提高人民的民族文化与民族觉悟。第四,办理义务的小学教育,以民族精神教育新后代。"②1940年1月,毛泽东在《新民主主义论》中,鲜明地提出了民族的科学的大众的新民主主义的文化教育纲领。他指出:"一定的文化是一定的政治和经济在观念形态上的反映"③。所谓新民主主义的文化,"就是无产阶级领导的人民大众的反帝反封建文化;在今日,就是抗日民族统一战线的文化。"④该文还指出:"革命文化,对于人民大众,是革命的有力武器。革命文化,在革命前是革命的思想准备;在革命中,是革命总战线中的一条必要和重要的战线。而革命的文化工作者,就是这个文化战线上的各级指挥员。"1940年12月,毛泽东在《论政策》一文中指出:"关于文化教育政策,应以提

---

① 《毛泽东选集》第2卷,人民出版社1991年版,第356页。
② 《中共中央文件选集》第11册,中共中央党校出版社1991年版,第616—617页。
③ 《毛泽东选集》第2卷,人民出版社1991年版,第694页。
④ 《毛泽东选集》第2卷,人民出版社1991年版,第698页。

高和普及人民大众的抗日知识化技能和民族自尊心为中心"。1944年10月30日，毛泽东在陕甘宁边区文化工作会议上演讲时指出："我们的工作首先是战争，其次是生产，其次是文化。没有文化的军队是愚蠢的军队，而愚蠢的军队是不能战胜敌人的。"①

关于抗战文化艺术的方针，1938年4月10日，毛泽东在鲁迅艺术学院开学典礼上的讲话中提出："要在民族解放的大时代去发展广大的艺术运动，在抗日民族统一战线方针指导下，实现文学艺术在今天中国的使命和作用。"②1942年5月2日至23日，毛泽东在《延安文艺座谈会上的讲话》中明确提出和深刻地阐述了文艺为人民大众首先为工农兵服务以及如何服务的文艺方向和文艺方针。对此，毛泽东强调了五个问题：第一，关于文艺与革命的关系问题。毛泽东指出了文艺始终为无产阶级的政治服务。他指出"文艺是从属于政治的，但又反转来给予伟大的影响于政治。"③第二，关于文艺的工农兵方向问题。毛泽东指出，我们的文艺必须为人民大众服务，即为占人口的90%以上的工人、农民和城市小资产阶级服务。"我们要为这四种人服务，就必须站在无产阶级的立场上，而不能站在小资产阶级的立场上。"④第三，关于文艺如何为工农兵服务的问题。毛泽东指出，只有通过普及和提高的正确结合，才能达到为工农兵服务的目的。他指出："我们的文艺既然基本上是为工农兵，那末所谓普及，也就是向工农兵普及，所谓提高，也就是从工农

---

① 《毛泽东选集》第3卷，人民出版社1991年版，第1011页。
② 《毛泽东年谱》中卷，人民出版社、中央文献出版社1993年版，第62页。
③ 《毛泽东选集》第3卷，人民出版社1991年版，第897页。
④ 《毛泽东选集》第3卷，人民出版社1991年版，第858页。

兵提高。"①第四，关于文艺界统一战线的问题。对此，毛泽东指出："今天中国政治的第一个根本问题是抗日，因此党的文艺工作者首先应该在抗日这一点上和党外的一切文学家艺术家……团结起来。其次，应该在民主一点上团结起来。"②第五，关于文艺批评的标准问题。毛泽东指出："文艺批评有两个标准，一个是政治标准，一个是艺术标准。"③二者关系是政治标准是第一，艺术标准是第二。最后，毛泽东号召文艺工作者必须和新的时代相结合，必须彻底解决个人和群众的关系问题，应该把鲁迅的"横眉冷对千夫指，俯首甘为孺子牛"的警语当作自己的座右铭。

时任中共中央负责人兼中宣部部长的张闻天也十分重视抗战文化运动，尤其是抗日根据地的文化运动和文化工作。为此，他提出了关于抗战文化和文化工作有关的理论和思想。

第一，张闻天论证了抗战文化的作用与任务。1941年6月20日，他在为中共中央宣传部起草的《党的宣传鼓动工作提纲》文件中指出：文化运动的作用"实际上是党对外宣传工作的一个有力的武器。党应该经过文化运动来宣传革命的思想，科学社会主义的思想。党应当从各方面领导和组织文化运动，帮助文化运动的发展，在大后方、在敌占区、在根据地内都应当依照各种不同的情况发展文化运动"。党在文化运动上的任务："第一，团结一切抗日不反共的文化力量，建立文化运动上最广泛的统一战线，向着一个共同的目标：反对民族敌人——日本帝国主义，反对民族投降主义，

---

① 《毛泽东选集》第3卷，人民出版社1991年版，第861页。
② 《毛泽东选集》第3卷，人民出版社1991年版，第868页。
③ 《毛泽东选集》第3卷，人民出版社1991年版，第869页。

反对黑暗复古主义"。"第二,发展进步的文化力量,发展民主思想,主张思想自由,研究各种学术,宣传科学的社会主义,推进中国的文化向前发展"。"第三,团结文化干部,培养文化干部,爱护文化干部,尤其在根据地内更应大批的吸收知识分子、各种专家学者参加一切抗战的工作"。"第四,参加国民教育,发展国民教育,这是文化运动最基层的工作。"①

第二,张闻天论证了中共的文化政策。1939年8月23日,他在中央政治局会议上的讲话中指出:我们的文化政策应当是:"一、我们要提倡民族化、大众化的文艺使文艺工作者到民众中去锻炼,在民众中活动"。"二、我们并不反对少数人从事'专门'的艺术,也不反对少数人有些欧化的倾向,而且还联合这些人反对共同的敌人"。"三、我们的文化在内容上是民主主义的(也是三民主义的),并且提倡进行马列主义的宣传。"②

第三,张闻天论证了如何开展抗日根据地文化问题。1940年9月10日,他为中共中央起草的《发展文化运动》党内指示中指出:"关于各根据地的文化运动。在这里我们有全部权力来推行全部文化运动。我各地党部与军队政治部应对全部宣传事业、教育事业与出版事业作有组织的计划与推行,用以普及与提高党内外干部的理论水平及政治水平,普及与提高抗日军队、抗日人民的政治水平。要使各根据地的干部、军队与人民的理论政治及文化水平高于与广于全国各地。各根据地的文化教育工作,不论是消灭文盲工作,学校教育工作,报纸刊物工作,文学艺术工作,除党校与党报外,均应与一切不反共的资产阶级知识分子及小资产阶级知识分子联合去做,而

---

① 《张闻天选集》,人民出版社1985年版,第308页。
② 《张闻天选集》,人民出版社1985年版,第241页。

不应由共产党员包办"。"要把一个印刷厂的建设看得比建设一万几万军队还重要","要把运输文化粮食看得比运输被服弹药还重要"。①

第四,张闻天论证了为了发展各根据地文化运动当前极为重要的关键问题即如何正确处理与文化人、文化团体的关系问题。1940年10月10日,他在为中共中央宣传部、中共中央文化工作委员会起草的党内指示《关于抗日根据地文化人与文化团体的指示》中指出了要特别注意的十三条原则:(1)应该重视文化人,纠正党内一部分同志轻视、厌恶、猜疑文化人的落后心理。(2)应该用一切方法在精神上、物质上保障文化人写作的必要条件,使他们的才力能够充分的使用,使他们写作的积极性能够最大的发挥。(3)党的领导机关,除一般的给予他们写作上的任务与方向外,力求避免对于他们写作上人为的限制与干涉。(4)对于文化人的作品,应采取严正的、批判的,但又是宽大的立场,力戒以政治口号与偏狭的公式去非难作者,尤其不应以讥笑怒骂的态度。(5)估计到文化人生活习惯上的各种特点,特别对于新来的及非党的文化人,应更多地采取同情、诱导、帮助的方式去影响他们进步,使他们接近大众,接近现实,接近共产党,尊重革命秩序,服从革命纪律。(6)各种不同类的文化人(如小说家、戏剧家、音乐家、哲学家等),可以组织各种不同类的文化团体,如文学研究会、戏剧协会、音乐协会、新哲学研究会等。这些团体也可联合起来,成立联合团体。应估计到这些团体同其他民众团体的不同性质,规定它们的特殊任务。(7)上述各种文化团体,一般的只吸收文化人及一部分爱好文化的知识分子。团体内部不必有很严格的组织生活与很多的会议,以保

---

① 《张闻天选集》,人民出版社1985年版,第289页。

证文化人有充分研究的自由与写作的时间。(8)文化人的最大要求,及对于文化人的最大鼓励,是他们的作品的发表。因此,我们应采取一切方法,来发表他们的作品,这也是推广文化运动的最主要的方式(如出版刊物、公演戏曲、公开讲演、举办展览会等)。(9)各种文化团体应该努力指导各学校、各机关、各部队、各民众团体的文化运动,帮助他们组织各种群众的文化小团体,并供给他们以指导者与研究材料。(10)在文化人比较集中的地区,应设立文化俱乐部一类的地方,以供给文化人集会与娱乐之用。还可特设"创作之家"一类的住所,以供作家创作之用。(11)挑选对文化工作有兴趣的青年知识分子开办各种文化工作干部的学校或训练班,以培养新的文化工作干部。(12)从有相当威信与地位的共产党员文化人或非党的文化干部中,培养一小部分在文化运动中能够担任组织工作的干部。(13)继续设法罗致与吸收大批文化人到我们根据地来。必须使我们的根据地不但能够让他们安心于自己的工作,求得自己的进步,而且也是最能施展他们的才能的场所。①

为了加强抗战文化的建设,中共中央十分重视知识分子的作用。为此,中共中央提出要竭尽一切努力,广泛争取知识分子参加抗日战争,要求党的各级组织和部队要大量吸收知识分子。1939年12月1日,在《中央关于组织进步力量争取时局好转的指示》中强调,为了组织全国一切进步力量,争取抗日战争时局的好转,"各级党组织必须用极大努力,动员和说服那些做统一战线工作的党员和同情我党的文化人和青年知识分子","使他们诚意地帮助各种赞成抗战和民主的人们,形成有组织的力量。在

---

① 《张闻天选集》,人民出版社1985年版,第290—293页。

这里，文化人和知识分子是非常重要的"，"必须发动大批文化人及青年知识分子，才有办法"，"必须吸收大批的文化人及青年知识分子使之起先锋和桥梁作用，才能达到目的。各级党部必须懂得知识分子的极大重要性"。①同日，毛泽东专门为中共中央起草了《关于大量吸收知识分子的决定》。《决定》指出："在长期和残酷的民族解放战争中，在建立新中国的伟大斗争中，党必须善于吸收知识分子，才能组织伟大的抗战力量，组织千百万农民群众，发展革命的文化运动和发展革命的统一战线。没有知识分子的参加，革命的胜利是不可能的。"②中共中央还专门批评了一些地区和部门在执行知识分子政策工作中的缺点、错误，要求全党全国同志注意大量吸收知识分子参加党领导的军队、学校和政府的工作，并把具备共产党员条件的知识分子吸收入党。

1939年12月6日，为贯彻中共中央的指示和决定，中央军发出《军委关于军队吸收知识分子及教育工农干部的指示》电报。《指示》强调："（一）开干部会议讨论中央决定及此电，彻底纠正一切排斥与拒绝知识分子参加我们军队的倾向。（二）就地尽一切努力吸收知识分子及半知识分子参加我们的军队。（三）对已经参加我军的知识分子，要好好的给以教育和率领，善意的纠正其弱点，使知识分子无产阶级化，对知识分子的新干部，应当适时加以提拔。（四）对于有政治嫌疑的分子，最好的办法是经过实际斗争去考验后，无问题时则应加以信任，有问题时则加以洗刷。但不要把知识分子的固有弱点（如缺乏组织性）当作政治嫌疑看待。（五）

---

①《中共中央文件选集》（内部本）第11集，中共中央党校出版社1986年版，第225页。

②《毛泽东选集》第2卷，人民出版社1991年版，第618页。

新部队中知识分子干部很多,老部队中知识分子干部很少,且排斥知识分子的倾向也更浓厚,因此新老部队,有在可能范围内交换知识分子及老工农干部之必要。(六)对工农干部,尤其是农民干部,应该号召他们好好学习文化与政治。不识字和无知识绝不是共产党员和八路军的光荣,而且不识字和无知识便不能成为很好的共产党员和八路军的好干部。工农干部应该知识分子化。(七)抗大及各军政学校应尽力就地吸收知识分子及半知识分子加入为学生,深入政治教育,并应多多总结教育知识分子的经验,贡献给各个部队。"①

中共中央和毛泽东、张闻天上述提出的抗战文化纲领、文艺方针等抗战文化建设理论,为华北抗日根据地的抗战文化建设提供了科学的理论指导。

二、华北抗日根据地的抗战新闻出版事业

在文化教育建设上,报刊书籍是不可或缺的有力工具。毛泽东指出:"每个根据地都要建设印刷厂,出版书籍,组织发行和输送的机关。"②

首先,在华北根据地出版了各种报纸,1937年12月11日创办了《抗敌日报》,比较大型的铅印或石印的报纸有:《新华日报》(华北版)、《晋察冀日报》(中共晋察冀分局机关报,社长兼总编辑邓拓,后与晋冀鲁豫《人民日报》合并,定名《人民日报》,成为华北局机关报)、《大众日报》、《晋绥大众报》、《大众报》、《鲁西日报》、《晋冀豫日报》、《冀南日报》、《太

---

① 《中共中央文件选集》(内部本)第11集,中共中央党校出版社1986年版,第227—228页。
② 《毛泽东选集》第2卷,人民出版社1991年版,第766页。

岳日报》、《晋中导报》、《卫河日报》等。此外，还出版有专门性的报纸，如专供战士阅读的，有晋绥军区115师办的《战士报》、《战斗报》，冀南军区的《前线报》、晋察冀军区的《子弟兵报》、《抗战画报》，如《救国报》、《边区导报》、《战斗报》、《民族革命》、《部队生活》、《新长城》月刊、《群众杂志》、《抗敌周报》等。各机关、团体、专区、县发行的小型报纸种类更多，在晋察冀就有30余种，华北根据地其他地区也都各有10种以上数量不等。据不完全统计，1937年至1939年，在华北敌后抗日根据地的各类小型报刊有400余种[1]，其中晋察冀地区创办的抗日报刊有近百种，如《抗敌报》、《救国报》等；晋冀鲁豫边区有百余种，山西吕梁根据地有50余种，晋绥边区有50多种，山东解放区有70至80种[2]。

其次，除报纸杂志外，华北抗日根据地还办有许多出版社和书店，出版和发行了许多马克思列宁主义的经典著作。如晋察冀出版社、晋冀鲁豫出版社或书店等出版社出版发行了《马克思恩格斯论中国》、《列宁斯大林论中国》、《联共（布）党史简明教程》。华北根据地办有太行文化教育出版社、吕梁文化教育出版社、山东文化出版社、拂晓出版社等。1940年12月，《新华日报》华北馆编辑出版了《毛泽东文集》，1942年新华书店晋察冀分店又编辑出版了《毛泽东言论选集》，1944年5月，晋察冀分局又编辑出版了五卷本《毛泽东选集》。

第三，成立文化组织。从晋察冀地区的重要组成部分冀中解放区来

---

[1]《中国现代报刊史讲义》，中国人民大学出版社1959年版，第30页。张静庐：《中国现代出版史料》丙编，中华书局1956年版，第384页。

[2] 梁家禄等：《中国新闻业史》，第401—403页。

看，从文化组织成立上看，1938年，冀中区就先后建立了《抗战学社》《火星报社》、《导报社》、《抗战报社》、《火线出版社》以及"青塔书店"等文化宣传机构。"火线出版社"主要承担印刷《抗战报》和"抗战学社"的刊物，并编印马列著作和抗战文艺作品。"青塔书店"承担发行《抗战》及各种书刊的任务。1939年10月，冀中成立了冀中文化界统一的联合组织"抗战建国联合会"（简称"文建会"）。不久，各县也相继建立起了"文建会"。到1940年，冀中区共成立23个县级"文建会"，310个区"文建会"，2900个村"文建会"和4个专区级的"文建会"，会员多达4万人。[①]从报纸刊物上看，据不完全统计，冀中区一级报刊共有23种，专区一级的报纸刊物有13种，县级报刊有50种，民办报刊6种。此外，还翻印出版了大量党内刊物，如《工作往来》、《平原》、《党的新光》、《支部生活》、《支部小报》、《战旗》等。[②]同时，1940年春冀中区党委还成立了在新华社晋察冀总分社指导下的冀中通讯社，各分区设立了通讯分社，县设特派记者。到1940年12月，冀中通讯社正式列为新华通讯社的序列，成为新华社总社—新华社晋察冀分社—新华社冀中分社—新华社地区支社—县特派记者一套完整组织系统的一个组成部分。[③]

第四，从晋冀鲁豫抗日根据地组成部分的太岳根据地来看，1940年6

[①] 转引自《冀中抗日根据地斗争史》，中共党史出版社1997年版，第160—161页。

[②] 转引自《冀中抗日根据地斗争史》，中国党史出版社1997年版，第160—161页。

[③] 转引自《冀中抗日根据地斗争史》，中国党史出版社1997年版，第160—161页。

月7日和8月1日,中共太岳区党委在沁源县先后创办了单日版的机关报《太岳日报》。从抗战开始到1940年,在太岳区先后出版发行的报刊有《文化哨》、《大众半月刊》、《战斗日报》(后改为《黄河日报》)、《人民报》、《太岳农民》、《太岳妇女》、《太岳导报》、《太岳文化》等。此外,各县还办了自己的小报《行军日报》、《战旗》等。太岳文化出版社出版发行了图书3.6万册。同时,太岳区还成立了文艺团体,仅沁源县就建立农村剧团25个。这些对活跃群众的文化生活,教育群众,动员群众参加抗战,起了重要的作用。到1941年,太岳区共建立和恢复农村剧团84个,并创作了大量群众喜闻乐见的文艺作品。如沁源县李成村农村剧团创作并演出《茂林计》,以传统南路梆子剧种形式,揭露国民党顽固派发动"皖南事变"的阴谋,歌颂新四军将士的英雄业绩,收到轰动效果。1942年4月,太岳地区和军队还成功地从日军据点、碉堡包围中的广胜寺中抢救保护了4700余卷《赵城金藏》这一珍贵世界遗产。

三、华北抗日根据地的抗战文化教育建设

毛泽东指出:"每个根据地都要尽可能地开办大规模的干部学校,越大越多越好。"[①]为加强华北抗日根据地干部教育建设,1939年冬,延安的陕北公学、鲁迅艺术学院、青训班、工人学校四校,抽调教职员和学员1500余人,由延安迁到晋察冀地区的阜平,成立了华北联合大学。晋绥区也创办了抗战建国学院和抗大分校。1940年3月,抗日军政大学总校迁入晋东南。同时,冀南也创办了抗战建国学院和鲁迅艺术学院分院。与此同时,华北抗日根据地其他地区也都相继创办了多种不同形式的干部学校。如白

---

① 《毛泽东选集》第2卷,人民出版社1991年版,第766页。

求恩卫生学校、军政干部学校、冀中人民自卫军政干部学校、冀中民主干部学校、冀中"五一"学院等。还创办了各种短期训练班,用速成办法培养干部。如晋察冀边区曾开办有游击战争干部训练班、自卫队干部训练班、行政人员训练所、民运干部学校、小学教师训练班、无线电训练班、银行会计训练班、税收训练班、邮务人员训练班、青年训练班、妇女训练班、农民干部训练班等。这些学校培养出来的军事、政治、经济、文化各方面的大量干部,对于华北抗日根据地的各项建设起了很大的作用。

除了干部教育外,华北抗日根据地还大力推行中小学教育和社会教育。

关于小学教育,1938年1月,晋察冀边区军政民代表大会通过了《文化教育决议案》,提出文化教育的基本原则。1940年4月,中共中央北方局发出《关于国民教育的指示》,提出了学校教育和社会教育的实施方案,提出了恢复和建立各地小学教育的具体要求和实施办法。1940年8月,晋察冀边区发布《晋察冀边区目前施政纲领》,对各级各类教育事业提出了方向性的指示和具体的工作要求及部署。1941年1月,边区政府又具体提出办学要求。1943年4月,晋察冀边区行政委员会又发布《关于整理小学加强儿童生产教育的指示》,明确提出加强学生的生产教育,使教育同生产劳动相结合。1944年10月,边区又发出了《关于研究与试行"民办公助"小学的指示》,进一步促进了边区小学教育的发展。

与此同时,根据党和政府的教育方针政策的要求,边区各级政府设置了相应的教育机构。1938年1月,在边区行政委员会下设教育处;教育处设秘书科、教育科、编审科、社教科等。同时,边区下设三个主任公署,主任公署下设文教处。专署、县增设教育科,区设教育助理员,村设文教委员会(后改为教育委员会)。

通过上述措施,极大地促进了晋察冀边区的小学教育,据不完全统计,到1939年,全边区小学校已发展到7063处,入学儿童达到367 727人。其中北岳区33个县有初小3902处、高小46处,入学儿童158 037人;冀中区21个县有初小3019所,高小96所,入学儿童207 390人。到1944年12月,据冀晋、冀察33个县的统计:共有初小3353所,高小115所,合计3468所;初小学生130 427人,高小学生5291人,合计135 718人。①根据晋察冀边区48个县的统计,1940年有小学7697所,学生469 400人,比1938年增加小学2799所,增加学生248 900人。其他各区也都有类似的增加②。

关于中学教育,晋察冀边区政府也是十分重视的。1940年3月,边区政府就颁布了《晋察冀边区中学暂行办法》,明确规定了边区中学的性质是抗日民族统一战线的中学教育、干部准备教育。晋东北山区第一区民族革命中学,1939年4月开学,阎锡山兼任校长,边委会主任宋邵文兼任副校长,学生分中学队与干部队,共3个班。同年,边区还创办了7所民族革命中学,分别设在五台县、灵邱县、易县、唐县、平山县、平西和釜阳。各中学校长均由专署专员兼任。这些中学共有学生2200人。1941年冀中又成立第七中学、第九中学、农业中学及抗属中学,并有6个短期师范学校。1944年以后,边区又成立了4所中学,这些中学先后为抗日战争共培养了2万多名干部③,为抗战胜利作出了巨大贡献。

---

① 转引自中国抗日战争史学会、中国人民抗日战争纪念馆编:《抗战时期的文化教育》,北京出版社1995年版,第329—330页。

② 转引自李新、彭明、孙思白、蔡尚思、陈道麓主编:《中国新民主主义革命时期通史》第3卷,人民出版社1961年版,第167页。

③ 转引自中国抗日战争史学会、中国人民抗日战争纪念馆编:《抗战时期的文化教育》,北京出版社1995年版,第331页。

与此同时，晋冀鲁豫边区、晋绥边区在开办中小学教育方面也取得了极大的成绩。据1945年上半年统计，晋冀鲁豫6个专区（缺二、八专区）小学教育入学儿童达125 878人，占学龄儿童179 235人的70%强，其中老区儿童入学率则在80%以上。[①]中学教育，据1946年初统计，全边区中等学校增加到55所，学生11 715人。仅太行区在抗战中就培养输送3000多名中学毕业生，有力地支援了抗战。[②]晋绥边区小学教育，据1942年冬对晋绥24个县的统计，共有完小26所、初小1520所，高级生1044人，初级生62 362人。从1944年8月到1945年7月，民办小学无论规模和人数又比原来增加了10倍；晋绥边区的中学教育也取得了很大发展，为抗日战争输送了大量人才。

关于社会教育，当时以开办民校为主。民校的开办根据季节而定，以不影响群众生产为原则，一般的是在春夏设午校，冬季设夜校和冬校。民校各区都有，而且发展很快，例如晋察冀边区从1939年到1940年，掀起了办冬学的高潮，使冬学数目增至5379所，比1938年增加了一倍。至于识字组发展更为普遍，形式也多种多样，各个地区都创造了许多好的办法。

从晋冀鲁豫抗日根据地的重要组成部分太岳抗日根据地来看，其文化教育事业建设的主要特点是以抗日战争为主要内容，以工农群众为主要对象，适应战争的需要，采取灵活多样的形式。在抗日战争初期，学校教育是在战争环境下坚持的。到1940年10月，太岳区共有初小1486所，教员

---

① 转引自中国抗日战争史学会、中国人民抗日战争纪念馆编：《抗战时期的文化教育》，北京出版社1995年版，第334页。

② 转引自中国抗日战争史学会、中国人民抗日战争纪念馆编：《抗战时期的文化教育》，北京出版社1995年版，第335页。

1852名；高小18所，共有学生1100名。同时还建立了太岳中学，开办了师资训练班。干部教育和社会教育方面，1940年10月以前，太岳区举办了各种干部学校和短期训练班，训练了大批的干部；建立了农民夜校440所，参加学习的农民达2.14万人；开办妇女识字班532个，参加学习的达1.25万人。[①]1941年、1942年，日军对太岳区进行频繁"扫荡"和"蚕食"，使校舍、教具被破坏，正常教学秩序被打乱，学校教育建设只能根据具体情况采取因地制宜的方式进行。1942年，太岳区学校教育主要采取了三项措施，突出三个显著特点来进行。

这五项措施：一是严格执行修正后的小学暂行规程，因陋就简打窑洞、建校舍，尽可能坚持正规教学制度；二是执行强制入学办法，充实乡村初小的学额，提高义务教育的效果；三是建立学校教育的督学制度；四是颁布小学教师服务条例；五是普及小学教材，等等。经过上述措施，从初小看，岳北共增加学校220所（其中私立学校6所），恢复学校27所；岳南新建学校49所，恢复学校311所。学生数量逐渐增加，仅岳北即增加了1万余人。从高小看，据部分县的统计，新建高小15所，新增学生1158名。[②]同时学校教学逐步走上正规，一些乡村教育荒废、文化中断现象已开始扭转。

这三个显著特点：一是学校教育和社会活动相结合。如结合中心工作增授补充教材；组织学生参加中心工作的演剧宣传，换写新标语，召开座谈会；给抗日部队写慰问信、进行劳军募捐等，对学生进行抗日的政治

[①] 转引自《太岳革命根据地简史》，人民出版社1993年版，第99页。
[②] 转引自《太岳革命根据地简史》，人民出版社1993年版，第163页。

思想教育。二是学校教育与生产劳动相结合。如发动儿童开展拾粪和送肥运动,开学初和反"扫荡"后组织学生修建校舍,学习农业生产技术等,培养学生热爱劳动的观念。三是适应战争环境坚持学习。在根据地,实行初小高小合并,在初小基础上设立高小;中心地带的中学、高小,分散到边沿区办学。在游击区,或者采取敌来分散、敌去集中的方式;或者采取白天集中、晚上分散,平时集中、情况紧急时分散;或者采取转移一个地方集中一段时间的方式。

在社会教育方面,主要是建立民校和冬学,进行扫盲等文化教育。1941年在沁县等县建立民校427所,在各县还建立了妇女识字班、农民夜校等。①

应当指出的是,当时华北抗日根据地办学的条件是相当困难的,无论是干部学校,还是小学及民校,不仅缺乏良好的校舍,甚至连必备的纸笔都是缺少的。在这种情况下,庙宇、祠堂,甚至广场都当作了天然的教室课堂,木板、石块代替了桌椅,树枝和土地便成了取之不尽、用之不竭的纸笔,这一切充分体现了抗战时期勤俭办学的精神。

四、华北抗日根据地的抗战文学艺术工作

华北抗日根据地的文学艺术是在为抗日战争服务的前提下开展起来的。纵观华北抗日根据地抗战文学艺术工作,明显呈现以下六个鲜明特点:

其一,抗战文学艺术团体组织纷纷成立。从文学艺术来看,1938年晋察冀边区成立了"文艺救国会",同时冀中区也成立了"文艺救国会"和"战地社"等诗歌团体,1940年4月成立了"音协",7月又成立了"文协"。

---

① 转引自《太岳革命根据地简史》,人民出版社1993年版,第164页。

1938年11月，晋冀鲁豫区在"抗战文艺工作团"第三组推动下，开展边区的文艺运动，1940年成立了晋西北文联、文协、音协、美协等；从戏剧艺术上看，1932年11月晋察冀边区成立了"抗敌剧社"，各军区相继成立了"尖兵剧社"、"抗敌剧社"，地方性剧社有"新世纪剧社"。从抗战爆发到1942年6月，仅晋察冀边区农村文艺剧团就有3277个。1939年2月，晋冀鲁豫在67个大戏剧团体的基础上，正式成立了"全国剧协晋东南分会"。晋绥区120师师部有"战斗剧社"，晋绥边区党委有"七月剧社"。此外，地方还有"吕梁"、"解放"、"前线"、"民革"、"青红"、"战斗"、"战号"、"黄河"、"前线"、"战力"等剧社。抗战文学艺术、戏剧艺术团体组织纷纷成立。

其二，抗战文学艺术刊物大量涌现。仅在晋察冀边区，就编辑出版了《诗建设》、《诗战线》、《边区诗歌》等刊物。晋冀鲁豫的文艺报刊主要有《黄河时报》（太南版）副刊、《中国人报》、《新大众报》等。晋绥边区主要有《西北文艺》、《战斗文艺》。美协和部队还定期出版两种画报，音协出版《晋西歌声》。

其三，抗战文学艺术类型形式多样。华北抗日根据地的文学艺术创作形式除了小说、诗歌以外，还有报告文学、戏曲等多种形式，可谓形式多样。其中最有影响的是晋察冀边区的田间、陈辉的诗作《给战斗者》、《抗战诗歌》、《平原手记》、《平原小唱》、《新的伊甸园》，周而复的报告文学集《晋察冀行》，晋冀鲁豫边区丁玲的长篇报告文学《一二九师与晋冀鲁豫边区》，赵树理短篇小说《小二黑结婚》、《李有才板话》，长篇小说《李家庄的变迁》等；晋绥边区马烽、西戎合著的章回长篇小说《吕梁英雄传》、战斗剧社演出的《丰收》、《荒村之夜》、《求雨》等。再如冀中区，五一反"扫荡"后，随着根据地的逐步恢复，为了适应形势发展的需要，原来曾一度被取消的冀中军区部队转业文艺团体也陆续恢复起来。1944年夏秋，军分区先后恢复或重建了专业文艺队伍。第六军分区重建前线剧社，第七军分区重建战地剧社，第八军分区恢复前卫剧社，第九军分区恢复前哨剧社，第十军分区重建北进剧社。此时正值毛泽东在《延安文艺座谈会上的讲话》发表两年之后，《讲话》精神已广为流传，并深入到我国文艺工作者和领导的心坎之中，从而更加明确了文艺工作者应有的立场问题、态度问题和对象问题，尤其明确了文艺为人民大众特别是为工农兵服务的根本方向和方针。在《讲话》精神指引下，上述剧团、剧社先后创作、演出了《王老三减租小调》、《兄妹开荒》、《歌唱二小放牛郎》、《八路好》和《血泪仇》等大型戏剧，收到了很好的演出、宣传效果，很好地坚持了文艺为工农兵服务的方向，发挥了文艺教育人民，调动一切力量奋力抗战的积极作用。

其四，抗战文学艺术影响遍及华北乃至全国。上述文学艺术作品和戏剧作品，一出版和演出，其深刻的政治影响和艺术感染力不仅在华北抗日根据地各地区之间流传，而且冲破了华北地区的地区局限，在全国广大地区广为流传，为调动一切可以调动的力量，团结抗战，英勇杀敌，发挥了很好的鼓动宣传作用。

其五，抗战戏剧运动得到普及和提高。新世纪剧社在冀东区党委和冀中抗联直接领导下，对冀中根据地的抗日文学、音乐、美术、戏剧的普及和提高起了重要的推动作用。1940年，为发展群众文艺运动，培养艺术骨干，辅导提高县、村剧团，将剧社人员分4个组派到4个分区去，和分区文建会结合举办了数十人、上百人的训练班，并进行了多场演出，为普及群众文艺打下了基础。1941年春，各组集中起来进行总结，汇报了各地群众文艺活动和村剧团的情况，把深入群众生活搜集的群众语言和民间小调民歌进行了整理。1941年6月,冀中文建会以新世纪剧社为主体开办了第二期文艺训练班,后扩大为文艺干部学校。各专区、县文艺部长带队参加学习,学员达500余人。新世纪剧社经常作观摩演出,并选拔学员同台表演,以提高他们的艺术水平。同时,冀中文建会和新世纪剧社出版了《冀中文化》和《歌与剧》等刊物,刊登了大量抗日歌曲、诗歌、剧本和短篇小说。在此两年基础上,新世纪剧社、火线剧社、第七军分区的前进剧社、第八军分区的前卫剧社、第九军分区的前哨剧社、第十军分区的烽火剧社和回民支队的抗战剧社,均先后派人进华北联大的文学院学习。第六军分区的火焰剧社去太行区武乡县境的鲁迅艺术学校学习。经过半年左右的学习,各剧社的政治水平和艺术水平均有明显的提高。同时,火线剧社还一面为军民演出,一面进行曹禺名剧《日出》的排练,并于1941年5月4日在三纵队成立3周年纪念大会的文艺晚会上首次正式演出。同时,第七军分区前进剧社和第九军分区前哨剧社都演出了果戈理的名剧《巡按》,新世纪剧社也开始排练《雷雨》。这些演出的艺术实践,在提高剧社的剧本创作和表演艺术水平方面起到了重要作用。为此,冀中广大农村文艺活动有了新的发展和繁荣。1941年前后,全区能独立进行演出活动的村剧团有1700多个。演出形式除话剧、歌剧之外,还有京剧、河北梆子、评剧等剧目①。村剧团的普及和活跃,不仅大大丰富了农村的文化生活,还进行了形象的丰富多彩的抗日宣传教育。

其六,群众性的抗战文艺创作活动广泛开展。在毛泽东新民主主义文

---

① 转引自中共河北省委党史研究室、冀中人民抗日斗争史资料研究会编:《冀中抗日根据地斗争史》,中共党史出版社1997年版,第249—250页。

化纲领对抗战文化的要求必须大众化和毛泽东在中共扩大的六届六中全会《论新阶段》政治报告中所指出的文艺必须以群众喜闻乐见的形式实行民族化大众化要求指导下,1937年8月,由作家丁玲、吴溪如和国际友人史沫特莱在延安发起组成的西北战地服务团随八路军出发到山西抗日前线以戏剧、歌咏等形式开展抗日宣传的推动下,1938年5月,在刘白羽、卞之琳、雷家、周而复、萧三等领导下分6个组的抗战文艺工作团赴晋察冀等华北抗日根据地宣传、演出的推动下,华北抗日根据地的抗战文学艺术活动广泛开展、普及。如晋察冀地区1938年12月组织了"晋察冀一周"活动,号召人民将最有意义的工作方式、生活片段写出来。1941年初,在中共冀中区党委和冀中军区领导下,搞了一次《冀中一日》的群众性创作文化倡议活动。

如《冀中一日》倡议活动成立了筹委会,并确定5月27日(一说5月21日)[①]为《冀中一日》活动日。活动主题和内容,就是写出5月27日这一天冀中军民在各个不同工作岗位上的抗日活动和精神面貌,写成故事加以流传。活动还成立了编委会,由冀中各机关团体派人组成,并请来晋察冀边区文联和延安文工团的同志参加编审工作。活动共收集部队和地方作品5万余篇。先用大车拉着稿子边打游击边审稿,后定居在安平县彭家营、北郝村、杨各庄一带进行编选、定稿,由40位编辑精选出233篇,编成35万字,分4集出版的报告文学《冀中一日》[②]:第一集揭露日本侵略者的残

---

① 转引自沙建孙主编:《中国共产党通史》第4卷,湖南教育出版社1999年版,第317页。

② 转引自沙建孙主编:《中国共产党通史》第4卷,湖南教育出版社1999年版,第317页。

暴,定名为《鬼蜮魍魉》;第二集反映子弟兵抗日战斗工作和生活,定名为《铁的子弟兵》;第三集反映抗日民主政权建设,定名为《民主、自由、幸福》;第四集反映工人、农民、青年、妇女等各群众团体的抗日斗争生活,定名为《战斗的人民》。对于上述材料,第一次油印了200份,目的是广泛征求意见,待定稿后再大量发行①。虽然该稿件集由于日军的五一大"扫荡",稿子受损,未能在抗日战争期间广泛印刷和流传(1962年,天津百花文艺出版社将找到的一份《冀中一日》本书分上下两集出版),但作为历史文献,从中可以看出当时中共冀中区党委和冀中军区领导对工农兵群众文化艺术的重视以及冀中地区文化建设的状态。

综上所述,以抗战新闻出版事业、抗战文化教育建设、抗战文学艺术工作等为主体内容和全貌的华北抗日根据地抗战文化建设是华北抗日根据地建设不可或缺的重要组成部分。这一建设,在毛泽东等关于抗战文化理论的指导下,在华北抗日根据地军民、党政共同努力和组织下取得了十分可喜的巨大成绩,产生了十分巨大的深刻影响。华北抗日根据的文化建设,提高了素养,凝聚了人心,培养了干部,瓦解了敌人,对于华北地区乃至全国抗日战争的胜利起到了不可替代的作用。今天,在新的历史条件下,重温和研究华北抗日根据地的抗战文化建设,对深入研究中国特色社会主义理论体系,加强中国特色社会主义文化建设,建设和谐文化,深入研究和学习社会主义核心价值体系,具有深远的现实意义、实践意义和重要的理论价值、学术价值。

---

① 转引自中共河北省委党史研究室、冀中人民抗日斗争史资料研究会编:《冀中抗日根据地斗争史》,中共党史出版社1997年版,第250—251页。

作者简介：
　　张喜德　中共中央党校科研部原书记（副厅）、教授、博士生导师
　　关晓颖　辽宁省中共凤城市委党校讲师

八路军文化与全民族抗日

刘 晓　索文清

1937年7月7日，日军发动卢沟桥事变后，7月16日又先后调动50万侵略军来华，经过诡秘策划，向华北开始了进一步的军事进攻。30日，北平、天津相继沦陷。8月13日，又炮轰上海。同一时期，还对南京、杭州、徐州、安庆、武汉等城市狂轰滥炸，中国的北方、南方处于一片日军侵略的战火中。

在日军大举进攻面前，共产党高举抗日救国大旗，号召全国人民奋起抗争，国民党内部的爱国人士也起而响应，督促蒋介石联合抗战。在全国一致抗日的强烈要求下，蒋介石才被迫放弃不抵抗主张，经过国共多次谈判，达成一致意见，发布了将红军改编成国民革命军第八路军的命令。国民政府在事实上承认了中国共产党的合法地位，促成了抗日民族统一战线的正式形成。这是中国共产党自七七事变后采取一系列正确方针政策所取得的。

国民革命军第八路军（又称第十八集团军），由中国工农红军主力部队改编而来，下辖第115师（师长林彪）、第120师（师长贺龙）、第129师（师长刘伯承）三个师和总部直属队，共46 000余人。朱德任总司令，彭德怀任副总司令。改编后的第八路军，立即开赴华北抗日前线，深入敌后，同当地的共产党组织一起，迅速地开辟抗日战场，放手地开展独立自主的游击战争。同时，为动员大后方各族、各界民众支援抗日，向国民党统治区的大后方群众宣传中国共产党的抗日主张，和八路军英勇杀敌的事迹，还在南京、武汉、西安、重庆、太原、长沙、桂林、兰州、乌鲁木齐（原名迪化）等地先后设立了八路军办事处，以这些办事处为基地公开合法地进行抗日活动，使各族各界群众的爱国精神得以高度发扬，纷纷投入到声势浩大的抗日救亡运动中。河北、山东、察哈尔、绥远、山西、河南等广大沦陷区，也在八路军及各地抗日游击队的坚决抗击下，转为对敌抗战的敌后解放区根据地或游击区，使日军处于腹背挨打、首尾难顾的境地。加上此时东北抗日联军不断扩大战果，抗击着日本的殖民统治，有力地支援了八路军的对敌斗争，削弱和牵制了日军对华北各地的蚕食。

日军除了军事进攻外，还在政治上采取分化瓦解中国共产党领导下的抗日民族统一战线，希望达到"以华制华"、"分而治之"的目的，每占领一地，就搜罗扶植一批民族败类，建立伪政权、维持会，推行保甲制度，设"联合乡"、"集团村"，以连坐法形式对各民族人民实行镇压统治。另外，还成立了一些所谓的文化机构，进行奴化宣传。

1937年12月，日军在华北成立"新民会"、"新民青年团"、"新民少年团"等伪组织，由日本特务直接控制，标榜"新民主主义"，出版《新民报》，鼓吹"维持新权"、"发扬东方之文化道德"等。同时在北平成立了伪"中华回族总联合会"，在西北宁夏、甘肃、青海等回民聚居区，派遣特务，行离间回汉民族关系之能事，制造民族分裂，收买一些军政要人充当内奸。

在内蒙古地区，日军利用蒙奸组成的"蒙疆政府"，破坏当地的教育机构，大肆劫掠民族文物，在一些文化教育发达地区，直接建立"新民学院"、"建国青年学院",向青少年灌输"中日亲善"、"建立大东亚新秩序",强令学生学日语,唱日本歌,通过电台、报纸宣传,鼓吹"日、满、蒙一家",推行皇民化教育,消灭蒙古和其他民族的民族意识和固有文化。至于在内蒙古东北部生活的达斡尔、鄂温克、鄂伦春等少数民族杂居区,日军则用设置的警察及特务机构,强行隔离抓丁,用更野蛮的屠杀手段,实施民族灭绝政策,使他们的人口锐减,民族存亡遭遇到严重挑战。

面对日军的文化侵略和分裂我国民族团结抗日的险恶用心,1937年8月,中国共产党在陕北洛川会议上制定的"抗日救国十大纲领"中明确提出:要打倒日本帝国主义,必须"动员蒙民、回民及其他少数民族在民族自决和自治的原则下,共同抗日"[1]。此后,在党的六届六中全会上,又重申"各民族与汉族享有一律平等的权利","在共同对日原则下","与汉族联合建立统一的国家",在"少数民族与汉族杂居的地方,当地政府须设置由少数民族人员组成的委员会",管理自己的事务,"尊重少数民族的文化、宗教习惯",赞助他们用自己的语言文字,发展教育,禁止一切对他们"带侮辱性和轻视性的语言文字与行动"[2]。党为了认真贯彻执行抗战时期制定的处理民族问题的基本政策,先后还拟定了《中央关于绥蒙工作的决定》、《关于抗战中蒙古问题提纲》等文件。为了帮助少数民族发展教育和培养民族干部,使民族居住区摆脱经济文化落后面貌,达到事实上的民族平等,在延安成立了"蒙古民族文化协会"和"回民文化协会",专门开办了少数民族的小学、中学和训练班,以及民族学院、蒙藏学院等,

---

[1]《中共中央文件选集》第10册,中共中央党校出版社,1985年版,第317页。
[2] 中国人民解放军政治学院编:《中共党史参考资料》第8册,第201页。

培养了有文化有政治觉悟的少数民族干部,给抗日前线的队伍输送了有生力量。此时的晋察冀边委、晋西北的临时参议会等,召开会议吸收满、回、蒙、藏、朝鲜等民族代表参加,凡是中国共产党领导的从中央到地方各根据地,都一致认真贯彻执行团结抗日的民族政策,这使各少数民族大众从中受到了感召和教育,觉悟到中国共产党是平等对待各少数民族的,是各族人民利益的代表;同时认识到日本侵略者是汉族和各少数民族共同的敌人,少数民族中的叛徒、出卖中华民族的奸细是日军侵华的帮凶爪牙。因此,各少数民族只有和汉族人民团结一致、共同对敌,才能挽救民族危亡,取得抗日战争的最后胜利。

回族是具有强烈爱国革命传统的民族,日军入侵东北后,散居在大江南北的回族工人、商人、职员、知识分子、学生、士兵及宗教人士就有组织地举行罢工、罢课、罢市,抵制日货,发表抗日宣言,通电全国穆斯林,号召各地回民动员起来,组织抗日团体、抗日武装保家救国,收复失地。抗日战争爆发后,中共中央在延安成立了少数民族工作委员会回民工作部,随着八路军的深入敌后,华北各抗日根据地的建立,回民抗日救亡运动更加活跃。1937年底,冀中各地回民先后建立了"回民抗日救国会"、"回民公会"等。[①]1938年4月,蒙、藏、回族联合组成慰问抗战战士代表团,慰问前线八路军指战员,并发表通电说:"国内各民族绝对不可分,唯有团结一致……方可达到保国卫民之目的。"[②]冀中回民则强调:"我们回民

---

① 王邦佐主编:《中国共产党统一战线史》,上海人民出版社1991年版,第261页。

② 《新华日报》1938年4月24日社论。

是中华民族的组成部分之一,我们有抗日的先天任务。"①新疆伊斯兰教徒也表示:长久以来在政治、经济、文化各方面与中国内地有着密切的联系,是中华民族的不可分离的一部分,要尽力与国人共同挽救国家民族。②

正当此时,原"中华回教公会"会长马良,在日军的策划下,于1938年2月在北平组织伪"回教总联合会",马良的投敌卖国,使各地回民抗日组织和团体不约而同地通电讨伐,宣布开除马良等的教籍。10月在延安成立了"中国回民救国协会陕甘宁边区分会"和其他边区的回民救国分会。在这些组织的宣传鼓动下,回族人们的抗日斗争又出现了新的高潮。③冀鲁边区回民救国分会还出版有《正道报》,宣传凡优秀的穆斯林都应走上正道,抗击日军,挽救祖国。《正道报》主要刊登中共中央、八路军军区的指令,更多的宣传总会和回民支队的抗日活动和取得胜利的消息及拥军参战动态,抗日英雄人物等,④是宣传八路军文化的一个窗口。回民中的有识之士,在党的组织下,还编写出《抗战中的甘宁青》等宣传品,大力宣传回汉团结抗日,组织回民支前,动员回民参军、参战、献金、献粮活动。当时仅冀中地区就有1000个回民入伍抗日,献金20万元,献粮690万斤。⑤河北、山东、山西、陕西、河南等地先后建立的回民武装数十支之多,著名的有冀中回民支队,渤海回民支队、陕甘宁边区回民抗日骑兵

---

① 《新中华报》1940年6月25日文章。
② 《中国少数民族革命运动史》,四川民族出版社1990年版,第146页。
③ 王邦佐主编:《中国共产党统一战线史》,上海人民出版社1991年版,第261页。
④ 《中国回族大辞典》,上海辞书出版社1993年版,第275页。
⑤ 《中国少数民族革命运动史》,四川民族出版社1990年版,第149页。

团等，均为八路军正规军的组成部分。此外，还有伊斯兰抗日先锋队群众性的地方武装。冀中回民支队，于1939年6月，编入"八路军第三纵队"，马本斋任支队司令。1942年马本斋调任八路军冀鲁豫军区三分区司令员，仍兼任回民支队司令，他智勇兼备，一方面率回民队伍，向日军发动猛攻，打击了日军扫荡的嚣张气焰；同时又注意贯彻抗日民族统一战线和民族平等政策，①尊重回民的风俗习惯，在部队中设立阿訇。由于模范地执行了群众纪律，对回民同胞习俗的尊重，得到了回族群众的拥护和爱戴。回民青年群起参军，群众主动组织起来接济八路军，送粮、送弹药，帮助地方开展政治、文化攻势，瓦解敌伪武装。

1940年10月，在党的关怀下，在延安成立了"陕甘宁边区回民文化促进会"，这个会的组成人员不仅有阿訇马生福，回族青年马青年、马文良、鲜维俊、金浪白、马尔撒、马寅等人，还有蒙古族的艾思奇，壮族莫文骅参加。这一组织的宗旨是发扬回族优良文化传统，创造与发展回族新文化，致力于抗战建国事业。该会成立后，在延安本地建了阿拉伯文研究班，定期举办回民问题研究报告会，奖励优秀的回族会员干部、文化工作者，并帮助回民自治乡创办伊斯兰小学、识字班，大力开展群众性的文化教育活动。②

在延安的中央党校、抗日军政大学、鲁迅艺术学院、延安民族学院、陕北公学、三边公学学习的回族青年，经过锻炼，有的成了八路军的指挥员，有的成了文化界、知识界、工商界、妇女界的知名人士，他们用演讲、歌咏、戏剧、播音、出版、散布传单、张贴标语等多种形式，宣传抗日，

---

① 《中国回族大辞典》，上海辞书出版社1993年版，第96页。
② 《中国回族大辞典》，上海辞书出版社1993年版，第742页。

有的还发起救国募捐活动，有的组织慰问团赴前线，利用各种文艺演出慰问抗敌战士。

这里要提到回族青年张平，七七事变爆发后就在上海参加了抗日活动，成了一名上海戏剧救亡协会的成员，后经南京、蚌埠、开封到西安，沿途演出《放下你的鞭子》等活报剧，鼓动抗日宣传，启发教育了很多青少年投身抗日。后他到延安抗日军政大学学习，先在延安演出话剧《流寇队长》、《血祭上海》，后到太行山八路军根据地及抗日前线演出更多的新编剧，鼓舞了战士们的斗志和抗战到底的决心。①新中国成立后，他活跃在电影界，在许多受欢迎的电影中担任主角。

另一位回族青年薛恩厚是在山西岚县参加八路军的。1942年他到贺龙亲自命名的"战斗平剧团"（后与鲁艺平剧团合并，改名为延安平剧院）任政委兼演员，领导并演出了《逼上梁山》、《三打祝家庄》使旧戏得到革新，增添了新内容、新风格和新的表演程式。②

穆青、高戈两位回民知识分子，先后投笔从戎，参加八路军。穆青，河南籍，在八路军120师任宣传、民运干事，后任党中央机关报《解放日报》的记者。1939年，他在《八路军军政杂志》上发表通讯《红灯》，成为当时新闻作品的处女作，轰动一时。高戈，湖南长沙人，1938年入延安鲁迅艺术学院文学系学习，后任太行区《新华日报》华北分院编辑、《胜利报》社社长等职。他们怀着革命激情，以笔当枪，用大众化的文字，颂扬奋勇杀敌的八路军战士，将匕首投枪刺向凶恶的敌人。强烈犀利的战斗

---

① 《中国回族大辞典》，上海辞书出版社1993年版，第614页。
② 《中国少数民族文化史》，辽宁人民出版社1994年版，第355页。

新闻报道，在根据地产生了巨大影响。

桂涛声，是云南早期参加革命的回族人物之一。1937年抗战初期与著名爱国人士李公朴同赴山西前线，他宣传鼓动抗日救亡，与作曲家冼星海合作，创作了著名抗日歌曲《在太行山上》，歌声响彻抗日的前后方，雄壮昂扬的词曲鼓舞教育了几代人，至今人们还在传唱。①

这里还要提到山西晋城回民马骏，这位年轻时留学英国的留学生，曾参加过孙中山领导的同盟会，毕业后回国投身辛亥革命，后在家乡办教育，提高回民文化，先后培养高小生、中学生三千余人。七七事变后，组织成立了山西省回民抗日救国协会，任会长，全力资助组建回民抗日义勇军，并出资在晋城建造万寿宫礼拜寺，②成为本地的抗日活动基地。还有的回民阿訇也自筹资金建回民学校，资助八路军，并允许在清真寺经堂里高唱抗日歌曲，演抗日戏剧。这些回民发起的文化抗日活动，遍布于边区的各个角落，形成了巨大的抗日宣传力量，有力地配合了八路军在各个战场上发起的军事进攻。

在国民党统治的大后方，同样在八路军办事处组织下，也开展了一系列抗日活动。在重庆，一些回族知识分子和宗教爱国人士，为了与敌人组织的伪回民团体相区别，就将早期自发组建的"中国回民促进会"、"回民公会"、"回民俱进会"合并，组建成新的"中国回教救国会"，提出了"肃清回奸，以保回教固有之英勇光荣"传统。③与敌伪组织展开抗争。救国

---

① 《中国回族大辞典》，上海辞书出版社1993年版，第816页。
② 《中国回族大辞典》，上海辞书出版社1993年版，第69页。
③ 王邦佐主编：《中国共产党统一战线史》，上海人民出版社1991年版，第261页。

会通过回民聚居较多的寺坊，设立坊会，动员回民输财、出力、参加抗日救国行列。为了表达对全国全民抗战关心支持，救国会组建了"回民战地服务团"，训练民兵和救护伤员，出版"会刊"，登载有关各地抗战的消息。当时出现的通讯作品《被难教胞访问记》、抗日歌曲《中国穆斯林抗战歌曲》、《乌拉山前》等，都起到了教育回民、鼓舞士气的作用。

救国会还组织派遣了一支"回教南洋访问团"，用国民外交方式，联络其他国家的穆斯林。先后到了土耳其、印度、新加坡、马六甲、吉隆坡、印尼、爪哇等国家和地区。呼吁各国穆斯林支援中国的抗战。[1]回民阿訇、知名教育家达浦生亲赴南亚、埃及宣传中国抗战，在埃及《金字塔报》发表《告全世界穆斯林书》，揭露日军在中国犯下的残暴野蛮罪行。返国后，他将上海师范学校迁往甘肃平凉，易名伊斯兰师范学校，自任校长，在地下党和八路军办事处的帮助下，聘请有进步思想的教师任教，组织师生以学校为阵地，开展各种抗日宣传。

在兰州，在八路军办事处组织领导下，抗日救亡团体也纷纷成立。杨静仁、鲜维俊等回族学生，利用伊斯兰学会组织群众进行抗日活动，做回民上层人士工作，扩大抗日宣传影响。

在河南，时子周、王静斋在郑州发起成立"中国回民抗日救国协会"。在西安，八路军办事处组织数万回民举行抗战献旗大会。山东、河北、河南等地回民青年，组织了慰劳、救护宣传队开展救亡运动。他们步行经河南到抗日前线，一边演活报剧，唱抗日歌曲，一边组织战地服务。他们还在河南的回汉民杂居区召开千人大会，齐声声讨日军的侵华罪行。总之，

---

[1]《中国回族大辞典》，上海辞书出版社1993年版，第245、246页。

在中国共产党和各地八路军办事处组织领导下,各地回民文化工作者深入到战地、农村、城市的各个角落,利用各种文艺形式宣传抗战,反映抗战,将八路军的战地文化如火如荼地开展起来。

在北方蒙古族聚居的地区,中国共产党在抗日战争爆发后,考虑到大青山地处晋西北抗日根据地外翼,是通向大西北的咽喉,开辟大青山抗日根据地,开展游击战争,对动摇日军在蒙疆的统治,牵制敌人西进南下有重要的战略意义,即派八路军120师358旅715团到内蒙古西部大青山地区开辟抗日根据地,在当地蒙汉人民和抗日游击队的支持下,广泛开展了游击战争,同时在该地区进行民主政权建设,建立"晋绥行政公署"、"绥察行政公署"。到1940年春天,根据地已发展到有30多个区的各级民主政权,拥有60多万民族人口,抗日部队扩大到由各民族组成的三个骑兵团,和各地建起的地方游击武装和武工队一起联合作战,有效牵制了日军的西进企图。

内蒙古各族人民在武装反侵略的同时,还采取各种形式进行反奴化教育和抗日文化建设活动。早在"九一八"事变后,绥远地区就组织了反帝大同盟,发展盟员,宣传抗日救国。此后,绥远的爱国志士和知识分子在共产党领导下,又建立了"牺盟会"、"民先队"、"绥远妇女会"、"绥远民众抗日救国会"等民间组织,创办反帝刊物,揭露日军暴行,弘扬蒙古文化,开展抗日的新诗歌运动。从1939年起,党有意识地在蒙古地区培养民族干部,开始选送一批又一批蒙古族青年到延安学习,并在绥蒙地区的党政机关中配备一定数量的民族干部。时任绥察行政公署党政处处长的贾力更同志为贯彻执行为中共培养蒙古族干部的精神,多次护送蒙、汉族青年学生前往延安。他和奎璧同志先后送到延安的学生就达10多批,200多人,为抗日部队培养了一大批优秀的指挥员和文化教育界的抗日先锋骨干。①

为了提高蒙古族青年的文化素质，1940年，党在延安创建了蒙古族文化组织"蒙古文化促进会"，吴玉章任会长，阿刺腾扎布等任理事，以揭露日军分裂破坏蒙汉民族团结和妄图灭亡蒙古民族的阴谋为己任，反对民族压迫，并开展对蒙古历史文化和革命史迹的研究与介绍。宣传新文化和各种科学知识。②在这一促进会的鼓励提倡下，建立了蒙古文化陈列馆和成吉思汗纪念馆，塑造了成吉思汗半身石膏像，激发蒙汉民族的爱国热情和捍卫本民族文化的责任心。

这时，大批的蒙古族青年来到延安，进入抗日军政大学、陕北公学、鲁迅艺术学院、延安民族学院等校学习文化科学知识，从这里培养出一大批民族文艺工作者、教育工作者，涌现了一批抗日文学作品，如歌剧《塞北黄昏》、《反抗》，话剧《到延安去》，歌曲《启明星》，美术作品《那松德勒格尔》等。③还有一批艺术家，如擅长漫画木刻的美术家阿尔，以"北平通讯"形式发表讽刺画，刺向侵略者，后在八路军纵队文工团、八路军宣传部门担任领导职务，曾参加编印《前锋画报》，用画笔刻刀创作出很多幅富有战斗性的画作。④美丽其格，蒙古作曲家，曾在八路军干部学校学习，并教唱革命歌曲，曾在内蒙参加小歌剧《血案》的演出。文浩，蒙古雕塑家，早年留学日本，学习美术、音乐，为了抗日抛弃自己的专业，

---

① 赵履谦主编：《新民主主义革命时期少数民族烈士传略》，中央民族学院出版社1991年版，第126页。
② 陈永龄主编：《民族词典》，上海辞书出版社1989年版，第1136页。
③ 《内蒙古自治区概况》，内蒙古人民出版社1983年版，第179页。
④ 《中国少数民族艺术词典》，民族出版社1991年版，第3页。

放下架子,随蒙汉群众参加街头宣传队、歌咏队,并参加了内蒙古自治运动联合会的文化工作。吉雅泰,任"工人之路"的编辑,编导过《卢沟桥》、《新花木兰从军》戏剧,进行抗日宣传,此外,还有一些艺术家,利用具有民族特点和风格的艺术形式,随八路军转战,边走边编边演"好来宝"、"乌丽格尔"(蒙语说书)、"笑呵"(蒙语相声)等文艺节目进行鼓动宣传,在群众中都收到了良好效果。

新疆是维吾尔、哈萨克、锡伯族等各民族生活的地方。抗战时期,在迪化(今乌鲁木齐)八路军办事处及一批早期到新疆开辟工作的共产党员领导组织下,成立了"新疆文化协会",下设各民族分会。这一协会以推动抗战文化,打倒日本帝国主义,完成中华民族的解放,建设各民族新文化为宗旨。协会进行的文化工作项目包括:培养各民族文化人才,举办各种艺术宣传讲座,建立实验剧团,开展话剧运动。当时协会排练并演出了大型国防话剧《战斗》和《新疆万岁》,编写了一套汉文小学教科书,译成了维、哈、蒙三种民族文字出版发行,拓展启蒙新疆的基础教育。还创办了漫画刊物《时代》,开展群众性的歌咏活动,创办"文化干部培训班",宣传抗日救国。协会通过这一系列的文化活动,对改变新疆文化落后的面貌,提高新疆各族人民抗战觉悟都起到了推动作用。

这一时期,新疆也涌现出一批民族抗日文学艺术的爱好者和艺术家。锡伯族的知识青年受到抗日救国的思想熏陶,先后创办了锡伯文刊物《朝霞》和《新路报》文艺副刊,活跃了文艺界,创作出不少优秀的进步文艺作品。如柏雪木的《汗腾格里颂》、萨拉春的《我们的生活方式》、《美好的春天》等都是这一时期的代表作。玫善、郭基南两位作家都在茅盾主办的"文干班"学习过,一直活跃在锡伯族文坛上,发表了不少诗歌、散文、话剧作品。郭基南1941年在王为一同志具体指导下,写出了抗日话剧《满天星》《在太行山下》，之后又写出了多幕历史剧《察布查尔》，他还发表了散文《月下闲谈》，痛斥揭露德、意、日法西斯的野蛮侵略罪行。①

维吾尔知识青年同样也投入了抗日支前的活动。"新疆文化协会"组织新疆学院的维吾尔族学生和汉族学生同台演出了话剧《新新疆进行曲》和为了纪念"九一八"而编的话剧《战斗》，轰动了整个迪化，唤起新疆各族人民的抗日爱国热情。1939年维吾尔族作家阿不都秀库尔编写的话剧《上海之夜》演出后，反响强烈；诗人黎·穆塔里甫的诗作《中国》《我们都是新疆的儿女》《爱与恨》等诗歌以及话剧《战斗的姑娘》均满怀激情地颂扬了伟大祖国，歌颂民族团结和为国英勇战斗的英雄们，受到各民族群众的欢迎，为新疆抗日救亡宣传作出了巨大贡献。②

这里我们还要提到日军占领下的东北各族人民，由于不堪忍受日军残暴的殖民统治，奋起反抗。朝鲜族、满族中的一些知识青年走进关内，积极投入到抗日的洪流中来。战斗在关内抗日战场上的朝鲜族，有活跃在华北、华中一带的朝鲜义勇军和光复军，他们编辑出版了《朝鲜义勇队通讯》《民族解放》《战鼓》《光复》等20余种刊物。发表歌谣《冲破黑暗》《最后的决战》《义勇军进行曲》《光复军抗日战斗歌》，以及散文《在敌人阵地里发表的一个青年的信》《一位青年亡命生活手记》等作品，还创作和演出了不少以抗日为题材的话剧，仅在太行山革命根据地内，朝鲜义勇军宣传队著名作家金学铁创作的独幕剧就有《胜利》《皇军之梦》《在太行山上》《胡家庄之战》《北京之夜》《阿里郎》等。著名油画家

---

① 《中国少数民族文化史》，辽宁人民出版社1994年版，第69—70页。
② 《中国少数民族文化史》，辽宁人民出版社1994年版，第554页。

韩乐然，抗战时期当过"巴黎时报"的摄影记者，也用画笔揭露日军的罪行。回国后，即投入到抗日宣传事业中，创作了很多幅以抗战为题材的油画作品。人们熟知的郑律成（朝鲜族），是当代聂耳、冼星海之后又一位杰出的作曲家。他创作的《延安颂》（莫那作词），讴歌了革命圣地延安，极大鼓舞了抗日军民的斗志，他的其他作品《八路军进行曲》（公木作词）和《八路军军歌》（公木作词），像战斗的号角吹响在八路军抗日战场上和大后方。①如今，《八路军进行曲》已成为《中国人民解放军军歌》，响彻在中国大江南北的各个角落，激励着亿万人民奋勇向前。

从以上所述抗战时期全民族抗日文化形成过程可以看出八路军文化的三个特点：

首先，少数民族一系列的抗日文化活动，是八路军文化不可分割的组成部分。它是国家处于生死存亡的危难关头，在抗日文化战线上出现的一支重要力量。生活在中华大地上的各少数民族，深深懂得，半壁江山沦入敌手，中华民族当前正处于抗则生、降则死的重要关头，挽救中华民族的生存，已是每个中国人迫在眉睫的神圣使命。少数民族同胞，不能仅从本民族的利益出发，而是应将自己的命运与中华民族的命运紧紧地融为一体，与汉族同胞一道，共赴国难，团结一致，抗日救国，拯救整个中华民族也就是拯救自己的民族。由此，不管是达官商贾、王公贵族、地方头人、宗教职业者，还是普通农民、牧民、知识分子，男女老幼都被调动起来，汇聚在抗日救国的旗帜下，形成了各民族各阶级最广泛的统一战线。大家只有一个共同的目标，就是抗战到底，把日本帝国主义从中国的土地上赶

---

① 《中国少数民族文化史》，辽宁人民出版社1994年版，第305、325、328页。

出去！实现各民族的人民民主和翻身解放。这一信念，贯穿在整个抗日战争八路军文化的宣传内容里。因此说，在战争中形成的八路军文化，是中华各民族的抗战文化，具有地域广泛的民族性，它是新民主主义文化的一部分，彰显了中华民族一体所创建的文化风格，是一种崭新的划时代的民族一体性的文化创造。

其次，八路军文化是在战争中形成的，具有鲜明的军事战斗性和政治宣传性。每个八路军战士，既是战斗员，又是文化宣传员。文化的核心是宣传抗日，服务抗日，教育和动员广大群众提高觉悟，投入到抗日的洪流中，激励抗日战士英勇杀敌，壮大自己的武装力量和革命根据地。少数民族抗日文化为达此目的，在宣传抗日的时候，则利用本民族的语言文字和群众喜闻乐见的文艺形式，创造了大量的诗歌、话剧、歌曲、活报剧、报告文学、散文等文艺作品去宣传群众、鼓舞民众与汉族一起并肩作战。从中培养成长了一批文化战士和民族干部，活跃在八路军战地和大后方文化教育战场上，更丰富了八路军文化的形式和内容。

第三，八路军文化在它的生成中还表现出很强的政策性。八路军根据中国共产党制定的统一战线方针，采取了切实的方法步骤严格执行民族平等政策，唤醒和提高少数民族坚决抗日的决心和信心，同时利用事实和自己的行动去清除历史上统治阶级制造的民族间的矛盾、隔阂及不平等，缓解本民族内部统治者与被统治者的阶级对立。在民族矛盾上升为主要矛盾，原来的统治者表示爱国反日一起参加抗战的新的政治形势下，就要积极鼓动和支持原来的统治者、上层人士参加抗战，不分民族和阶层，组成强大统一的抗战力量，同仇敌忾，一致对敌。这是抗日战争取得最终胜利的一大法宝。当我们回顾和总结八路军文化在革命军事战争中发挥的巨大作用时，不能忽略党的统一战线政策和民族政策的英明正确指导。

作者简介：
  刘 晓 中央民族大学教授
  索文清 民族文化宫展览馆馆长、民族大学教授

八路军部队的军政委员会
——制度文化视角下的历史考察

王树林

早在土地革命战争时期,中共即在部分红军部队中创设了军政委员会。抗日战争爆发后,中共在八路军、新四军等部队中普遍地设立了军政委员会,以确保党对人民军队的绝对领导。军政委员会制度是抗日战争时期党在人民军队中的基本政治制度。本文拟以考察军政委员会的缘起作为切入点,从制度文化的视角来探讨八路军部队中军政委员会组织的设置及其性质的推演。

一、军政委员会的缘起

军政委员会作为中国共产党在人民军队中的最高领导机关,最早创设于土地革命战争后期。

在红军中建立党组织是中共吸取大革命失败的教训,为加强党对军队的领导而采取的一项重大措施。土地革命战争前期,以红一方面军为参照系,中共在红军部队建立了自己严密的组织系统、领导体制和工作制度。1927年9月,"三湾改编"确立了"支部建在连上"的制度。党在红军中的组织系统为:连有党的支部委员会(支委);营、团、师分别设立党的营委员会(营委)、团委员会(团委)、师委员会(师委);军有党的军委员会(军委)或前敌委员会(前委),军团有党的军团前敌委员会,方面军有党的总前敌委员会(总前委)。党的工作机关设立司令部、政治部、经理处、军医处等。党的各级委员会对部队行使完全的领导权,举凡部队建设、作战方针、干部调配等重大问题,均须党的委员会讨论决定,由有关干部分工执行,不得擅改。部队建设的某些至关重要问题,还要由党的代表大会作出决定。[1]1929年12月,古田会议强调在红军中建立党的领导中枢,实行党委制等一系列根本原则。党委制在全国各红军部队中较普遍地建立起来。与"支部建在连上"相配套的是,中共继续采用仿效苏联红军模式的北伐战争时期的党代表制度。自1929年起,红军中的党代表改称政治委员(连的政治委员从1931年起改称政治指导员)。土地革命战争中期,红军中党的各级委员会取消了,由政治委员"全权代表制"代替了党委制。1930年10月,中共中央颁布了《中国工农红军政治工作暂行条例(草案)》,规定师以上部队政治机关中,设立负责处理党的日常事务的工作机关党务委员会。各级党务委员会由各级党员代表大会选举产生,在特殊情况下,由上级政治部指定;书记一般由政治部主任兼任。1931年11月,赣南会议通过了《关于红军问题决议案》,认为红军的党委制犯了"党的包办主义的错误",因而作出了取消红军党委制的决议。至1932年10月宁都会议时,各地红军先后用政治委员"全权代表制"取代了党委制。[2]

中共中央移驻江西瑞金伊始,即模仿苏俄体制,建立起以党为核心的

---

[1] 中国人民解放军总政治部组织部:《中国共产党中国人民解放军组织史资料》第1卷,长征出版社1994年版,第44—45页。
[2]《中国共产党中国人民解放军组织史资料》第1卷,第2页。

党、军队、政府三套相对独立的系统,在这三个系统中,党机关的权力至高无上。土地革命战争后期,由于第五次反围剿战争的失败,中共及其领导的红军丧失了原有的根据地而被迫实施战略大转移。中央红军长征前夕,战况瞬息万变,形势极端危急,为了适应战略大转移的战时需要,党和政府系统全部并入军队。在紧张的战争状态中,党、军队、政权已融为一体,军队的最高领导人在党政军三位一体的体制中处于核心的地位。在军队政治委员制取代党委制的情况下,为了适应新的斗争环境,加强党的集体领导,保证党的政策在红军部队中得到有效的贯彻执行和党统一领导根据地党政军民的全面工作,中共中央在远离中央领导并且独立开辟新苏区的红六军团、红军北上抗日先遣队、红军西路军等红军部队中设立军政委员会。但是,军政委员会制度在中共领导的红军部队中并不具有普遍性。当时直接受中共中央和中革军委掌控的中央苏区的红一军团、红三军团中就没有设立类似的组织机构。闽西南军政委员会则是在闽西的红军部队与中央失去联系的情况下,由中央分局代表领导设立的军队与地方党政合组的军政委员会。因此,中共在红军部队中主要是实行政治委员制度。

从土地革命战争时期军政委员会的创设来看,中共借鉴了苏联在远东游击战争时期的经验,即在远离苏区单独作战的红军部队中成立军事委员会,到新开辟的地区开展建党、建军、建政的工作。军事委员会主席兼部队政委,便于单独作战时统一集中领导,统一行动[①],例如,中共曾在红七军团设立的军事委员会即相当于军政委员会。土地革命战争

---

① 中国人民解放军历史资料丛书编审委员会:《中国人民解放军历史资料丛书·南方三年游击战争·闽西游击区》,解放军出版社1991年版,第356页。

时期，军政委员会的组织机构包括部队首长及其副者等，主席一般由政治委员（或中央代表）担任。由于当时红军部队实行的是政治委员制度，政治委员对红军行动拥有最后决定权，故而政治委员在军政委员会的决策中起着举足轻重的作用。中央代表在部队中起着领导、监督和协调作用，并负责直接与中共中央和中革军委联系。军政委员会中政治委员和中央代表可以一身二任，其成员则大多包括红军部队中的军团长、参谋长、政治部主任，从而组成该部队的最高领导机关，管理党务、政治与军事。在设立军政委员会的红军部队中，其按照政治委员制建立的党组织形式没有变化。①在红军进行战略大转移的恶劣战争环境中，军政委员会这种体制不仅部分起着红军中党的委员会集体领导的作用，而且可以建党、建政、建军并指挥之，是党政军三位一体的临时性的组织机构，其职能超越了红军中党的委员会。

二、红军部队的改编与军政委员会制度的设立

从1937年2月到中国全国性的抗日战争爆发前，国共两党就红军改编问题进行了谈判，而红军改编的中心问题则是保障中共对红军的单一领导。在由土地革命战争向抗日民族战争转变的过程中，为了加强党对人民军队的绝对领导，保证红军在改编后成为共产党的党军，同时为健全党的组织，以集体领导的方式来代替政治委员制度，中共中央决定在红军改编

---

① 《中国共产党中国人民解放军组织史资料》第1卷，第364页。中国工农红军第四方面军战史编辑委员会编：《中国工农红军第四方面军战史》，解放军出版社1989年版，第379—380页。中共中央文献研究室编：《毛泽东年谱（1893—1949）》上卷，人民出版社、中央文献出版社1993年版，第607页。

后的部队中设立军政委员会。

  1937年5月10日,博古在苏区党代表会议上的报告中提出,在新形势下党对军队的领导,首先是"保障与巩固部队中的工农成分,共产党的单一领导",为此,"实行红军中的单一首长制";"在军师及独立行动之单位组织军政委员会","指导军队的全部政治和军事工作,并向党中央负责"。①大致在6月或7月,中共中央发出《关于红军中党及政治机关在新阶段的组织的决定》,对红军改编后在师以上及独立行动的部队中组织军政委员会,在团师以上组织党务委员会做出原则规定:"改编后的红军,为适应新的条件的变更,确定红军中实行单一首长制";"同时为健全党的组织,以集体的领导方式来代替政治委员制度,故在师以上及独立行动之部队则组织军政委员会";"为使党内的工作与一般的政治工作分开,党的工作与组织应有其独立系统,故在团师以上则组织党务委员会"。②为贯彻执行这一决定,8月1日,中共中央组织部发出《关于改编后党及政治机关的组织的决定》,具体规定:党的组织"师以上及独立行动之部队,组织军政委员会"。"指导全部的军事和政治及党的工作,并向上级军政委员会或中央负责"。军政委员会的人员组成,"由该部之首长及其副者和政治部主任等五人组织之(其余二人由上级指定)","其名单和书记均由上级军政委员会或中央指定与批准"。为了使军队中党内的工作与一般的政治工作分开,师团两级及总部和师的直属队组织党的委员会;旅营

---

  ① 中央档案馆编:《中共中央文件选集》第11册,中共中央党校出版社1991年版,第218—219页。

  ②《中共中央文件选集》第11册,268—269页。

两级由军政主要干部组织特别小组；连队建立党的支部。各级党委会领导党的一切工作，保证党在部队中的绝对领导。并且还规定：政治机关"师以上设政治部，团设政治处"；"营设政治教导员，连队设政治指导员"。①同日，红军总政治部做出《关于新阶段的部队政治工作的决定》，指出"应该健全与加强红军中党的组织及其作用，党的组织，应该成为部队全部生活决定的骨干，成为一切政治工作的支持与依靠，而政治机关亦始终应保持其为党的工作机关的特点"。②强调改编后的红军必须坚持共产党在部队中的绝对领导。

1937年8月22日至25日，中共中央在陕北洛川召开的政治局扩大会议，决定重新组成中共中央革命军事委员会（简称中央军委），统一领导各抗日根据地的武装斗争和军事建设。其成员由11人组成，毛泽东任书记（亦称主席），周恩来、朱德任副书记（亦称副主席）。8月25日，根据国共两党达成的协议，中央军委发布《关于红军改编为国民革命军第八路军的命令》，将驻陕甘宁边区的中国工农红军三大主力改编为国民革命军第八路军（简称八路军）。红军前敌总指挥部改为八路军总指挥部，以朱德为总指挥，彭德怀为副总指挥，叶剑英为参谋长，左权为副参谋长。红军总政治部改为八路军总政治部，以任弼时为主任，邓小平为副主任。八路军设3个师的建制：第115师，"以林彪为该师师长，聂荣臻为副师长，周昆为参谋长，罗荣桓为该师政训处主任，肖华为副主任"；第120师，"贺龙为师长，萧克为副师长，周士梯为参谋长，关向应为政训处主任，甘泗

---

① 《中共中央文件选集》第11册，第312—315页。
② 《中共中央文件选集》第11册，第306页。

淇为副主任";第129师,"以刘伯承为师长,徐向前为副师长,倪志亮为参谋长,张浩为政训处主任,宋任穷为副主任"。①8月29日,中共中央发出《关于成立前方军委分会及各师成立军政委员会的决定》,以朱德为书记,彭德怀为副书记,其成员9人,组成前方军委分会(1941年4月后改称华北军分会),受中央军委统辖。八路军3个师分别成立军政委员会:第115师由林彪、聂荣臻、罗荣桓、周昆、肖华组成,以林彪为书记;第120师由贺龙、关向应、萧克、甘泗淇、王震组成,以贺龙为书记;第129师由刘伯承、张浩、徐向前、陈赓、王宏坤组成,以刘伯承为书记。②各师军政委员会均受前方军委分会统辖。

红军部队改编之初,由于受国民党的干涉和共产党自身的让步,中共领导的部队中曾一度取消了政治委员和政治部制度。1937年10月,中共中央和中央军委决定恢复人民军队的政治委员和政治部制度,先后任命了师、旅政治委员,并撤销了各级政训处,恢复了师、旅政治部和团政治处。③这一时期,中共在军队中的领导体制大体上是:中共中央军委设置军委分会作为党在八路军中的最高领导机构,各师级部队设立军政委员会,受军委分会的统辖。军政委员会负责军队中党政军的全面工作,在实际上起着党委集体领导的作用;政治委员和政治部主要负责党的工作和政治工作;部队实行单一首长负责制,最主要是负责军事工作,对军事事宜具有决策权,部队首长在军政委员会中的地位举足轻重。抗日战争初期的军政委员会与土地革命

---

① 中国人民解放军历史资料丛书编审委员会:《中国人民解放军历史资料丛书·八路军·文献》,解放军出版社1994年版,第19—20页。
② 《中国人民解放军历史资料丛书·八路军·文献》,第25页。
③ 《中国人民解放军历史资料丛书·八路军·文献》,第73—74页。

战争后期的军政委员会相比,具有如下特点:一、军政委员会是师一级或相当于师一级部队中党的最高领导机关,由于取消了政治委员,尽管仍存在师党委会,其职能已成为在同级军政委员会领导下大体仅负责党务工作的组织。二、军政委员会是党的秘密组织,军政委员会组织不向下级宣布,其关于军事、政治和党的工作的决定,分别交给军事、政治及党的机关执行。三、军政委员会实行的是集体领导与单一首长相结合的领导体制。军政委员会的书记(或主席)由部队首长担任,实行单一首长负责制。军政委员会不干预单一首长的日常职务和工作,对一般问题也只作原则上的决定和定期检查。单一首长对军政委员会的决定不同意时,则由上级军政委员会或中央解决之,但在解决前仍须执行军政委员会的决定。这些特点表明,抗战初期军政委员会的设立,是中共以集体领导的方式来代替政治委员制度,健全军队中党的组织的重大举措,从而在制度层面确保党对军队的绝对领导。

三、抗日根据地的创建与军政委员会性质的演变

中共领导的八路军不仅担负着抗击日军的作战任务,而且肩负着开辟敌后抗日根据地,建立抗日民主政权的政治使命。在创建抗日根据地的过程中,八路军与地方党政共同组建了军政委员会,统一领导抗日根据地党政军民的全面工作。中共以八路军为基干力量,在抗日根据地逐步建立起以党的领导为核心的党、军队、政府、民众团体各自相对独立的系统,而军政委员会制度则成为抗战时期中共掌控军队的基本制度。

抗日战争伊始,中共即明确提出自己参加抗战的战略方针是"在整个战略方针下执行独立自主的分散作战的游击战争"[①]。毛泽东在中共中央

[①]《中国人民解放军历史资料丛书·八路军·文献》,第10、28页。

政治局洛川会议上提出了"独立自主的山地游击战"的方针。①这一方针的内涵是：南京（国民政府军事委员会）只作战略规定，红军有依照情况使用兵力的自由，有发动群众创建根据地、组织义勇军的自由，坚持依傍山地与不打硬仗的原则。②要实施游击战争，就必须建立巩固的根据地，作为保存、发展自己和消灭敌人的战略基地。要建立根据地，就必须有军队，有政权，有共产党的组织，有人民群众的支持。根据中共中央和毛泽东的战略部署，八路军在陆续开赴山西、河北、山东、河南等抗日前线不久，便分兵发动群众，开展独立自主的敌后游击战争，收复大片沦陷的国土，整顿社会秩序，恢复和发展党的组织，建立抗日民主政权，开辟了许多大块的抗日根据地。1937年10月至1938年10月，八路军在华北创建了晋察冀、晋西北、晋冀豫、太岳山南、晋西南、冀中、冀热辽、冀南、冀鲁豫、山东、鲁西北、冀鲁边和大青山等抗日根据地。在开辟和建设抗日根据地的过程中，八路军与地方党政共同组建了军政委员会。这一时期，在抗日根据地陆续建立的这种军地合组的军政委员会主要有：1938年3月成立的以黄克诚为书记的太南军政委员会，6月成立的以马国瑞为书记的冀鲁边军政委员会，10月成立的以肖华为书记的新的冀鲁边军政委员会；1939年2月成立的以贺龙为书记的冀中军政委员会，以萧克为书记的冀热察军政委员会，3月成立的以罗荣桓为书记的鲁西军政委员会，8月成立的以邓小平为书记的太行军政委员会，以朱瑞为书记的山东军政委员会；1940年2月成立的以贺龙为书记的晋西北军政委员会，4月成立的以黄克诚为

---

① 中共中央文献研究室编：《毛泽东年谱（1893—1949）》中卷，人民出版社、中央文献出版社1993年版，第15页。
② 《中共中央文件选集》第11册，第336—337页。

书记的冀鲁豫军政委员会。这些军政委员会已经不再是原来中共八路军主力部队中单纯管理军队事宜性质的军政委员会了,而是统一领导抗日根据地党政军民全面工作的最高领导机构。

1940年10月26日,中共中央中原局发出《关于各地组织军政委员会的通知》。该《通知》要求各地组织的军政委员会,"以在当地党政军民各机关最负责的党员组织之,对当地党政军民各方面的工作负统筹的完全的责任并使各方面的工作求得适当配合,调整各机关的工作关系,军政委员会的决定,党政军民各机关的同志均须执行"。①从而对军地合组的军政委员会的人员组成、机构性质和职能权力做出了明确的界定。从实践来看,八路军打到哪里,便把政权建到哪里,党的领导机关也建到哪里。一般情况下,开辟抗日根据地主力部队的负责人,大多是这一地区军政委员会成立时的主要负责人。军队的党组织首先帮助地方的党组织建设和发展,抗日根据地逐步建立起以党的领导为核心的党、军队、政府、民众团体各自相对独立的系统。当地方党组织在能力和威信各方面均能实际统一当地党政军民之领导时,以军队党组织为主导的军政委员会即可撤销,一切领导权乃归诸地方党组织,即党委领导一切。因此,军地合组的军政委员会并非永久性的组织。这里需要说明的是,并非所有的抗日根据地领导该地区党政军民全面工作的组织机构都叫军政委员会,有的则设党的委员会,其性质和职能与军地合组的军政委员会基本相似。另外,八路军在开辟抗日根据地组建军政委员会的同时,其主力部队内部的军政委员会仍旧存在,例如,1941年8月八路军115师一部与山东部队会合后,组成新的山东军

---

① 《中国共产党中国人民解放军组织史资料》第2卷,第200页。

政委员会。与此同时，115师有以罗荣桓为书记的军政委员会，山东纵队有以黎玉为书记的军政委员会。

1941年，针对"各部队党的集体领导的作用不够，许多同志不善于发挥集体的力量来领导工作，甚至有的同志在首长制的名义下一切事情均独断专行，弄出了许多错误"的情况，中共中央、中央军委决定：一、扩大党的集体领导的范围，在团以上组织军政委员会；二、颁布条例，对军政委员会的职权组织作出明确规定。①同年2月7日，中央军委颁布《军政委员会条例》，提出"游击战争的环境与部队的分散行动，要求一定限度的集体领导与一定限度的集中指挥"。规定"在军、师、旅、团及纵队、支队、军区、分区等级成立军政委员会"，作为各级的集体领导机关。各级军政委员会"由司令员、政委、政治部主任、参谋长等主要负责人组成之"，军政委员会的主席，一般的由政委担任；并明确规定军政委员会"为执行上级指示，决定该部大政方针，布置工作及检讨工作的计划机关"。"凡关系本部的军、政、党、后勤等等一切工作，均可讨论决定"，并拥有"批准干部之升迁与调动"之权，其决定交由各部门执行。军政委员会实际上起着党委集体领导的作用，但这并不削弱部队首长个人负责制。②该条例颁布之后，八路军团、支队及分区以上部队中普遍建立与健全了军政委员会，成为本级部队中的最高领导机构。

根据《军政委员会条例》的规定，八路军团、支队及分区以上主力

---

① 《中国共产党中国人民解放军组织史资料》第2卷，第2页。
② 中央档案馆编：《中共中央文件选集》第13册，中共中央党校出版社1991年版，第42—43页。《中国人民解放军历史资料丛书·八路军·文献》，第615—616页。

部队中普遍建立了军政委员会,而此前在抗日根据地内军队与地方党政合组的军政委员会,一律改名为军政党委员会,以后又改名为党政军委员会,以资区别。例如,太行军政委员会1941年即改为太行军政党委员会,1942年2月又改为太行党政军委员会;太岳区军政委员会也于1941年初成立了以陈赓、薄一波、安子文等组成的太岳区军政党委员会。《军政委员会条例》颁布和实施之后,八路军部队中的军政委员会的性质大体上与1937年七八月中共中央规定的军政委员会的性质相似,不同的是那时只在师以上及独立行动的部队中设立军政委员会,而现在则向下延伸到团、支队和分区以上的部队。这一时期,因应抗日战争深入发展和敌后战场持续延展的基本情势,中共不仅扩大了军队中党组织的集体领导范围,而且尝试着厘定军队与地方之间的关系。伴随着八路军以及敌后抗日根据地各种力量的发展壮大,军政委员会制度逐渐地固化为抗战时期中共掌控军队的基本制度。

四、军政委员会的终结

1941年至1942年,中共领导的抗日根据地出现了严重困难。在抗战最困难的时期,为了做好迎接新的大发展局面到来的准备,中共领导的抗日根据地大力加强党的建设、政权建设和军队建设。在强调党的一元化领导的背景下,党委制逐渐取代了军政委员会制度。

1941年底,中共中央、中央军委先后发出了关于抗日根据地工作和军事建设的指示,规定在新形势下的抗战方针是更加广泛地开展群众性的人民游击战争。八路军各部队相继进行了精简整编,实行主力兵团地方化,并抽调大批精干人员充实到区、县,普遍加强人民武装建设。中共在抗日根据地逐步构建起主力军、地方军和人民武装三位一体的人民战争的军事体制。这种类似寓兵于民的举措,往往容易造成军队与地方两者之间的领导干部和组织机构不和谐的局面。为了适应残酷的战争环境,协调抗日根据地党政军民关系,加强党的集中统一领导,1942年9月1日,中共中央发布《关于统一抗日根据地党的领导及调整各组织间关系的决定》(即《九一决定》)。《决定》强调"党是无产阶级的先锋队和无产阶级组织的最高形式,他应该领导一切其他组织,如军队、政府与民众团体"。抗日根据地领导的统一与一元化,应当体现在"每个根据地有一个统一的领导一切的党的委员会(中央局、分局、区党委、地委)"。《决定》明确规定取消各抗日根据地的党军政委员会。从此各级党委不仅是领导地方工作的党委,而且是统一领导该地区党政军民全面工作的最高领导机关。根据相关规定,主力军必须接受所在地区党委的一元化领导。军队中的军政委员会及政治部,则成为各同级党委(中央局、分局、区党委、地委)的一个部门,与其他部门(如组织部、宣传部等)有平等的权利和义务,但与其他委员会和其他部门不同的是,军政委员会仍保持其上下级直接领导和隶属关系。[①]根据中共中央《九一决定》,各抗日根据地的党政军委员会陆续撤销。例如,1942年9月,太行党政军委员会改为太行分局,这是最早取消军政委员会而建立党委会的地区;同年10月,晋西北军政委员会及晋西区党委撤销,改建为晋绥分局。

八路军主力部队的军政委员会改设为党委会的时间则比较晚。1945年4月至6月间召开的中共七大提议,依照"古田会议决议"的原则,在全军团以上部队重新建立党的委员会。按照中共中央的原则规定,1945年11月,晋冀鲁豫野战军要求所属部队建立党的各级委员会,实行对军事、

[①]《中共中央文件选集》第13册,第426—436页。

政治工作一元化领导,并首先在纵队和旅建立党的委员会。1946年10月,晋冀鲁豫军区政治部又下发了《党的团委员会暂行工作条例(草案)》,提出"在步、骑、炮各建制团中,均须成立一领导全体军事政治工作的一元化的党的委员会"。同年12月25日,晋冀鲁豫军区政治部向中共中央作了《关于部队中党委的组织与领导的报告》,介绍了部队中恢复与建立各级党委的做法、效果和经验,引起了中共中央的高度重视。1947年2月27日,中共中央根据该军区的经验,发出了《关于恢复军队中各级党委制的指示》,要求全军部队在中央草拟的军队中党的组织条例尚未公布前,"可根据晋冀鲁豫的经验及文件,实行改组"。从此,全军团以上各级党的委员会普遍恢复、建立并日益健全起来,军政委员会随之撤销。同年7月28日,中国人民解放军总政治部又颁布了《中国人民解放军党委员会条例草案(初稿)》,对党委员会的性质、地位、组织机构和职权等作了规定,强调党的各级委员会是各部队领导和团结的核心。①中共恢复了土地革命战争前期在军队中实行的党委制,军政委员会制度的历史宣告结束。

抗日战争时期,在国共合作抗日的大背景下,为淡化军队的党派色彩以迁就国民党军政当局,中共先后在八路军师、旅、团各级部队中设立军政委员会,作为党的秘密组织来掌控军队。中共中央、中央军委设置军委分会作为党在八路军中的最高领导机构,统辖各师级部队的军政委员会,而各级部队的军政委员会则均接受同级地方党的委员会和上级军政委员会

---

① 中国人民解放军总政治部组织部:《中国共产党中国人民解放军组织史资料》第3卷,长征出版社1994年版,第2页、第138—139页;中央档案馆编:《中共中央文件选集》第17册,中共中央党校出版社1992年版,第411页。

的双重领导。八路军部队的军政委员会由司令员、政治委员、政治部主任、参谋长等主要负责人组成，书记（或主席）一般的由政治委员担任。军政委员会为执行上级指示，决定本部大政方针，布置工作及检讨工作的领导机构。举凡关系本部的军事、政治、党务、后勤等等一切工作，均可讨论决定，并拥有批准干部之升迁与调动之权，其决定交由各工作部门具体执行。军政委员会作为党在军队中的最高领导机关负责部队中党政军的全面工作，在实际上起着党委集体领导的作用。由于八路军实行单一首长负责制，部队首长最主要是负责军事工作，对军事事宜具有灵机的决策权，因此军政委员会的集体领导并不削弱首长个人负责制。军政委员会制度是党的集体领导与首长个人负责相结合的一种领导组织体制。军政委员会曾一度演变为党领导抗日根据地党政军民全面工作的最高组织机构。在开辟和建设抗日根据地的历史进程中，军政委员会这一中共党的组织系统作为一种内部机制发挥着至关重要的作用。八路军每到一处，首先帮助地方党组织的建设和发展，抗日根据地逐步建立起以党的领导为核心的党委、军队、政府、民众团体各自相对独立的系统。当地方党组织在能力和威信各方面均能实际统一当地党政军民之领导时，以军队党组织为主导的军政委员会即行撤销，一切领导权乃归诸地方党组织。军政委员会的运作机制在抗日根据地的发展中具有示范、监护、引领的效应。

　　从1937年7月中共中央酝酿在红军部队中设立军政委员会，到1947年7月中国人民解放军部队中重建党的委员会，八路军部队中军政委员会的历史持续10年的时间。在整个抗日战争时期，军政委员会的组织体制和运行机制，为中共领导抗日根据地的军队建设和政权建设提供了强有力的制度保障。作为抗日战争时期党在人民军队中的基本制度，军政委员会制度充分地体现了中共关于军队的基本理念：人民军队是党军，党军是执行党的政治任务和实现党的政治理想的工具。八路军部队的军政委员会制度即是中共领导中国革命的观念文化的外化。经过长期的历史积淀,党领导军队的组织体制和运行机制推演成为人民军队的制度文化。

作者简介:

王树林　中共中央党史研究室第一研究部助理研究员

试论毛泽东关于八路军敌军工作的理论及其思想文化背景

王志刚

瓦解敌军是人民军队政治工作的优良传统。抗日战争时期，人民军队关于敌军工作的理论全面发展，进而达到成熟。在这个过程中，毛泽东作出了尤为重要的贡献。由于八路军是抗战期间人民军队中最基础而又最壮大的一支力量，因此毛泽东对于人民军队敌军工作的论述经常是围绕八路军为主题展开的，表现在一系列文章、指示和谈话中。本文即对此作出具体考察，并试做思想文化背景方面的分析：

一、毛泽东关于八路军敌军工作重要性和地位的认识

抗日战争中，由于民族矛盾压倒阶级矛盾成为主要矛盾，人民军队的主要敌人也由国民党军转变为日本军队，面临着一系列在过去的国内革命战争中未曾遇到过的新情况和新问题。特别是从军事力量的单纯对比看，敌我两军的实力对比是相当悬殊的，单靠武力比拼，人民军队还不足以克敌制胜，因此，从政治上瓦解敌军便具有特殊重要的意义。

作为中国共产党的主要领导人，毛泽东对这个问题的思考是比较早的。还在全国抗日战争爆发前的1936年7月，毛泽东在和美国记者斯诺的谈话中就提到了这个问题。当时，除了孤悬关外的抗日联军之外，关内的人民军队还从未与日本军队交过手，对于日本军队的战斗能力还没有摸底。但是，毛泽东仍然乐观地谈到：未来的中日战争中，中国方面将能俘虏许多的日本兵；而这些"被我们俘虏和解除武装的日军官兵将受到优待。我们不会杀死他们，而是会像兄弟那样对待他们。我们将采取一切措施使得与我们并无冲突的日本无产阶级出身的士兵站起来反对他们自己的法西斯压迫者。我们的口号将是：'团结起来，反对共同的压迫者法西斯头子'。反法西斯的日本军队是我们的朋友，我们彼此的目的是一致的。"①从这个谈话看，毛泽东当时已经从以往国内战争期间瓦解白军工作的经验出发，确立了未来抗战期间敌军工作的基本精神。

抗战爆发之后，八路军很快开赴前线，并在山西地区与日军展开了当面交锋。由于日军当时士气和战斗力尚旺，其顽强战斗和宁死不降的特点在各个战斗中充分得到体现。此外，由于两军初始接触，八路军一些部队在对敌宣传上存在着内容一般化和公式化的特点，提出了一些脱离日军士兵觉悟程度的要求和口号，散发宣传品也只重数量，不太注意方式和技巧，因此敌军工作未能一时奏效，尚处于摸索阶段。

但是，抗战开始后的新情况并未影响毛泽东的关于敌军工作的既定设想。1937年10月，毛泽东在与英国记者贝特兰的谈话中，明确阐述了八路军政治工作的三大原则及敌军工作在其中的地位。他指出："八路军更有一种极其重要和极其显著的东西，这就是它的政治工作。八路军的政治工作的基本原则有三个，即：第一，官兵一致的原则，这就是在军队中肃清封建主义，废除打骂制度，建立自觉纪律，实行同甘共苦的生活，因此

---

① 《毛泽东一九三六年同斯诺的谈话》，人民出版社1979年版，第117页。

全军是团结一致的。第二，军民一致的原则，这就是秋毫无犯的民众纪律，宣传、组织和武装民众，减轻民众的经济负担，打击危害军民的汉奸卖国贼，因此军民团结一致，到处得到人民的欢迎。第三，瓦解敌军和宽待俘虏的原则。我们的胜利不但是依靠我军的作战，而且依靠敌军的瓦解。"[1]，他还特地强调："瓦解敌军和宽待俘虏的办法虽然目前收效尚未显著，但在将来必定会有成效的。"[2]

在这次谈话中，贝特兰还特地就敌军工作向毛泽东提问："宽待俘虏的政策，在日本军队的纪律下未必有效吧？例如释放回去后日方就把他们杀了，日军全部并不知道你们政策的意义。"对此毛泽东的回答是："这是不可能的。他们越杀得多，就越引起日军士兵同情于华军。这种事瞒不了士兵群众的眼睛。我们的这种政策是坚持的，例如日军现已公开声言要对八路军施放毒气，即使他们这样做，我们宽待俘虏的政策仍然不变。我们仍然把被俘的日本士兵和某些被迫作战的下级干部给以宽大待遇，不加侮辱，不施责骂，向他们说明两国人民利益的一致，释放他们回去。有些不愿回去的，可在八路军服务。将来抗日战场上如果出现'国际纵队'，他们即可加入这个军队，手执武器反对日本帝国主义。"[3]

从这个谈话看，从抗战一开始，毛泽东就已经充分认识到了敌军工作的重要性，并从理论的高度将其上升为八路军政治工作中的三大原则之一，与官兵一致和军民一致的原则处于同等重要的地位。1938年底，八路军（第十八集团军）政治部颁发了《国民革命军第十八集团军政治工作暂

---

[1]《毛泽东选集》第2卷，人民出版社1991年版，第379页。
[2]《毛泽东选集》第2卷，人民出版社1991年版，第379页。
[3]《毛泽东选集》第2卷，人民出版社1991年版，第381页。

行条例(草案)》。这个《条例》强调指出：第十八集团军政治工作的基本内容是提高军队的战斗力，求得官兵一致、军民一致，团结友军，瓦解敌军，以争取抗日战争的最后胜利。由此开始，人民军队历次政治工作条例都把瓦解敌军作为三大原则之一写入条例总则，在军队政治工作建设中发挥了巨大的作用。

二、毛泽东关于八路军敌军工作复杂性和长期性的认识

随着抗日战争的进行，毛泽东关于八路军的敌军工作理论进一步得到发展。这种发展首先体现在1938年5月他发表的《论持久战》一文中。

毛泽东在这篇文章中指出了敌军工作的复杂性问题，他说："日本军队的长处，不但在其武器，还在其官兵的教养——其组织性，其因过去没有打过败仗而形成的自信心，其对天皇和对鬼神的迷信，其骄慢自尊，其对中国人的轻视等等特点；这是日本军阀多年的武断教育和日本的民族习惯造成的。我军对之杀伤甚多、俘虏甚少的现象，主要原因在此。这一点，过去许多人是估计不足的。这种东西的破坏，需要一个长的过程。

接着，毛泽东指出日本军队的这种长处是可以破坏的，并且已在开始破坏中，并指出了敌军工作的两个方面："破坏的方法，主要的是政治上的争取。对于日本士兵，不是侮辱其自尊心，而是了解和顺导他们的这种自尊心，从宽待俘虏的方法，引导他们了解日本统治者之反人民的侵略主义。另一方面，则是在他们面前表示中国军队和中国人民不可屈服的精神和英勇顽强的战斗力，这就是给以歼灭战的打击。"

但是，关于如何用歼灭战打击日军，毛泽东还作了进一步分析："在作战上讲，十个月的经验证明歼灭是可能的，平型关、台儿庄等战役就是明证。日本军心已在开始动摇，士兵不了解战争目的，陷于中国军队和中国人民的包围中，冲锋的勇气远弱于中国兵等等，都是有利于我之进行歼灭战的客观的条件，这些条件并将随着战争之持久而日益发展起来。在以歼灭战破坏敌军的气焰这一点上讲，歼灭又是缩短战争过程提早解放日本士兵和日本人民的条件之一。"① "我们说日本技术条件虽优，但它终必失败，除了我们给以歼灭和消耗的打击外，就是它的军心终必随着我们的打击而动摇，武器和兵员结合不稳。"②

从《论持久战》这篇文章看，毛泽东关于八路军的敌军工作理论有了明显的发展。一方面，根据客观情况，毛泽东提出了敌军工作复杂性的问题，原有的以优待俘虏为主的方面仍然被强调，但同时更强调以歼灭战为主打击日军士气，以促成日军瓦解，正如他所形容的，"世界上只有猫和猫做朋友的事，没有猫和老鼠做朋友的事"。③另一方面，他提出了敌军工作的长期性问题，认为只有随着战争的持久发展，歼灭日军的客观条件才能发展起来，事实证明，这也是一个符合客观实际的判断。

抗战进入相持阶段以后，毛泽东关于八路军敌军工作理论的一些新发展，主要是体现为一些具体问题和政策方面的补充和完善。

1939年1月，毛泽东在为《八路军军政杂志》写的发刊词中指出：八路军还有不少缺点。其中，在争取敌伪军的工作方面，"对战士与干部普遍施以日文日语的教授，并研究各种方法使之善于向敌军士兵与下级官长进行反侵略统一战线的宣传，还非常不足。争取蒙伪军的成绩较大，但还须更进一步。在这里，搜集与研究敌伪军的全部情况，是十分重要的，然而在这方面的成绩，还没有达到需要的程度"，因此，

---

① 《毛泽东选集》第2卷，人民出版社1991年版，第381页。
② 《毛泽东选集》第2卷，人民出版社1991年版，第511页。
③ 《毛泽东选集》第2卷，人民出版社1991年版，第511页。

广泛地进行争取敌伪军工作，是八路军在新阶段中应该加重注意的重要问题之一。①

同年2月，毛泽东同王稼祥、谭政一起致电八路军新四军各部等，指出：今后在战斗中俘获的日军俘虏，应尽量释放，多加宣传优待，严禁枪杀及其他侮辱行为，借此降低日军之作战决心而动摇其军心，以利于粉碎敌之进攻。②

1940年12月，毛泽东在《论政策》一文中也专门提到了敌军工作政策中的具体问题。他指出："对敌军、伪军、反共军的俘虏，除为群众所痛恶、非杀不可而又经过上级批准的人以外，应一律采取释放的政策。其中被迫参加、多少带有革命性的分子，应大批地争取为我军服务，其他则一律释放；如其再来，则再捉再放；不加侮辱，不搜财物，不要自首，一律以诚恳和气的态度对待之。不论他们如何反动，均取这种政策。这对于孤立反动营垒，是非常有效的。"③

1941年5月，毛泽东还在由他改写和加写的《陕甘宁边区施政纲领》中又专门规定了关于敌军工作的条款。主要是："对于在战斗中被俘之敌军及伪军官兵，不问其情况如何，一律实行宽大政策，其愿参加抗战者，收容并优待之，不愿者释放之，一律不得加以杀害、侮辱、强迫自首或强迫其写悔过书。其有在释放之后又连续被俘者，不问被俘之次数多少，一律照此办理。"④

---

①《毛泽东文集》第2卷，人民出版社1993年版，第141页。
②《毛泽东年谱（1893—1949）》中卷，人民出版社、中央文献出版社1993年版，第111页。
③《毛泽东选集》第2卷，人民出版社1991年版，第767页。
④《毛泽东文集》第2卷，人民出版社1993年版，第337页。

1941年8月，毛泽东还就对伪军的政策问题，同王稼祥、谭政、傅钟致电陈毅、刘少奇。电文提出：华中"对待伪军应采德威兼施办法。不打不能迫使其就范建立我军的威权，但专打则势必结成生死冤仇，不打与专打两个极端政策对我们都是不利的"。对伪军中的两面派分子，应控制使他不完全倒在敌人方面来反对我们。"对伪军俘虏，不分官兵与社会出身，原则上一概不杀。对我成见深放了又来打我的分子也可以不杀，即再捉再放的办法比杀的办法要好，效果要大。""我们应耐烦地采取七擒孟获政策。"①当然，这个电文主要对象是华中地区的新四军，但是毋庸置疑，电文中提到的对敌军的具体政策对八路军也是适用的，或者说也是在八路军成功经验的基础上总结出来的。

1945年抗战胜利前夕，毛泽东还在七大上所作的《论联合政府》的报告中，用专门的篇幅对抗战期间人民军队的敌军工作经验作了总结。他指出："紧紧地和中国人民站在一起，全心全意地为中国人民服务，就是这个军队的唯一的宗旨"；而"在这个宗旨下面，这个军队有一个正确的争取敌军官兵和处理俘虏的政策。对于敌方投诚的、反正的，或在放下武器后愿意参加反对共同敌人的人，一概表示欢迎，并给予适当的教育。对于一切俘虏，不许杀害、虐待和侮辱"。②

抗日战争期间，正是由于以毛泽东为首的领导人带头重视，八路军及其他人民军队的敌军工作普遍地开展起来，并且取得显著的成效，积累了丰富的经验，对促进抗日战争的胜利起到了非常重要的推动作用。

---

①《毛泽东年谱（1893—1949）》中卷，人民出版社、中央文献出版社1993年版，第321页。

②《毛泽东选集》第3卷，人民出版社1991年版，第1039页。

三、毛泽东关于敌军工作理论的思想文化背景

抗战期间,毛泽东通过一系列文章、指示和谈话,比较系统地阐述了有关八路军敌军工作的理论。首先,从马克思主义军事理论和毛泽东军事思想的理论体系来看,可以找到两个直接的思想文化来源。

第一,是关于战争与政治的关系问题。毛泽东进一步阐发了列宁关于战争与政治关系的原理,指出了战争的政治性,他指出:"'战争是政治的继续',在这点上说,战争就是政治,战争本身就是政治性质的行动,从古以来没有不带政治性的战争。抗日战争是全民族的革命战争,它的胜利,离不开战争的政治目的。驱逐日本帝国主义、建立自由平等的新中国,离不开坚持抗战和坚持统一战线的总方针,离不开全国人民的动员,离不开官兵一致、军民一致和瓦解敌军等项政治原则,离不开统一战线政策的良好执行,离不开文化的动员,离不开争取国际力量和敌国人民援助的努力。一句话,战争一刻也离不了政治。"①正是基于这种认识,毛泽东把敌军工作作为一项重要的政治工作来抓,从而有效地防止和克服了轻视政治的倾向和单纯军事观点,发挥了政治工作的强大力量,有效地配合了对日军事作战。

第二,是关于人与武器、精神力量与物质力量的关系问题。毛泽东在《论持久战》一文中指出"不但看到武器,而且看到人力。武器是战争的重要的因素,但不是决定的因素,决定的因素是人不是物。力量对比不但是军力和经济力的对比,而且是人力和人心的对比"。②正是在这种认识支配下,毛泽东密切重视敌军工作,从而在军力和经济力不如日军的情况

---

① 《毛泽东选集》第2卷,人民出版社1991年版,第479页。
② 《毛泽东选集》第2卷,人民出版社1991年版,第469页。

下，取得了人力和人心上对日军的优势。

毛泽东关于敌军工作的理论不仅丰富和发展了人民军队的政治工作思想，而且与中国传统文化中的一些经典思想，特别是先秦的孙武、荀子等人的思想有契合之处。

以"兵圣"孙武之《孙子兵法》为例，全书13篇虽包含了军事战略和战术的各个层面，但其最精髓之处在于攻心战略。其精华之言如"故百战百胜，非善之善者也；不战而屈人之兵，善之善者也"；"故善用兵者，屈人之兵而非战也，拔人之城而非攻也，毁人之国而非久也，必以全争于天下"。①又以荀子为例，荀子谈兵之最高理想亦为争夺人心，以德服人。他曾言："仁眇天下，义眇天下，威眇天下。仁眇天下，故天下莫不亲也。义眇天下，故天下莫不贵也。威眇天下，故天下莫敢敌也。以不敌之威，辅服人之道，故不战而胜，不攻而得，甲兵不劳而天下服。是知王道者也。"②由此可见,毛泽东关于敌军工作的理论还是包含了非常浓重的中国传统文化的色彩。

毛泽东关于敌军工作的理论内容丰富，自成体系，是人民军队政治工作思想的重要组成部分，也是毛泽东军事思想的重要组成部分。限于各种原因，本文未能充分展开论述和分析，谨望以后能在充分挖掘史料的基础上予以补足。

作者简介：

王志刚　中共中央党史研究室第一研究部研究员

---

① 《孙子·谋攻篇》。
② 《荀子·王制篇》。

略论八路军文化建设的历史经验及其对当前推进社会主义文化建设的重要启示

徐玉凤

一定的文化是一定社会的政治和经济在观念形态上的反映。八路军文化，顾名思义，就是反映中国共产党领导的八路军在抗日战争中的战斗和生活的观念形态的总和，包括文学艺术、戏剧美术、新闻出版等等。八路军文化具有明显的时限性和地域性，从时限上来说，从1937年全面抗日战争爆发工农红军改编为八路军开始，到1945年9月抗日战争取得胜利为止；从地域上来说，是反映八路军的文化建设，而不是新四军，不是东北抗日联军，仅是指八路军活动的区域而言。八路军文化建设工作是在中国共产党的领导之下开展的，是抗日文化的重要组成部分，也是新民主主义文化的重要组成部分。它在中国共产党新民主主义文化理论的指导下蓬勃开展，与新民主主义文化具有共同的性质和作用，八路军文化建设的历史经验对于当前正在开展的中国特色社会主义文化建设工作具有重要的借鉴意义。

一、八路军文化建设的历史经验

战争时期，文化本身具有一种刀枪所不能代替的战斗功能，笔杆子也是不可忽视的战斗武器。在八年的全面抗日斗争中，中国共产党领导的八路军不但浴血奋战,英勇杀敌,创造了一个又一个的辉煌战绩,而且积极开展文化工作,鼓舞斗志,凝聚人心,积累了丰富的文化建设的经验。

(一)紧紧围绕对敌斗争的现实需要开展文化工作

中国共产党领导的工农红军改编为八路军是适应了全民族抗日战争的需要,八路军文化更是为抗日斗争的现实需要而开展。1937年日本帝国主义发动全面侵华战争把中国人民逼到了亡国灭种的危险边缘,促使中国人民紧密团结起来,结成最广泛的抗日民族统一战线,共同抵御外侮。中国共产党领导的红军迅速改编为八路军,开赴抗日前线。八路军文化工作是八路军政治工作的重要组成部分,对于八路军的文化工作,1937年8月1日,中共中央组织部和中共中央军委总政治部分别发布了经毛泽东同志审阅的《关于改编后党及政治机关的组织的决定》和《关于新阶段的部队政治工作的决定》,对改编后的部队的文化工作作出了明确规定。指出部队政治工作的基本任务是"一切工作为着积蓄与加强抗战的力量,保证在抗战中的胜利";"提高部队的军事技术和战术,提高指战员的政治文化水平"。[1]毛泽东曾明确指出:"共产党要左手拿宣传单,右手拿枪弹才可以打倒敌人。"其中,拿宣传单的工作就是文化工作的一部分。把人民军队的任务规定为战斗队、工作队、生产队,其中,工作队这一任务的重要方面就是文化方面的工作、宣传方面的工作,通过文化宣传起到重要的凝聚我军力量,取得舆论支持,瓦解敌人力量的作用。

---

[1] 中国人民解放军历史资料丛书编辑委员会编:《八路军·文献》,解放军出版社1994年版,第11页。

（二）八路军文化建设有党的新民主主义文化理论的正确指导

八路军文化是新民主主义文化的重要组成部分，八路军文化的开展自始至终受到党的新民主主义文化理论的指导。虽然，中国共产党新民主主义文化理论是在抗日战争的相持阶段1940年前后才由毛泽东、张闻天等人正式提出，但是，自五四以来，中国的新文化运动，就已经具有新民主主义的性质。经过大革命、土地革命和抗日战争的实践，到1940年前后，新民主主义文化理论正式提出。在这个过程中，中国共产党领导的先进文化理念及大批进步的文化界人士发挥了极其重要的引领和创造作用。在八路军的文化工作中，一直是贯穿了党的新民主主义文化理论的指导。如1941年邓小平在八路军第一二九师模范宣传队初赛会上的报告中明确指出的，八路军是"新民主主义文化的传播者与实行者。我们坚决反对殖民地文化，反对买办性的封建主义文化，而为新民主主义的政治目的服务"。[①]新民主主义文化是中华民族解放的文化，代表了民主革命时期中华先进文化的前进方向，新民主主义文化理论的指导是八路军文化获得蓬勃发展的重要保证。

（三）拥有一批高素质的、具有献身精神的文化专业人才

抗日战争时期，民族的危亡促使大批文艺人才投身到抗战的一线。正像郭沫若所说的："国家临到争生死存亡的关头，民族受着了空前未有的浩劫，一切都应该为了前线，所以有'军事第一，胜利第一'的号召。"很大一部分作家"投笔从戎"，参加到革命队伍中，军队文化团体吸引和凝聚了

[①] 邓小平：《一二九师文化工作的方针任务及其努力方向》，《邓小平文选》第1卷，人民出版社1994年10月第2版，第24页。

大批优秀人才，创作和演出了一系列影响较大、脍炙人口的文艺节目。如后来著名的电影界、话剧界的导演成荫、欧阳山尊、严寄洲等都曾在八路军第120师战斗剧社工作过。八路军各个师都有自己的剧社，创作了大批的优秀作品，如抗敌剧社创作的歌剧《到山那边去》，战斗剧社创作的秧歌剧《兄妹开荒》，七月剧社创作的大型表演唱《生产大合唱》，火线剧社创作的话剧《从军行》，总政电影队拍摄的电影《延安与八路军》、《陕北江南》，晋察冀军区摄影科拍摄的具有划时代意义的《创建第一个抗日民主政府》、《八路军铁骑通过平型关》照片等，极大地丰富了火热的战斗生活。据统计，在1940年12月，晋察冀军区的10个军分区，各分区都有一个剧社，每个剧社紧跟形势任务创作排练了许多文艺节目。除了直接在八路军中和在根据地的文艺人才，在国统区，中国共产党亦通过种种方式联系起文化界人士，这其中，八路军在武汉和重庆的办事处就发挥了很大的桥梁纽带作用。1937年底，周恩来以中国共产党首席代表的身份来到武汉，参加了抗日民族统一战线的领导工作，他通过武汉的八路军办事处以及亲身参加各种抗日文艺活动，与文艺界进步作者保持广泛的联系，动员文艺工作者拿起笔来投入战斗。通过他的领导和谋划，成立了"中华全国文艺界抗敌协会"，成员有老舍、胡风、冯乃超、茅盾、丁玲等，团结起全国的文艺工作者共同为抗日战争胜利服务。

（四）文化工作的方式多种多样，且大众化特点明显，具有广泛的参与性

大众化是新民主主义文化的一个基本的特点和要求，八路军文化充分体现了这一点。充分利用传单、戏剧、音乐、美术等形式开展文化工作。八路军的文化工作并不仅仅是由一部分专业的文化工作人员和文艺战士们去做的，而是每一个战士、根据地的每一名群众都亲身参与其中，形成了广泛参与的浓厚氛围。毛泽东曾经说过："必须使每个士兵每个人

民都明白为什么要打仗",八路军的宣传工作,要"靠口说,靠传单布告,靠报纸书册,靠戏剧电影,靠学校,靠民众团体,靠干部人员",[①]要通过以上多种宣传方式,使全国人民都参与到抗日战争的宣传和斗争中来。如对于争取伪满军工作,总政治部就作出指示,考虑到伪满军受到日军监视,在生活上极不自由的现实情况,应利用"老人、小孩、妇女、小贩等容易接近的群众,去接近伪满军士兵,进行文字与口头的宣传。"[②]要依据具体情况,起草好对伪满军的宣传品,进行普遍地散发,以达到争取伪满军队的目的。八路军极为重视对驻地群众的教育和宣传工作,在有部队的地方,普遍办起了快报、墙报、黑板报,开展球类、拔河、秧歌等文体活动。每逢重要节日,军民联欢,军队和人民群众的联系非常紧密。部队文艺工作人员还为地方培训文艺骨干,帮助建立乡村剧团等。在丰富了百姓文化生活的同时,扩大了八路军的影响力,增强了民族的凝聚力。

(五)在八路军文化工作中自始至终贯穿和加强了党的领导

党的领导是保证军队战斗力的关键所在。红军改编时,曾一度取消了政治委员,并将政治部改为政训处。1937年10月19日,朱德、彭德怀、任弼时致电中央,说明改编后,军队政治工作的地位和职权降低,建议恢复党代表制度和政治部。建议"团以上或独立营执行党代表制度,争取党代表名义的公开"。党代表的职权是"负责保证党的路线与上级命令之执

---

① 《毛泽东军事文集》第2卷,军事科学出版社、中央文献出版社,1993年版,第309页。

② 中国人民解放军历史资料丛书编辑委员会编:《八路军·文献》,解放军出版社1994年版,第107页。

行,领导政治工作和党的工作。对党及政治工作有最后决定权力"。① 10月22日,张闻天、毛泽东关于恢复军队政治委员及政治机关制度致电朱德等,完全同意恢复政治委员及政治机关制度,24日,朱德、彭德怀、任弼时转发了中共中央关于加强党在军队中领导的决定的命令,决定在军队中恢复政治委员及政治机关原有制度,各师政训处立即改为政治部,各团政训处改为政治处,以加强党对军队的绝对领导。在抗日战争进行过程中,八路军的力量不断发展壮大,新参军的、收编的地方杂色部队等纷纷进入八路军队伍中,为保证党对军队的绝对领导,党中央发出指示,指出,随着"部队不断扩大,新的杂色部队被收编,可能有许多政治干部不是党员","以后无论何种性质之部队,一经编入八路军建制,必须从中建立党的组织,其指导员、教导员及各级政治机关的主要工作者必须是党员,并接受党的领导,否则宁缺毋滥。"②这样,就使八路军的文化建设工作完全处在党的绝对领导之下,保证了文化建设的正确的方向。毛泽东、朱德、张闻天、彭德怀、聂荣臻、邓小平等党和军队领导高度重视军队文化工作,多次发表指示、讲话,论述部队的文化工作。特别是毛泽东的《新民主主义论》、《在延安文艺座谈会上的讲话》及张闻天的《抗战以来中华民族的新文化运动与今后任务》等文章,从根本上指明了中华新文化的今后前进方向和目标任务,对八路军文化工作的开展起到了极其重要的指导作用。与党对文化工作的重视相对应的,是毛

---

① 中国人民解放军历史资料丛书编辑委员会编:《八路军·文献》,解放军出版社1994年版,第73页。

② 中国人民解放军历史资料丛书编辑委员会编:《八路军·文献》,解放军出版社1994年版,第303页。

泽东等领导同志对知识分子的重视。1939年12月，中央专门下发了毛泽东同志为中央起草的决定《大量吸收知识分子》，指出"共产党必须善于吸收知识分子，才能组织伟大的抗战力量，组织千百万农民群众，发展革命的文化运动和发展革命的统一战线。没有知识分子的参加，革命的胜利是不可能的。"[①]党和军队各级领导和组织高度重视部队文化工作，形成从上到下健全的组织。在八路军队伍里，从总部到师、旅、团，各级政治机关都编制有专门的文化工作干部，许多团以上部队设有专业或业余文艺工作团体。专业文化队伍的成立与文化专门人才的聚集为八路军文化工作的广泛开展提供了坚实基础。

（六）构建起了能够凝聚全军力量的八路军价值体系

由于当时的中国处于半殖民地半封建状态，中华民族面临着抵御外族入侵的历史使命，中国大地上有着不同的政权组织形式，以及中国各地经济文化发展的极不平衡，所以，当时的整个中国，还不可能有共同的核心价值体系，但是作为为中华民族的独立自由而英勇战斗的八路军，却是有着其先进的、代表了中华文化的先进部分的、起着凝聚人心作用的共同的价值体系，八路军的价值体系是当时整个中华民族共同崇扬的价值体系的一部分，其主要内容是：马克思主义的指导思想；反抗日本帝国主义实现中华民族独立的爱国主义精神，为了广大人民群众利益而奋不顾身、英勇牺牲的精神；对战友、对友军、对战俘等不同层面的人文关怀等等。这里，仅就八路军文化中的人文关怀略作展开。以人为本的精神贯穿于八路军文化工作的方方面面，对新战士，有针对性地加强教育，发放政治教材，进行纪律教育，发扬阶级友爱精神，帮助新战士学习，解决其困难，使新战

---

① 《毛泽东选集》第2卷，人民出版社1991年版，第618页。

士对军队产生良好的认同感;①对于友军,提出善意的批评与建议,避免讥笑与讽刺,对于政府抗战的决心及其他好的设施与表现,对于国民党军的英勇牺牲的精神,应加以"表扬与赞勉";对于日军,则通过传单、标语等方式进行感情召唤,告知日本士兵,大家都是"日本工农出身,被你们的军阀强迫的穿上戎装,被送到中国的战场上",日本士兵们的"牺牲是一钱不值的",八路军"并不反对日本的工农,时刻希望与日本工农携手",号召日本士兵们"起来吧!""我们相互停战吧,我们在火线上进行联欢吧!"②八路军对日军士兵的这种宣传起到了一定的效果。如1940年,八路军俘虏了10多个负重伤的日本士兵,其中有一个叫秋山良照的士兵在八路军的精心护理下活了下来,在八路军政策的感召下,1941年下半年,秋山良照等被俘的日本士兵在枣强地区组成日本士兵反战联盟冀南支部,他们经常向日军据点散发传单、喊话、打电话等,号召日军士兵不要为侵略者卖命,在对日军的政治攻势中起了很大作用。

二、八路军文化建设的历史经验对推进当前社会主义文化建设的重要启示

文化是国家软实力的重要组成部分,党的十七大报告突出强调了加强文化建设、提高国家文化软实力的极端重要性,对兴起社会主义文化建设新高潮、推动社会主义文化大发展大繁荣作出了全面部署。这充分反映了我们党对当今时代发展趋势和我国文化发展方位的科学把握,体现了我们

---

① 中国人民解放军历史资料丛书编辑委员会编:《八路军·文献》,解放军出版社1994年版,第121页。

② 中国人民解放军历史资料丛书编辑委员会编:《八路军·文献》,解放军出版社1994年版,第48—49页。

党在新的历史条件下的高度文化自觉。党史的重要作用是以史鉴今，资政育人，今天，我们研究和探讨八路军文化，并不是为了就探讨而探讨，而是为了更好地借鉴历史的经验为现实服务，充分吸收历史的营养去推动当前的发展。当前，推进中国特色社会主义文化建设，可以从八路军文化建设的历史经验中吸取营养，得出有借鉴意义的重要启示。

（一）要立足现实需要开展文化建设

当年，八路军文化之所以获得普遍迅速的发展，是因为其适应了全民族抗日战争的需要。随着经济社会的不断发展，当前，人民群众精神文化需求呈现出多层次、多方面、多样性的特点，审美情趣、欣赏习惯、评价标准等与过去相比有了很大不同。为更好地推进文化工作，必须准确把握社会文化生活的新特点和人民群众的新期待，在内容上、形式上进行积极探索和大胆创造。文化工作者要深入改革开放第一线，深入经济建设最前沿，深入人民群众日常生产生活，真实表现普通群众的喜怒哀乐，热情讴歌普通群众的精神风貌，使精神文化产品更好地反映人民主体地位和现实生活，为广大人民群众喜闻乐见。

（二）文化建设要坚持党的坚强领导，坚持马克思主义的指导

八路军文化之所以影响广泛，在当时起到那么重要的作用，其关键在于坚持了党对军队的绝对领导，坚持了在马克思主义根本思想指导下，坚持了新民主主义的文化创新。当前，在推进社会主义文化建设过程中，为了保证文化建设的正确方向，一定要全面把握社会主义核心价值体系的深刻内涵和基本要求，坚持马克思主义指导思想，坚持中国特色社会主义共同理想，坚持以爱国主义为核心的民族精神和以改革创新为核心的时代精神和社会主义荣辱观。坚持不懈地用马克思主义中国化最新成果武装全党、教育人民，努力推动当代中国马克思主义大众化，引导干部群众始终

坚持马克思列宁主义、毛泽东思想、邓小平理论和"三个代表"重要思想，深入贯彻落实科学发展观，更好地用发展着的马克思主义指导新的实践。

（三）要全社会重视文化建设，参与文化建设

兴起社会主义文化建设新高潮，是一个宏大的系统工程，需要全党全社会的共同努力。人民群众不仅是物质财富的创造者，也是精神财富的创造者。要充分发挥人民群众在文化建设中的主体作用，坚持发展为了人民、发展依靠人民、发展成果由人民共享，进一步激发人民群众的文化创造潜能，使社会主义文化大发展大繁荣拥有广泛而坚实的群众基础。广泛开展群众乐于参与、便于参与的文化活动，大力发展社区文化、校园文化、企业文化、村镇文化、军营文化，体现民族特色、地方特色，鼓励群众自编自演、自娱自乐，让人们在多姿多彩的文化活动中享受美好生活。

（四）要形成一批高素质的文化建设骨干力量

八路军中曾经涌现出大批的文化工作骨干力量，如肖华、黄镇、欧阳山尊等等。兴起社会主义文化建设新高潮，队伍是根本，人才是关键。要创造条件、完善措施，继续推进宣传文化领域人才培养工程，努力造就一批名家大师、一批各专业领域的领军人物，加快培养一批懂经营善管理的经营管理人才、一批掌握现代传播技术的专业技术人才。知识分子作为社会中最有创造力的群体，是先进思想和优秀文化的生产者、传播者，是推动文化繁荣发展的重要力量。无论在党的历史上还是现在，知识分子都发挥了极其重要的作用，当前，各级党委、政府更要认真落实党的知识分子政策，坚持尊重劳动、尊重知识、尊重人才、尊重创造，加强与知识分子的沟通联系，主动听取意见和建议，引导广大知识分子更好地承担起建设社会主义先进文化的崇高使命，为社会主义文化建设作出更大贡献。

(五)要充分利用多种手段推进文化创新

八路军文化在发展过程中,紧紧围绕对敌斗争的需要,充分利用了戏剧、报纸、音乐、美术、摄影等各种丰富多彩的形式推进文化工作。在当前,信息社会的现实决定了谁的传播能力强大,谁的文化理念和价值观念就能广为流传。美国文化在全世界的广泛影响就充分说明了传播能力强大与否的重要性。必须花大力气拓展传播渠道,丰富传播手段,加快构建传输快捷、覆盖广泛的文化传播体系,使我国文化传播能力有一个大的提高。要发挥科学技术是第一生产力的重要作用,充分运用先进技术手段改造传统生产经营和传播模式,推进图书报刊出版、广播影视制作技术升级,不断丰富文化的生产方式与表现形式,增强文化产品的表现力、吸引力和影响力。

总之,八路军文化在抗日战争年代曾经起到了非常重要的动员组织民众、凝聚全国人心、活跃军民身心、提高官兵素质、瓦解分散敌军的重要作用,伴随着中国人民抗日战争的胜利结束,八路军文化完成了它的历史使命,成为中华民族和中国军队永远值得骄傲和自豪的光荣传统的一部分。今天,我们回顾和研究八路军文化,弘扬八路军的优良传统,最重要的就是通过对八路军文化的研究和总结,吸取历史的经验教训,以求进一步推进当前中国特色的社会主义文化建设。

作者简介:

徐玉凤　中共中央党史研究室第一研究部研究员

论八路军文化

郝雪廷

八路军文化，产生于全面抗战爆发之后，从1937年8月25日，中国工农红军主力正式改编为国民革命军第八路军的那一天起，这种文化现象就开始孕育，到共产党、八路军创建的晋察冀、晋绥、晋冀鲁豫、山东四大块抗日根据地基本形成，八路军文化也就基本产生。此后，又经过长期的发展与完善，从而，以一种文化现象，影响了国家命运的变革，成为中华民族抵御异族侵略、争取民族独立解放的主导文化。在此影响下，伟大的抗日战争，成为近代史上中国人民反对外敌入侵第一次取得完全胜利的民族解放战争。

由此可见，八路军文化是中华民族博大精深的历史文化中极具代表性的文化之一。确立八路军文化这一概念，是具有重要的历史意义和现实意义，弘扬与传承八路军文化，对今天祖国繁荣昌盛、崛起腾飞、屹立于世界民族之林，将起到极其重要的作用。关于八路军文化研究，尚在起步阶段，为探索与研究这一独特的文化现象，本文将提出个人的粗浅见解，以抛砖引玉。

一、八路军文化的定义与内涵

什么是文化？《辞海》中的定义为："广义指人类在社会实践过程中

所获得的物质、精神的生产能力和创造的物质、精神财富的总和。"中国近代史上的著名学者梁启超将"文化"解释为："文化者，人类心能所开释出来之有价值的共业也。"以此来解释，文化是一个群体在一定时期内形成的思想、理念、行为、风俗、习惯、代表人物，及由这个群体整体意识所辐射出来的一切活动。

文化是一种社会现象，是人们长期创造形成的产物，同时又是一种历史现象，是社会历史的积淀物。确切地说，文化是指一个群体的历史、地理、风土人情、传统习俗、生活方式、文学艺术、行为规范、思维方式、价值观念等。

那么什么是八路军文化？所谓八路军文化，就是抗日战争时期八路军与根据地人民在打击日寇、争取民族解放的历史进程中一切社会实践的总和。八路军文化，是中国共产党领导下的人民军队与民众，在抗击外来侵略和争取民族独立解放的人民战争中，坚持华北抗战，充分发挥誓与国家共存亡的中流砥柱作用，而形成的一种社会现象；是共产党、八路军与根据地人民在抗击日本侵略者的民族战争中，形成的一种文化凝聚和积淀；是八路军这个独特群体在特定的历史时期所创造的有价值的"共业"。

有人把八路军文化，看作是一种狭义的文化，即指意识形态的精神产品，甚至具体到仅指教育、科学、文艺、卫生、体育等方面的知识与设施。列举八路军创办了多少学校、多少报刊，创作了多少文艺作品，以此来作为八路军文化，这是不科学的。这些内容算不算八路军文化？回答是肯定的，但这些内容仅仅是八路军文化的一个部分，这仅仅是一种有形文化，是外在的表现。而一种社会"文化"具体表现在四个方面：即精神食粮、价值观念、宗教信仰和道德规范。我们把某阶段的历史纳入"文化"范畴，也就是说这段历史给予我们思维的启示，这段历史给我们带来的价值观念冲击，而不是仅仅的外在表象。比如，"全聚德"申报非物质文化遗产成功，成为老字号商业文化的代表，并非因为创办了什么报纸杂志，创作了多少文艺作品，而是全聚德所走过的风风雨雨，所形成的"商业观念、道德规范、商业启迪、价值品牌"具有历史的意义，这就是一种无形的文化。

再比如我们谈晋商文化，并不是说因晋商创办什么报刊、推行什么教育而称其为文化，而是因为以平遥、太谷、祁县为代表的商贸金融先驱，在中国近代经济发展史上，驰骋华夏，令人瞩目，举商贸大业，夺金融之声，票号汇天下，称雄数百年，创造了亘古未有的世纪性繁荣。这才是晋商文化的精髓。也就是说有形文化与无形文化的结合体，才可以概括为一种历史文化。

文化，是一种社会现象，是人类痕迹的总和。留在纸上的是文化，留在地上的、山里的是文化，留在人们心底的更是文化。文化可划分为物质范畴和精神范畴，物质范畴指人类物质生活的外化及其痕迹，精神范畴指人类精神生活的内化及其痕迹。

我们所说的八路军文化，涵盖是非常广泛的，它包括：特定的历史时期——抗日战争时期；特定的人文主体——八路军与根据地民众；特定的地域——以太行山为中心的华北各抗日根据地；特定的思想境界——以打击日本侵略者、争取民族独立解放为目标；特定的活动方式——以游击战为主体的战争格局；特定的生活条件——日、伪、顽造成的严重经济封锁与各种灾害侵袭等等。八路军文化作为一种先进文化，引领了特定历史时期社会发展的潮流。

为此，我们从物质与精神两个层面去分析，将八路军文化的内涵概括为：八路军将士保卫疆土、抗击外来侵略的爱国精神；英勇善战、不怕牺牲的顽强意志；百折不挠、吃苦耐劳的传统美德；不畏强暴、敢于亮剑的坚定信念；团结一致、共创家园的美好愿望。

二、八路军文化的孕育与形成

八路军文化孕育于战火纷飞的抗战岁月，这是其诞生的显明时代特征。1937年8月25日，中国工农红军主力正式改编为国民革命军第八路军，为了中华民族的独立与解放，东渡黄河，走上华北抗日前线，开展游击战争，在极其艰苦的条件下，八路军与根据地广大民众一道，同日本侵略者展开了殊死搏斗，从而，创建了坚固的抗日根据地，建立了人民民主政权，取得了抗日战争的最后胜利。

八路军文化是如何形成的？本人认为其形成过程经历了三个历史阶段，即孕育期、生成期、巩固期。

第一阶段：从1937年8月至1938年4月为孕育期

1937年8月25日，八路军诞生了。一个群体在社会中生存、发展，完成其目标任务，必定要形成自己独特的思想和文化理念。这种思想理念，既传承了中国工农红军的优良传统，也结合新的历史时期所有创造。特别是抗日战争，不同于土地革命战争，它是中国人民全民族团结起来争取民族独立解放的战争。面对日本帝国主义这一强敌，要团结一切可以团结的力量，要战胜一切发生和将要发生的种种困难，从而达到抗战胜利的目标。八路军通过宣传抗日救国的思想来发动民众；通过平型关、雁门关、阳明堡等战斗来鼓舞人民抗战必胜的信心；通过扩军来壮大八路军队伍；通过建立军区来组织游击队，达到全民抗战的目标；通过优待俘虏来瓦解敌军；通过建立抗日民主政权，来实现边区政令、财政制度和各项政策的统一等。从1938年1月晋察冀召开边区军政民代表大会，选举产生了"晋察冀边区行政委员会"（即边区政府），到4月，晋察冀、晋西北、晋冀豫、冀南、冀中等根据地基本形成，这是一个标志，八路军独特的思想和文化理念，在抗战这一社会实践中逐步孕育，并产生了思想的共鸣与融合，已经被广大民众所接受。

第二阶段：从1938年4月至1940年底为生成期

一种文化的生成需要天时、地利、人和各种条件的促成。我们讲天时，抗日是全民族摆脱殖民统治、争取民族独立解放的头等大事，八路军站在抗日最前列，这是顺应天时的；我们讲地利，太行山山高林密，地势险峻，是天然的游击战场所。为什么要特指太行山呢？因为太行山的腹地为上党，上党乃天下之脊，古有得上党而得天下之说。八路军文化的形成，与其首脑机关有着直接的关系，而此时的八路军总部正驻扎在此，可以说是熟谙地利；我们讲人和，这也是最关键的。孟子曰：天时不如地利，地利不如人和。1938年4月，八路军总部在武乡指挥一二九师与一一五师三四四旅，粉碎了日军对晋东南的九路围攻，创建了以太行山为依托的晋冀豫根据地，从此，八路军总部便选择了太行山，1939年7月，八路军总部再次进驻武乡，并将此作为华北抗战的首府，武乡成为我党、我军指挥华北抗战的中心，这里也云集了八路军绝大部分的高级领导机关，形成了一个庞大的党政军指挥系统，领导着数十万八路军将士和广大华北民众与日作战。当时，在武乡驻扎的首脑机关，除中共中央北方局，八路军总司令部，野战政治部，后勤部以及所属供给部、军工部、野战卫生部，一二九师师部等总直主要机关外，还有以下五方面机关也大量驻扎在武乡：第一，是党政机关，主要有晋冀豫区党委，太行三地委、太行三分区、太行三专署等；第二，是高等院校，八年时间里先后有8所高等院校在武乡办学，分别是：中共中央北方局党校、中国人民抗日军事政治大学、抗大第六分校、一二九师随营学校、鲁迅艺术学校、太行工业学校、野战卫生学校、八路军供给学校，还有抗大一分校留守大队、抗战建国学院、太行联中等也在此办学；第三，是文化团体，主要有华北新华日报社、《前线》杂志社、太行文化教育出版社、中华全国文艺界抗敌协会晋东南分会、中华全国戏剧界抗敌协会晋东南分会、晋东南文化教育界救国总会、中国青年新闻记者协会晋东南分会、鲁艺实验剧团、抗大文工团、太行山剧团、前哨剧团、生力剧团、野火剧团、鲁艺木刻团等；第四，是军工企业，先后有柳沟兵工厂、石门修枪所、显王锻工部、工艺研究所、野战卫生材料厂、酒精厂、玻璃厂、炮弹厂、奶牛厂、饼干厂、供给部被服厂、一二九师被服厂、肥皂厂、织袜厂、毛毯厂、造纸厂等40多个后勤、军工企业在武乡进行规模生产；第五，是野战部队，八年抗战中，先后有八路军成建制的8个旅（纵队）31个团，在武乡这片土地上生活战斗，分别是：三四四旅及其六八七、六八八、六八九团；三八五旅及其七六九、十三、十四团；三八六旅及其七七一、七七二、十六、十七、十八团；新十旅及其二十八、二十九、三十团；决死一纵队及其二十五、三十八团；决死三纵队及其决七、决八、决九团；平汉抗日游击纵队及其二、三、五团；晋冀豫边游击纵队及其一、三团；八路军总部特务团、炮兵团；抗大总校之一、二、三、四团，冀南军区新七旅二十团。这还不包括一一五师六八六团、一二九师谢张大队在武乡扩军，晋察冀军区一分区一团、四分区五团各一部护送聂荣臻、吕正操同志到八路军总部，冀鲁豫军区三十二团两个营护送师部机关进驻武乡宋家庄，以及抗大特科大队在武乡办学等。如此众多的部队驻扎一县，这在整个根据地乃至全国几乎没有先例。这些部队在武乡打仗、休整、补充兵源，与武乡人民结下了浓厚的革命情谊，武乡可谓村村住过八路军机关，户户睡过八路军将士。

更为重要的是八路军诸多高级首长在此进行了伟大的革命实践：八路军总司令朱德在这里领导华北军民粉碎了日本侵略军对抗日根据地一次

又一次的疯狂"扫荡",打退了国民党顽固派的反共高潮,巩固了抗日根据地和抗日民族统一战线,运用马克思主义解决中国实际问题特别是革命战争问题的思考渐趋成熟,他的军事理论对毛泽东军事思想的形成和发展起了重大作用;八路军副总司令彭德怀在日军大量南进直接威胁西安、重庆、广州,国民党顽固派又对日表示妥协投降的危险情况下,组织八路军对日军发动了一次大规模的破袭作战——百团大战,这是抗战时期中国军队主动出击日军的一次最大规模的战役,他打出了敌后抗日军民的声威,振奋了全国人民争取抗战胜利的信心,在战略上有力地支持了国民党正面战场;中共中央北方局书记杨尚昆根据形势的变化制定了巩固和发展抗日根据地的方针,提出"建政、建军、建党"三大建设,作为华北党的主要任务,纠正在反逆流斗争中出现的"左"的思想,坚持抗日民族统一战线;一二九师师长兼太行军区司令员刘伯承针对日军对华北的连续大规模扫荡,并挖沟筑堡试图控制根据地人民生活,形象地将敌人"以铁路为柱,公路为链,据点为锁"的封锁方式定名为"囚笼政策",并提出了"面向交通线"广泛进攻敌人的对策,成为八路军打破敌人封锁的最佳作战方案;一二九师政委、太行军政委员会书记邓小平在建立民主政权和解决财经问题中,为解决根据地的困难,在北方局会议上指出"发展生产是坚持根据地的重要保障"的重要论断,成为根据地经济建设的纲领。正因为借势人和,形成了指挥华北抗战与根据地建设的理论基础和文化基础,成为八路军文化正式形成的重要标志。

第三阶段:从1941年初至抗战结束为巩固期

这一时期,是八路军文化走向更加成熟、更加完善的巩固期,同时也是这个文化体系由它产生的中心向各根据地延伸的发展期。文化这种社会现象,本身就是人们长期创造形成的产物,只有不断完善,才能成为引领特定历史时期社会发展潮流的先进文化。比如邓小平在1940年到1941年提出的一系列注重经济建设的主张，形成了新成立的晋冀鲁豫边区政府《努力经济建设，增加边区财富》的施政纲领。到1944年他又亲自授意八路军前总参谋长滕代远、副参谋长杨立三制定了著名的"滕杨方案"，不仅大大促进了太行抗日根据地的经济发展,而且成为邓小平发展社会主义市场经济理论的最早探索与实践，成为邓小平经济改革、对外开放思想的最早胚胎和雏形。

三、八路军文化的弘扬与传承

一种文化要想传承下来，把这种先进的历史文化，包括成功的经验、丰富的实践、高尚的精神，交给现代人，交给子孙后代，必须通过教育这个手段，才能使后辈得益。那么，如何来实施这个教育计划？普通地说是叫做进行革命传统教育，进行爱国主义教育。然而，数十年的实践告诉我们，传统的参观、讲解的教育形式，"教育"收效并不是理想的。这就给我们提出了一个理论课题，探讨和研究传承八路军文化的手段。这里结合我从事军史研究与旅游研究的双重性,并结合武乡在传承八路军文化过程中的社会实践,谈一下个人的见解：

在新的历史时期，弘扬与传承八路军文化的走向应该是："有型文化无形化，无形文化有型化"。

有型文化无形化,即有型的文化成为无形流动的精神文化。如八路军使用过的物品、八路军工厂制造的产品、重大战役战斗遗址、重要机关人物住址等有关历史文物,将这些有型的文化化为无形的精神力量，震撼人们的灵魂，引起文化的共鸣。这种文化是一种有型的载体，无形的内涵；无形文化有型化，即让流动的文化塑造成型，让精神流动，让文化造型，以有型的视野形象定格在无形的文化时空。如八路军纪念馆的宣读小分队，武乡县正在筹办的《太行山》实景演出等，用艺术形式为载体塑造成有型的人文形象，唤起灵魂和精神上的共鸣，营造让流动的文化空间变成有型的文化形象，成为精神感召力，推动文化的发展，提高文化品位，树民族文化大旗。

武乡是八路军文化的主要形成地，也是八路军文化的主要传承地，在传承八路军文化方面所作出的实践是很有借鉴的。武乡在传承八路军文化方面起步很早，20世纪60年代，武乡成为较早的对外开放县份，当时就依托武乡革命纪念馆、地雷大王王来法陈列馆、八路军总部王家峪旧址、柳沟兵工厂旧址等，不仅接待了大量的国内游客，而且亚非拉70余个国家的宾客也前来取经学习。这可以说为发扬革命传统，教育广大人民起到了很好的作用。为扩大宣传效应，到70年代末，又开始酝酿筹建八路军纪念馆，经过数年努力，在党中央及省、地（市）领导的亲切关怀和大力支持下，到1988年八路军纪念馆正式建成开馆，并接待了大量游客，特别是成功接待了胡锦涛、江泽民、习近平、杨尚昆、刘华清、曾庆红、宋平、李德生等大批党和国家领导人。使武乡成为全国优秀的红色旅游目的地。

然而，随着社会的飞速发展，人们思想观念的不断改变，图片加讲解、旧址加文物的传统陈列、宣传形式，已经再没有吸引力，人们对传统文化的接纳，不再喜欢简单的灌输，而转化为寓教于乐的文化产业形式。针对这一情况，2008年春，周涛同志上任武乡县委书记之后不久，在中共武乡县第十三届二次扩大会议上，提出了一个响亮的口号，那就是以"打好老区一张牌"为中心的"一三三"战略。周涛同志号准了武乡的脉搏，紧紧抓住武乡老区县域发展的特点和优势，从传承和弘扬太行精神、做强八路军文化产业破题，打响了一场老区变革的"红色战役"，使武乡走进了一个新的历史辉煌……

从世界文化多元化的格局来看，八路军文化要传承、发展、提高，必须走文化产业化发展道路。这样才能吸引更多游客，扩大受教育面，达到真正的文化繁荣。从近两年武乡建设八路军文化园、游击战纪念园与《太行山》实景演出等实践经验来看，这是一个可走之路，虽然目前"两园一剧"都正在建设，还未投入运营，但从其立意、构想、理念以及经营构架、社会评价来说，都是非常合理的，可以说是正在做着"有型文化无形化，无形文化有型化"的社会实践。也是对党的十六大报告中提出"发展文化产业是市场经济条件下繁荣社会主义文化、满足人民群众精神文化需求的重要途径"的社会实践。

我相信，只要我们"让精神流动，让文化造型"，八路军文化这一历史现象，必将产生新一轮的"文化热"现象，也必将成为促进老区腾飞的"推进器"。

作者简介：

郝雪廷　武乡县八路军太行纪念馆研究部主任

略述华北根据地的八路军文化

李东光

抗日战争爆发后,中国共产党领导的中国工农红军主力改编为国民革命军第八路军,奉命东渡黄河,开赴华北抗日前线,开展了艰苦卓绝的敌后游击战争,相继建立了晋察冀、晋绥、晋冀鲁豫等抗日根据地。随着抗日根据地的巩固和发展,广大八路军文化工作者以文艺为武器,在开展对侵华日军进行军事斗争的同时,掀起了轰轰烈烈的华北根据地抗日文化救亡运动。他们通过演剧等宣传教育形式,唤醒民众,打击敌人,鼓舞斗志,为争取抗日战争的最后胜利,作出了彪炳千秋的历史贡献。他们用青春与生命,铸就了一座座八路军抗战文化的不朽丰碑。

一、晋察冀边区的八路军文化

晋察冀边区的八路军文化运动是在为抗战服务的前提下开展起来的。1939年11月晋察冀军区成立,军区政治部所属宣传队即抗敌剧社也成立。随之各军分区相继成立了剧团或剧社。除10个军分区建立了10个剧社外,还有冀中军区的火线剧社、平西挺进军的挺进剧社、冀东军分区的尖兵剧社以及回民支队的抗战剧社等。此外,西北战地服务团、联大文艺学院、联大文工团等都先后从延安来到晋察冀边区开展八路军抗战文化宣传运动。

在边区剧社相继建立的同时，便开始了创作演出。抗敌剧社成立之初，尚无自己剧社创作的作品。但是，到了1938年初，冀中火线剧社、冲锋剧社、铁血剧社创作了一批反映武装斗争的作品，如《警号》、《小英雄》等。广大八路军文化工作者深入生活，创作了许多好作品。如《到山那边去》、《参加八路军》、《选村长》、《抗日人家》、《回到祖国的怀抱》、《马母》、《南国风霜》、《游击组》、《狼牙山五壮士》等等。因此，边区戏剧作品的创作开始出现繁荣景象。抗日民主人士李公朴先生考察晋察冀边区之后写的《华北敌后——晋察冀》一书中对边区戏剧作品的创作演出给予高度评价。

在延安文艺座谈会召开后不久，晋察冀军区召开了文艺工作会议，聂荣臻作了《关于部队文艺工作诸问题》的讲话。他讲了八路军对文化的态度和地位、前途、成就以及团结等问题，并传达了毛泽东《在延安文艺座谈会上的讲话》。会议后，军区政治部及时发出《关于各分区剧社执行创造铁军工作的指示》，制定了创造模范剧社竞赛条例，从而推动了八路军文化运动迅速向前发展。边区文艺工作者在毛泽东文艺思想指引下，创作出一批为工农兵所喜闻乐见的作品。如吴畏的《排渠放水》，丁里的大型多幕话剧《子弟兵和老百姓》，刘肖芜的大型话剧《李殿冰》，胡可的多幕话剧《戎冠秀》，杜烽的大型话剧《李国瑞》等。这些剧作具有代表性，是佳作。对于《李殿冰》，艾思奇说是"毛泽东文艺方向在前方实践的一个重要表现"，是"前方文艺运动的范例"。

二、晋绥边区的八路军文化

晋西北地区经济落后，文化也很落后。在那里连一个完整的旧戏班也找不到。经过日军的掠夺，留下的只是荒芜的土地和饥饿的人民。1937年底，战斗剧社随一二〇师挺进晋西北，以戏剧为主的八路军文化运动也就随之兴起。

战斗剧社归一二〇师政治部的宣传部领导。各旅都有剧社，地方的动员委员会也有剧团。战斗剧社是边区戏剧战线上的主力。其成员的大多数来自参加过长征的红军，一部分来自陕北红军，少数是新参加的。1938年初，在贺龙的关怀下，从临汾八路军学兵队调到一二〇师的40多名青年学生，其中一部分分配到战斗剧社工作。同年冬，又从鲁艺调来成阴、莫耶等一批毕业生，从而壮大了队伍，增加了导演和创作力量。这时，战斗剧社随部队挺进冀中后，又从冀中和晋察冀边区调来了文艺工作者20多人，使编导演的力量都大大增强。1939年冬，阎锡山向新军进攻，发生"晋西事变"。一二〇师返回晋西北。这时剧社由陈杰、欧阳山尊任正副社长，增设了编辑组、音乐组和美术组。1940年3月，晋西北边区召开首次戏剧座谈会，战斗剧社负责组织工作。到会的有七月、吕梁、解放、前线、民革、青工、战斗、战号、黄河、战线、战力等剧社，牺盟工作队以及晋西民间戏剧研究会等10多个单位的代表。在会上，师政委关向应和师政治部主任甘泗淇分别讲了话。关向应指出，要创造建设晋西北的新文化，这就是新民主主义的文化。在戏剧创作上就是"新民主主义的现实主义"。他号召晋西北的八路军文化工作者深入实际，动员群众，反对投降、分裂、倒退。甘泗淇号召边区八路军文艺工作者"要广泛深入地开展晋西北的文化运动"，"要用辩证的观点，进步的立场，大胆地创作大众化、战斗化、集体化的作品"。会上，晋西北戏剧协会宣告成立。

同年5月4日，在兴县举行了晋西北文化界救国联合会成立大会，来自八路军部队和地方的文艺工作者100多人参加了大会。贺龙、关向应和从延安来的萧三出席了大会。大会宣告晋西北文联成立，亚马当选文联主任。同时还成立了文协、音协、美协等几个协会。不久，全国青年记者学会晋西北分会成立。这些协会的成立，推动了晋西北八路军文化运动的发展。1941年夏，文协主编并出版了《西北文艺》，出版了8期。八路军部队还不定期地出版《战斗文艺》。美协和部队定期出版两种画报，音协出版《晋西歌声》，从而使戏剧创作更加活跃起来。在晋西北的文化运动中，八路军一二〇师的战斗剧社和晋绥边区党委的七月剧社起着带头和指导作用。文联领导的大联剧社在新秧歌剧创作方面取得了显著成绩。

一二〇师政治部于1941年8月召开了部队戏剧运动座谈会，到会的有几百位八路军文艺工作者，讨论了政治部关于戏剧运动的指示。座谈会期间，贺龙在讲话中要求战斗剧社演出具有政治意义和艺术价值的多幕剧，演出大众化的、战士一看就懂的戏，演出老百姓所欢迎的戏。他要求各旅团剧社演出大众化的、配合政治工作的、巩固部队、组织和动员群众的戏，在演出中提高自己的艺术水平。他还指出，为了开展部队和地方戏剧运动，要求文艺工作者深入部队，培养艺术骨干。座谈会后，各剧社纷纷到连队、农村、医院、工厂巡回演出，广泛开展文艺活动，进一步推动了边区八路军文化运动的发展。

延安文艺座谈会给晋西北的八路军文化运动送来了春风。延安文艺座谈会刚刚结束，参加座谈会的战斗剧社社长欧阳山尊立即赶回剧社，向大家传达了毛泽东《在延安文艺座谈会上的讲话》的精神。1942年九十月间，一大批专业文艺工作者离开机关，到连队去，到农村去，到斗争实践中去，改造思想，进行创作，晋西北文联聚集的专业文艺干部全部下乡，去县区担任抗联会的文化部长，参加农村的减租减息运动。广大八路军文艺工作者在斗争实践中，经过整风学习，特别是《讲话》精神传达后，政治思想觉悟迅速提高，感情、立场有了转变。

1942年七八月间，战斗剧社奉命去延安汇报演出。演什么戏，当时有两种不同的意见，一是怕别人说是"土包子"，主张演几个名戏，以显示剧社的水平，一是主张编演反映敌后斗争生活的剧目，突出自己的特点。正在这时，大家听了《讲话》精神的传达后，统一了认识，决定编演反映敌后斗争的戏。战斗剧社在延安演出了《丰收》、《晋察冀的乡村》、《荒村之夜》以及《求雨》、《虎列拉》和《自家人认自家人》3个小戏。演出后，颇受延安军民的欢迎。毛泽东和党中央许多负责人也来看戏。毛泽东在给剧社的回信中予以肯定并鼓舞。他在回信中说："你们的戏，我以为是好的。延安和边区正需要看反映敌后斗争生活的戏剧，希望多演一些这类好戏。"

三、晋冀鲁豫边区的八路军文化

晋冀鲁豫根据地在发展，八路军文化运动也在发展。当八路军在敌后开辟抗日根据地的同时，各种剧团或宣传队也相继建立，有专业剧团，有部队及地方游击队的宣传队，有业余的戏剧组织、儿童剧团以及经过改造的旧戏班等。

随着根据地的巩固和发展，以戏剧运动为主的八路军文化运动也迅速发展起来，因此剧团的统一组织问题也就提出来了。1939年初，边区召开了剧团座谈会，参加座谈会的有各党各派各友军的戏剧工作者的代表。代表们决定成立全国戏剧界抗敌协会晋东南分会。2月，召开了有67个大戏剧团体的代表参加的大会，正式宣告全国剧协晋东南分会成立。大会还讨论并决定了剧团统一的工作纲领和发展方向。这次大会对敌后各抗日根据地的剧团的统一起了重大推动作用。为了实行分区领导，剧协晋东南分会相继成立了太南、太北和太岳区分会。紧接着，冀中、冀南、胶东各抗日根据地，也先后成立了各区剧协分会。剧运统一之后，边区的戏剧运动、报告文学、诗、小说、音乐、美术等的创作都有较大发展。在边区戏剧运动中，有一些剧团起了骨干作用。如八路军太行山剧团，于1938年5月由联合抗日流动剧团和陵川孩子抗日宣传队合编而成，由晋冀豫边区党委领导，赵洛方为团长，洪荒为艺术指导。在成立大会上，朱瑞要求太行山剧团要像太行山一样坚强，为太行山的军队，特别是为广大农民演出，深入宣传动员一切抗日力量。在区党委领导下，一些县、区、村都相继成立了太行山剧团的分团。

1939年2月，中共中央北方局、晋冀豫区党委决定以太行山剧团为骨干，在山西长治成立具有统一战线性质的晋东南民族革命艺术学校。阎锡山为名誉校长，戎伍胜为副校长。由太行山剧团政治指导员赵迪之任训育主任，洪荒和延安鲁艺调去的艺术家分别担任教员。而太行山剧团仍保存建制并开展活动。

太行山剧团参加了百团大战，在火线上为广大八路军战士演出，并为边区高级军事干部会议和对部队进行慰问演出。还参加了黄崖洞战斗，受到一二九师司令员刘伯承和政委邓小平的表扬。邓小平说"保卫黄崖洞不是一个团，还有太行山剧团"。在关家垴战斗中，邓小平把警卫员的马让给剧团的病号骑。过结冰的漳河时，刘、邓用他们的马把全部文艺战士送过去。

1941年4月，太行山剧团称为总团，各专署成立了分团。创作的剧作有：李伯钊的《农救秘书》、《流寇队伍》、《金荏》、《母亲》；洪荒的《保卫抗日根据地》、《军民合作》、《和尚岭》、《未成熟的庄稼》、《登记》、《圈套》、《怎么办》、《糠菜夫妻》；赵子岳的《幸福家庭》；赵树理的《人间地狱》；康方的《归队》；集体创作的《九死一生》，还有歌剧、歌舞剧、歌表演、活报剧、街头剧、秧歌剧等等。

又如一二九师宣传队，即先锋剧团。抗战爆发后，先锋剧团随部队挺进敌后，参加开辟太行山、冀南、鲁西北抗日根据地。1938年夏随东进纵队到冀南开展活动,培训干部,组建团队。先锋剧团在两年多的时间中为部队输送了180多名干部。1939年3月返回太行山区,参加八路军总部举办的戏剧训练班。1940年秋,与西北青年救国会第二演剧队合并,仍为先锋剧团。他们参加了百团大战,参加了频繁的反"扫荡"斗争,参加了多次戏剧会演。在那艰苦的岁月里,连煤油也很难找到,他们就利用黄昏前的一段时期进行演出,叫做"黄昏晚会"。他们在参加整风和学习毛泽东《在延安文艺座谈会上的讲话》之后,提高了认识,明确了文艺为工农兵服务的方向,创作了一批好作品,如《李马保》、《模范农家》、《窑洞保卫战》等,还有一批短剧和秧歌剧,如《军人招待所》、《张来财探母》、《油糕》、《双送礼》等。

在冀鲁豫边区建立了战友剧社等许多剧团(社)。如鲁西北有聊城孩子剧团;鲁西有独立旅一团宣传队(后成为教四旅火线剧社的基础);在泰西有山东六支队宣传队的战斗剧社;在沙田有三四四旅的战友剧社。萧华率领的挺进纵队有宣传队(剧社)。此外,陈士榘率领的一一五师游击支队、马本斋的回民支队、冀中军区南进支队等均有剧社,而且都相继到达冀中、晋东南、鲁西及鲁西南地区开展八路军宣传和文化活动。同时,冀鲁豫边区行署成立了新民主剧社,边区文联也筹建文艺工作团。1942年秋,为了适应新的形势,边区机关又一次实行精兵简政,精简了一批剧社。最后将各剧社的一小部分骨干集中于冀鲁豫军区,重新组成战友剧社,归军区政治部领导。直到抗战胜利,战友剧社成为全边区党政军民各系统唯一的一个专业的综合性的文艺宣传团体。

抗大总校副校长罗瑞卿于1939年7月率领直属队和大队从延安出发,东渡黄河,向八路军总部所在地挺进。抗大总校文工团也随队行进,冲破日军封锁线,日伪军什么也没有捞到。罗瑞卿说:"他们在同蒲路上只拣到一只破草鞋。"金沙以此为题材写了独幕话剧《破草鞋》,吕班写了《同蒲快车》。全队于1940年2月胜利到达八路军总部所在地。他们战斗在太行山上，创作演出在太行山上，历时3年半，直到1943年初回到延安。总的来说，抗大文工团创作和演出的，在戏剧方面，有话剧、歌剧、史剧、京剧、快板剧、活报剧等；在音乐方面，有合唱、乐器演奏；在曲艺方面，有相声、大鼓、快板等。还有决死队各纵队均有剧团或宣传队。豫北、冀南也同样有宣传队和剧团。山东抗日民主根据地于1943年10月召开了文艺座谈会，总结了文艺政策的执行情况，肯定了文艺创作及演出方面在为工农兵服务的方向上所取得的成绩。

1942年初，晋冀鲁豫根据地召开了太行山文化人座谈会，参加座谈会的有400多人。会上，邓小平对八路军和地方文化工作者提出了5点希望：文化运动应服从于政治任务；广泛发挥文化工作的批判性，使之成为有力的战斗武器；认真动员根据地和敌占区一切新老文化人、知识分子到抗日文化战线上来，克服关门主义错误；要服务群众，就必须了解群众，克服脱离群众的现象；最后，他要求八路军文化工作者开展调查研究，以丰富作品的内容。这就为晋冀鲁豫边区八路军文化运动指明了正确方向，同时也为之后不久召开著名的延安文艺座谈会，提供了丰富的八路军文化理论与实践经验。

总之，博大精深的八路军文化，是共产党领导八路军在抗日战争伟大实践中孕育与诞生的重要文化成果，也是新民主主义革命时期抗日根据地先进历史文化的杰出代表。八路军文化中所蕴含着的伟大抗战精神，永远是激励中华儿女奋发图强、为实现中华民族伟大复兴而努力奋斗的强大力量源泉。

作者简介：

李东光　八路军太行纪念馆研究部副主任、副研究馆员

论武乡根据地对孕育和诞生八路军文化所作的重要贡献

孙旭平

今年是抗日战争胜利65周年。在抗日战争时期，晋冀鲁豫边区是全国19块根据地中的一块，武乡县又是太行区的腹心地带。中共中央北方局和八路军总部曾在此长期驻扎。朱德、彭德怀、左权、刘伯承、邓小平、杨尚昆等老一辈革命家在这里运筹和指挥了反"九路围攻"、磁武涉林反顽战役和威震中外的"百团大战"等著名战役和战斗。因此，武乡革命根据地在抗日战争时期被誉为太行山上的"小延安"，堪称熔铸"八路军文化"的革命熔炉和摇篮，为八路军抗战文化的孕育与诞生，作出了重要的贡献。

一、武乡革命根据地是八路军文化的主要发源地和诞生地

（一）独特的地理环境和重要的战略地位，为八路军文化的孕育提供了必要的生存条件

我们说武乡作为中国革命的重要根据地，是八路军文化的发源地和诞生地，是与其坚实的政治基础和得天独厚的地理环境分不开的。武乡地处太行腹地，是上党盆地的北大门，古称"冀南之门户，潞州之咽喉"，历来为兵家必争之地。武乡人民素有不畏强暴、勇于斗争的光荣传统。抗日战争时期，我党之所以在武乡这1610平方公里的土地上创建了巩固的中心

根据地。就是因为这里具备了建立革命根据地的先决条件。在政治上，武乡建党最早，群众基础好，早在1933年就创建了共产党地下组织，成立了农民抗债团，是华北地区开展农民运动较早的地方。人民群众经受了斗争考验，在经济上又是富饶的产粮区，地下资源也很丰富。境内多为丘陵山区，盛产玉米、谷子、小麦，县东还产煤出铁。军需民用，可以自给自足，不怕敌人经济封锁。在地理上，地势险要，是天然的游击战场，东西两端，群峰壁立，且多雄关险塞；中部地区，山河交错，沟壑纵横，在战略上易守难攻，进退自如。这样，为八路军文化的孕育与诞生，奠定了基础，创造了条件。

（二）八路军部队进驻武乡，不仅发展壮大了地方党组织和抗日武装，更重要的是丰富与发展了生产、战斗和生活相结合的八路军抗战文化

武乡根据地养育与壮大了八路军队伍；反过来八路军又在武乡这块红色土地上，播撒下八路军抗战文化的革命种子。1937年11月，八路军谢（家庆）张（国传）大队最早来到武乡积极帮助恢复地方党组织，成立了中共武乡县临时工作委员会。广泛发动群众，建立游击队、自卫队等地方武装，开展游击战争。改造了各级旧政权，组织起工、农、青、妇救会和抗日儿童团等群众团体，大刀阔斧地打开了抗日工作新局面。1938年4月16日，八路军主力部队在武乡县长乐滩歼敌2200余人，粉碎了日军对晋东南地区的"九路围攻"，奠定了晋冀豫抗日根据地的基础。同时也使武乡人民受到了"不抗日，活不成，要生存，必斗争"的现实教育。到年底，全县48个大编村，在八路军的帮助下，都建立了党的基层组织，党员发展到2500多人，成为抗日斗争的一支骨干力量。1939年7月，日军占领了白晋沿线属武乡县所辖的南关、分水岭、权店、南沟、故城等地，建立了维持会等汉奸组织。1940年夏季，日寇又占领了武乡中部的段村

镇。把武乡县分割为武乡（东）、武西两个县。到了1943年6月，日军小林大队指挥伪剿共军赵瑞、段炳昌部共约3000兵力侵占了武东重镇蟠龙，同时，灾荒和瘟疫接踵而至，致使广大军民处于天灾敌祸中。县委指挥部遵照太行三分区提出的"坚持劳武结合，围困蟠龙日寇"的战斗口号，在蟠武线上开展了游击生产，建立野外生活，经过8个月的围困斗争，终于把敌人挤出了武东根据地。1945年的大反攻中，八路军太行西进部队，在民兵群众的大力支援下，于8月25日一举攻克段村大据点，武乡全境获得基本解放。

二、武乡革命根据地为孕育与诞生八路军文化所作的巨大贡献

（一）武乡根据地创建发展的过程，也是八路军抗战文化繁荣发展的历程

武乡根据地人民和长期驻扎在这里的八路军，依据地形地貌，因地制宜创造和发展了地雷战、地道战、伏击战、麻雀战、窑洞战、围困战、攻心战、联防战、破袭战等各种游击战法，不仅模范地实践了毛泽东抗日游击战争思想，而且根据地军民共同创造了具有太行特色的八路军抗战文化。抗日当年，武乡根据地的创建和巩固是经历了艰苦曲折的战斗历程的。在频繁的反"清剿"斗争中，创造了麻雀战、地雷战、窑洞战、围困战和攻心战等各种各样巧妙打法。其中麻雀战即各地民兵三人一群五人一伙，出没无常，飘忽不定，机动灵活的战法，使拥有飞机大炮的日本侵略军，望而生畏，无法应付。如武乡县上广志村民兵高贵堂，在保卫村庄的麻雀战中三枪击毙三敌，获得了"太行神枪手"的光荣称号。

地雷战是遍布武乡县的另一种普遍的战法，民兵依靠地雷、石雷这一杀敌制胜的武器，封锁道路、村落和敌据点，使偷袭之敌寸步难行。全国民兵英雄王来法，从1941年至1943年带领李峪村民兵群众，称雄蟠（龙）

武(乡)线,大摆地雷战,先后炸死炸伤敌人121名,荣获"太行地雷大王"的光荣称号。

窑洞战是武乡人民群众在对敌斗争中创造出来的一种新的战法。当时,随着战争的发展,地形的变化,为了保存自己,消灭敌人,结合丘陵山区地形地物,村村打窑洞,山山挖工事,把一座座山头和断崖变成了一座座消灭侵略者的战斗堡垒。据不完全统计,武乡全县挖大小窑洞在7500处以上,如当时120户人家的西堡村,在敌占蟠龙斗争最残酷时,全村在三道圪梁、五条沟里就挖了107眼窑洞。树辛村的窑洞大的可容500人,小的可供3家藏身。韩壁、东庄和监漳南庄等村,在抗战初期有被敌在窑洞熏死人的血的教训,他们认真选择地形,挖下了隐蔽和战斗相结合的"保险洞"。著名的漆树坡窑洞保卫战,就是民兵以窑洞为阵地,和日军激战3小时,掩护了村东南窑洞里的县区干部和机关人员,使几百人安全转移出去,创造了太行山窑洞战的奇迹。

(二)武乡革命根据地不仅创造性地发展了别具特色的八路军抗战文化,而且为民族独立与解放作出了巨大贡献

武乡根据地人民深受八路军抗战文化的影响,在八路军精神鼓舞下,用鲜血与生命谱写了一曲军民团结、保家卫国的人民战争壮丽凯歌。从8年抗日战争到3年解放战争,武乡人民为了中华民族的独立和中国人民的解放事业,立下了不朽的功勋。据不完全统计,从1937年到1947年10年间,武乡先后共参军14 246人,日本投降后,为保卫胜利果实,未着戎装,便奔赴上党战场。后来为支援刘邓大军南下,武乡又有2000民兵奋勇参军。在这块红色的土地上,从反敌"九路围攻"的长乐村急袭战到关家垴歼灭战,直至围困蟠龙,解放段村等重大战斗,以及人民群众所广泛开展的地雷战、麻雀战、破袭战、窑洞战等大大小小的战斗共计6368次,毙伤日伪军和阎伪军 29 330 人，缴获武器 14 020 件。武乡人民不仅直接参军参战，更担负了繁重的战勤任务。在 12 年间，从支援本县境内的战斗，到支持上党战役、白晋战役、晋中战役，武乡县支前勤工达 258 万人（次），折合 3870 万个工日。为支援全国解放，武乡共派出南下、北上干部（包括民工）5300 多名，这些干部职工驰骋在大江南北、长城内外，为武乡老区争来更大的荣誉。在战争年代，武乡全县 215 个行政村，共为部队筹集公粮 2.5 亿斤；妇女做军鞋 494 500 双，米袋、慰问袋、挎包 1 007 500 条，为驻武部队提供蔬菜、肉类和食油 5 007 500 斤，提供煤炭、木柴等燃料 307 000 万斤，为支援作战提供蓄力车辆 14 300 多头（辆），先后涌现出杀敌英雄和劳动模范 152 人，从而为中国革命作出了巨大贡献。

三、武乡革命根据地的实践经验极大地丰富了八路军文化的精髓内涵

在八年抗战中，勤劳勇敢的武乡人民为创建和保卫敌后根据地，进行了艰苦卓绝的斗争，作出了巨大的牺牲，同时也为后代留下了宝贵的革命经验和伟大的太行精神，从而极大地丰富和发展了八路军抗战文化的内涵，可以让老区人民乃至全国人民汲取到团结奋斗、振兴中华的强大精神力量。

（一）坚持党的领导，认真贯彻执行上级党组织的决策

在抗日战争中，中共中央北方局、八路军前方总司令部、一二九师师部、太行第三军分区司令部和抗日军政大学、鲁迅艺术学校、华北《新华日报》社等党、政、军、财、学、文重要机关在武乡县长期驻扎，不仅领导和指挥了华北的抗日战争，也具体指导了武乡的各项工作，武乡党组织不仅能及时地贯彻执行上级党、政、军机关的英明决策，而且可以亲自聆听朱德、彭德怀、左权、刘伯承、邓小平、杨尚昆等八路军首长的直接教诲，因而避免和减少了许多失误和挫折，保证了八路军文化等各项工作的顺利开展。

（二）解决农民的切身利益，是动员民众参军参战的重要法宝

中国革命的根本问题是农民问题，武乡党组织从创建之日起，就领导和发动农民成立"抗债团"，开展了抗租、抗债、抗粮、抗税、抗丁的"五抗"运动，调动了广大农民奋起革命的积极性。在抗日战争中多次实行减租减税，合理负担。由于解决了农民的实际问题，全县人民在战争中革命热情空前高涨，出现了军、政、民一体，团结抗战的局面，和八路军并肩作战，演出了一场威武雄壮的人民战争活剧，创造了可歌可颂的光辉业绩。

（三）团结一切可以团结的力量，结成最广泛的抗日民族统一战线，群威群胆，共同对敌

从武乡地下党组织的创建到抗日战争胜利，武乡各级党组织始终正确掌握与运用了统一战线的政策和策略，团结了社会各界人士，有力地促进了党的事业的发展，早在30年代武乡党组织酝酿创建的过程中，就得到了许多进步人士的帮助。党组织遭到破坏后党的外围组织和同情党的人冒着被抓被杀的危险，秘密帮助党员转移脱险，掩藏党内文件等，使武乡保存了革命的火种，在抗战中，武乡党组织始终把统战工作放在中心环节，多次召开士绅、名流座谈会。在我党的宣传影响下，各界人士纷纷自觉为抗日出力。如1940年的囤积公粮运动，全县所筹集的6万石公粮，各地士绅们自动献出的粮食就占85%。在武乡抗日根据地处于极端困难的时候，上级党组织及时调回在武乡知识界影响较大的武光汤、武光清等人担任县党政主要领导，团结了一大批中小知识分子，为抗战胜利作出了贡献。

（四）武乡党组织能密切联系群众，与群众同甘共苦，共患难

中共武乡党组织从创建之日起，就把人民利益放在首位，在战争年代，武乡党组织和全县人民风雨同舟，同甘共苦。1940年后，在根据地军民处于极端困难的情况下，党员和群众一起吃糠咽菜，一起开荒种地，进

行生产劳动,在日军频繁的"扫荡"中,每一个党员总是挺身而出,不顾个人安危。组织民兵协助群众坚壁清野,帮助他们安全转移。在反"扫荡"结束后,党组织及时对受害群众做好安置工作,帮助他们修复被日军烧毁的房屋并对赤贫户给予救济,组织生产自救。1943年,大批冀西豫北的难民流入武乡,县委、县政府及时进行了妥善的安置,使难民有了生息之所。除此之外,县委历来重视拥军优属、拥政爱民工作,帮助他们解决衣食住行等困难。这些做法大大调动了人民的革命热情,对于最终取得抗战胜利起了积极作用。

(五)不断进行气节教育,发扬中华民族"同自己的敌人血战到底"的英雄气概

从武乡地下党组织的创建到血火连天的抗日战争,我党在开辟和缔造这块抗日革命根据地过程中,付出了巨大的牺牲,倾洒了无数的热血。八年抗战中武乡这个仅有14万人的山乡小县,在战争中牺牲和致残的县区村各级干部和民兵群众,达25 300多名,连同在武乡县著名的长乐战斗、白晋战役、关家垴歼灭战、蟠龙围困战、三战南关、攻克段村等重大战斗中伤亡的3500多名部队指战员,总共有28 800多人,血染武乡大地,可见我们武乡这块根据地的八路军抗战文化之花,是全县军民在长期的浴血奋战中,用鲜血浇灌出来的。现在只就民政部门备了案,受到烈士待遇的就有3200多名,而且八路军许多著名将领,都长眠在武乡的山水间。他们的牺牲精神和高贵品质,将永远是我们学习的楷模。他们用鲜血和生命铸就的八路军抗战文化,将永载新民主主义革命时期先进文化的光辉史册。

作者简介:

孙旭平　八路军太行纪念馆办公室副主任